Karl-Heinz Arnold · Katrin Hauenschild · Britta Schmidt
Birgit Ziegenmeyer (Hrsg.)

Zwischen Fachdidaktik und Stufendidaktik

Jahrbuch Grundschulforschung
Band 14

Karl-Heinz Arnold · Katrin Hauenschild
Britta Schmidt · Birgit Ziegenmeyer (Hrsg.)

Zwischen Fachdidaktik und Stufendidaktik

Perspektiven für die
Grundschulpädagogik

VS VERLAG

Bibliografische Information der Deutschen Nationalbibliothek
Die Deutsche Nationalbibliothek verzeichnet diese Publikation in der
Deutschen Nationalbibliografie; detaillierte bibliografische Daten sind im Internet über
<http://dnb.d-nb.de> abrufbar.

1. Auflage 2010

Lektorat: Dorothee Koch / Sabine Schöller

VS Verlag für Sozialwissenschaften ist eine Marke von Springer Fachmedien.
Springer Fachmedien ist Teil der Fachverlagsgruppe Springer Science+Business Media.
www.vs-verlag.de

Umschlaggestaltung: KünkelLopka Medienentwicklung, Heidelberg
Gedruckt auf säurefreiem und chlorfrei gebleichtem Papier
Printed in Germany

ISBN 978-3-531-17278-1

Inhaltsverzeichnis

VII. Lernbereich Sachunterricht

Zwischen Fachdidaktik und Stufendidaktik: Perspektiven für die Grundschulpädagogik

Karl-Heinz Arnold, Katrin Hauenschild, Britta Schmidt & Birgit Ziegenmeyer

Wohin geht es mit der Grundschulpädagogik? So ließe sich das Motto der Jahrestagung 2009 der Kommission Grundschulforschung und Pädagogik der Primarstufe charakterisieren. Das Thema der Tagung zeigt die Schwerpunkte dieser Richtungsfrage: Es kann zur Reflexion der disziplinären Selbstverständnisse der Fachdidaktiken anregen, es stellt Fragen zur Durchlässigkeit stufendidaktischer Konzeptionen in Hinblick auf Bildungskontinuität und es fordert die für die Grundschuldidaktik relevanten Korrespondenzdisziplinen wie Erziehungswissenschaft, Psychologie, Soziologie oder Philosophie zur Reflektion heraus.

Im Zuge der Output- und Kompetenzorientierung in allen Schulstufen rücken Schlaglichter wie „Fachunterricht ab Klasse 4?" oder „Turbo-Abitur?" auf der einen und eklatante empirische Ergebnisse wie z.B. die Bildungsbenachteiligung von Kindern mit Migrationshintergrund auf der anderen Seite zunehmend in die öffentliche, bildungspolitische und wissenschaftliche Diskussion. Wie kann sich die Grundschulpädagogik in diesem Diskurs positionieren und welche Entwicklungsperspektiven ergeben sich im Spannungsfeld zwischen den Anliegen der Fachdidaktiken und den Aufgaben der Stufendidaktiken?

Fachdidaktiken und Stufendidaktiken sind herausgefordert, die Isoliertheit des Denkens zu öffnen und Anschlussfähigkeit zu befördern. Das meint erstens die Öffnung der Fachdidaktiken wie auch der bildungswissenschaftlichen Disziplinen im Sinne horizontaler Anschlussfähigkeit, indem disziplinäre Sichtweisen überwunden werden, denn die Pädagogik der Grundschule *als erste Schule für alle Kinder* fordert ganz besonders zu interdisziplinären Konzepten heraus. Zweitens stehen Stufendidaktiken vor der Aufgabe, konsistente Lernentwicklungen von Kindern durch vertikale Anschlussfähigkeit zu befördern. Die Reformbestrebungen, z.B. Elementar- und Primarpädagogik besser miteinander zu verbinden, setzen hier einen richtungweisenden Akzent. Im gleichen Zuge müssen fachdidaktische und stufendidaktische Fragen nach der Anschlussfähigkeit „nach oben" bearbeitet werden: Hier müssen fachsystematische Zugänge und kindorientierte Perspektiven weiter ausgehandelt werden.

Mit dieser Bezugnahme auf unterschiedliche didaktische Referenzsysteme wurde in den vielfältigen Beiträgen zur Tagung ein breites Spektrum von

Problemstellungen aufgespannt, die sowohl die Grundschule als Institution wie auch die Grundschulpädagogik als Disziplin betreffen.

Die Plenarvorträge stellten das Tagungsthema in die breite Diskussion der an der Grundschulforschung beteiligten Wissenschaften: Prof. Dr. Rainer Dollase (Universität Bielefeld) eröffnete mit seinem Vortrag zu „Bildung im gestuften System: Die Wiederentdeckung der kompensatorischen Erziehung?" die Tagung mit einer empirisch-kritischen Perspektivnahme. So gibt es auch in der Grundschulforschung das Kuriosum, dass weitgehend gleiche Forschungsthemen, zu denen beträchtliche empirische Evidenzen vorgelegt wurden, „wiederentdeckt" bzw. mit neuen Begriffen wiedererfunden werden. Dies ist einerseits erfreulich, weil damit neue Forschungsressourcen erschlossen werden. Als eher problematisch erscheint dieses Phänomen unter wissenschaftssystematischen Gesichtspunkten: Die Grundschulforschung und Pädagogik der Primarstufe findet hier einen Anlass zu ihrer Selbstvergewisserung als wissenschaftlicher Disziplin.

Frau Prof. Dr. Elfriede Billmann-Mahecha (Leibniz Universität Hannover) brachte entwicklungspsychologische Aspekte im Kontext der Pädagogischen Psychologie in die Diskussion ein.

Prof. Dr. Sigrid Blömeke (Humboldt-Universität zu Berlin) richtete den Blick schließlich auf die Perspektive der (angehenden) Lehrerinnen und Lehrer und stellte die Frage nach einer schulstufen- und schulformspezifischen Lehrerprofessionalität.

Dass die Kommission Grundschulforschung und Pädagogik der Primarstufe eine bemerkenswert große und thematisch umfassend sowie fokussiert arbeitende Forschergemeinschaft bildet, zeigte sich auch mit den über 80 eingereichten Einzelbeiträgen der Tagung sowie in dem Angebot von Schwerpunktthemen in Symposien, von denen dieser Tagungsband ebenso berichtet wie – erstmalig – von den Posterpräsentationen.

Der von Prof. Dr. Wolfgang Einsiedler initiierte Nachwuchsworkshop thematisierte methodologische Grundfragen der Bildungs- und Unterrichtsforschung. Für diesen Tagungsband hat die Mehrzahl der Referentinnen und Referenten die Textform ihres Beitrags dankenswerterweise zur Verfügung gestellt.

Die Weiterführung der Zeitschrift für Grundschulforschung im nunmehr dritten Jahr mit einer sehr beachtlichen Menge von avisierten Themenschwerpunkten sowie die Vergabe des Aloys-Fischer-Grundschulforschungspreises für besonders erfolgreiche Nachwuchswissenschaftlerinnen und Nachwuchswissenschaftler geben weitere Hinweise für die Beantwortung der Mottofrage der Tagung in 2009: Die Erforschung der grundschulischen Bildung und Erziehung ist in Deutschland auf einem sehr erfolgreichen Weg.

Hildesheim, im Frühjahr 2010

I. Hauptvorträge

Bildung im gestuften System: Die Wiederentdeckung der kompensatorischen Erziehung?

Rainer Dollase

Der Elementar- und Primarbereich war und ist Adressat für kompensatorische und langfristig wirksame Förderung. Hierfür grundlegend ist die Annahme, dass in jungen Jahren eine besondere Formbarkeit und Vulnerabilität des Kindes vorliegt. Besondere „Entwicklungsfenster", d.h. sensible Perioden für den Erwerb bestimmter Kompetenzen, sind häufiger offen als im späteren Lebensalter: Was Hänschen nicht lernt, lernt Hans nimmermehr (Paschen 1988).

Die kompensatorische Erziehung, die in den 60er und 70er Jahren des vorigen Jahrhunderts die pädagogische Diskussion im Anschluss an amerikanische Bildungsbemühungen bestimmte (Miller 1967), war eine institutionalisierte Form von Erziehung und Bildung, die es sich zum Ziel gesetzt hatte, die durch Unterschichteltern verursachten Defizite in der Entwicklung ihrer Kinder auszugleichen (Iben 1971; Jendrowiak 1978). Ihre unausgesprochene Annahme ist dabei, dass institutionalisierte, staatliche oder öffentliche Erziehung derartig mächtig sei, dass sie Erziehungs- und Bildungsdefizite der Eltern ausgleichen könne (Rauer/Valtin 1995). Zugleich sollte durch die kompensatorische Erziehung eine gewisse Startgleichheit für den weiteren Weg durch das Bildungssystem erreicht werden. Es ging der kompensatorischen Erziehung also nicht allein darum, die Bildung der Unterschichtkinder zu verbessern, sondern sie auch mit jenen aus der Bildungsschicht konkurrenzfähig zu machen. Alle sollten besser werden – aber die aus der „Unterschicht" auch noch was aufholen. Allerdings changiert die Begriffsverwendung zwischen diesen beiden Polen.

1 Ein altes Problem: Kinderarmut und Bildungsgerechtigkeit

Die aktuelle pädagogische Diskussion ist notorisch eine Wiederholungsdiskussion altbekannter Probleme. Ob es sich um Fehltritte der Reformpädagogik, um Vorschulerziehung, um Geschlechtergerechtigkeit oder um schichtspezifische Bildungsgerechtigkeit handelt, immer gibt es weit zurückliegende empirische und theoretische Phasen, in denen alle Facetten des Themas bereits diskutiert und zum Teil auch ergebnishaltig abgeschlossen worden sind. Alte Forschungen und Probleme werden nach wenigen Jahren vergessen. Das Vergessen erspart den mühsamen Weg einer ausgedehnten Lektüre (Dollase 2002).

Die Bildungsungerechtigkeit bzw. die Vernachlässigung der Kinder der Armen hat in der Tat eine lange Tradition. 1828 erschien in Wien ein Titel: „Über die frühzeitige Erziehung der Kinder und die englischen Kleinkinderschulen oder Bemerkungen über die Wichtigkeit, die kleinen Kinder der Armen im Alter von anderthalb bis sieben Jahren zu erziehen nebst einer Darstellung der Spitalfelder Kleinkinderschule und des daselbst eingeführten Erziehungssystems von Samuel Wilderspin". Wilderspin ist über Jahrzehnte mit seinen Kleinkinderschulen, in denen zweihundert bis dreihundert kleine Kinder in hörsaalähnlichen Räumen anhand von Bildmaterial, Reimen und Lektionen gebildet wurden, populär und bekannt gewesen. Die Kinder haben an seinen Veranstaltungen – gleichwohl extrem frontal – offenbar mit Disziplin und Interesse teilgenommen, weil der Rest ihrer Welt – kein Spielzeug, keine Bilderbücher, keine Möglichkeiten zu spielen etc. wegen der außerhäusigen Lohnarbeit ihrer Eltern – ihnen hochgradig unattraktiv erschien: Wilderspins Schulen waren attraktiver als das Umfeld.

Auch im zwanzigsten Jahrhundert gab es in den 40er Jahren in den USA empirische Untersuchungen zum Zusammenhang zwischen Schulerfolg und sozialer Schicht des Elternhauses (Davis/Havighurst 1946). Spätestens in der internationalen Forschung in den Jahren nach dem zweiten Weltkrieg setzte sich die generelle Erkenntnis durch: Wer arm ist, ist krank, hat Probleme in der Schule, ist öfter ein Mensch mit Migrationshintergrund, hat mehr Kinder. Die grundlegenden Forderungen und Überlegungen, wie man diesem fatalen Zusammenhang begegnen könnte, waren in der Fachwelt und auch in der Politik seither bekannt.

Ehe die empirischen Untersuchungen zum Misserfolg bzw. bescheidenen Erfolg der kompensatorischen Erziehung erwähnt werden, müssen zur Klärung der grundlegenden Fragen einige logische Eckpunkte der damaligen Diskussion erläutert werden.

Zu diesem Zweck bedienen wir uns eines sportlichen Beispiels. Bei der Leichtathletik-Weltmeisterschaft 2009 hat der Jamaikaner Usain Bolt den 100-m-Lauf in einer fabelhaften Zeit gewonnen. Er war den Konkurrenten derartig überlegen, dass Zweifel am regelgerechten Erwerb seiner Kondition freimütig geäußert wurden. Betrachtet man einen sportlichen Wettkampf und seinen Ausgang, so kann man an einen Wettbewerb einige Fragen stellen, die legitim und berechtigt sind.

Erste Frage: War die Messung korrekt, d.h. man kann problematisieren, ob die Feststellung des Siegers und des Zweiten, Dritten etc. korrekt war oder ob hierbei Fehler passiert sind. Die Präzision der Selektion stünde also bei einer Übertragung auf pädagogische Fragen an. Sind beispielsweise die Übergangsempfehlungen von der Grundschule in die weiterführenden Schulen korrekt? Ist die Notengebung objektiv, reliabel und valide? Sind Wortbeurteilungen frei von

Vorurteilen? Führen Übergangsinformationen vom Elementar- in den Primarbereich zur Weitergabe von Vorurteilen?

Zweite Frage: Hatten alle, die in den Wettkampf eingetreten sind, die gleichen Voraussetzungen? In dieser Frage werden die Bedingungen geprüft, die die Fähigkeiten der Wettkampfteilnehmer betreffen. Bezogen auf die pädagogischen Fragen würde dies bedeuten, dass man die Ausgangsbedingungen vor Beginn des Wettbewerbs problematisiert: Waren sie fair, waren sie gleich verteilt? Es fällt bei einem sportlichen Wettkampf sofort auf, dass die Herstellungsbedingungen nur bezüglich der Verwendung von Dopingmitteln im Sport problematisiert werden – die Trainingsbedingungen, unter denen Leistungen entstehen, die jeweils inländische Organisation der Talentfindung und Talentförderung gelten bei sportlichen Wettkämpfen nicht als ungerecht. So haben alle 100-m-Läufer auch bezogen auf ihre Trainingsbedingungen unterschiedliche Startchancen.

Dritte Frage: Soll die Messung relevant sein? Bei einem 100-m-Lauf weiß jeder, dass Menschen nicht nur nach ihren Fähigkeiten, einen 100-m-Lauf möglichst schnell zu absolvieren, bewertet werden. Der Rangplatz ist höchst spezifisch und verweist im Übrigen nicht auf die Platzierung in einem gesellschaftlichen Entlohnungssystem hin. Bezogen auf den pädagogischen Kontext haben wir eine ähnliche bzw. auch verschiedene Situation/-en. Der Schulerfolg hat für das weitere Leben eine entscheidende Bedeutung. Der Hinweis, dass man auch ohne schulischen Erfolg ein wichtiger Mensch für die Gesellschaft sein kann, erzeugt bestenfalls ein resigniertes Achselzucken: Das mag zwar stimmen, aber es ist nicht so, weil man die Vorurteile der Zeitgenossen als naturgesetzliche Konstanten nimmt. Tatsache ist aber: Eine Leistung für die Gesellschaft ist ohne Abitur, ist ohne mittleren Schulabschluss denkbar und möglich.

Während diese drei Fragen logische und vernünftige Fragen sind, die man an einen Wettbewerb stellen kann, so gibt es auch eine Reihe unlogischer Beklagungen, die damit zusammenhängen, dass man das grundlegende Arrangement des Wettbewerbs nicht akzeptieren will. So könnte man beim 100-m-Lauf unsinnigerweise beklagen, dass es Verlierer gibt. Man könnte beklagen, dass immer dieselben Nationen gewinnen und immer dieselben Nationen verlieren. Man könnte die Siegerehrung mit dem Argument abschaffen, dass man jemanden, der lediglich im 100-m-Lauf gewonnen hat, nicht so sehr hervorheben solle, da der Wert eines Menschen sich auch nach anderen Kriterien ergibt. Der Höhepunkt der unlogischen Beklagungen wäre, wenn jemand sagen würde, alle hätten Erster sein können, wenn sie nur dieselben Trainingsbedingungen gehabt hätten. Im Übrigen würde jeder Sportmediziner, jeder Genetiker in einem solchen Fall darauf hinweisen, dass dann die abschließende Reihung der 100-m-Läufer nur noch von der genetischen Ausstattung abhängig wäre. Wenn die Trainingsbedingungen, also die Lernbedingungen identisch sind, dann gibt es eine Hierarchie, die sich auf die Erbvorteile und Erbnachteile gründet.

Die entscheidende Frage bei Wettbewerben ist die Frage nach den Ursachen der individuellen Ungleichheit. Während man ungleiche Startbedingungen bei sportlichen Wettkämpfen in Kauf nimmt und darauf verweist, dass sich ja alle bemühen könnten, ihre Trainingsbedingungen zu optimieren, würde man beim Schulsystem heute die Frage immer noch im Sinne eines simplen Objektivismus beantworten. Dass jemand bei Schulbeginn schlechter ist als andere, hängt davon ab, dass wir ihn gesellschaftlich ins Abseits gestoßen haben. Fakt ist aber, dass auch bei intelligenzaffinen Bildungsunterschieden genetisch unterschiedliche Voraussetzungen nicht auszuschließen sind. Selbstverständlich werden Menschen auch durch unterschiedliche Umwelten verschieden. Es gibt Bildungsschichten in unserer Gesellschaft, die einen Erziehungsstil praktizieren, der vom Schulsystem besonders geschätzt wird und der dazu geeignet ist, schulische Voraussetzungen bei den Kindern besser herzustellen. Bei den Quellen der individuellen Ungleichheit sind aber auch sehr individuelle Entscheidungen zu berücksichtigen, es gibt bei Schülern Bildungsmüdigkeit, Bildungsunlust, aber auch eigenständige Entscheidungen, vor allen Dingen in späteren Lebensaltern, etwa in der Pubertät, mit denen sie sich mutwillig und auch in Kenntnis möglicher negativer Effekte ihren eigenen Lebensweg verstellen. Schließlich trägt auch der Zufall zur Verschiedenheit der Menschen bei (z.B. durch Unfälle, Krankheiten, Schicksalsschläge, durch zufällige Verknüpfungen mit anderen Menschen, die eine positive oder negative Bedeutung für die eigene Karriere haben etc.). Anlage, Umwelt, Selbst und Zufall sind die großen Gruppen, aus denen Quellen der individuellen Ungleichheit entstehen. Eine Totalkontrolle der beeinflussbaren Faktoren (Umwelt, Selbst, Zufall) ist vor allen Dingen in pädagogischen Institutionen, in denen die Zahl der erziehenden Erwachsenen verdünnt ist, nicht möglich. Selbst wenn alle manipulierbaren Faktoren verbessert würden, blieben genetische Unterschiede, die dann (s.o.) besonders relevant für Unterschiede zwischen Menschen werden.

Bei der Betrachtung der Quellen der individuellen Ungleichheit wird deutlich, dass es einige Binsenweisheiten gibt. Wo Wettbewerb ist, da sind auch Verlierer. Eine Leistungsgesellschaft ist nicht ohne Leistungsversager zu haben. Wer die Besten für einen Job sucht, erzeugt immer auch Verlierer, Menschen, die bei dieser Bestenauswahl nie zum Zuge kommen. Selbst wenn alle die gleichen Voraussetzungen hätten, gäbe es bei Wettbewerben Gewinner und Verlierer. Die Menschen sind immer verschieden, im Vergleich mit einem Gütemaßstab gibt es immer gute und schlechte Personen.

Das Konzept kompensatorischer Erziehung hatte nicht nur ein empirisches, sondern auch ein theoretisches Ende. So analysierte man im Anschluss an Basil Bernstein den elaborierten und restringierten Sprachcode. Ein elaborierter Mensch würde sagen: „Würdest du mir bitte den Gefallen tun und etwas leiser sein?" Wohingegen der restringierte Sprachcode sagen würde: „Sei leise!" Ein elaborierter Code könnte fragen: „Warum sehen Sie mich so sonderbar an?" Im restringierten Code würde man sagen: „Ist was?" oder „Was guckst du?" (Bernstein 1972).

Wenngleich die Herzen der Bildungsbürger höher schlagen, wenn jemand elaboriert spricht, so hat man damals doch erkennen können, dass zwischen diesen beiden Sprachstilen zwar Unterschiedlichkeit festzustellen ist, aber dass man nicht ohne weiteres sagen könne, der restringierte Code sei defizitär. Die Defizitthese lautete damals, die anderen, die nicht so sind wie der Bildungsbürger, sind *defizitär*, die Differenzthese meint, die anderen sind *anders* als der mittelschichtige Bildungsbürger. Der Wechsel von der Defizitthese zur Differenzthese erzeugte in den damaligen Jahren und Jahrzehnten eine ziemliche Überraschung, weil die Bildungsschicht es nicht gewohnt war, ihre eigene Kultur kritisiert zu sehen. Es wurde offenbar, dass hier eine bestimmte soziale Schicht sich zur Missionierung anderer Bevölkerungsschichten anschickte und in typisch narzisstischer Selbstüberschätzung anderen die eigene Lebensweise als Heilsweg empfahl. In der Tat muten viele kulturelle Denkmäler der Mittelschicht wie des Kaisers neue Kleider an. Jemand, der etwa vor Yves Kleins „Monochromes Blau" im Ludwig Museum Köln steht und dieses Werk verehrt (es handelt sich um eine blau gestrichene Sperrholzplatte), realisiert eine Karikatur der Bildungsschicht. In eigenen Studien haben wir damals gefunden, dass die Unterstellung von Realitätsflucht durch Musik nicht auf die Unterschichten zutraf, sondern im Gegenteil auf die Bildungsschichten (Dollase/Rüsenberg/Stollenwerk 1986). Hier konnte ein klarer korrelativer Zusammenhang zwischen der Funktion von Musik, „Musik ist eine Art Trost, wenn ich Probleme habe", und der durchschnittlichen Anzahl von Problemen einer Problemliste gefunden werden, der die damalige Projektion mittelschichtiger Problembearbeitung auf die Unterschicht Lügen strafte. Bildungsbürger haben mehr Probleme und versuchen, die Probleme mit Hilfe der Musik zu bearbeiten als Unterschichtmenschen, die Musik, auch Unterhaltungsmusik à la Maria Hellwig oder Peter Alexander, einfach als Unterhaltung und Hintergrundmusik werten.

2 Empirie: Untersuchungsergebnisse zur kompensatorischen Erziehung kritisch betrachtet

An den akademischen Stammtischen gilt es als ausgemacht, dass eine frühe Einschulung einen wesentlichen Beitrag zur kompensatorischen Erziehung beitragen könne, bzw. sie müsse dazu führen, dass die Anfangsunterschiede in der Grundschule nicht mehr so gravierend sind, wie sie sich zur Zeit empirisch darstellen. Diese Idee ist ebenfalls alt, denn 1970 hatte der Deutsche Bildungsrat beschlossen, die Kinder mit fünf Jahren einzuschulen. Die Länder machten daraufhin Modellversuche und diese Modellversuche sind so ausgegangen wie der des Landes Nordrhein-Westfalen. Nordrhein-Westfalen hat in einem Modellversuch über sieben Jahre fünfzig Modellkindergärten und fünfzig Vorklassen (bezüglich des sozioökonomischen Status vergleichbar gemacht) miteinander verglichen: Wo werden Kinder besser gefördert: im Modellkindergarten oder in einer Vorklasse? Die Vorklassen waren nullte Schuljahre an öffentlichen Schulen, eine Sozialpädagogin leitete diese, eine Lehrerin unterstützte sie bei ihrer Arbeit und führte die Fünfjährigen in die Anfangsgründe des Lesens, Schreibens und Rechnens ein. Wider Erwarten und wider den Augenschein ergaben sich in der Längsschnittuntersuchung mit einer Kontrollgruppe von Kindern, die keinerlei vorschulische Institutionen besucht haben, keine wesentlichen Unterschiede in den kognitiven Variablen. Ewert schreibt „keinen Leistungsvorsprung vor ihren Klassenkameraden", Schmerkotte schreibt „ließen sich bei den meisten Testverfahren keine Unterschiede nachweisen" und Winkelmann et al. schreiben „keine praktisch ins Gewicht fallenden Unterschiede der kognitiven Fortschritte zwischen Modellkindergartenkindern und Vorklassenkindern". In einer eigenen Untersuchung konnte eine bessere Schulanpassung der Kindergartenkinder zur Schule im Vergleich zu den Vorklassenkindern und Kontrollkindern festgestellt werden. Das Ergebnis war damals überraschend, heute allerdings nicht mehr, weil heute auch Länder, die ihre Kinder bislang mit fünf Jahren eingeschult haben, wie Großbritannien, sich anschicken, das Einschulungsalter wieder zu erhöhen. Der PISA Sieger Finnland schult wie andere skandinavische Länder die Kinder mit sieben Jahren ein.

Bezogen auf die kompensatorischen Effekte der Vorschulerziehung schrieben Winkelmann et al. (1977, 360): „Bezüglich der sozialkompensatorischen Bildungswirkung (bzw. des Mangels an sozialkompensatorischer Bildungswirkung) konnte kein signifikanter Unterschied zwischen den beiden Einrichtungsarten festgestellt werden. Von einer echten Kompensation der sozial bedingten kognitiven Defizite durch den Besuch einer Bildungsinstitution im letzten Vorschuljahr kann also nicht gesprochen werden". Sie verweisen allerdings auf ein immer gültiges Argument: jetzt und unter diesen Umständen konnten die Effekte nicht festgestellt werden – aber wenn man sie verbessern würde?

In meiner eigenen Untersuchung stellte ich damals die Frage an Erzieher, welche Gruppen von der vorschulischen Erziehung besonders profitiert haben. Gefragt nach dem Entwicklungsfortschritt ergab sich dann, dass die Oberschicht und die Mädchen insbesondere von der vorschulischen Erziehung profitiert haben, also die Gruppen, die auch vorher bereits besser waren als die anderen. Das ist eine der seltenen Bestätigungen des so genannten Matthäus-Effektes („wer hat, dem wird gegeben", ein Bibelzitat). Die kompensatorischen Bemühungen nutzen also, wenn ich die Ergebnisse meiner eigenen Untersuchung zugrunde lege, vor allen Dingen denjenigen, die es nicht nötig haben (Dollase 1979).

Allerdings ist die obige Prüfung im Kindergarten-Vorklassen-Versuch nicht die einzig mögliche, die man zum Effekt institutionalisierter Förderung angeben könnte. Der Vergleich von Kindern aus der Unterschicht mit anderen Kindern aus der Unterschicht, die keine vorschulische Erziehung genossen haben, dürfte zumindest Aufschluss darüber geben, welchen Nutzen diese Kinder von einer öffentlichen Vorschulerziehung haben könnten. Auch diese Förderung firmiert ja (s.o.) unter dem Begriff „kompensatorische Erziehung".

Solche Überprüfungen standen oft im Zentrum des Headstart-Projektes in den USA. Headstart heißt soviel wie Kopfstart, Frühstart. Dahinter verbirgt sich ein Millionenprogramm zur frühkindlichen Bildungs- und Intelligenzförderung. Es begann in den 60er Jahren und dauert bis heute an. Es gibt mittlerweile 1670 Zuwendungsempfänger und rund eine Million Kinder, die am Headstart Programm teilgenommen haben. Headstart war ein komplexes und auch im heutigen Sinne sehr fortschrittliches Förderprogramm. Die Ziele sollten sein (Iben 1971, 23f.): Stärkung des Selbstbewusstseins, Entwicklung von Lernfreude und Leistungsmotivation, Anpassung an Verhaltens- und Leistungsnormen, kognitive Förderung und Leistungssteigerung vor allem bei bestimmten Handicaps, Erweiterung der Umwelterfahrung, Verhinderung von Schulversagen, Abbau von Vorurteilen, Einbeziehung der Eltern, Berufsausbildung, spezielle Lehrerausbildung, Verbesserung der Gesamtstruktur benachteiligter Wohngebiete etc. Es hat zahlreiche Evaluationen von Headstart gegeben. Relativ selten ist eine Zufallsaufteilung auf Versuchs- und Kontrollgruppe, häufiger ein Matching von Versuchs- und Kontrollgruppe oder auch nur eine statistische Kontrolle von Anfangsunterschieden (Ausgangslage als Kovariat) oder aber eine Zusammenfassung mehrerer Studien, so genannte Metaanalysen. Seit 1998 läuft die sogenannte „National Headstart Impact Study", in der man tatsächlich eine Zufallsaufteilung von Kindern auf Versuchs- und Kontrollgruppe realisiert hat (N=ca. 5000). Erste Ergebnisse zeigen, dass es kleine bis mäßige Effekte der Voraussetzung für Lesen und Schreiben gibt, dass der Wortschatz sich vergrößert und dass das Gesundheits- und Problemverhalten sich bessert. Effekte auf Mathematik oder soziale Fähigkeiten wurden nicht gefunden. Es bleibt abzuwarten, was weitere Messzeitpunkte der National Headstart Impact Study für Ergebnisse zeitigen. Ansonsten hat man schon 1982 in einer Zusammenfassung vieler Studien gefunden (Lazar/Darlington 1982), dass für Kinder aus „low-income families" oder „slums" eine vorschulische Erziehung langfristig positive Folgen haben kann. Berühmt geworden ist die so genannte Perry-Preschool-Study, in der die Kinder mit 19 Jahren und später auch mit vierzig Jahren noch einmal untersucht worden sind. Interessant sind die Erfolgskriterien, die weniger zu tun haben mit dem relativen Erfolg der geförderten Kinder, sondern eher mit ihrem absoluten Erfolg. Die Delinquenz konnte reduziert werden, die Jahre in der Sonderschule wurden verringert, der vorzeitige Schulabgang ist deutlich seltener, die Vorschulkinder haben entweder häufiger eine Berufsausbildung oder ein College besucht, sie sind häufiger beschäftigt und sie können sich öfter selbst versorgen. Das sind Erfolgskriterien, die nicht in die Paradoxien des Matthäus-Effektes hineinreichen, sondern es sind für die Gesellschaft spürbare Erfolge. Weikart und Schweinhart schreiben dann auch, dass ein Dollar investiert in die vorschulische Erziehung dem Staat zwei Dollar an Wohlfahrtskosten erspart (Schweinhart/ Weikart 1986). Auch in Deutschland wurde später der segensreiche Besuch einer Vorschuleinrichtung für Migrantenkinder bestätigt (Spiess/Büchel/Wagner 2003).

Fazit: Slum Kinder, „Low-income-children", Migrantenkinder und ihre Familien profitieren vom Besuch eines guten Kindergartens oder einer guten Grundschule, sie gewinnen Zuwächse in einigen Programmen – nicht in allen (Jendrowiak 1978; Rauer/Valtin 1995). Gleichzeitig verbessern sich Kinder aus der Bildungsmittelschicht aber auch – Matthäus Effekt hin oder her – bis zum Abi bleiben Sozialschichtunterschiede bestehen.

Von großem Interesse ist ein didaktischer Nebenkriegsschauplatz dieser Studien: Schweinhart und Weikart machen sich für eine so genannte „child-initiated", also kindzentrierte, situationsorientierte oder entwicklungsangemessene Art der Arbeit mit den kleinen Kindern stark, weil die erfolgreichen Headstart Projekte hiernach gearbeitet haben, wohingegen andere auf den Erfolg der direct instruction, eines strammen Lernprogramms von Bereiter und Engelmann „Learning to Learn", das „Lernen lernen" schwören. Wegen der partiellen Unvergleichbarkeit der Evaluationsstudien fällt es schwer, ein endgültiges Fazit zu ziehen. Es scheint aber ein deutliches Überwiegen für den child-initiated Ansatz zu geben, der auch in anderen Ländern als den USA beobachtet wurde. Das heißt: Ein Verschulungsansatz der aufholenden oder komplementären Erziehung von Unterschichtkindern war hier genauso wenig erfolgreich wie im Kindergarten-Vorklassen-Versuch in NRW (Lazar/Darlington 1982; Schweinhart/Weikart 1986; Rauer/Valtin 1995).

Generell muss man den Eindruck haben, dass auch empirisch die kompensatorische Erziehung bzw. die Idee, in den frühen Jahren Defizite der familiären Sozialisation auszugleichen, zu einer Fülle neuer Fragen und zur Konstatierung

von einer zunächst eindeutigen Wirkungslosigkeit bezogen auf den Ausgleich –
aber nicht auf die Förderbarkeit von Unterschichtkindern generell geführt hat.
Auch neuere Untersuchungen kommen zu ähnlichen Ergebnissen. Fragt
man, ob eine frühere Einschulung im Vergleich zu einer späteren positive Effekte haben könnte, so überraschen die Ergebnisse von Puhani und Weber (bzw.
Mühlenweg, geb. Weber). Die Autoren haben die IGLU-Daten benutzt, um Unterschiede zwischen den Kindern festzustellen, die mit sechs Jahren und solchen,
die mit sieben Jahren eingeschult worden sind. Ihr Ergebnis ist ziemlich eindeutig und deckt sich mit einigen skandinavischen Untersuchungen: Die mit sieben
Jahren eingeschulten Kinder sind im vierten Schuljahr fast eine halbe Standardabweichung besser als die mit sechs Jahren. Damit ist dem rein volkswirtschaft-
lichen Argument: früher rein, früher raus, die Basis entzogen, da es davon
ausgeht, in kürzerer Lebenszeit die gleiche Bildungsqualität erreichen zu können. Solche Analysen sprechen natürlich für eine spätere Einschulung, so wie sie
in vielen Ländern üblich ist. Das relativ frühe Einschulen hat auch noch andere
negative Effekte, die Andrea Mühlenweg (Spiegel online) beschrieben hat: Wer
früher in die Grundschule kommt, wird später seltener aufs Gymnasium
empfohlen (Puhani/Weber 2006).

Zu den neueren Ergebnissen gehört auch, dass die überwiegende Mehrheit
der europäischen Staaten (Eurostat, 2009) ihre Kinder mit sechs oder sieben
Jahren einschulen. Lediglich Litauen, Luxemburg, Ungarn, Malta, Holland und
England schulen noch mit fünf Jahren ein. Interessant ist, dass Großbritannien
(s.o.) aufgrund von Metaanalysen der vorliegenden Forschungen davon ausgeht
(Cambridge Primary Review), dass eine spätere Einschulung für englische
Kinder sinnvoll sei. Es kann also nicht davon die Rede sein, dass alle europäischen Länder mit fünf Jahren einschulen, sondern die Mehrheit schult mit
sechs und sieben Jahren ein und diejenigen, die mit fünf Jahren eingeschult haben, überlegen sich, ob sie eine spätere Einschulung einführen wollen.

Wem soll eigentlich die kompensatorische Erziehung zugute kommen? Wer
die PISA-Studien aufmerksam liest und sich auch die Korrelationsdiagramme
zwischen sozialer Schicht und Leistungswerten anschaut, wird unschwer feststellen, dass es bei einer mittleren Korrelation von .50 jede Menge Kinder aus der
Unterschicht gibt, die hervorragende kognitive Fähigkeiten entwickeln und auf
der anderen Seite auch jede Menge von Kindern aus der Bildungs-Mittel- und
Oberschicht, die extrem schlechte Werte erreichen. Fend hat in einer neuen Studie (mdl. Mitteilung 2009) unter anderem festgestellt, dass von den Kindern, deren Eltern beide Abitur haben, rund dreißig Prozent das Abitur nicht schaffen
und umgekehrt von den Eltern, die beide kein Abitur haben, dreißig Prozent das
Abitur schaffen. Das heißt, in diesem Auf- und Abstiegsgeschehen bezogen
auf Bildungsabschlüsse gibt es eine erhebliche Ausnahmequote, die hinter den

publizierten „Gesetzen": „Unterschichtkinder sind stark benachteiligt bei Bildungsabschlüssen" verborgen sind. Sollte kompensatorische Erziehung auch denen angediehen werden, die aus der Bildungs-Mittel- und Oberschicht kommen, aber schlechte kognitive Fähigkeiten haben?

3 Die Zukunft: Was tun wir mit Bildungs- und Schulversagern?

Solange irgendwo Wettbewerbe veranstaltet werden, solange das Leistungsprinzip regiert, solange die Bestenauswahl bei der Besetzung von Stellen unausweichlich ist, so lange wird es immer wieder Verlierer von Wettbewerben, Bewerbungen und Stellenbesetzungen geben. Da die bisherigen Fördererfahrungen dazu geführt haben, dass eine Art kompensatorischer Erziehung nicht zu einer wirklichen Gleichheit der Kinder und Jugendlichen führt, also den relativen Nachteil nicht ausgleichen kann, ist die Frage unausweichlich, was mit denjenigen in einer Gesellschaft geschehen soll, die Wettbewerbe verlieren. Hierbei soll eine mögliche Problematisierung jedweden Wettbewerbs unterbleiben – die Experimente im Ostblock haben gezeigt, dass der Wegfall von Wettbewerb und Leistungsprinzip auch zu einer allgemeinen Faulheit führen kann und Menschen unter Umständen nicht motiviert werden, besondere Leistungen zu erbringen. Inwiefern dieses durch steuernde Maßnahmen verhindert werden kann, ist nicht Gegenstand dieses Artikels – gleichwohl wäre eine solche Forschung und Debatte nötig.

Hier sollen stattdessen konkrete Gestaltungshinweise für das Schul- und Bildungssystem wegen der Unausweichlichkeit des Versagens und Verlierens entworfen werden.

3.1 Bildungsdünkel abbauen

Im Bestreben, mehr Geld für Bildung in der notorisch unterfinanzierten Bildungspolitik der Bundesrepublik Deutschland locker zu machen, wird hin und wieder eine Bildungseuphorie erzeugt und der höhere Bildungsabschluss unangemessen in den Himmel gehoben. Das erzeugt einen Kollateralschaden – nämlich den Bildungsdünkel. Bei einer Studie an 6500 Bundesbürgern, die im Zusammenhang mit der Erforschung von Fremdenfeindlichkeit durchgeführt wurde, konnte mit der Methode des vollständigen Paarvergleichs eine eindeutige Hitparade der Kriterien ermittelt werden, nach denen Menschen andere Menschen beurteilen (Dollase/Koch 2010). Auf Platz eins führt der Bildungsabschluss, Platz zwei ist der Beruf, Platz drei das Alter, Platz vier das Geschlecht, Platz fünf die Nationalität und Platz sechs, und damit letzter, ist die Religionszugehörigkeit. Daraus ist zu schließen, dass in Deutschland Bildung und Beruf, als Diskriminierungskriterien vorherrschend sind – und nicht Religion und Nationalität. Möglicherweise gereicht den Zugewanderten aus dem arabischen und türkischen Raum gerade ihre Unterschichtzugehörigkeit zur Diskriminierung – weniger die Nationalität oder die Religion. Ein Arzt aus der Türkei oder aus Syrien beispielsweise genießt in der Bundesrepublik selbstverständlich ein höheres Ansehen als ein Straßenkehrer deutscher Herkunft. Diesen Bildungsdünkel abzubauen, muss eine beständige Aufgabe der Wertevermittlung in unserem Schulsystem sein. Es ist bedauerlich, dass im Antidiskriminierungsgesetz eine Diskriminierung nach Bildungsabschluss und Beruf nicht verboten wurde.

3.2 Bildungsgerechtigkeiten sind ein statistisches Problem – kein individuelles. Ergo: Nomothetische Aussagen dürfen keine Vorurteile begründen

So ähnlich, wie durch die Fixierung des Antidiskriminierungsgesetzes auf ein paar historisch bedeutsam gewordene bzw. gemachte Diskriminierungskriterien eine Tangentialisierung des Diskriminierungsgeschehens erreicht werden wird, so ähnlich ist auch die wissenschaftliche Diskussion von einigen historisch bedeutsamen Ungleichheitskriterien dominiert – andere werden dabei völlig vergessen. Es gibt kaum Forschung über die Chancenungerechtigkeit nach äußerem Aussehen (obwohl es hier schon sehr lange eindeutige Untersuchungen gibt) (Rost 2001), aber was noch viel bedeutsamer ist, es gibt deutliche politisch relevante Ungerechtigkeiten, die längst ausführlich beschrieben worden sind: So gibt es regionale Ungerechtigkeiten, der Durchschnitts-IQ schwankt etwa zwischen Ostfriesland und Bayern erheblich; dem entsprechen große Unterschiede bei den PISA-Leistungstests zwischen etwa Bremen, Hamburg und Nordrhein-Westfalen, den Verlierern, und Sachsen, Bayern, Thüringen auf der anderen Seite. Niemand käme allerdings auf die Idee, jemanden, der in einer intellektuell verarmten Gegend wie Ostfriesland oder Mecklenburg-Vorpommern lebt, zu diskriminieren und Förderprogramme aufzulegen, weil man natürlich weiß, dass innerhalb dieser benachteiligten Gegenden die Streuung erheblich ist. Man könnte auch wissen, dass innerhalb der Unterschicht die Streuung erheblich ist, aber darüber wird offenbar ungern geredet.

Mithin, die öffentliche Diskussion – und die veröffentlichte insbesondere – ist ungerecht und geht nicht systematisch mit Unterschieden in Bildungs- und Leistungskriterien um. Dabei wäre dieses unbedingt notwendig. In der Totalerhebung des Landes Rheinland-Pfalz bezüglich der Leistung in Mathematik (MARKUS) konnte man sehen, dass die zwanzig besten Hauptschulklassen in Mathematik im Durchschnitt besser sind, als die zwanzig schlechtesten Gymnasialklassen in Mathematik. Auch über diese Streuung innerhalb einer Sorgenklientel wird dann nicht geschrieben und geredet. Vermutlich, um die politische

Diskussion nicht zu komplizieren und einfache, mediengängige Knallernachrichten zu liefern. Dass die Lernfreude im Projekt MARKUS bei Hauptschülern und Realschülern höher war als bei Gymnasiasten, blieb ebenfalls kaum beachtet (Helmke/Jäger 2002).

Entscheidend ist der ökologische Fehlschluss: von allgemeinen Aussagen darf niemand auf den Einzelfall schließen. Nomothetische Aussagen führen zu individuellen Vorurteilen. Bildungsungerechtigkeit ist statistisch bemerkbar – im Einzelfall kann alles ganz anders aussehen.

3.3 Akzeptieren, dass Menschen früher an Grenzen kommen als andere – verlangsamen, vereinfachen

Dass Menschen unterschiedlich stark, unterschiedlich schnell, unterschiedlich intelligent, unterschiedlich gesellig sind, wird auf der einen Seite gern als Binsenweisheit und Banalität akzeptiert, aber Konsequenzen aus der Tatsache der interindividuellen großen Verschiedenheit werden selten gezogen. Vor allen Dingen eine Akzeptanz derjenigen Eigenschaften, die öffentlich als negative Vorurteile geduldet werden, findet nicht statt.

Wie kommen solche Einstellungen bei Menschen an, die in der Bildung versagt haben? Von Jürgen Walter, dem Parteienforscher, stammt eine Prekariatsstudie mit qualitativer Methodik. Hieraus einige Zitate, die in Spiegel-Online im April 2009 veröffentlicht worden sind:

> „Mit dem Begriff Chance können sie nichts anfangen, auf die Formel Chance durch Bildung reagieren sie gar wütend. Jeder oder jede von ihnen, der/die sagen wir über sechzehn Jahre ist, erfasst ganz realistisch, dass die Chancen-Bildungsgesellschaft für ihn oder sie bedeutet, in den nächsten Jahrzehnten ohne Aussichten, ohne Ansehen, erst recht ohne Möglichkeiten des Weiterkommens zu bleiben. Denn Bildung war ja der Selektionshebel, der sie in die Chancenlosigkeit hineinsortiert hatte. Bildung bedeutet für sie infolgedessen das Erlebnis des Scheiterns, des Nichtmithaltenkönnens, der Fremdbestimmung durch andere, die mehr gelesen haben, besser reden können, gebildeter aufzutreten vermögen."

Und weiter:

> „Mehr Bildungschancen mag ein Rezept für ihre ganz kleinen oder noch nicht geborenen Kinder sein – aber selbst daran glauben sie nicht. Für sie selbst heißt die Konzentration staatlicher Anstrengungen auf Bildung statt sozialen Transfers die Verfestigung von sozialer Labilität, ja Marginalität. Ganz illusionslos sehen sie, dass es für sie nicht eine einzige plausible Idee für ein sozial gesichertes und respektables Leben in den nächsten Jahrzehnten gibt."

Solche Ergebnisse, die jeder erfahren kann, der Umgang mit Schulversagern, Bildungsversagern und Leistungsversagern hat, müssen die These umdrehen:

Schulversager werden arm und nicht Arme werden Schulversager. Korrelative Studien können ohnehin die Kausalrichtung nicht deutlich bestimmen. Und während der Jahrhunderte andauernden Selektion nach Bildung muss man sich auch nicht wundern, dass es eine kaum noch zu übertreffende soziale Selektion, die immer auch eine biologische, eine genetische Selektion ist, gibt. So dass jemand, der in der Unterschicht gelandet ist, über Jahrzehnte geringere Möglichkeiten hat, aus dieser Schicht aufzusteigen. Das betrifft insbesondere Randgruppen. Die Studie von Fend (s.o.) hatte ja bei einer einigermaßen normalen Stichprobe gezeigt, dass von den Unterschichtkindern, bzw. von den Eltern, die kein Abitur haben, noch immerhin dreißig Prozent Abitur machen. Ob das aber in Zukunft so bleibt ist ungewiss.

Die Forderung ist eindeutig: eine vorrangige politische und pädagogische Aufgabe ist die Eingliederung der Bildungsverlierer in die Arbeitsgesellschaft. Wie aber kann das in einer Bildungsgesellschaft geschehen? Hierzu ein Beispiel: Es hat Anfang der 70er Jahre Zeiten gegeben, in denen die Kompliziertheit des Microsoft DOS dazu herhalten musste, Begründungen für Mengenlehre, Kenntnis von Programmiersprachen, Englisch etc. abzugeben. Das heißt, man hat einen vorübergehenden Zustand der technischen Entwicklung als Anlass genommen mehr Bildung zu fordern. Bildung hieß in diesem Fall technisch-mathematische Bildung. Dass man komplizierte Systeme wie das MS DOS natürlich vereinfachen kann, benutzerfreundlicher machen kann, musste dann erst durch die Entwicklung von Xerox und Apple und später auch Windows erfahren werden. Heute ist es möglich, Computer über analoge Gesten zu steuern und Roboter in Betrieben dadurch zu programmieren, dass man ihnen die Handgriffe vormacht, die sie dann speichern und immer wieder anwenden. Das dürfte aber noch nicht das Ende der Vereinfachung sein. Es ist denkbar, dass wir in fast allen Bereichen das Leben vereinfachen, verlangsamen, so dass auch Menschen mit geringer schulischer Bildung diese Welt beherrschen können. Die relativ wenigen Prozentsätze, die so etwas konstruieren, können wir in der Tat unter unseren Mitmenschen finden. Deswegen ist die Förderung der Hochbegabten genauso wichtig für das Wohlergehen eines Landes wie die humane, akzeptierende und anerkennende Eingliederung von Menschen, die in der Schule nicht so gut waren. Die Humanität einer Gesellschaft bemisst sich daran, wie es ihr gelingt, alle Menschen in eine Situation zu bringen, in der sie sich um das Wohl der Gesellschaft verdient machen können: „Jeder nach seinen Fähigkeiten".

3.4 Erzieherischen und Bildungsmachbarkeitswahn unterlassen – you can't always get what you want

Man muss hin und wieder den Eindruck haben, zumal man die Biographien mancher Autoren erziehungswissenschaftlicher Werke kennt, dass diesen

Autoren Basiserfahrung fehlt. Falls sie eigene Kinder haben, haben diese unter Umständen nie Schwierigkeiten in der Schule gehabt, und falls sie gar keine Kinder haben, was entschieden häufiger vorkommt, haben sie oft keine genaue Kenntnis der Realität in unseren Kindergärten und Schulen besessen. Dass Professoren, die Lehrer und Pädagogen ausbilden, selber nicht im Feld handeln können, gibt es in den beiden anderen Staatsprüfungsstudiengängen Medizin und Jura nicht. Professoren der Chirurgie müssen selbstverständlich vor den Augen der Studierenden einen Blinddarm entfernen können und Juraprofessoren können das Richteramt ausüben bzw. jemanden verteidigen. Nur Pädagogikprofessoren sind nicht darauf angewiesen, Ahnung von der Praxis zu haben. Deswegen gedeihen in ihren Publikationen auch jede Menge Illusionen. Die in diesem Zusammenhang gefährlichste ist einmal die Förderungsillusion, das heißt der Glaube, dass jeder Mensch zum Abitur gebracht werden könne, das heißt, dass er in die Lage versetzt werden könnte akademische Leistungen zu erbringen. Wer nicht wirklich mit schwierigen Schülern und Schülerinnen von Angesicht zu Angesicht zu tun hatte, kann leicht solchen Illusionen aufsitzen. Wie in vielen Publikationen dargelegt und bei Kenntnis statistischer Effektmaße sich ohnehin aufdrängend, kann die Botschaft nur lauten: Wir können ein wenig tun und wir geben uns auch Mühe, dieses Wenige zu tun, aber zu glauben, dass die Erziehung so mächtig sei, dass man alles erreichen könne, was man plant, ist „erzieherischer Machbarkeitswahn". Sich von dem zu verabschieden ist ein Gebot der Humanität (Dollase 1984).

Und die zweite schädliche Illusion ist die Wohlstandsillusion, der Glaube daran, dass die akademisch Gebildeten später viel Geld verdienen und dass es ein finanzielles Unglück ist, einen Hauptschulabschluss zu haben. Selbstverständlich sind die Statistiken bekannt, nachdem die Arbeitslosigkeit bei Akademikern niedriger ist (circa 5%) als bei Hauptschulabsolventen oder Menschen ohne Schulabschluss (circa 20%). Aber die rasante Zunahme prekärer Arbeitsverhältnisse für Akademiker, die eben etwas studiert haben, was nicht unmittelbar marktverwertbar ist, ist ebenfalls eindrucksvoll und so mancher Bachelor oder Master mit einem Studium der Medienpädagogik oder der Kulturpädagogik endet in einem Callcenter oder verkauft Essig und Öl in einem entsprechenden Laden. Leider gilt das auch für viele Diplompädagogen. Der Glaube, dass eine Gesellschaft nur aus Dienstleistern und Akademikern besteht, mithin nur aus „white collar" und Schreibtischbeamten, macht den Kern der Wohlstandsillusion aus und führt zu dramatischen Enttäuschungen über den weiteren Lebensweg, die man zur Zeit z.B. auch in Griechenland beobachten kann (z.B. extrem geringe Entlohnung von Lehrern). Man darf sich hin und wieder auch Sorgen machen, ob wir genügend gute Dachdecker, Elektriker und Maurer in unserem Lande haben, ja auch Straßenkehrer: der Streik der Straßenreinigung führt in modernen

Gesellschaften in wenigen Tagen zu einem unerträglichen Problem. Der Streik ganzer Universitäten über Jahre hinweg könnte hingegen völlig unbemerkt an der Gesellschaft vorübergehen. Das ist eine bittere, aber gleichwohl notwendig auszusprechende Wahrheit. Vergessen wir nicht: es geht darum, die Frage zu klären, was die Gesellschaft mit ihren Bildungs- und Schulversagern machen soll. Die wird es immer geben und es ist eine Aufgabe jeder humanen Gesellschaft, diesen Menschen einen angemessenen Platz in der Gesellschaft einzuräumen, an dem sie mit ihren Fähigkeiten etwas zum Wohle aller beitragen können.

3.5 Pädagogische und gesellschaftliche Maßnahmen entwickeln

Man kann die „gesellschaftlichen Bildungsungerechtigkeiten" abschwächen, auch schon im Kindergarten und in der Grundschule. Selbstverständlich müssen bei Feststellung von Förderungsdefiziten entsprechende Fördermaßnahmen ergriffen werden. Diese Fördermaßnahmen haben nicht in jedem Fall Erfolg. Das zu sagen ist genauso wichtig, wie Förderungen zu fordern. Programme alleine lösen hier gar nichts, sondern oft sind es gesamte Umgebungen, die geändert werden müssen, die zu einer lernförderlichen und lernanregenden Umgebung umgestaltet werden müssen. Wie das zu tun ist, ist in vielen reformpädagogischen und aktuellen pädagogischen Ansätzen beschrieben worden.

Literatur

Bernstein, B. (1972): Studien zur sprachlichen Sozialisation. Düsseldorf: Schwann.

Davis, A./Havighurst, R.J. (1946): Social Class and Color Differences in Child-Rearing. In: American Sociological Review 11, 698-710.

Dollase, R. (1979): Sozial-emotionale Erziehung in Kindergarten und Vorklasse. Hannover: Schroedel.

Dollase, R. (1984): Grenzen der Erziehung. Düsseldorf: Schwann.

Dollase, R. (2002): Alles schon mal dagewesen. Zur Wiederentdeckung der Bildung im Kindergarten. In: Theorie und Praxis der Sozialpädagogik 4, 39-42.

Dollase, R./Koch, K.C. (Hrsg.) (2010): Akzeptanz und Integration muslimischer Menschen. Wiesbaden: VS.

Dollase, R./Rüsenberg, M./Stollenwerk, H. (1986): Demoskopie im Konzertsaal. Mainz: Schott.

Ewert, O.M./Braun, M. (1978). Ergebnisse und Probleme vorschulischer Förderung. In: Kultusminister des Landes NRW (Hrsg.): Modellversuch Vorklasse in NRW – Abschlußbericht. Köln: Greven, 7-51.

Helmke, A./Jäger, R.S. (2002): Das Projekt MARKUS. Mathematik Gesamterhebung Rheinland Pfalz: Kompetenzen, Unterrichtsmerkmale, Schulkontext. Landau: Verlag Empirische Pädagogik.

Iben, G. (1971): Kompensatorische Erziehung: Analysen amerikanischer Programme. München: Juventa.

Jendrowiak, H.W. (1978): Kompensatorische Vorschulerziehung. In: Dollase, R. (Hrsg.): Handbuch der Früh- und Vorschulpädagogik. Bd. 2. Düsseldorf: Schwann, 179-187.

Lazar, I./Darlington, R. (1982): Lasting Effects of Early Education: A Report from the Consortium for Longitudinal Studies. Monographs of the Society of Research in Child Development 47, 2-3.

Marcon, R.A. (2002): Moving up the Grades: Relationship between Preschool Model and Later School Success. In: Early Childhood Research and Practice 4/1 (Electronic Journal).

Miller, H.L. (1967): Education for the Disadvantaged. Current Issues and Research in Education. New York: The Free Press.

Paschen, H. (1988): Das Hänschen-Argument. Zur Analyse und Evaluation pädagogischen Argumentierens. Köln: Böhlau.

Puhani, P./Weber, A. (2006): Does the Early Bird Catch the Worm? Instrumental Variable Estimate of Educational Effects of Age of School Entry in Germany. Darmstadt: TU.

Rauer, W./Valtin, R. (1995): Kompensatorische Erziehung. Hemmer, K.P./Wudtke, H. (Hrsg.): Erziehung im Primarschulalter. Bd. 7. Stuttgart: Klett, 227-257.

Rost, D.H. (Hrsg.) (2001): Handwörterbuch Pädagogische Psychologie. Weinheim: Beltz PVU.

Schmerkotte, H. (1978). Ergebnisse eines Vergleichs von Modellkindergärten und Vorklassen in Nordrhein-Westfalen. Bildung und Erziehung 31/5, 401 - 411.

Schweinhart, J.L./Weikart, D.P. (1986): Evidence of Problem Prevention by Early Childhood Education. Social Prevention and Intervention in the Analytical Perspective of Guidance, Control and Impact. Bielefeld: Universität Bielefeld.

Spiess, C.K./Büchel, F./Wagner, G.G. (2003): Children's School Placement in Germany: Does Kindergarten Attendance Matter? In: Early Childhood Research Quarterly 11, 255-270.

Winkelmann, W./Holländer, A./Schmerkotte, H./Schmalohr, E. (1977): Kognitive Entwicklung und Förderung von Kindergarten- und Vorklassenkindern. Kronberg: Scriptor.

Schulform- und schulstufenspezifische Lehrerprofessionalität?

Sigrid Blömeke

Eines der Kernmerkmale des deutschen Schulsystems ist die starke Stratifizierung der Sekundarstufe I. Mit ihr einher geht eine fast ebenso starke Stratifizierung der Lehrerausbildung, so dass mehrere Ausbildungsgänge nebeneinander stehen, die sich quantitativ und qualitativ unterscheiden. Anzunehmen ist, dass mit diesen Unterschieden in den Lerngelegenheiten angehender Lehrkräfte Unterschiede im Ergebnis, der von ihnen erreichten professionellen Kompetenz, einhergehen. Dieser Frage wird im vorliegenden Beitrag nachgegangen, und zwar auf der Basis von Daten aus der internationalen Vergleichsstudie zur Mathematiklehrerausbildung „Mathematics Teaching in the 21st Century (*MT21*)".

MT21 war auf die Sekundarstufe I ausgerichtet. An der Studie nahmen in Deutschland zum einen angehende Lehrkräfte teil, die stufenübergreifend für die Primar- und die Sekundarstufe I bzw. spezifisch für die Sekundarstufe I ausgebildet worden waren, sowie zum anderen Lehrkräfte, die stufenübergreifend für die Sekundarstufen I und II bzw. die Gymnasien ausgebildet worden waren. Im Hinblick auf die erste Gruppe kann zudem unterschieden werden nach denjenigen, die einen Schwerpunkt auf die Primarstufe, und denjenigen, die einen Schwerpunkt auf die Sekundarstufe I gelegt haben. Insofern können Lerngelegenheiten und Ergebnisse differenziert miteinander verknüpft werden.

1 Theoretischer Rahmen von *MT21*

Den Kern des theoretischen Rahmens von *MT21* bildet eine Konzeptualisierung der professionellen Kompetenz, mit der Lehrkräfte berufstypische Anforderungen erfolgreich bewältigen. „Unterrichten" sowie „Beurteilen und Beraten" stellen dabei die zentralen Anforderungen dar (KMK 2004). Auf sie ist der *MT21*-Test ausgerichtet. „Erziehen" als weitere berufstypische Anforderung ist stark normativ besetzt, so dass eine standardisierte Testung schwierig ist, die eine Klassifizierung von Antworten als richtig oder falsch verlangt. „Schulentwicklung" als eine Anforderung, der in Deutschland zunehmend Gewicht zukommt, ist nicht in allen Ländern Bestandteil der Aufgaben von Lehrkräften. Vor diesem Hintergrund ist darauf hinzuweisen, dass professionelle Lehrerkompetenz über das hinausgeht, was in *MT21* erfasst wurde. Eine Reduktion von

Lehrerausbildung und Lehrerhandeln auf Unterrichten und Beurteilen würde eine Engführung schulischer Funktionen implizieren, die nicht intendiert ist.

Nationale Ebene		Gesellschaftssystem		
Level III	Allgemeiner Enwicklungsstand	Status des Lehrerberufs		Status von Mathematik
	Bildungssystem			
Level II	Steuerung und Kontrolle	Ziele der Schule		Arbeits-bedingungen
	Lehrerausbildungssystem			
Level I	Ziele/ Standards	Ausbildungs-struktur	Kosten pro Absolvent/in	Institutio-nalisierung	Selektivität

Institutionelle Ebene		Institutionell intendiertes Curriculum				
Level II	Ziele und Inhalte	Lehrmethoden	Kontrolle und Steuerung	Beratung und Unterstützung	Selektivität
	Lehrerausbildner/innen			**Implementiertes Curriculum**		
Level I	Wissen	Beliefs	Demographie	Ziele und Inhalte	Lehrmethode	Selektivität
	Ziele und Inhalte	Lehrmethoden		Steuerung	Beratung	Komposition

Individuelle Ebene		Lernvoraussetzungen		Nutzung des Lehrangebots	
Level II	Wissen	Beliefs	Inhalte	Lehr-Lernmethoden	
	Persönlichkeits merkmale	Demographisches	Investierte Lernzeit	Lernstrategien	Affektive Komp.
	Erworbene professionelle Kompetenz				
Level I	Professionelles Wissen	Professionelle Beliefs	Persönlichkeits merkmale	Demographisches	

Abb. 1:   Modelle der Wirksamkeit von Lehrerausbildung

Im Anschluss an Weinert (1999) wird die Kompetenz von Lehrkräften analytisch ausdifferenziert in kognitive Fähigkeiten und Fertigkeiten sowie die damit verbundenen motivationalen, volitionalen und sozialen Bereitschaften und Fähigkeiten, um kognitiv erarbeitete Problemlösungen in variablen Situationen erfolgreich und verantwortungsvoll nutzen zu können. Um eine handhabbare Heuristik für die Itementwicklung zu erhalten, erfolgt eine weitere Ausdifferenzierung der kognitiven Fähigkeiten nach fachlichem, fachdidaktischem und pädagogischem Wissen. Auf diese Weise kann einerseits die Struktur der Lehrerausbildung abgebildet werden. Andererseits wird der Anschluss zur im internationalen Diskurs prominenten Ausdifferenzierung des Lehrerwissens in *content knowledge, pedagogical content knowledge* und *general pedagogical knowledge* (Shulman 1985) berücksichtigt.

Der Erwerb professioneller Kompetenzen wird vermutlich durch Faktoren beeinflusst, die auf verschiedenen Ebenen liegen. Basis von *MT21* ist daher ein Mehrebenenmodell, das zwischen systemischen, institutionellen und individuellen Rahmenbedingungen und individuellen Wirkungen unterscheidet (s. Abb. 1). Auf diese Weise kann der Kompetenzerwerb der angehenden Mathematiklehrkräfte in Abhängigkeit von ihren individuellen Merkmalen eingeschätzt werden, wobei gleichzeitig Bedingungen auf den Ebenen der Ausbildungsinstitutionen und des sozialen Kontextes in den internationalen Vergleich einbezogen werden können. Zudem wird es möglich, die institutionellen Bedingungen als Effekte systemischer Kontextfaktoren zu modellieren.

2 Untersuchungsdesign

2.1 Stichprobenziehung

Zur Sicherstellung einer angemessenen Stichprobenqualität wurde in *MT21* eine mehrschrittige kriteriengeleitete Stichprobenziehung durchgeführt. In Deutschland wurden in einem ersten Schritt Ausbildungsregionen gezogen, um der Zweiphasigkeit der Lehrerausbildung gerecht zu werden. Diese Regionen repräsentieren die verschiedene Landesteile Deutschlands sowie die Vielfalt an Strukturmerkmalen der Sekundarstufen-I-Ausbildung. In den Regionen wurden lokale Vollerhebungen durchgeführt, indem die jeweiligen Universitäten und alle umliegenden Studienseminare in die Stichprobe einbezogen wurden. Post hoc wurden die Teilnehmenden in drei Kohorten unterteilt: Studierende im Grundstudium bilden die erste Kohorte der Anfänger in der Lehrerausbildung, Studierende im Hauptstudium bilden eine mittlere Kohorte, Referendarinnen und Referendare bilden die dritte Kohorte am Ende der Ausbildung. Insgesamt nahmen in Deutschland 849 Studierende sowie Referendare aus vier Universitäten und 22 Studienseminaren teil (für die Zusammensetzung der internationalen Stichprobe s. Tab. 1).

Es konnten nicht nur sehr gute Rücklaufquoten erzielt werden. Auch die Ausschöpfungsquote war in Bezug auf die wichtige Abschlusskohorte jener am Ende der Lehrerausbildung gut, indem 80% aller formal in der Ausbildung befindlichen Referendarinnen und Referendare in den teilnehmenden 22 Institutionen erreicht werden konnten. Die variierenden Ausschöpfungsquoten in der Zusammensetzung der Kohorten wurden nach dem Modell prinzipiell gleicher Ziehungswahrscheinlichkeiten (*response homogeneity group*-Modell; Särndal et al. 1997) von Individuen pro Institution und von Institutionen pro Ausbildungsregion durch geeignete Gewichtungsverfahren schrittweise innerhalb der Ausbildungsgänge ausgeglichen, um die Genauigkeit der Ergebnisse zu verbessern (Gabler/Hoffmeyer-Zlotnik/Krebs 1994; Kish 1965). Damit ist die Stichprobe für die teilnehmenden Ausbildungsregionen repräsentativ – aber nicht für die Länder insgesamt! Dies ist im Folgenden zu beachten.

Land	Anzahl Institutionen	Anzahl Mathematiklehrkräfte
Bulgarien	3	161
Deutschland	4 Regionen	849
Taiwan	5	668
Südkorea	4	210
Mexiko	6	358
USA	12	382
Insgesamt	*34*	*2628*

Tab. 1:   Zusammensetzung der MT21-Stichprobe

2.2 Untersuchungsinstrumente

Kernelement der Untersuchungsinstrumente sind die Leistungstests für das mathematische, mathematikdidaktische und pädagogische Wissen der angehenden Lehrkräfte. Ihre Entwicklung begann mit einer Sichtung vorhandener Studien, um Items zu identifizieren, die sich bereits bewährt hatten. In einem zweiten Schritt wurden anhand des theoretischen Rahmens in den nationalen Projektteams der sechs *MT21*-Teilnahmeländer Items entwickelt. Zudem wurden unter Einbeziehung von Expertinnen und Experten aus unterschiedlichen Ländern Item-Entwicklungsworkshops durchgeführt. Auf diese Weise entstand ein umfangreicher Itempool, der mehreren Reviews unterzogen wurde. Die verbleibenden Aufgaben flossen in eine Pilotstudie ein, auf deren Basis die endgültige Auswahl und Zusammenstellung des Leistungstests für die Hauptstudie geschah (s. Blömeke/Kaiser/Lehmann 2008 für zahlreiche Item-Beispiele).

2.3 Datenanalysen

Für den Leistungstest wurde ein rotiertes Testdesign verwendet, um angesichts der beschränkten Erhebungszeit von 90 Minuten eine hinreichend große Zahl an Items einsetzen zu können. Die psychometrischen Eigenschaften des Tests wurden mit verschiedenen Methoden der probabilistischen Testtheorie geprüft, und zwar überwiegend unter Verwendung des Programmpaketes *ConQuest* (Wu/Adams/Wilson 2006). Über Anker-Items, die in beiden Testheften vertreten waren, gelang auf dieser Basis eine gemeinsame Skalierung aller Personen und Aufgaben. Das in *ConQuest* implementierte mehrdimensionale *Random Coefficients Multinomial Logit*-Modell kann zudem mehrere latente Fähigkeiten simultan berücksichtigen, womit eine messfehlerfreie Schätzung ihrer Beziehungen möglich wird. Im Folgenden werden die Personenparameter für die dritte Kohorte der Lehrkräfte am Ende der Lehrerausbildung aus einer zweidimensionalen Skalierung (1PL-Raschmodell) mit Einfachladungen von Mathematik- und Mathematikdidaktik-Items auf die je spezifischen Faktoren (Between-Mehrdimensionalität) berichtet.

3 Ergebnisse

3.1 Die deutsche Stichprobe im internationalen Vergleich

Am Ende der Lehrerausbildung weisen die Stichproben aus Südkorea und Taiwan im Mittel ein signifikant höheres Mathematikwissen auf als jene aus den untersuchten deutschen Regionen (s. Abb. 2). Diese wiederum weisen ein signifikant höheres Fachwissen auf als die Stichproben aus den USA und Bulgarien. Die schwächsten Leistungen werden von den angehenden Lehrkräften aus den mexikanischen Regionen erreicht. Relative Stärken haben die untersuchten deutschen Referendarinnen und Referendare in den Inhaltsgebieten Arithmetik und Stochastik, wo der Abstand zu Südkorea und Taiwan nur von eher geringer Bedeutsamkeit ist. Besonders schwach schneiden sie dagegen im Mittel in Algebra und Funktionen ab.

In Mathematikdidaktik liegen die Leistungen der deutschen und amerikanischen Stichproben deutlich näher an jenen aus Südkorea und Taiwan. Zwar ist der Unterschied noch immer statistisch signifikant, doch ist der Abstand weniger bedeutsam. Die Lehrkräfte aus den untersuchten bulgarischen und mexikanischen Regionen bleiben dahinter weit zurück. Das relativ hohe mathematikdidaktische Leistungsniveau der Referendarinnen und Referendare aus den untersuchten deutschen Regionen gilt vor allem für Items, die sich auf curriculare und planungsbezogene Anforderungen beziehen, weniger für Items, die die Diagnose von Schülerfehlern zum Gegenstand haben.

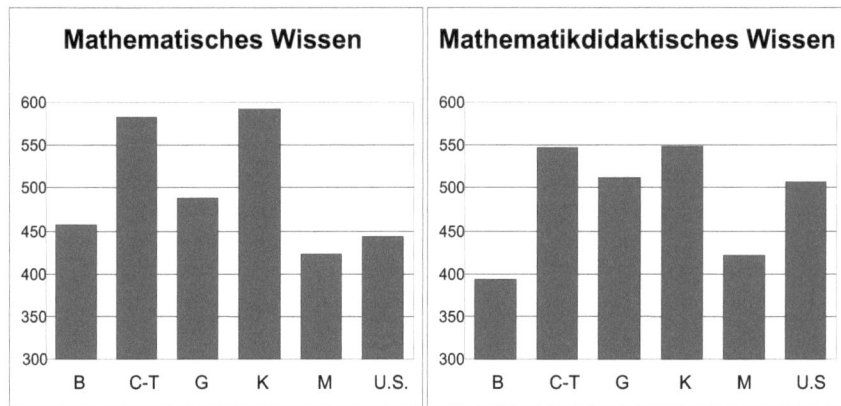

Abb. 2:   Mittleres mathematisches und mathematikdidaktisches Wissen der MT21-Stichproben (B: Bulgarien, C-T: Taiwan, G: Deutschland, K: Südkorea, M: Mexiko, US: USA)

Bei der Interpretation dieser Ergebnisse sind mehrere Aspekte zu berücksichtigen: Zum ersten kann davon ausgegangen werden, dass sich die Eingangsvoraussetzungen der Studierenden bei Aufnahme der Lehrerausbildung stark unterscheiden. In Südkorea und Taiwan werden in der Schule ausweislich der internationalen Vergleichsstudien TIMSS und PISA deutlich höhere mathematische Leistungen erreicht als in den übrigen Ländern. Zudem hat der Lehrerberuf hier ein hohes Ansehen, so dass eine strenge Auswahl stattfinden kann, die – unter der Annahme, dass die in TIMSS und PISA für die Sekundarstufe I gewonnen Erkenntnisse annähernd auch die Leistungsunterschiede beim Erwerb einer Hochschulzugangsberechtigung darstellen – noch einmal eine Selektion der Besten aus einem bereits hoch qualifizierten Pool darstellt.

Zum zweiten ist die Struktur der Lerngelegenheiten in der Lehrerausbildung zu berücksichtigen. In Bulgarien, Taiwan und Südkorea werden Sekundarstufen-I-Lehrkräfte ausschließlich im Rahmen von Sekundarstufen-I- und -II-Programmen ausgebildet. Diese gibt es in Deutschland und den USA auch. Hier werden aber auch Primar- und Sekundarstufen-I-Lehrkräfte ausgebildet sowie reine Sekundarstufen-I-Lehrkräfte. Letzteres stellt die alleinige Form der Lehrerausbildung in Mexiko dar.

Zum dritten ist die Fächerstruktur von Relevanz. Zwar werden in allen sechs *MT21*-Ländern zumindest Teile der Ausbildungszeit auf Nebenfächer oder allgemeinbildende Inhalte verwandt, nur in Deutschland existiert allerdings eine Vollausbildung in zwei Fächern.

3.2 Unterschiede zwischen Ausbildungsgängen in Deutschland

Unterschiede in der Leistungsfähigkeit von Lehrkräften existieren auch innerhalb Deutschlands, und zwar zwischen den verschiedenen Ausbildungsgängen, die zu einer Lehrberechtigung in der Sekundarstufe I führen. Wie oben ausgeführt, lässt es die Zusammensetzung der Stichprobe zu, zwischen jenen mit Schwerpunkt Primarstufe, jenen mit Schwerpunkt Sekundarstufe I und jenen, die für das Gymnasium ausgebildet worden sind, zu unterscheiden. Die Ausbildung dieser letzten Gruppe ist deutlich länger und vor allem im Bereich der Fachwissenschaften umfangreicher. Die erste Gruppe hat dafür in einigen Bundesländern vergleichsweise umfangreiche Lerngelegenheiten in Pädagogik, indem neben das erziehungswissenschaftliche Begleitstudium eine Vorbereitung auf die Besonderheiten des Anfangsunterrichts erfolgt.

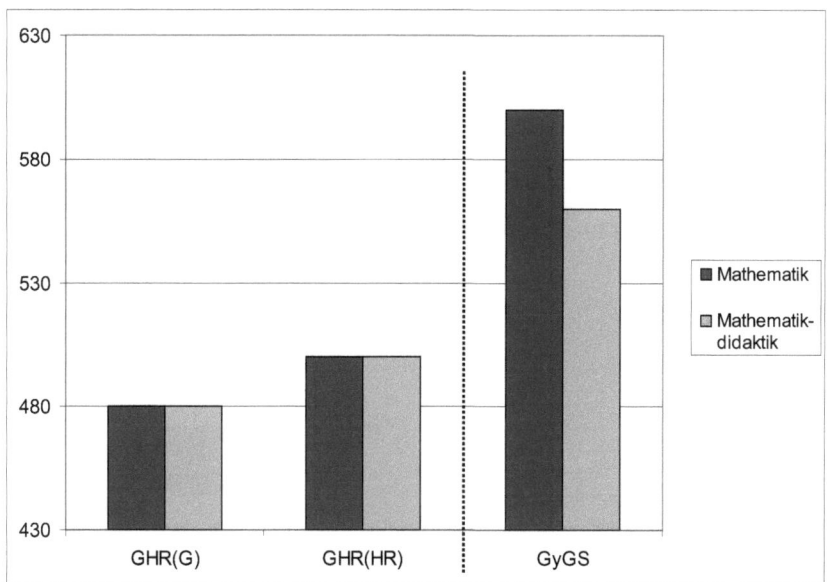

Abb. 3:   Mathematisches und mathematikdidaktisches Wissen der deutschen Stichprobe nach Ausbildungsgängen differenziert

Deutlich wird für das mathematische Wissen am Ende der Ausbildung ein enormer Leistungsvorsprung der Gymnasiallehrkräfte (s. Abb. 3). Ähnliche Ergebnisse haben sich auch schon in anderen Studien gezeigt (Brunner et al. 2006). Die angehenden Primar- und Sekundarstufen-I-Lehrkräfte unterscheiden sich dagegen wenig. Der Leistungsunterschied zwischen den Ausbildungsgängen ist im Bereich der Mathematikdidaktik geringer, aber noch immer substanziell.

Dieses Ergebnis ist doppelt bemerkenswert, und zwar zum einen als der Mathematik-Test spezifisch auf die Anforderungen der Sekundarstufe I ausgerichtet war. Er enthielt kaum mathematische Inhalte und Schwierigkeitsgrade, die für die Gymnasiallehrerausbildung charakteristisch und notwendig sind. Zum anderen ging sein inhaltliches und schwierigkeitsbestimmendes Profil deutlich über das hinaus, was man für Grundschullehrkräfte fordern würde.

Der Umfang des mathematischen Wissens der angehenden Lehrkräfte lässt sich auch *inhaltlich* anhand von Kompetenzniveaus beschreiben. Das unterste Kompetenzniveau A lässt sich dadurch charakterisieren, dass Testpersonen Aufgaben lösen können, die eine Verknüpfung von mathematischem und mathematikdidaktischem Wissen erfordern. Das anzuwendende mathematische Wissen muss allerdings unterhalb des Universitätsniveaus liegen. Zudem muss die Zahl der notwendigen gedanklichen Bearbeitungsschritte begrenzt sein. Auf Kompetenzniveau B können Aufgaben gelöst werden, für deren Bewältigung komplexe kognitive Anstrengungen erbracht werden müssen. Das mathematische Wissen muss sich allerdings weiterhin unterhalb des Universitätsniveaus bewegen und die Aufgabe darf nicht mehr als eine Verknüpfungsleistung erfordern.

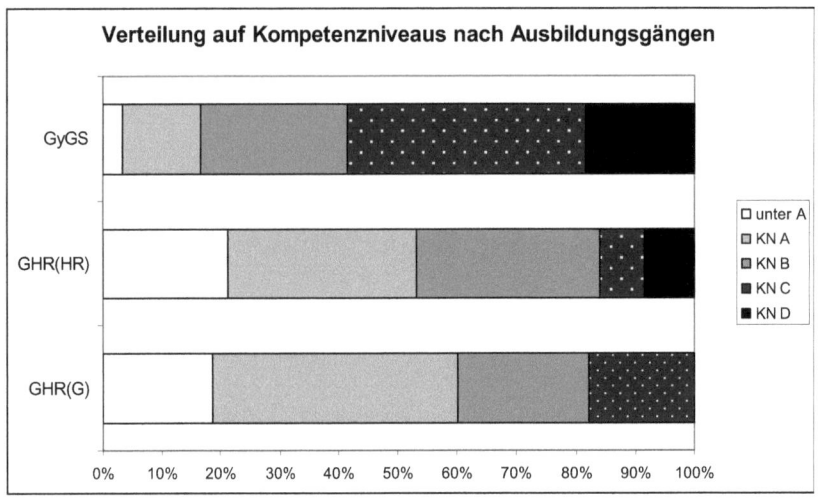

Abb. 4:   Verteilung auf Kompetenzniveaus nach Ausbildungsgängen

Auf Kompetenzniveau C beherrschen Testpersonen universitär-mathematisches Wissen und sind in der Lage, mehrere Verknüpfungsleistungen zu erbringen. Die

Zahl der notwendigen gedanklichen Bearbeitungsschritte muss aber begrenzt sein. Auf Kompetenzniveau D werden schließlich über die Beherrschung universitären Mathematikwissens bzw. mehrerer Verknüpfungsleistungen hinaus komplexe kognitive Anstrengungen z.B. in Form mehrerer gedanklicher Bearbeitungsschritte gemeistert.

Rund die Hälfte der Lehrkräfte mit Schwerpunkt auf der Sekundarstufe I erreicht mindestens das Kompetenzniveau B (s. Abb. 4). In der Gymnasiallehrergruppe gilt dies sogar für mehr als 80%, in der Grundschullehrergruppe immerhin für 40%. Mit Blick auf die Anforderungen des Mathematikunterrichts in der Sekundarstufe I besorgniserregend ist das Ergebnis, dass rund 30% der Sekundarstufen-I-Lehrkräfte nur Kompetenzniveau A erreichen und dass rund 20% sogar noch darunter bleiben. Es muss als fraglich angesehen werden, ob diesen Personen ein kognitiv anregender Unterricht bis zur Klasse 10 gelingt, der Schülerinnen und Schülern das Erreichen eines guten Mittleren Bildungsabschlusses ermöglicht – insbesondere wenn dieser zentral vergeben wird.

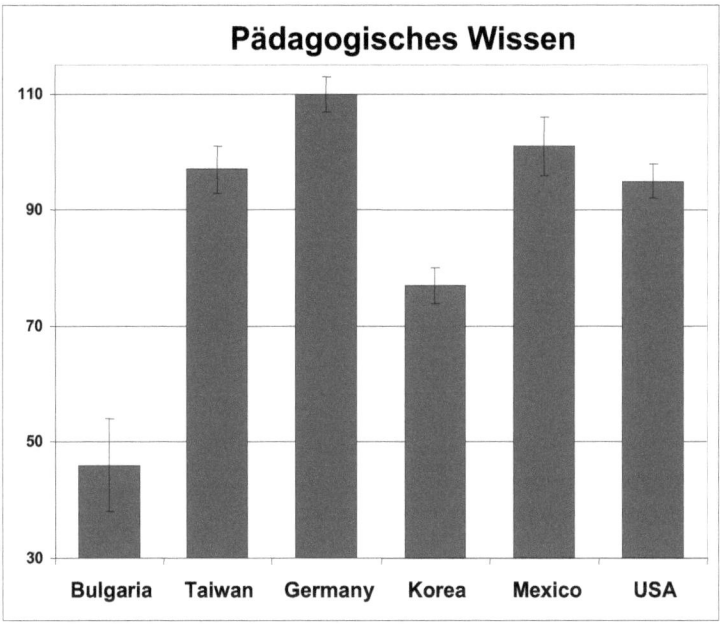

Abb. 5:   Pädagogisches Wissen der *MT21*-Stichproben

3.3 Pädagogisches Wissen der angehenden Lehrkräfte

Der *MT21*-Test enthielt auch eine Komponente zur Erfassung des fachüber-
greifenden Wissens. Dieses wurde mit offenen Aufgaben zu den Themen Unterrichtsplanung, Umgang mit Heterogenität und Leistungsbeurteilung in der Sekundarstufe I erfasst (Einzelheiten s. Blömeke/Kaiser/Lehmann 2008).

Im internationalen Vergleich zeigt die deutsche Stichprobe hier die signifikant besten Leistungen, gefolgt von den Lehrkräften aus den Teilnehmerregio-
nen Taiwans, Mexikos und USA (s. Abb. 5). Besonders geringes pädagogisches
Wissen weisen die Befragten aus Bulgarien auf, aber auch jene aus Südkorea.

Auch für diese Dimension professioneller Kompetenz sollen die Ausbildungsgänge innerhalb Deutschlands wieder differenziert untersucht werden.
Deutlich wird, dass für die angehenden Lehrkräfte mit Schwerpunkt Primarstufe
ein klarer Leistungsvorsprung festgestellt werden kann. Sowohl die angehenden
Lehrkräfte mit Schwerpunkt Sekundarstufe I als auch die Gymnasiallehrkräfte
weisen im Vergleich hierzu ein deutlich geringeres pädagogisches Wissen auf.
Der Abstand dieser beiden Gruppen zur ersten Gruppe ist beträchtlich und von
hoher praktischer Bedeutsamkeit.

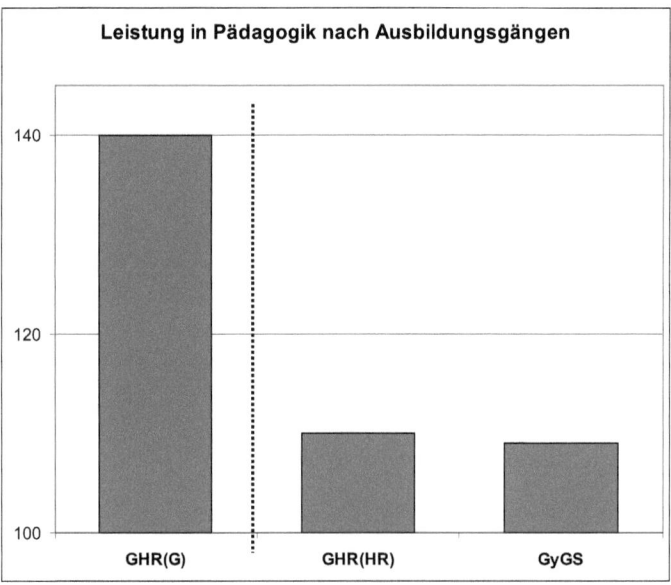

Abb. 6: Pädagogisches Wissen der deutschen Stichprobe nach Aus-
         bildungsgängen differenziert

4   Zusammenfassung

Ziel des vorliegenden Beitrags war, zu untersuchen, ob sich zum einen die Leistungen deutscher Sekundarstufen-I-Lehrkräfte von denen anderer Länder unterscheiden und ob sich zum anderen Unterschiede in den Lerngelegenheiten der verschiedenen innerdeutschen Ausbildungsgänge für ein Lehramt der Sekundarstufe I in unterschiedlichen Ergebnissen niederschlagen.

Aus dem internationalen Vergleich wird deutlich, dass die Leistungen der deutschen Befragten in Mathematik im internationalen Mittel, für Mathematikdidaktik darüber und in Pädagogik an der Spitze liegen. Plausibel ist, die Ursache hierfür in der Struktur der deutschen Sekundarstufen-I-Ausbildung zu sehen.

Innerhalb Deutschlands ragen die Leistungen der angehenden Gymnasiallehrkräfte fachbezogen heraus, während dies in Bezug auf Pädagogik für Grundschullehrkräfte gilt. Besorgniserregend ist das Profil der angehenden Lehrkräfte mit Schwerpunkt Sekundarstufe I, die fachlich hinter den Gymnasial- und pädagogisch hinter den Grundschullehrkräften zurückbleiben. Die Sandwich-Position ihrer Ausbildung, die weder eindeutig fachlich noch eindeutig pädagogisch ausgerichtet ist, könnte mit gravierenden Nachteilen verbunden sein – insbesondere seit der Mittlere Bildungsabschluss in vielen Bundesländern teilzentral vergeben wird.

Es ist allerdings zu früh, aus diesem Ergebnis weitreichende Schlussfolgerungen zu ziehen, bevor es nicht in anderen Studien repliziert werden kann. So ist darauf hinzuweisen, dass es sich bei *MT21* nicht um eine repräsentative Stichprobe handelt, sondern um eine, die kriteriengeleitet zusammengestellt wurde. Wir haben im Text daher immer von den Stichproben bzw. Befragten aus beispielsweise Südkorea und nicht von Südkorea insgesamt gesprochen. Darüber hinaus handelt es sich lediglich um eine Studie mit Mathematiklehrkräften. Andere Fächer waren außen vor.

Die Möglichkeit der Replikation der hier präsentierten Ergebnisse besteht in den folgenden Jahren im Rahmen einer Reihe bereits laufender Studien. So nimmt Deutschland mit repräsentativen Stichproben der Primarstufe und der Sekundarstufe I an der IEA-Studie „Teacher Education and Development Study: Learning to Teach Mathematics (TEDS-M)" teil (Blömeke/Kaiser/Lehmann, in Vorb.). Gleichzeitig werden im Rahmen einer BMBF-geförderten Studie die Deutsch- und die Englischlehrerausbildung untersucht. Sollten sich hier die *MT21*-Ergebnisse in ihrer Struktur bestätigen, besteht allerdings Diskussionsbedarf zur Struktur der Lehrerausbildung.

Literatur

Blömeke, S./Kaiser, G./Lehmann, R. (Hrsg.) (2008): Professionelle Kompetenz angehender Lehrerinnen und Lehrer. Wissen, Überzeugungen und Lerngelegenheiten deutscher Mathematikstudierender und -referendare – Erste Ergebnisse zur Wirksamkeit der Lehrerausbildung. Münster: Waxmann.

Blömeke, S./Kaiser, G./Lehmann, R. (Hrsg.) (in Vorb.): TEDS-M 2008 – Professionelle Kompetenz und Lerngelegenheiten angehender Primarstufenlehrkräfte im internationalen Vergleich. Münster: Waxmann.

Brunner, M. et al. (2006): Welche Zusammenhänge bestehen zwischen dem fachspezifischen Professionswissen von Mathematiklehrkräften und ihrer Ausbildung sowie beruflichen Fortbildung? In: Zeitschrift für Erziehungswissenschaft 9, 521-544.

Gabler, S./Hoffmeyer-Zlotnik, J.H.P./Krebs, D. (Hrsg.) (1994): Gewichtung in der Umfragepraxis. Opladen: Westdeutscher.

Kish, L. (1965): Survey Sampling. New York: Wiley.

KMK – Sekretariat der Ständigen Konferenz der Kultusminister der Länder in der Bundesrepublik Deutschland (2004): Standards für die Lehrerbildung: Bildungswissenschaften. Beschluss der Kultusministerkonferenz v. 16.10.2004. Verfügbar unter: http://www.kmk.org/doc/beschl/standards_lehrerbildung.pdf, 17.11.2008.

Särndal, C.-E./Swensson, B./Wretman, J. (1997): Model assisted survey sampling New York: Springer.

Shulman, L.S. (1985): Paradigms and Research Programs in the Study of Teaching: A Contemporary Perspective. In: Wittrock, M.C. (Eds.): Handbook of Research on Teaching. 3. Aufl., New York: Macmillan, 3-36.

Weinert, F.E. (1999): Konzepte der Kompetenz. Gutachten zum OECD-Projekt „Definition and Selection of Competencies: Theoretical and Conceptual Foundations (DeSeCo)". Neuchatel, Schweiz: Bundesamt für Statistik.

Wu, M./Adams, R.J./Wilson, M.R. (2006): ConQuest. Generalized Item Response Modelling Software. Melbourne: ACER.

II. Kindheit und Übergänge

„Starke Kinder haben einen starken Anfang" – eine Interventionsstudie zur Stärkung emotionaler, personaler und sozialer Kompetenzen für den Übergang vom Kindergarten in die Grundschule

Angela Frank, Sabine Martschinke, Meike Munser-Kiefer & Bärbel Kopp

Der Übergang vom Kindergarten in die Grundschule ist für Kinder ein länger andauernder Prozess, der weit vor Schulbeginn einsetzt und individuell verschieden lange in die Schulzeit hineinreicht. Er bringt neben Lernaufgaben kognitiver Art zahlreiche Anforderungen auf *individueller* (z.b. Umgang mit Emotionen), *interaktionaler* (z.b. Gestaltung der Beziehungen) und *kontextueller Ebene* (z.b. Einfinden in neue Organisationsstrukturen) mit sich. Die Diskontinuitäten und geforderten Anpassungsleistungen im Zusammenhang mit dem Übergang können damit als „verdichtete Entwicklungsanforderungen und konzentrierte Lernprozesse" (Griebel/Niesel 2003, 147) verstanden werden. Diese können entwicklungsfördernd wirken, aber auch als sehr belastend erlebt werden. Die Bewältigung des Übergangs und der begleitenden Entwicklungsaufgaben ist bedeutsam für den Umgang mit späteren Umbrüchen. Im Sinne des systemisch angelegten Transitionsansatzes ist es auch deshalb wichtig, Kinder in der Rolle als aktive Bewältiger dieser Anforderungen (in Zusammenarbeit von Kindergarten, Grundschule, Eltern und Kind) zu stärken.

1 Konzeptionelle Elemente der Interventionsmaßnahme

Das hier vorgestellte Übergangsprojekt mit dem Titel „Starke Kinder haben einen starken Anfang" fördert emotionale, personale und soziale Kompetenzen als Ressourcen für eine erfolgreiche Bewältigung des Übergangs. Unterstützt von Jugend- und Schulamt der Stadt Nürnberg kooperieren Pädagogen aus Kindergarten und Grundschule bei der Durchführung; die Eltern werden durch begleitende Elternabende eingebunden. Die Interventionsmaßnahme besteht aus drei verzahnten Phasen der Förderung: Im Kindergarten findet eine bilderbuchgeleitete Umsetzung entlang der Geschichte „Bertram Blaubauch sucht sein Lachen" (Frank 2009) statt; anschließend wird darauf aufbauend der Übergang in die Schule anhand speziell konzipierter Einheiten thematisiert. Im Anfangsunterricht der Grundschule schließt sich „Eine starke Reise mit der Klasse"

(Martschinke/Frank in Vorb.) an. Die Förderung in den drei Phasen verfolgt analoge Ziele, hat gemeinsame Elemente und ist in Struktur und Übungsformen eng miteinander verzahnt. So findet beispielsweise das Thema „Gefühle bei mir und anderen" im Kindergarten Eingang durch Bilderbuchszenen, in denen der Protagonist Bertram Blaubauch wütend ist und nichts dagegen tun kann. Daran schließen sich Spiele zur Gefühlswahrnehmung an. Die übergangsspezifischen Einheiten thematisieren Freude und Ängste in Zusammenhang mit dem Schulbeginn, während in der „Starken Reise" weitergeführt wird, welche Regulationsmöglichkeiten bei Wut und Angst in Bezug auf schulische Ereignisse, aber auch generell, bestehen. Über die Förderziele hinaus sollen die didaktischen und diagnostischen Kompetenzen der Erzieher und Lehrkräfte durch gemeinsame Fortbildungen, intensiven Austausch und Zusammenarbeit geschult werden.

2   Anlage der Evaluation

Die begleitende Evaluation ist als quasiexperimentelles Kontrollgruppendesign im Längsschnitt mit einer Ausgangsstichprobe von N=243 angelegt. Einbezogen werden Kinderaussagen aus bildgestützten Interviews, Erzieher- und Lehrereinschätzungen zu den Kompetenzen der Kinder sowie Elterneinschätzungen mittels Fragebögen. Die Kinderinterviews und Einschätzskalen der pädagogischen Fachkräfte werden zu vier Messzeitpunkten erhoben: vor und nach den Interventionsphasen in Kindergarten (t_1 und t_2) und Schule (t_3 und t_4). Die Elternfragebögen wurden einmal in der Kindergartenzeit und einmal nach dem Schulanfang eingesetzt (zu den Erhebungsinstrumenten s. Ranger et al. in diesem Band). Der vorliegende Beitrag beantwortet folgende Fragestellungen: Wie schätzen die Fachkräfte ein knappes halbes Jahr vor Schuleintritt die emotionalen, personalen und sozialen Kompetenzen der Kinder ein? Welche Übergangsprognosen geben die Fachkräfte ab? Können die Kompetenzen der Kinder und die Übergangsprognose durch die Fördermaßnahmen positiv beeinflusst werden?

3   Erste Ergebnisse

Ein Blick auf die Daten zu t_1 zeigt erwartungsgemäß, dass den Kindern im Durchschnitt hohe Kompetenzen zugeschrieben werden (Abb. 1).

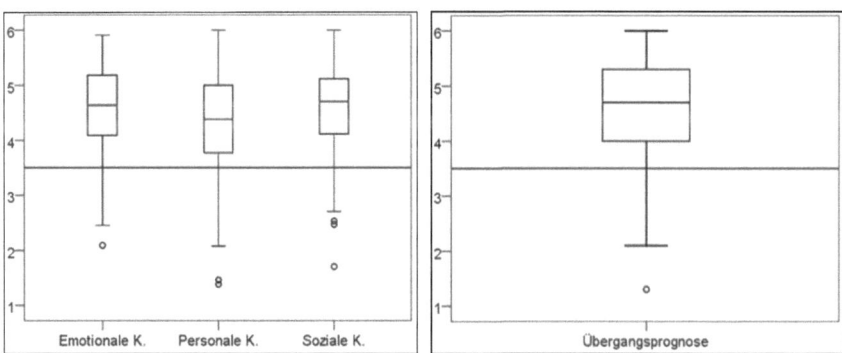

Abb. 1:   Emotionale, personale und soziale Kompetenz zu t1
Abb. 2:   Übergangsprognose aus Sicht der Erzieherinnen zu t1

Die Boxplots veranschaulichen die hohen Mittelwerte bei gleichzeitig großer Streuung in allen drei Kompetenzbereichen (emotionale K.: M=4.6, S=.76, Spannweite 3.8; personale K.: M=4.3, S=.88, Spannweite 4.6; soziale K.: M=4.6, S=.77, Spannweite 4.7), wodurch deutlich wird, dass es Kinder mit bedenklich niedrigen Werten gibt: Im Bereich der emotionalen und sozialen Kompetenzen weisen je 9,7% der Kinder, bei den personalen Kompetenzen 17,7% der Kinder Werte auf, die kleiner bzw. gleich dem theoretischen Mittelwert von M=3.5 sind. Diese Kinder sind deshalb als „Risikokinder" einzustufen. Allerdings sollen nicht nur sie von Fördermaßnahmen profitieren. Denn der Einsatz solcher Interventionen erscheint auch sinnvoll, wenn Kinder nur in Bezug auf einzelne Situationen (z.B. die Integration in die Klassengemeinschaft) Bedarf haben.

Betrachtet man den Boxplot für die Übergangsprognose, zeigt sich ein vergleichbares Bild (s. Abb. 2): Ein hoher Mittelwert bei einer noch etwas größeren Streuung (M=4.6; S=.85, Spannweite 4.7). Von „Risikokindern" in Bezug auf die Gesamtskala zur Übergangsprognose kann bei 13,5% der Kinder gesprochen werden. Auch wenn Unterschiede zwischen den Einrichtungen erkennbar werden, gibt es in allen Einrichtungen „Risikokinder". Gruppenvergleiche zeigen negativere Werte für Jungen und für Kinder mit Migrationshintergrund.

Für eine erste Beurteilung des Fördererfolgs wurden Differenzwerte zwischen t_1 und t_2 für jedes Kind errechnet und die Entwicklung der Kinder in der Projektgruppe und der Kontrollgruppe verglichen (s. Tab. 1).

In der Kontrollgruppe zeichnet sich im dargestellten Untersuchungszeitraum wenig bis keine Veränderung in der Einschätzung der Kompetenzen ab, während sich in der Projektgruppe (deutlicher) positive Entwicklungen zeigen. Diese Vorteile der Projektgruppe werden durch den t-Test für unabhängige

Stichproben geprüft. Die Unterschiede werden hinsichtlich der Übergangsprognose und im Bereich der emotionalen und personalen Kompetenzen signifikant, im Bereich der sozialen Kompetenzen zeigt sich ebenfalls ein Vorteil zugunsten der Förderung.

	M_{Diff} Projektgruppe	M_{Diff} Kontrollgruppe	p
Emotionale Kompetenzen	.34	.05	.004
Personale Kompetenzen	.32	-0.1	.001
Soziale Kompetenzen	.27	.10	.136
Übergangsprognose	.25	.01	.024

Tab. 1:   Vergleich der Differenzwerte zwischen den ersten beiden Messzeitpunkten

4   Ausblick

Diese Ergebnisse zeigen, dass durch eine gezielte Intervention die personalen Ressourcen gestärkt werden können, um Kinder in ihrer Rolle als aktive Übergangsbewältiger zu unterstützen. Diese positiven Tendenzen sind zwar nach der Intervention im Kindergarten relativ gering, geben aber Anlass zur Hoffnung auf kumulative Effekte durch die kontinuierliche Weiterführung der Förderung emotionaler, personaler und sozialer Kompetenzen in der Grundschule. Bestätigt sich dies, können abgestimmte Fördermaßnahmen in Zusammenarbeit der am Übergang beteiligten Institutionen strukturell und inhaltlich gewinnbringend etabliert werden.

Literatur

Frank, A. (2009): Bertram Blaubauch sucht sein Lachen. Freiburg: TUS.

Griebel, W./Niesel, R. (2003): Die Bewältigung des Übergangs vom Kindergarten in die Grundschule. In: Fthenakis, W.E. (Hrsg.): Elementarpädagogik nach PISA. Wie aus Kindertagesstätten Bildungseinrichtungen werden können. Freiburg: Herder, 136-151.

Martschinke, S./Frank, A. (in Vorb.): Eine starke Reise mit der Klasse. Förderung emotionaler, personaler und sozialer Kompetenzen in der Grundschule.

Grundschul- und fachdidaktische Merkmale jahrgangsbezogenen und jahrgangsübergreifenden Unterrichts in der Schuleingangsphase

Anna Katharina Hein, Melanie Eckerth & Petra Hanke

1 Problemaufriss und Forschungsstand

Die Ergebnisse verschiedener aktueller Studien verweisen darauf, dass die Qualität des Unterrichts besonders für jüngere Kinder und leistungsschwächere Schülerinnen und Schüler von Bedeutung ist (Forschungsüberblick: Lipowsky 2007). Als zentrale Merkmale eines „guten" Unterrichts werden u.a. eine effiziente Klassenführung, ein lernförderliches Unterrichtsklima, die Strukturiertheit und Klarheit des Unterrichts, eine angemessene Methodenvariation und eine Adaptivität des Unterrichts hervorgehoben (Helmke 2003). Im KILIA[1]-Projekt wurde unter der Leitung von Martschinke und Kammermeyer speziell die Qualität des Anfangsunterrichts näher in den Blick genommen. Auf der Grundlage der Analyse von Extremklassen haben sich die Eröffnung von Freiheitsspielräumen, Kooperationsmöglichkeiten und die Herausforderung von Eigenaktivitäten als besonders förderlich für die Leistungs- und Persönlichkeitsentwicklung von Kindern herausgestellt (Kammermeyer/Martschinke 2009, 51). Es besteht weiterhin Bedarf, grundschul- und fachdidaktische Merkmale des Anfangsunterrichts näher zu untersuchen (s. auch Lipowsky 2007, 47).

Die fachdidaktische Gestaltung des schriftsprachlichen Anfangsunterrichts wurde bislang vor allem hinsichtlich der Orientierung an speziellen fachdidaktischen Konzeptionen (wie „Lesen durch Schreiben", Spracherfahrungsansatz, Fibelkonzepte) untersucht. Eine Studie von Hanke zeigt in diesem Kontext, dass insbesondere ein lehrgangsgebundener bzw. lehrgangsorientierter Unterricht und weniger rein offene Unterrichtskonzeptionen in den Klassen zum Einsatz kamen (Hanke 2005, 164). Hinsichtlich der Auswirkungen verschiedener Unterrichtskonzeptionen auf die Schriftsprachentwicklung von Kindern verweisen diese Studien darauf, dass die verschiedenen Unterrichtskonzeptionen in der erfassten Form insgesamt nur zu geringen Teilen Varianz in der Lernentwicklung der Schülerinnen und Schüler aufklären konnten. Ein bedeutsamer Anteil an Varianz konnte stattdessen durch die Klassenzugehörigkeit erklärt werden (Forschungsüberblick: Hanke 2005). Es ist daher verstärkt der Blick auf die grundschul- und

---

[1] Kooperationsprojekt Identitäts- und Leistungsentwicklung im Anfangsunterricht

fachdidaktische Prozessqualität des Unterrichts zu richten, u.a. im Hinblick auf die Realisierung jahrgangsübergreifenden und jahrgangsbezogenen Unterrichts. Seit den 1990er Jahren ist im Zusammenhang mit Bemühungen zahlreicher Bundesländer um die Neugestaltung der Schuleingangsphase jahrgangsübergreifender Unterricht erneut zum Gegenstand der grundschulpädagogischen Diskussion geworden. Im Rahmen der wissenschaftlichen Begleitung verschiedener Modellversuche lassen sich Tendenzen erkennen, dass in jahrgangsübergreifenden Lerngruppen Veränderungen der Unterrichtspraxis im Sinne einer stärkeren Individualisierung und Differenzierung des Unterrichts festzustellen sind (Forschungsüberblick: Eckerth/Hanke 2009). Es zeichnet sich ein Bedarf an Studien ab, die nicht nur in Modell- sondern auch in Regelklassen sowohl allgemein- als auch fachdidaktische Merkmale jahrgangsübergreifenden und jahrgangsbezogenen Unterrichts in den Blick nehmen.

2   Fragestellungen und Untersuchungsdesign der Teilstudie

Angesichts der bestehenden Forschungsdesiderate wird in einer Teilstudie des FiS-Projektes folgenden Fragestellungen nachgegangen: Was kennzeichnet den Unterricht in jahrgangsbezogenen und jahrgangsübergreifenden Lerngruppen in grundschuldidaktischer Hinsicht und in fachdidaktischer Hinsicht bezogen auf den schriftsprachlichen Anfangsunterricht? Worin zeigen sich Gemeinsamkeiten und Unterschiede zwischen jahrgangsbezogenen und jahrgangsübergreifenden Lerngruppen? Lassen sich bezüglich der Gestaltung des Anfangsunterrichts Veränderungen im Verlauf der Schuleingangsphase feststellen?

Im Fokus der vorgestellten Teilstudie steht somit die Gestaltung des Unterrichts als Angebot bezogen auf ausgewählte grundschul- (Unterrichtsformen, Differenzierungsformen) und fachdidaktische Aspekte des schriftsprachlichen Anfangsunterrichts (Einsatz von Lehrbüchern und Arbeitsheften, Schreib- und Leseanlässe), welche die methodisch-organisatorische Ebene des Unterrichts betreffen. Grundlage für die im Folgenden dargestellten Untersuchungsergebnisse bilden zum einen zwei Fragebogenerhebungen, in denen ca. 60 pädagogische Fachkräfte Anfang des 1. Schuljahres und Mitte des 2. Schuljahres u.a. zur Gestaltung ihres Anfangsunterrichts befragt worden sind. Darüber hinaus wird auf Ergebnisse von Unterrichtsbeobachtungen geschulter Beobachter zurückgegriffen, im Rahmen derer Anfang/Mitte des 1. Schuljahres insgesamt 16 und Ende des 2. Schuljahres insgesamt 6 Unterrichtseinheiten in 22 jahrgangsbezogenen und 27 jahrgangsübergreifenden Lerngruppen beobachtet worden sind, jeweils zur Hälfte schriftsprachliche und mathematische Unterrichtseinheiten (UE).

3 Untersuchungsergebnisse der Teilstudie

Auf der Grundlage der Unterrichtsbeobachtungen zeigen sich in grundschuldidaktischer Hinsicht folgende Ergebnisse: Im Verlauf der Schuleingangsphase fand in jahrgangsbezogenen (jbL) signifikant häufiger als in jahrgangsübergreifenden Lerngruppen (jüL) ein lehrergelenkter Unterricht statt (1. Schulj.: t=6.723, p<.001; 2. Schulj.: t=5.163, p<.001), in dem signifikant häufiger gleiche Aufgaben mit gleichem Schwierigkeitsniveau bearbeitet wurden (1. Schulj.: t=8.559, p<.001; 2. Schulj.: t=7.378, p<.001). In jahrgangsübergreifenden Lerngruppen wurde hingegen signifikant häufiger Wochenplanarbeit (1. Schulj.: t=-5.508, p<.001; 2. Schulj.: t=-3,342, p<.001) und insbesondere Ende des 2. Schuljahres auch häufiger Freiarbeit beobachtet (1. Schulj.: t=-2.070, p<.05; 2. Schulj.: t=-3.226, p<.01). Wenn in jahrgangsbezogenen Lerngruppen eine Differenzierung des Unterrichts stattfand, dann vor allem im Sinne einer quantitativen Differenzierung (1. Schulj.: Ø selten; 2. Schulj.: Ø manchmal). Dies war in jahrgangsübergreifenden Lerngruppen noch weitaus häufiger der Fall (1. und 2. Schulj.: Ø oft). Niveaubezogene Differenzierungsformen schienen Anfang/Mitte des 1. Schuljahres in beiden Organisationsformen eine vergleichsweise geringere Rolle zu spielen, während Ende des 2. Schuljahres eine qualitative Differenzierung des Unterrichts zumindest in jahrgangsübergreifenden Lerngruppen einen hohen Stellenwert einnahm und ebenso wie eine quantitative Differenzierung durchschnittlich oft zu beobachten war (in jbL im 1. und 2. Schulj. Ø selten bis nie). Beide Differenzierungsformen wurden zu beiden Zeitpunkten signifikant häufiger in jahrgangsübergreifenden Lerngruppen beobachtet (qualitative Differenzierung: 1. Schulj.: t=-9.571, p<.001; 2. Schulj.: t=-9.296, p<.001; quantitative Differenzierung: 1. Schulj.: t=-5.672, p<.001; 2. Schulj.: t=-3.455, p<.001), wohingegen eine natürliche Differenzierung in beiden Organisationsformen eher selten praktiziert wurde und keine signifikanten Unterschiede diesbezüglich festzustellen waren (1. Schulj.:t=-0.077, p>.93; 2. Schulj.: t=-1.495, p>.14).

Hinsichtlich der fachdidaktischen Gestaltung des schriftsprachlichen Anfangsunterrichts lässt sich feststellen, dass nach Auskünften der pädagogischen Fachkräfte Anfang des 1. Schuljahres unabhängig von der Organisationsform nur in wenigen Klassen eine Fibel zum Einsatz kam (in 29% der jbL und 25% der jüL). Im 2. Schuljahr wurde hingegen in allen jahrgangsbezogenen Lerngruppen mit einem Sprachbuch und in der Mehrheit (78%) auch mit einem Lesebuch gearbeitet, wohingegen nur in wenigen jahrgangsübergreifenden Lerngruppen ein Sprach- (23%) und/oder Lesebuch (14%) genutzt wurde. Dementsprechend konnte in jahrgangsübergreifenden Lerngruppen Ende des 2. Schuljahres, aber auch Anfang/Mitte des 1. Schuljahres, häufiger der Einsatz unterschiedlicher Lesematerialien beobachtet werden (1. Schulj.: jbL: in Ø einem Viertel der UE;

jüL: in Ø knapp der Hälfte der UE; 2. Schulj.: jbL: in Ø der Hälfte der UE; jüL: in Ø zwei Drittel der UE). Bezüglich des Einsatzes verschiedener fachdidaktischer Konzepte konnte festgestellt werden, dass in der überwiegenden Mehrheit der Projektklassen im Verlauf der Schuleingangsphase nach der Rechtschreibwerkstatt von Sommer-Stumpenhorst gearbeitet wurde (in jbL und jüL in je ca. 88% der Lerngruppen). Zu Beginn der Schuleingangsphase orientierte sich zudem in der Mehrheit der Lerngruppen der Unterricht an dem Konzept „Lesen durch Schreiben" (in 82% der jbL und 59% der jüL) und/oder dem Spracherfahrungsansatz (in 71% der jbL und 59% der jüL). Diese Konzepte gehörten allerdings am Ende der Schuleingangsphase nach Auskünften der Lehrkräfte in bedeutend weniger Lerngruppen zur Grundlage des Unterrichts („Lesen durch Schreiben" bzw. Spracherfahrungsansatz in 50% bzw. 6% der jbL und 46% bzw. 13% der jüL). Anlässe zum Schreiben eigener Wörter und Texte wurden Ende des 2. Schuljahres sowohl in jahrgangsübergreifenden als auch in jahrgangsbezogenen Lerngruppen in durchschnittlich zwei Drittel der Unterrichtseinheiten beobachtet, wohingegen dies noch Anfang/Mitte des 1. Schuljahres häufiger in jahrgangsübergreifenden (in Ø der Hälfte der UE) als in jahrgangsbezogenen Lerngruppen (in Ø knapp 40% der UE) der Fall war.

Es lassen sich demnach sowohl Unterschiede als auch Gemeinsamkeiten im Unterricht der am Projekt teilnehmenden jahrgangsbezogenen und jahrgangsübergreifenden Lerngruppen feststellen. In Zukunft soll, unter Berücksichtigung der Lernentwicklungen der Kinder, u.a. der Frage nachgegangen werden, welche grundschul- und fachdidaktischen Bedingungen des Anfangsunterrichtes in jahrgangsbezogenen und jahrgangsübergreifenden Lerngruppen sich als besonders förderlich für die Lern- und Bildungsprozesse von Kindern erweisen.

Literatur

Eckerth, M./Hanke, P. (2009): Jahrgangsübergreifender Unterricht: Ein Überblick über den nationalen und internationalen Forschungsstand. In: Zeitschrift für Grundschulforschung 2/1, 7-19.

Hanke, P. (2005): Öffnung des Unterrichts in der Grundschule. Lehr-Lernkulturen und orthographische Lernprozesse im Grundschulbereich. Münster: Waxmann.

Helmke, A. (2003): Unterrichtsqualität erfassen, bewerten, verbessern. Seelze: Kallmeyer.

Kammermeyer, G./Martschinke, S. (2009): Qualität im Anfangsunterricht – Ergebnisse der KILIA-Studie. In: Unterrichtswissenschaft 37/1, 35-54.

Lipowsky, F. (2007): Unterrichtsqualität in der Grundschule – Ansätze und Befunde der nationalen und internationalen Forschung. In: Möller, K./Hanke, P./Beinbrech, C./ Hein, A.K./Kleickmann, T./Schages, R. (Hrsg.): Qualität von Grundschulunterricht entwickeln, erfassen und bewerten. Wiesbaden: VS, 35-50.

Ansatzpunkte für eine anschlussfähige pädagogische Diagnostik an der Schnittstelle von Kita und Grundschule

Katrin Liebers

1 Forschungsstand

Für die Entwicklung eines an der Lernbiografie des Kindes orientierten anschlussfähigen Modells pädagogischer Diagnostik in Kita und Schule sprechen zwei Gründe. Zum einen zielt, pragmatisch gesehen, pädagogische Diagnostik in Kita und Grundschule auf die Kompetenzentwicklung des gleichen Kindes, wenn auch zu unterschiedlichen Zeitpunkten. Zum zweiten zeigen Befunde der Kognitionsforschung und der Entwicklungspsychologie, dass eine Orientierung von pädagogischer Diagnostik an der Bildungsbiografie empirisch gut zu begründen ist (Sodian 2008). Unter Bezugnahme auf diese Referenzbefunde lässt sich eine systematische und institutionenübergreifende diagnostische Begleitung der (Lern-)Entwicklung von Kindern postulieren.

Lernprozessbegleitende Verfahren sind Bestandteile einer pädagogischen Diagnostik im engeren Sinne, die im Interesse adaptiverer Lernangebote auf das Ermitteln von Lernausgangslagen zielen und so die Qualifizierung professionellen Handelns der Pädagoginnen und Pädagogen unterstützen. Die Notwendigkeit einer frühzeitigen pädagogischen Erfassung und pädagogischen Förderung wurde in der jüngeren Vergangenheit durch zahlreiche Studien zum Einfluss der Lernvoraussetzungen auf den späteren Schulerfolg eindrucksvoll belegt (Duncan et al. 2007). Im Hinblick auf eine an der Bildungsbiografie orientierte pädagogische Diagnostik zeigt sich, dass international Modelle und Instrumente vorliegen, diese im deutschsprachigen Raum jedoch erst in Ansätzen rezipiert worden sind. Ein seit längerem in den USA eingesetztes Verfahren für Kinder von drei bis elf Jahren ist das *Work Sampling System*. Mit ihm werden Kinder bei ihrem tagtäglichen Lernen beobachtet: Dabei werden sowohl die akademische Zielerreichung als auch die Lernprozesse reflektiert um Unterstützung bei der Verbesserung von Lernprozessen von Kindern zu ermöglichen (Meisels et al. 1995). Weitere Beispiele sind das *Einschätzungsraster Erstsprache Deutsch* für den Schriftspracherwerb von Kindern von vier bis acht Jahren in der schweizerischen Basisstufe, das Portfolio, welches in Schweden mit den Kindern aus der *förskola* in die *grundskola* mitwandert und die *Grundstufenprofile (Foundation Stage Profile)* in England. Bezogen auf Deutschland wird auf Unterschiede der diagnostischen Sichtweisen im Elementar- und Primarbereich verwiesen: Nach der Einschätzung von Strätz, Solbach und Holst-Solbach (2007) kommen im Elementarbereich eher Formen der individuellen Dokumentation von Bildungs-prozessen zum Einsatz, im Primarbereich eher standardisierte Instrumente. Ana-lysen gängiger Lernstandserhebungen zeigen jedoch, dass im Anfangsunterricht etliche beobachtungsorientierte Verfahren eingesetzt werden. Diese sind nicht ohne weiteres anschlussfähig zu den gängigen Verfahren im Elementarbereich, da auch in den beobachtungsorientierten Verfahren proximale Lernvoraussetzun-gen für den Schriftspracherwerb und den Zahlerwerb fokussiert werden. Damit zeigt sich vielmehr eine unterschiedliche konzeptionelle Ausrichtung innerhalb der Gruppe der Verfahren, die dem *Assessment for Learning* zuzurechnen sind, im Hinblick auf eine fokussierte große Breite der dokumentierten Lernentwick-lungen (zahlreiche Persönlichkeits- und Bildungsbereiche) versus eine fokussier-te Tiefe einiger weniger ausgewählter, hochrelevanter Bereiche der dokumen-tierten Lernentwicklungen wie z.b. proximale Lernvoraussetzungen (Prengel/ Geiling/Liebers 2009). Beide Ansätze, der Blick über eine große Breite von Lernprozessen des Kindes, seine Persönlichkeit und sein Umfeld wie auch der Blick in die Tiefe auf die domänenspezifischen Voraussetzungen können als ge-meinsame Bestandteile eines stufen- oder fächerartigen diagnostischen Verfah-rens aufgefasst werden (Kammermeyer 2008).

2   Modell für eine pädagogisch begründete Diagnostik

Ein wichtiges Ziel des Lernens im Elementar- wie auch im Primarbereich ist der Erwerb von Kompetenzen. Wenn pädagogische Diagnostik dazu dienen soll, didaktische Entscheidungen zu begründen, dann sollte eine solche Diagnostik auf den Kompetenzerwerb und dessen Voraussetzungen gerichtet sein. Lersch (2009) hat basierend auf dem Kompetenzmodell von Weinert (1998) ein Kompe-tenzerwerbsschema vorgestellt, das die distalen Kompetenzen der Bildungsstan-dards in Teilkompetenzen (TK) aufgliedert. In sorgsam geplanten anwendungs-orientierten Lernsituationen (LS) wird aus den systematisch erworbenen Wissenselementen (W1-W3) Können. Dieses Kompetenzerwerbsmodell kann eine theoretische Basis für ein Modell einer didaktisch begründeten pädago-gischen Diagnostik bilden (s. Abb. 1). Diesem liegt die Annahme zugrunde, dass es für die verschiedenen Dimensionen des Kompetenzerwerbs unterschiedlicher diagnostischer Zugänge bedarf:

- Für die Erfassung des systematischen und nicht ausschließlich beobacht-baren Wissenszuwachses erscheinen punktuell formale Überprüfungen mit-hilfe valider Aufgabenstellungen notwendig.

- Der Könnenserwerb lässt sich oftmals anhand von alltäglichen Arbeits-produkten und Äußerungen direkt im Unterricht beobachten und in Beob-achtungshilfen, Checklisten oder Kompetenzrastern dokumentieren.
- Die Erhebung der Lernausgangslage stellt eine Voraussetzung für die Pla-nung von pädagogischen Angeboten dar, die zu formalen Zeitpunkten im Hinblick auf die distaleren Kompetenzziele durchgeführt wird. Diagnostisch gesehen beinhaltet sie eine Schnittmenge valider Aufgaben, mit denen die Kenntnisse erfasst werden können, und Beobachtungssituationen, um darauf schließen zu können, inwieweit sich diese Kenntnisse, Fähigkeiten und Fertigkeiten in anwendungsfähigem Können niederschlagen.

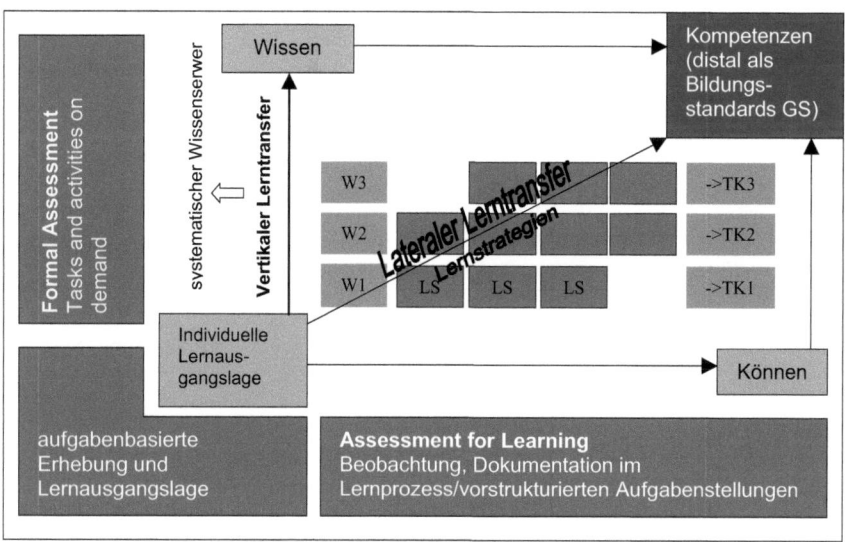

Abb. 1:   Modell einer pädagogisch begründeten Diagnostik

Die unterschiedlichen Zugänge pädagogischer Diagnostik konfligieren dabei nicht, sondern stehen vielmehr für spezifische Erkenntnisinteressen in einem ba-lancierten Assessmentsystem, das den Lernfortschritt der Kinder auf unterschied-lichen Ebenen unterstützt (Wiliam 2006). Fragen stellen sich dahingehend, in-wieweit ein solches Modell übertragbar ist auf die Kita – die Formulierung von Kompetenzzielen sowie systematische Bildungsangebote werden oftmals mit einer Verschulung des Kindergartens gleichgesetzt.

3   Ausblick auf ILeA 1 und weitere Arbeiten

Mit den *Individuellen Lernstandsanalysen für die Jahrgangsstufe 1 (ILeA 1)*
wurde zunächst für den Schulanfang ein diagnostisches Instrument entwickelt,
das dem Modell eines balancierten Assessments entspricht: Das „leere Blatt",
das eine Analyse der spontan erworbenen Schriftsprachstrategien ermöglicht,
wird ergänzt durch weiterführende Beobachtungen und Feinanalysen in angerei-
cherten Lernsituationen in Kleingruppen- oder Einzelarbeit. Ergänzend werden
die Ergebnisse aus dem Aufgabenbereich zur phonologischen Bewusstheit hin-
zugezogen. Zugleich sollen Lernpässe eingeführt und Kinder schrittweise bei der
Selbstevaluation unterstützt werden (Prengel/Liebers 2005). *ILeA 1*, das zum
Schulanfang 2009/2010 bei ca. 30.000 Kindern eingesetzt worden ist, wird zurzeit wiederholt evaluiert. Gleichzeitig erfolgen konzeptionelle Arbeiten für ein
anschlussfähiges Übergangsverfahren.

Literatur

Duncan, G.J. et al. (2007): School Readiness and Later Achievement. In: Developmental
    Psychology 43/6, 1426-1446.
Kammermeyer, G. (2008): Bildungsverläufe in Kindergarten und Grundschule
    beobachten, diagnostizieren und dokumentieren. In: Zusammenarbeit von Kita und
    Grundschule. Protokoll der Tagung vom 16. und 17. Dezember in Bonn.
Lersch, L. (2009): Standards und Kompetenzen. Eine Didaktik kompetenzfördernden
    Unterrichts. Vortragsfolien zur 10. EMSE-Tagung in Dresden.
Meisels, S.J./Liaw, F./Dorfman, A./Fails, R. (1995): The Work Sampling System:
    Reliabilty and Validity of a Performance Assessment for Young Children. In: Early
    Childhood Research Quarterly 10, 277-296.
Prengel, A./Geiling, U./Liebers, K. (2009): Individuelle Lernentwicklungsanalyse im
    Übergang – ein verbindendes Instrument zwischen frühpädagogischer Bildungs-
    dokumentation und Lernstandsanalysen im Anfangsunterricht. Manuskript.
Prengel, A./Liebers, K. (Hrsg.) (2005): Sieben diagnostisch-pädagogische Verfahren für
    den Schulanfang. Ein Reader zum Leitfaden ILeA 1. Potsdam.
Sodian, B. (2008): Entwicklung des Denkens. In: Oerter, R./Montada, L. (Hrsg.).
    Entwicklungspsychologie. Weinheim: Beltz, 436-479.
Strätz, R./Solbach, R./Holst-Solbach, F. (2007): Bildungshäuser für Kinder von drei bis
    zehn Jahren. Eine Expertise. Berlin.
Weinert, F.E. (1998): Neue Unterrichtskonzepte zwischen gesellschaftlichen
    Notwendigkeiten, pädagogischen Visionen und psychologischen Möglichkeiten. In:
    Bayrisches Staatsministerium (Hrsg.): Wissen und Werte für die Welt von morgen.
    München, 101-125.
Wiliam, D. (2006): Does Assessment Hinder Learning? Speech at the ETS Europe
    Breakfast Salon on the 11th July 2006. Vortragsskript.

Pädagogische Kinderforschung – eine systematische Perspektive für die Grundschulpädagogik?

Andreas Nießeler

„Die Natur will, dass Kinder Kinder sind ehe sie Männer werden. Kehren wir diese Ordnung um, so erhalten wir frühreife Früchte, die weder reif noch schmackhaft sind und bald verfaulen: wir haben dann junge Gelehrte und alte Kinder. Die Kindheit hat eine eigene Art zu sehen, zu denken und zu fühlen, und nichts ist unvernünftiger, als ihr unsere Art unterschieben zu wollen" (Rousseau *1762*; 1995, 69).

In dieser sicherlich nicht unproblematischen Sentenz aus Rousseaus Emile ist das pädagogische Projekt einer naturgemäßen und anthropologisch verorteten Erziehung vorgezeichnet, welche das Werden des Kindes, nicht ein allgemeines Sein in den Mittelpunkt der Pädagogik stellt. Kinderforschung und Pädagogik bedingen sich in diesem Kontext gegenseitig und generieren einen forschungsbasierten Theorierahmen für die Gestaltung kindgemäßer Institutionen (s. Göppel 2007). Dieser Ansatz einer pädagogischen Kinderforschung hat wesentlich zur Ausdifferenzierung einer spezifischen Grundschulpädagogik aus der allgemeinen Erziehungswissenschaft beigetragen. Dies lässt sich an Martin Weises programmatischer Schrift von 1928 „Die Grundschule" ablesen, in der institutionelle Maßnahmen mit pädagogischen Forschungsfeldern zusammengestellt werden. „Nicht kann aus jedem Kinde alles werden, aber es kann doch aus ihm viel mehr und anderes werden, als es in dem Augenblicke ist, wo es in die Schule eintritt. Was könnte die Grundschule besseres tun, als nach dem zu *forschen* [Herv. A.N.], was hier und da ans Licht will?" (Weise *1928*; 1970, 60) Damit ist die Systematik einer Grundschulpädagogik vorgezeichnet, die sich nach den „Selbstbildungskräfte" des Kindes richtet, diese Formen der kindlichen Weltaneignung im Rahmen einer Kinderforschung thematisiert und eine Unterrichtsforschung generiert, die Unterricht und Bildungssystem nicht als etwas Fertiges ansieht, sondern aus schulpädagogischer und didaktischer Perspektive an deren Weiterentwicklung und Verbesserung arbeitet.

An dieser Systematik werden heute jedoch wesentliche Kritikpunkte der Konzeption einer Kinderschule festgemacht: Die historische Forschung hat die geistes- und ideengeschichtlichen Wurzeln der jeweiligen Vorstellungen von Kindheit freilegen können, welche tief in den sozialen, kulturellen, philosophischen wie religiösen Kontext der Gesellschaft hineinreichen (s. Baader 1996). So ist das Kindheitsbild, das in der Nachfolge Rousseaus zum Leitbegriff der

Pädagogik vom Kinde aus erhoben wurde, vorrangig eine Konstruktion des europäischen Bürgertums des 18. und 19. Jahrhunderts. Die soziologische Kindheitsforschung (s. etwa Behnken/Zinnecker 2001) hat ein allgemeines Bild von Kindheit der Kritik unterzogen und stattdessen unterschiedliche Kindheiten thematisiert, die im großen Kreis in einem engen Bezug zu den jeweiligen Modernisierungstendenzen der Gesellschaft, in einem kleinen Kreis zu den jeweiligen Schichten der individuellen Lebenswelten stehen. In der öffentlichen Diskussion wurde das pädagogische Konzept der Kinderschule als „Kuschelpädagogik" gebrandmarkt, die wesentliche Lernchancen verspiele. Leistungsvergleichsstudien schließlich hantieren nicht mit einem lebensalterbezogenen Entwicklungsmodell, sondern mit linear aufgebauten Kompetenzstufen. Das Niveau der unteren Stufen ist nicht durch qualitative Unterschiede, sondern durch seine Distanz zur höchsten Kompetenzstufe und damit durch einen Mangel an bereichsspezifischem Wissen und Können definiert. Flankiert wird dieser Wechsel der Blickrichtung durch die psychologische Expertiseforschung, welche individuelle Entwicklungsverläufe als kontinuierliche Ausdifferenzierung von Kenntnissen deutet (s. Sodian 1998). In diesem Konzept des lebenslangen Lernens löst sich die qualitative Unterscheidung zwischen Kindern und Erwachsenen auf. Kinder werden wieder zu kleinen Erwachsenen (oder Erwachsene zu Kindern).

Mit diesem Paradigmenwechsel ergibt sich die Frage, ob nicht die Ausgestaltung kontinuierlicher Bildungspläne im Konzept des lebenslangen Lernens den neuen Ansatzpunkt grundschulpädagogischer Forschung bilden sollte; schließlich konnten Lern- und Bildungspotenziale entdeckt werden, welche lange Zeit unter dem Stigma der „Verfrühung" nicht thematisiert werden durften. Die Abkehr vom Konzept der Kindgemäßheit würde aber wie oben dargestellt der Disziplin Grundschulpädagogik einen maßgebenden Begründungskontext entziehen. Eine rein auf die Institution Grundschule bezogene Anwendungsforschung geht ohne eigenständiges Theoriekonstrukt in anderen wissenschaftlichen Disziplinen auf, zumal mit den aktuellen Kompetenzmodellen eine ausschließlich schulartbezogene Bestimmung der wissenschaftlichen Disziplin „Grundschulpädagogik" nicht mehr unmittelbar notwendig ist. Bestehen also überhaupt noch relevante Bezugspunkte einer pädagogischen Kinderforschung, welche das Feld einer disziplinär verorteten Grundschulpädagogik aufspannen könnten? M.E. gibt es in dieser Hinsicht zwei maßgebende Perspektiven:

Erstens: Die „Öffnung der Schulforschung" (Kelle 2005, 148) konnte unter ethnographischer Perspektive Schulkinder als Ko-Konstrukteure schulischer Wirklichkeit thematisieren. Kinderforschung wird zu Schulkinderforschung, welche Bewältigungspraxen von Anforderungen des Schulalltages, aber auch

Strategien kindlicher Subjektivität in der Schule untersucht. Für die Grundschulpädagogik ergibt sich daraus die Erweiterung einer vorrangig auf Leistungskriterien bezogenen Unterrichtsforschung zu einer Aneignungsforschung, welche die Passung von Unterrichtsformen mit kinderkulturellen Alltagspraxen thematisiert (s. Scholz 1996; Wiesemann 2000). Kindorientierung zeigt sich in diesem Kontext als Subjektorientierung, weshalb Heinzel Grundschule nicht als Lern-, aber auch nicht mehr als reine Kinderschule, sondern als Ort der Generationenvermittlung zu fassen versucht (Heinzel 2002). Die Perspektive einer pädagogischen Ethnografie, die beispielsweise in der Elementarpädagogik schon lange systematisch verortet werden konnte, hat also Konsequenzen für die forschungsbasierte Weiter- und Neuentwicklung von Unterrichts- und Lernformen, welche sich mehr an den gegenseitigen Konstruktionsprozessen von Erkenntnis-, Handlungs- und Lebensformen im Generationenverhältnis orientieren als nur an vorhandenen Fach- und Wissenskulturen. Allerdings muss auch festgehalten werden, dass das Wechselverhältnis zwischen Grundschulpädagogik und Kindheitsforschung inzwischen mehr Fragen als Antworten aufgeworfen hat (Panagiotopoulou/Brügelmann 2003, 12).

Zweitens: Die Kritik an historisch-sozial bedingten Kindheitsbildern trifft nur die Erscheinungsformen von Kindheit, nicht deren endogenetische Grundlagen. Forschungen zur menschlichen Kindheit haben solche anthropologischen Konstanten nachweisen können, welche transkulturell für die ersten Phasen in der menschlichen Entwicklung charakteristisch sind (s. Chasiotis 1999; Duncker/Scheunpflug/Schultheis 2004; Kaiser 2006; Tomasello 2008). So sind Kinder mit einer immensen sozialkommunikativen Kompetenz ausgestattet, welche Grundlage für alle Formen kulturellen Lernens ist. Weiterhin sind Körperlichkeit und Leiblichkeit grundlegende Bedingungen kulturellen Lernens im Kindesalter. Kinder sind so evolviert, dass sie aus Erfahrung lernen. Erfahrungslernen geschieht im engen sozialen Kontakt und in einem sozialen Schonraum, der auf diese Lernform von Kindern hin angelegt ist. Dieses Erfahrungslernen braucht Zeit und bestimmte Formen und Rhythmen, welche den Rahmen dafür abgeben, dass das Erfahrene zu Wissen verdichtet werden kann. Kindliche Weltaneignung schließlich ist signifikant geprägt durch symbolische Formen wie Spielen, Sammeln, das Erfinden von Geschichten, das Zeichnen, „Basteln", Konstruieren und Gestalten (s. Nießeler 2010).

Die oben genannte Forderung nach der Passung von kinderkulturellen Alltagspraxen mit schulartspezifischen Unterrichtsformen bzw. Schulstrukturen kann eigentlich nur aus anthropologischer Perspektive begründet werden. Nach den bisherigen Ausführungen muss man sich aber bewusst sein, dass die Ausgestaltung einer lebensalterbezogenen Theorie der Grundschule genuin Auswirkungen auf Erscheinungsformen von Kindheit im Grundschulalter hat. In diesem theoretischen Selbstbewusstsein spiegelt sich die wissenschaftliche Profilierung der Disziplin Grundschulpädagogik wider und es mag fraglich sein, ob sie sich bereits am Ausgang ihrer Epoche befindet.

Literatur

Baader, M. (1996): Die romantische Idee des Kindes und der Kindheit. Auf der Suche nach der verlorenen Unschuld. Neuwied: Luchterhand.

Behnken, I./Zinnecker, J. (Hrsg.) (2001): Kinder – Kindheit – Lebensgeschichte. Ein Handbuch. Seelze: Kallmeyer.

Chasiotis, A. (1999): Kindheit und Lebenslauf. Untersuchungen zur evolutionären Psychologie der Lebensspanne. Bern: Huber.

Duncker, L./Scheunpflug, A./Schultheis, K. (Hrsg.) (2004): Schulkindheit. Anthropologie des Lernens im Schulalter. Stuttgart: Kohlhammer.

Göppel, R. (2007): Kindheitsforschung damals und heute. In: Göppel, R. (Hrsg.): Veränderungen der Kindheit – Probleme des Jugendalters. Stuttgart: Kohlhammer, 19-43.

Heinzel, F. (2002): Kindheit und Grundschule. In: Krüger, H.-H./Grunert, C. (Hrsg.): Handbuch Kindheits- und Jugendforschung. Opladen: Leske + Budrich, 541-565.

Kaiser, A. (2006): Anthropologisch Konstantes versus sozio-kulturell Differentes in Aktionsräumen und Verhaltensmustern von Kindern in drei Kontinenten. In: Hinz, R./ Schumacher; B. (Hrsg.): Auf den Anfang kommt es an: Kompetenzen entwickeln – Kompetenzen stärken. Wiesbaden: VS, 163-169.

Kelle, H. (2005): Kinder in der Schule. Zum Zusammenhang von Schulpädagogik und Kindheitsforschung. In: Breidenstein, G./Prengel, A. (Hrsg.): Schulforschung und Kindheitsforschung – ein Gegensatz? Wiesbaden:VS, 139-160.

Nießeler, A. (2010): Symbolische Formen in der kindlichen Weltaneignung. In: Duncker, L./Lieber, G./Neuß, N./Uhlig, B. (Hrsg.): Bildung in der Kindheit. Das Handbuch zum Lernen für Kindergarten und Grundschule. Seelze: Kallmeyer, 38-42.

Panagiotopoulou, A./Brügelmann, H. (2003): Grundschulpädagogik *meets* Kindheitsforschung. Zum Wechselverhältnis von schulischem Lernen und außerschulischer Erfahrung im Grundschulalter. Opladen: Leske + Budrich.

Rousseau, J.-J. (*1762*; 1995): Emil oder Über die Erziehung. 12. Aufl., Paderborn: Schöningh.

Scholz, G. (1996): Kinder lernen von Kindern. Baltmannsweiler: Schneider.

Sodian, B. (1998): Entwicklung bereichsspezifischen Wissens. In: Oerter, R./Montada, L. (Hrsg.): Entwicklungspsychologie. Ein Lehrbuch. 4. Aufl., Weinheim: Beltz, 622-653.

Tomasello, M. (2008): Origins of Human Communication. Cambridge (Mass.): MIT.

Weise, M. (*1928*; 1970): Die Grundschule. In: A. Wenzel (Hrsg): Grundschulpädagogik. Bad Heilbrunn: Klinkhardt, 59-76.

Wiesemann, J. (2000): Lernen als Alltagspraxis. Lernformen von Kindern an einer Freien Schule. Bad Heilbrunn: Klinkhardt.

Literacy Aktivitäten im letzten Kindergartenjahr[1]

Wilfried Smidt & Simone Schmidt

1 Emergent Literacy im Kindergarten

Im Zuge der Diskussion um die Bedeutung frühkindlicher Bildungsprozesse rückt der Bildungsauftrag des Kindergartens zunehmend in den Blickpunkt. Dies zeigt sich auch in der bundesweiten Einführung von Bildungsplänen, in denen bestimmte Bildungsbereiche herausgestellt werden (s. Diskowski 2008). Dieser Beitrag widmet sich mit „Emergent Literacy" einem dieser Bereiche. Die grundlegende Annahme ist, dass Lesen und Schreiben nicht mit dem Eintritt in die Schule beginnen, sondern bereits im frühen Kindesalter Vorläuferfertigkeiten bestehen. Diese entwickeln sich entlang eines Kontinuums mit drei Phasen: Bewusstheit und Exploration, experimentelles Lesen und Schreiben sowie frühes Lesen und Schreiben (s. Richgels 2003). Es gibt unterschiedlich breite Definitionen, die sich entweder auf die Beschäftigung und den Umgang mit Printmedien beschränken oder die verbale Kommunikation mit Erwachsenen und Peers mit einbeziehen. Whitehurst und Lonigan (1998) fassen in einer breiten Definition von Literacy Bestandteile wie Sprache, Umgang mit Druckerzeugnissen, Buchstabenkenntnisse, Vorläufer von Lesen und phonologische Bewusstheit zusammen. Die Bedeutung von Emergent Literacy ist gut belegt, so ist Emergent Literacy prädiktiv für spätere Lese- und Schreibfertigkeiten. Es zeigt sich jedoch, dass die Literacy-Kompetenzen bei Schulbeginn heterogen sind. So weisen die Kinder zum Beispiel sehr unterschiedliche Buchstabenkenntnisse auf (s. Martschinke et al. 2002). Internationale Forschungsbefunde zeigen weiter, dass das Ausmaß an Literacy-Aktivitäten vor dem Eintritt in die Schule in vorschulischen Einrichtungen relativ gering ist (s. Olmsted/Lockhart 2003). Vor diesem Hintergrund wird nach dem Ausmaß von Emergent-Literacy-Aktivitäten im Vergleich zu anderen Aktivitäten des pädagogischen Alltags im letzten Kindergartenjahr gefragt.

[1] Die vorliegende Arbeit ist entstanden im Rahmen der von der Deutschen Forschungsgemeinschaft geförderten interdisziplinären Forschergruppe BiKS im Rahmenprojekt Teilprojekt 1 (Leitung: Prof. Roßbach; RO 820/12-1). Wir danken den an der Studie teilnehmenden Kindern, Erzieher/-innen und Eltern für ihre Teilnahme und allen im Rahmen der Datenerhebungen eingesetzten Studierenden für ihre engagierte Mitarbeit.

2   Stichprobe, Erhebungsverfahren, statistische Analyse

Die Daten wurden im Rahmen der Forschergruppe BiKS (Bildungsprozesse, Kompetenzentwicklung und Selektionsentscheidungen im Vor- und Grundschulalter) im Längsschnitt BiKS-3-8 erhoben. Die BiKS-Forschergruppe untersucht seit 2005 kindliche Bildungs- und Kompetenzentwicklungsprozesse sowie Selektionsentscheidungen im Vor- und Grundschulalter. Die Ausgangsstichprobe betrug 547 Kinder, die sich auf 97 Kindergärten in Bayern und Hessen verteilten. Der Beitrag bezieht sich auf den 6. Messzeitpunkt, der im Frühjahr 2008 erhoben wurde. Die Daten resultieren aus Beobachtungen des Alltags von 96 Kindern, die sich auf 50 Kindergartengruppen (davon 43 in Bayern) verteilen.

Zur Erhebung des pädagogischen Alltags von Kindern wurde ein Zielkindbeobachtungsverfahren (ZiKiB) (s. Kuger/Pflieger/Roßbach 2006) eingesetzt. Die ZiKiB ist ein standardisiertes Instrument, das sich auf die Beobachtung und Einschätzung von in der Kindergartengruppe erfolgten zielkindbezogenen Aktivitäten und Interaktionen bezieht. Die Anwendung der ZiKiB setzt eine umfangreiche Schulung voraus. Mit einem Time-Sampling-Verfahren werden zwei Kinder über einen Vormittag verteilt je drei Mal im Wechsel beobachtet. Die einzelnen Abschnitte umfassen dabei je 20 einminütige Beobachtungssequenzen. Die Beobachtungsbereiche berücksichtigen verschiedene Schwerpunkte der pädagogischen Tagesstruktur, die sich in bisherigen Forschungen als bedeutsam erwiesen haben. Die Qualität der pädagogischen Anregung, die in der Beobachtungsphase an das Kind herangetragen wird, wird auf einer 7-stufigen Skala eingeschätzt. Im Beitrag wird auf zwei Emergent-Literacy-Aktivitäten Bezug genommen: „Freie Sprache" bezieht sich auf Gespräche des Kindes mit dem pädagogischen Personal oder mit Peers. Die enger definierte Aktivität „Nutzung von Printmedien" umfasst den Umgang mit Druckmedien wie Bücher, Plakate, Zeitungen sowie Vorläuferformen von Lesen und Vorlesen sowie Vorgelesen bekommen.

Zur Beantwortung der Frage nach dem Ausmaß von Emergent-Literacy-Aktivitäten im Vergleich zu den anderen Aktivitäten werden paarweise Mehrfachvergleiche gerechnet. Zur Korrektur des kumulierten Alpha-Fehlers wird eine Bonferoni-Anpassung vorgenommen.

3   Ergebnisse

Aus Tabelle 1 ist das Ausmaß der beiden oben beschriebenen Literacy-Aktivitäten im Vergleich zu anderen Aktivitäten des pädagogischen Alltags im Kindergarten zu entnehmen. Abgebildet sind Prozentzahlen. Ein Mittelwert von 2,26 bei der Nutzung von Printmedien bedeutet, dass diese Aktivität im Mittel 2,26% des Beobachtungszeitraums pro Kind (insgesamt 60 Minuten) umfasst und damit verhältnismäßig gering ausfällt. Einige Aktivitäten wurden noch seltener beobachtet, die Differenzen sind jedoch nicht signifikant.

	M	SD	Mittlere Differenz		M	SD	Mittlere Differenz
Nutzung von Printmedien	2.26	5.79		Freie Sprache	17.55	14.55	
Restliche Aktivitäten				Restliche Aktivitäten			
Freie Sprache	17.55	14.55	-15.29***	Nutzung von Printmedien	2.26	5.79	15.29***
Übergang, Leerlauf	19.90	10.77	-17.64***	Übergang, Leerlauf	19.90	10.77	-2.34
Ruhe- und Schlafzeiten	0.42	1.38	1.83	Ruhe- und Schlafzeiten	0.42	1.38	17.13***
Pflegerische Routinen	10.57	9.62	-8.31***	Pflegerische Routinen	10.57	9.62	6.98*
Rollenspiel	5.28	8.10	-3.02	Rollenspiel	5.28	8.10	12.27***
Bau-/Konstruktionsspiel	6.55	12.15	-4.29	Bau-/Konstruktionsspiel	6.55	12.15	11.00***
Tanz- und Kreisspiel	4.06	7.30	-1.80	Tanz- und Kreisspiel	4.06	7.30	13.49***
Puzzlen	0.80	3.87	1.46	Puzzlen	0.80	3.87	16.75***
Bewegungsspiel	8.06	10.62	-5.80**	Bewegungsspiel	8.06	10.62	9.49***
Gesellschafts-/Brettspiel	4.36	9.42	-2.10	Gesellschafts-/Brettspiel	4.36	9.42	13.19***
künstlerisches Gestalten	7.41	10.85	-5.15**	künstlerisches Gestalten	7.41	10.85	10.15***
Experimente/Naturerfahr.	2.24	6.24	.02	Experimente/Naturerfahr.	2.24	6.24	15.31***
Musizieren und Singen	2.20	3.69	.05	Musizieren und Singen	2.20	3.69	15.34***
Nutzung von Technik	0.64	3.59	1.63	Nutzung von Technik	0.64	3.59	16.92***
Schulvorbereitung	6.26	13.43	-4.00	Schulvorbereitung	6.26	13.43	11.29***
Sand und Wasser	1.26	5.07	1.00	Sand und Wasser	1.26	5.07	16.29***

Tab. 1: Aktivitäten im letzten Kindergartenjahr

Anmerkungen: ***p < .001; **p < .01; *p < .05; Bonferoni-Korrektur

Ein anderes Bild zeigt sich bei der Aktivität „Freie Sprache". Mit 18% der Beobachtungszeit ist es nach Übergang und Leerlauf die am häufigsten kodierte Aktivität. Im Unterschied zur Nutzung von Printmedien dominiert der verbale Austausch von Kindern mit Peers und Erzieherinnen den pädagogischen Alltag entscheidend mit. In deutschen Kindergärten sind Emergent Literacy-Aktivitäten damit je nach Definition unterschiedlich umfassend. Zusammen umfassen die Emergent Literacy-Aktivitäten jedoch immerhin 20% des Beobachtungszeitraums.

4 Diskussion

Deutlich wurde, dass das Ausmaß an Literacy-Aktivitäten beträchtliche Unterschiede aufweist, je nachdem, ob die Nutzung von Printmedien oder die Freie Sprache betrachtet werden. Während die Aktivität „Freie Sprache" einen großen Teil des kindlichen Alltags einnimmt, wurde die Aktivität „Nutzung von Printmedien" nur selten beobachtet. Dieses Ergebnis kann gut in die internationale Forschungslandschaft eingeordnet werden (s. z.B. Layzer et al. 1993). Problematisiert werden können in diesem Zusammenhang die hohen Anteile der

Übergänge zwischen Aktivitäten sowie der Leerläufe und Wartezeiten, da es Hinweise gibt, dass ein hohes Ausmaß an Übergängen und Leerlaufzeiten mit einer niedrigen pädagogischen Qualität einhergeht (s. Sylva et al. 2007; Wishard et al. 2003).

Limitationen der vorliegenden Untersuchung liegen in der ausschließlichen Betrachtung der zu beobachtenden Aktivitäten. Außer Acht gelassen wird damit die Annahme, dass Emergent Literacy auch über andere Aktivitäten, wie Rollenspiel gefördert werden kann. Die Einbeziehung dieser so genannten Förderbereiche sowie der eingeschätzten Qualität der durchgeführten Aktivitäten sind Gegenstand weiterführender Analysen.

Literatur

Diskowski, D. (2008): Bildungspläne für Kindertagesstätten – ein neues und noch unbegriffenes Steuerungsinstrument. In: Zeitschrift für Erziehungswissenschaft 10/11 (Sonderheft), 47-61.

Kuger, S./Pflieger, K./Roßbach, H.-G. (2006): Einschätzskalen der Zielkindbeobachtung. Unveröffentlichte Forschungsversion. BiKS-Forschergruppe der Otto-Friedrich-Universität Bamberg.

Martschinke, S./Kammermeyer, G./Frank, A./Mahrhofer, C. (2002): Heterogenität im Anfangsunterricht – Welche Voraussetzungen bringen Schulanfänger mit und wie gehen Lehrerinnen damit um? Berichte und Arbeiten aus dem Institut für Grundschulforschung Nr. 101. Universität Erlangen-Nürnberg.

Olmsted, P.P./Lockhart, S. (2003): Findings from the Child Activities Observation System. In: Weikart, D.P./Olmsted, P.P./Montie, J. (Eds.): A World of Preschool Experience: Observations in 15 Countries. Ypsilanti: High/Scope Press, 103-134.

Richgels, D.J. (2003): Emergent Literacy. In: DeBruin-Parecki, A./Krol-Sinclair, B. (Eds.): Family Literacy. From Theory to Practice. Network: International Reading Association, 28-48.

Sylva, K./Taggart, B./Siraj-Blatchford I./Totsika, V./Ereky-Stevens, K./Gilden, R./Bell, D. (2007): Curricular Quality and Day-to-Day Learning Activities in Pre-school. In: International Journal of Early Years Education 15/1, 49-65.

Whitehurst, G.J./Lonigan, C.J. (1998): Child Development and Emergent Literacy. In: Child Development 69/3, 848-872.

Wishard, A./Shivers, E.M./Howes, C./Ritchie, S. (2003): Child Care Program and Teacher Practices: Associations with Quality and Children's Experiences. In: Early Childhood Research Quarterly 18/1, 65-103.

Zwischen fristgerechter und verspäteter Einschulung – Elterliches Entscheidungsverhalten

Franziska Wehner

1 Vorüberlegungen

Der Übergang vom Kindergarten in die Grundschule wurde bisher unter zahlreichen Blickwinkeln betrachtet. Die Zurückstellung als eine nicht-fristgerechte Einschulung wurde dabei vor allem unter schulisch-ökologischen Bedingungen, wie z.b. dem Vorhandensein eines Schulkindergartens oder schlechteren Lebens- und Lernbedingungen, untersucht (Mader 1989). Bisher kaum in der grundschulpädagogischen Literatur betrachtet wurde hingegen die Einschulung als ein Entscheidungsprozess der Eltern. Hier stellt sich die Frage nach den Entscheidungskriterien und welchen Einfluss die beteiligten Institutionen bei einer verspäteten Einschulung haben. Im Rahmen des grundschulpädagogischen Teilprojekts der Längsschnittstudie BiKS-3-8 wird der Prozess der Einschulungsentscheidung aus Sicht der Eltern untersucht. Im vorliegenden Beitrag werden folgenden Fragen thematisiert: Welche Entscheidungsaspekte ziehen Eltern für eine Zurückstellung vom Schulbesuch heran? Welche Formen der Beratung finden im Kindergarten und in der Grundschule statt und wie bewerten Eltern diese?

2 Empirische Untersuchung und Stichprobe

Im Rahmen des Kindergartenlängsschnitts BiKS-3-8 werden 554 Kinder aus Bayern und Hessen vom Eintritt in den Kindergarten bis zum Ende der zweiten Grundschulklasse begleitet. Die hier berichteten quantitativen Daten stammen aus Elterninterviews und -fragebögen, welche im jährlichen Abstand durchgeführt werden. Weiterhin wird eine qualitative Teilstudie zur verspäteten Einschulung herangezogen. In dieser werden Eltern, für deren Kinder eine verspätete Einschulung in Frage kommt, zu drei Zeitpunkten zu ihren Einschulungsorientierungen befragt (ein Jahr sowie drei Monate vor der möglichen fristgerechten Einschulung und drei Monate nach der fristgerechten bzw. verspäteten Einschulung). Die Substichprobe wurde anhand verschiedener Kriterien gezogen, z.B. Eltern, die zwei Jahre vor Beginn der Schulpflicht den Wunsch nach einer späten Einschulung äußerten bzw. noch unentschlossen waren. Letztendlich wurden 20 Kinder ausgewählt, wobei 15 aus Bayern und fünf aus Hessen stammten. Die Elterninterviews wurden anhand der Inhaltsanalyse nach Mayring (2003) strukturierend und skalierend ausgewertet. Die hier vorgestellten qualitativen Daten stammen aus Elterninterviews zu zwei Erhebungszeitpunkten vor der möglichen fristgerechten Einschulung und können somit Aufschluss über die vor der Einschulung ablaufenden Entscheidungsprozesse geben.

3 Ergebnisse

3.1 Elterliche Entscheidungsaspekte für eine Zurückstellung

Die Daten gut ein Jahr vor einer möglichen fristgerechten Einschulung deuten darauf hin, dass vor allem *kindbezogene Aspekte* Einfluss auf den Zeitpunkt der Einschulung haben. Neben dem allgemeinen Entwicklungsstand und der Konzentration bzw. Ausdauer sind auch die sozialen Kompetenzen sowie das Alter des Kindes entscheidend.

> „Und ich gehe ja jetzt ja von meinem Sohn aus, der einfach mit fünf noch eingeschult wird und das ist in meinen Augen einfach zu bald, weil in dieser Schule oder in dieser Klasse, in die mein Kind dann kommt, gibt es durchaus schon Kinder, die sechs und sechseinhalb sind. Und er ist fünf." (Interview 5)

Diese von allen Eltern angegebenen Entscheidungsaspekte differenzieren sich bei der letztendlichen Zurückstellungsentscheidung noch weiter aus. Die kindbezogenen Aspekte beziehen sich dann hauptsächlich auf die noch nicht vorhandene Schulfähigkeit (vor allem aufgrund von motorischen Defiziten und gesundheitlichen Problemen), das fehlende Interesse an schulischen Inhalten und das Alter. Neben den kindlichen Aspekten treten auch weitere Entscheidungsaspekte hervor. So sind die in Bayern bestehende *Stichtagsverlegung*[1] oder der erwartete *Leistungsdruck* bzw. die *schulischen Anforderungen* Gründe für einen verspäteten Schulstart.

> „Ich hoffe natürlich dadurch, dass sie ein Jahr später in die Schule kommt, sich leichter tut. Jetzt sieht es noch nicht so aus, dass sie es schafft. Da hätte ich Bedenken. Und ich hoffe, dass sie sich nächstes Jahr leichter tut." (Interview 1)

3.2 Formen der Beratung in Kindergarten und Grundschule

Der Übergang in die Grundschule wird unter anderem durch die Beratung im Kindergarten geprägt. Die quantitativen Befragungen zeigen auf, dass der Kindergarten die mit am häufigsten genutzte Informationsquelle bezüglich der Einschulung ist (eineinhalb Jahre vor der Einschulung 40%, N=443; ein halbes Jahr vor der Einschulung 55%, N=435). Die Beratung zur Einschulung findet

---

[1] Derzeit wird allerdings im Bayrischen Staatsministerium für Unterricht und Kultus wieder über einen Rücktritt von der Stichtagsverschiebung nachgedacht.

1,5 Jahre vorher vor allem in Tür- und Angelgesprächen statt, wird demnach eher nebenher geführt (50%, N=178). Kurz vor der Einschulung werden dann vermehrt Einzelgespräche genutzt (55%, N=272).

Bei den qualitativen Interviews bestätigt sich dieses Bild, der Kindergarten bzw. die Erzieherinnen sind die am häufigsten erwähnten Gesprächspartner bezüglich der Einschulung. Die Beratungsgespräche finden hauptsächlich als kindbezogene Einzelgespräche oder allgemeine Elternabende statt. Auffällig ist bei der Bewertung der Beratung, dass der Rat der Erzieherinnen von allen Eltern als wichtigste Informationsquelle angesehen wird. Dies gilt sowohl ein Jahr als auch kurz vor der möglichen fristgerechten Einschulung.

Dennoch werden von Seiten der Eltern auch Defizite genannt. So wünschen sie sich mehr Informationen zur Einschulung (z.B. durch Informationsabende) und dies bereits zu einem früheren Zeitpunkt als erst im letzten Kindergartenjahr. Deutlich ist auch, dass die Eltern die Erzieherinnen unterschiedlich wahrnehmen. Einige Eltern sehen die Erzieherinnen im Hinblick auf die Beratung als sehr aktiv und engagiert an. Andere dagegen kritisieren die Passivität der Erzieherinnen und deren Eigeninitiative in Bezug auf die Einschulungsberatung.

„Wenn du nicht von selbst auf sie zugehst, auf den Kindergarten speziell, und fragst: ‚Wie macht er sich? Wie ist das?‘, dann kommt wenig rüber." (Interview 8)

Die Grundschule als beratende Institution wird meist erst mit der Anmeldung des Kindes in den Entscheidungsprozess aufgenommen. Die quantitativen Daten zeigen, dass eineinhalb Jahre vor der Einschulung fast ein Viertel der befragten Eltern die Schule nutzen, um sich bezüglich der Einschulung zu informieren (N=443). Ein halbes Jahr vor dem Übergang steigt die Inanspruchnahme deutlich (39%, N=435). Dies kann möglicherweise auf die vermehrt stattfindenden schulischen Elterabende zurückzuführen sein.

In den Interviews zeigt sich, dass die am häufigsten genutzten Formen der Beratung allgemeine Elternabende sowie die Einschulungsuntersuchung sind. Im Gegensatz dazu werden individuelle Gespräche hauptsächlich von den Eltern genutzt, welche über eine Zurückstellung nachdenken, beziehungsweise sich in ihrer Entscheidung noch unklar sind. Bei Eltern, deren Kinder unter die bayrische Rücktrittsmöglichkeit fallen, besteht kaum ein Beratungsbedarf.

Die Bewertung der schulischen Beratung fällt differenziert aus, da dies abhängig ist von der Inanspruchnahme der jeweiligen Formen. Grundsätzlich äußert sich jedoch die Mehrheit der Interviewten positiv über die Beratung.

„War schon in Ordnung. Ich sehe es schon eher kurz gefasst, nicht so sehr ausführlich. Eher so das Wichtigste in Kürze." (Interview 4)

Genauso wie beim Kindergarten bemängeln die Eltern die nur in geringem Maße vorhandenen Beratungsmöglichkeiten. Auch hier werden insbesondere frühzeitigere und individuellere Beratungen gewünscht.

4   Zusammenfassung

Zusammenfassend kann festgehalten werden, dass sich die Entscheidungsaspekte für eine Zurückstellung einerseits auf kindbezogene Aspekte beziehen, andererseits aber auch die Wahrnehmung der schulischen Anforderungen sowie der schulische Leistungsdruck eine Rolle spielen. Von den bayrischen Eltern wird darüber hinaus auch die Stichtagsverlegung als ein wichtiger Grund für eine Zurückstellung genannt.

Bezüglich der Beratung im Kindergarten zeigt sich, dass diese nicht erst im letzten Kindergartenjahr beginnt, sondern schon vorher einsetzt. Gezielte Einzelgespräche zwischen Erzieherinnen und Eltern finden dann aber meist erst ein halbes Jahr vor der regulären Einschulung statt. Deutlich wird auch, dass die Erzieherin von den Eltern als wichtigste Informationsquelle bewertet wird. Die Beratung in der Grundschule beginnt vorwiegend erst im letzten Kindergartenhalbjahr. Hier wird vor allem der Elternabend als die häufigste Informationsform genutzt. Grundsätzlich sehen die Eltern die erhaltenen Informationen als ausreichend an, dennoch wünschen sie sich hier insbesondere mehr Beratungsmöglichkeiten, welche frühzeitiger und individuell angelegt sind.

Literatur

Mader, J. (1989): Schulkindergarten und Zurückstellung. Zur Bedeutung schulisch-ökologischer Bedingungen bei der Einschulung. Münster: Waxmann.
Mayring, P. (2003): Qualitative Inhaltsanalyse. Grundlagen und Techniken. 8. Aufl., Weinheim: Beltz.

III. Heterogenität und Förderung

Sprachliche Fähigkeiten von Grundschülern: Ergebnisse aus dem DFG-Projekt KEIMS[plus]

Jana Chudaske, Carsten John, Carola Lindner-Müller, Nina Rohloff & Karl-Heinz Arnold

1 Diagnostik sprachlicher Fähigkeiten

Sprachliche Kompetenz ist die Befähigung zu angemessenem sprachlichen Handeln in Alltagssituationen. Das Konstrukt umfasst die miteinander im Verbund wirkenden Teilaspekte der phonischen, pragmatischen, semantischen, morphologisch-syntaktischen, diskursiven und literalen Qualifikation (s. Ehlich 2005, 11-75). Für die Diagnostik sprachlicher Kompetenz im Grundschulalter existieren nur wenige Verfahren; häufig wird auf ältere Testentwicklungen und deren Neuauflagen zurückgegriffen, die jedoch nicht immer hinreichend sprachentwicklungstheoretisch fundiert sind, testtheoretischen Anforderungen nur ansatzweise genügen (s. Ehlich 2005, 42) und Mehrsprachigkeit meist nicht explizit berücksichtigen. Neue Wege beschreitet das Projekt PROSA (Altersspezifische Sprachaneignung – ein Referenzrahmen), das Sprachstandsfeststellungsverfahren und Sprachfördermaßnahmen weiter- und neu entwickeln möchte (s. Ehlich/ Bredel/Reich 2008, 7ff.).

2 Typologische Prädiktion

Unter der Annahme, dass gleiche schülerbezogene Merkmalskonstellationen (ähnliche Ausprägungen von z.B. Geschlecht, kognitiver Grundfähigkeit, Migrationsstatus, Lese- und Rechtschreibfähigkeit) in beträchtlichem Maße mit dem Kriterium (z.B. Schulleistungen oder Sprachstand) korreliert sind, wird auf der Grundlage der Typologischen Prädiktion (s. Sauer/Gamsjäger 1996) eine Zerlegung der Gesamtgruppe von Schülern mit Hilfe statistischer Gruppierungsverfahren in Teilgruppen (= Typen) vorgenommen. Ziel dieser Typenbildung ist eine hohe Ähnlichkeit zwischen den zu einem Schülertyp gehörigen Schülern im Vergleich zu den Schülern eines anderen Schülertyps. Es wird erwartet, dass die Kriteriumsleistungen innerhalb der einem Typus zugeordneten Schülergruppe homogener sind als jene der Gesamtgruppe und zugleich eine geringe Ähnlichkeit von Schülern verschiedener Typengruppen besteht. Das Verfahren könnte, z.B. nach erfolgreicher Kreuzvalidierung, dazu verwendet werden, Schüler den typologischen Gruppen zuzuordnen und somit beträchtlich valide Vorhersagen des Kriteriums zu treffen, um damit z.b. Förderbedarf abschätzen zu können.

3   Das DFG-Projekt KEIMSplus

Im Projekt KEIMS[plus] wird die schulische und soziale Kompetenzentwicklung von Grundschülern über vier Grundschuljahre in unterschiedlichen multilingualen Klassenzusammensetzungen analysiert. Zu den untersuchten Merkmalsbereichen zählen die kognitive Grundfähigkeit, die Leistungen im Lesen, Schreiben und Rechnen, die soziale Kompetenz sowie die sprachliche Kompetenz als zentraler Faktor für die Bildungsbenachteiligung von Schülerinnen und Schülern mit Migrationshintergrund (MH).

Zu Beginn der zweiten Klassenstufe erfolgte die Erfassung sprachlicher Fähigkeiten über drei Subtests des Heidelberger Sprachentwicklungstests (s. Grimm/Schöler 1991). Folgende Fragestellungen ergeben sich im Hinblick auf die vorliegende Untersuchung:

1. Bestehen signifikante Zusammenhänge zwischen den sprachlichen Fähigkeiten und den Variablen Geschlecht, kognitive Grundfähigkeit, Migrationsstatus, Lese- und Rechtschreibfähigkeiten sowie Lehrereinschätzungen des Sprachstands?
2. Lassen sich mit diesen schülerbezogenen Merkmalen homogene (Schüler-) Gruppen bilden, die sich signifikant in ihren Sprachstandsergebnissen unterscheiden? (Methode der typologischen Prädiktion)

An der Untersuchung nahmen Schulkinder aus 26 niedersächsischen Grundschulen teil, wobei die Daten von 934 Schülerinnen und Schülern (24,1 % mit MH; 75,9 % ohne MH) in die Analysen eingingen.

4   Ergebnisse

Der Subtest *Bildung von Ableitungsmorphemen* (AM) des HSET prüft die Fähigkeit stammwortbezogener regelhafter Ableitungen, der Untertest *Satzbildung* (SB) rekurriert auf die „Fähigkeit, Bedeutungen logisch miteinander zu verknüpfen" (Grimm/Schöler 1991, 35), der Subtest *Wortfindung* (WF) untersucht die semantische Organisation des subjektiven Lexikons (ebd., 9).

Zum Einsatz kamen zudem die Grundintelligenztest Skala 1 (CFT 1) (s. Weiß/Osterland 1997), die Hamburger Schreibprobe 1 (HSP 1, s. May 2002), die Würzburger Leise Leseprobe (WLLP) (s. Küspert/Schneider 1998) sowie ein Lehrer- und Schülerfragebogen u.a. zur Bestimmung des Migrationshintergrundes.

	MH	Geschlecht	HSP	WLLP	Lehrerurteil	CFT
AM	.27**	.06*	.36**	.37**	.39**	.40**
SB	.26**	.01	.39**	.45**	.37**	.35**
WF	.30**	.01	.30**	.35**	.37**	.38**

Tab. 1: Korrelationen zwischen den Sprachstandsergebnissen im HSET und ausgewählten Schülermerkmalen
**Die Korrelation ist auf dem Niveau von 0.01 (2-seitig) signifikant.
*Die Korrelation ist auf dem Niveau von 0.05 (2-seitig) signifikant.

Es lassen sich, mit Ausnahme des Geschlechts, durchweg signifikante Korrelationen mittlerer Größenordnung zwischen testbasiert erhobener sprachlicher Kompetenz und den aufgeführten Schülermerkmalen bzw. schrift- und lesebezogenen Leistungen ermitteln.

Typ	1	2	3	4
N	210	199	306	219
Geschlecht m/w	107/103	104/95	167/139	112/107
MH ja/nein	28/182	67/132	71/235	59/160
Mittelwert HSP (T-Wert)	58	42	49	53
Mittelwert WLLP (Rohwert)	54	15	27	39
Mittelwert CFT (IQ)	122	92	117	100
Lehrerurteil (1-4)	3,9	3,3	3,7	3,8

Tab. 2: Ergebnisse der Gruppierung von Grundschülern mittels Clusteranalyse (Typenbildung)

Schülertyp 1 umfasst Schüler mit überdurchschnittlichem IQ, Lese- und Rechtschreibleistungen im oberen Durchschnittsbereich und einem sehr positiven Lehrerurteil bzgl. der sprachlichen Kompetenz. Typ 2 fasst Schüler zusammen, deren IQ eher durchschnittlich ausfällt, die durchschnittliche bis unterdurchschnittliche Leistungen zeigen und ein ungünstigeres Lehrerurteil erhalten.

Die Typen 3 und 4 sind durch generell durchschnittliche Merkmalsausprägungen gekennzeichnet. Für die vorliegende Stichprobe lassen sich unter dem Gruppierungskriterium „Zugehörigkeit zu Schülertyp x" mittlere Effekte nachweisen.

Typ	N	AM		SB		WF	
		M	SD	M	SD	M	SD
1	210	48,6	(7,82)	48,2	(9,64)	49,0	(8,07)
2	199	38,1	(8,40)	33,9	(9,81)	38,7	(7,87)
3	306	44,2	(7,64)	39,9	(9,64)	44,5	(8,65)
4	219	43,1	(8,02)	40,8	(9,57)	43,5	(8,01)
Gesamt	934	43,5	(7,97)	40,7	(9,67)	43,9	(8,15)
		$F(3,930)=61,6$		$F(3,930)=75,7$		$F(3,930)=54,1$	
		$\eta^2=.17$		$\eta^2=.19$		$\eta^2=.15$	

Tab. 3:   Ergebnisse im HSET (mittlere T-Werte für die Untertests AM, SB und WF), getrennt nach der Typenzugehörigkeit; p=.000

5   Diskussion und Ausblick

Die sprachlichen Fähigkeiten der Schüler weisen signifikante Korrelationen mittlerer Größenordnung mit bestimmten Schülermerkmalen auf, die Geschlechtszugehörigkeit spielt dabei kaum eine Rolle. Mithilfe der betrachteten Merkmale lassen sich relativ homogene Gruppen bilden, die sich in ihren sprachlichen Fähigkeiten signifikant und bedeutsam unterscheiden. Eine solche Typisierung hat lediglich vorläufigen Charakter, da Leistungsdaten Veränderungen unterliegen können. Die im Rahmen des Längsschnittdesigns im Frühjahr 2009 erneut durchgeführte Sprachstandsmessung soll Erkenntnisse zur Weiterentwicklung sprachlicher Fähigkeiten liefern.

Literatur

Ehlich, K. (2005) (Hrsg.): Anforderungen an Verfahren der regelmäßigen Sprachstandsfeststellung als Grundlage für die frühe und individuelle Förderung von Kindern mit und ohne Migrationshintergrund (BMBF), Bildungsreform Bd. 11. Berlin: BMBF.

Ehlich, K./Bredel, U./Reich, H.H. (2008) (Hrsg.): Referenzrahmen zur altersspezifischen Sprachaneignung. Bildungsforschung Bd. 29/I. Berlin: BMBF.

Grimm, H./Schöler, H. (1991): Heidelberger Sprachentwicklungstest. Handanweisung für die Auswertung und Interpretation. 2., verbesserte Aufl., Göttingen: Hogrefe.

Sauer, J./Gamsjäger, E. (1996): Ist Schulerfolg vorhersagbar? Die Determinanten der Grundschulleistung und ihr prognostischer Wert für den Sekundarschulerfolg. Göttingen: Hogrefe.

Ein Vergleich der Einstellung zu Heterogenität von Lehrkräften in jahrgangsgemischten und jahrgangshomogenen Lerngruppen

Andreas Hartinger, Frauke Grittner, Eva Lang & Cornelia Rehle

1 Theoretischer Hintergrund

1.1 Vorstellungen von Heterogenität

Es ist für die Grundschule konstitutiv, dass sie mit einer vergleichsweise wenig selektierten Schülerschaft arbeitet – die Heterogenität der SchülerInnen sowie der angemessene Umgang mit ihr sind damit ein wichtiges Thema grundschulpädagogischen Denkens.

Dies betrifft auch die Frage, wie LehrerInnen Heterogenität wahrnehmen und einschätzen. Giesecke-Kopp (2006) unterscheidet hier zwischen einem *„normbezogenen Heterogenitätsbegriff"* im Unterschied zu einem *„differenzbezogenen Heterogenitätsbegriff"* (ebd., 83). Lehrpersonen, deren Wahrnehmung und Handeln ein ‚normbezogener Heterogenitätsbegriff‘ zugrunde liegt, legen den Schwerpunkt ihres Unterrichts eher darauf, Unterschiede auszugleichen und im Idealfall eine festgelegte Bezugsnorm zu erreichen.

Ist der Heterogenitätsbegriff der Lehrkräfte differenzbezogen, werden die Unterschiede der SchülerInnen als normal wahrgenommen und die Unterschiedlichkeit positiv bewertet, was jedoch noch nicht automatisch bedeutet, dass damit auch konstruktiv gearbeitet wird. Mit dem Hinweis auf die Heterogenität der SchülerInnen dürfen z.B. verbindliche Bildungsstandards nicht ignoriert werden, da sonst ungleiche Bildungschancen als gegeben hingenommen werden (s. auch Prengel 2005, 21). Was im professionellen Handeln von den LehrerInnen daher gefordert wird, ist ein reflexiver Umgang mit Heterogenität: Die Spannung zwischen der Orientierung an einer (schulischen) Norm und dem Respekt vor den individuellen Unterschieden darf nicht einseitig zugunsten eines der Pole aufgelöst werden. Die Unterschiedlichkeit der SchülerInnen wird dann weder ignoriert noch idealisiert.

1.2 Jahrgangsgemischtes Unterrichten und der Umgang mit Heterogenität

In einer jahrgangsgemischten Schuleingangsstufe wird die ohnehin immer vorfindbare Heterogenität der SchülerInnen noch zusätzlich organisatorisch verstärkt, indem der Gruppe der schulerfahrenen, älteren Kinder eine Gruppe von

SchulanfängerInnen hinzugefügt wird. So entsteht der Anspruch, die Heterogenität in den Lernausgangslagen der Kinder eben nicht zu reduzieren, sondern produktiv nutzen zu wollen (s. zur Konzeption und Begründung jahrgangsgemischten Unterrichtens z.b. Helbig 2008).

Empirische Befunde zeigen dann auch, dass die LehrerInnen in jahrgangsgemischten Klassen die erhöhte Heterogenität der SchülerInnen nicht nur registrieren, sondern auch als Anlass für unterrichtliche Veränderungen nehmen. Im Zuge begleitender Untersuchungen zur jahrgangsgemischten Schuleingangsstufe in verschiedenen Bundesländern ergab sich immer wieder der Befund, dass die Heterogenität in den jahrgangsgemischten Klassen zum Anlass wurde, die bisherige Berufspraxis zu verändern und zu erweitern, um den sehr unterschiedlichen Bedürfnissen der SchülerInnen gerecht zu werden. Die Veränderung und Erweiterung bezog sich auf Unterrichtsmethoden sowie auf Diagnose- und Förderkompetenzen (s. Landesinstitut für Erziehung und Unterricht 2002).

2   Fragestellung

In unserer Studie wird untersucht, inwieweit sich ein Zusammenhang zwischen dem Unterrichten in einer jahrgangsgemischten Klasse und der Einstellung zu Heterogenität findet. Der Fokus liegt dabei auf der Unterscheidung von norm- und differenzbezogener Sichtweise auf Heterogenität (s. Giesecke-Kopp 2006). Unterscheiden sich LehrerInnen bzgl. dieser Vorstellung, abhängig davon, ob sie in einer jahrgangsgemischten Klasse unterrichten oder nicht? Da die Unterteilung von Giesecke-Kopp von wenigen Interviewdaten ausgehend formuliert wurde, ist zudem interessant, ob sie sich auch empirisch-quantitativ abbilden lässt.

3   Design der Untersuchung

Die Studie wurde als querschnittliche Fragebogenuntersuchung durchgeführt. Angeschrieben wurden die 352 KollegInnen in Bayern, die im Schuljahr 2008/09 die Klassenleitung in einer jahrgangsgemischten Eingangsstufe hatten sowie eine entsprechende Vergleichsgruppe. Insgesamt liegen die Daten von 447 LehrerInnen vor. Knapp die Hälfte unterrichteten zu diesem Zeitpunkt in einer jahrgangsgemischten Eingangsstufe (N=211; 47,2%).

Die LehrerInnen wurden im Fragebogen mit Aussagen zur Verschiedenheit der SchülerInnen konfrontiert, die sie mit Hilfe einer vierstufigen Likertskala einschätzten (Werte zwischen 0 und 3). Eine Faktorenanalyse ergab drei Faktoren, die sich folgendermaßen interpretieren lassen:

1. *normbezogene (negative) Sichtweise auf Heterogenität – Ziel ist Homogenisierung* (5 Items: Cronbachs α=.64; Beispielitems: „Verschiedenheit heißt für mich, dass Kinder von dem abweichen, was für die Klassenstufe normal

ist." „Es ist mein Ziel, dass alle Kinder zum gleichen Zeitpunkt dieselbe Leistung erbringen können.");

2. *differenzbezogene (positive) Sichtweise auf Heterogenität – Grund: mögliche Bereicherung des Unterrichts* (5 Items; Cronbachs α=.84; Beispielitems: „Durch die Verschiedenheit der Kinder in meiner Klasse ergibt sich die Möglichkeit, dass Kinder voneinander lernen." „Die Verschiedenheit der Kinder in meiner Klasse bringt mich dazu, in meinem Unterricht Neues auszuprobieren.");

3. *negative Sicht auf Heterogenität – Grund: hohe Arbeitsbelastung* (4 Items; Cronbachs α=.77; Beispielitem: „Die Verschiedenheit der Kinder in meiner Klasse führt zu unangemessen hohem Arbeitsaufwand bei der Unterrichtsplanung.").

4   Ergebnisse

Die Befunde zeigen in zwei der drei Subskalen deutliche Unterschiede zwischen den Lehrkräften mit und ohne aktuelle Erfahrung im Unterrichten in jahrgangsgemischten Klassen (s. Tab. 1).

Sicht auf Heterogenität	aktuell kein Unterricht in JGE (N=233)		aktuell Unterricht in JGE (N=211)	
	MW	SD	MW	SD
positiv: Bereicherung***	1,80	.58	2,24	.63
negativ: Arbeitsaufwand	1,64	.50	1,75	.49
negativ: Ziel Homogenisieung***	1,50	.58	1,17	.62

Tab.1:   Sicht auf Heterogenität getrennt nach aktueller Unterrichtserfahrung
***p < .001; JGE: jahrgangsgemischte Eingangsstufe; MW: Mittelwert; SD: Standardabweichung

LehrerInnen, die aktuell in einer jahrgangsgemischten Eingangsstufe unterrichten, geben stärker an, die Verschiedenheit der Lernenden als mögliche Bereicherung des Unterrichts zu sehen ($F_{3;\ 400}$=19.659; p < .001; Eta^2=.12). Dafür setzen sie deutlich weniger die Homogenisierung (der Leistungen) ihrer SchülerInnen als Ziel ($F_{3;\ 385}$=17.947; p < .001; Eta^2=.07).

5   Diskussion

Anhand der vorliegenden Daten können keine Kausalschlüsse gezogen werden. Es ist z.b. plausibel, dass die Lehrkräfte mit eher differenzbezogenem Heterogenitätsbegriff sich freiwillig für das Unterrichten in solchen Klassen melden oder eher dafür eingeteilt werden.

Da jedoch weitere Befunde (s. Lang et al. 2009) zeigen, dass sich die Unterschiede noch verstärken, wenn man die KollegInnen betrachtet, die mindestens zwei Jahre Erfahrung im jahrgangsgemischten Unterrichten haben, ist die Erklärung, dass LehrerInnen durch die Erfahrungen mit dem jahrgangsgemischten Unterrichten ihre Einstellung zur Heterogenität verändern, aber ebenso plausibel. Allgemeiner betrachtet bedeutet dies, dass solche Vorstellungen und die damit verknüpften Handlungsroutinen nicht (nur) als Persönlichkeitsvariablen der einzelnen Lehrkraft betrachtet werden können – sie entstehen und modifizieren sich auch in bestimmten Kontexten. Im untersuchten Fall ist es das jahrgangsgemischte Unterrichten, das eine Abwendung vom ‚Homogenisie-rungsdenken‘ der Lehrpersonen in Gang setzen kann, welche dann wiederum eine Voraussetzung für den geforderten reflexiven, kompetenten Umgang mit Heterogenität ist.

Literatur

Giesecke-Kopp, T. (2006): Subjektive Theorien zu Heterogenität – Einstellungen und Strategien von Lehrerinnen und Lehrern. In: Kastirke, N./Jennessen, S. (Hrsg.): Die Neue Schuleingangsphase als Thema der Schulentwicklung. Baltmannsweiler: Schneider, 79-100.

Helbig, P. (2008): Pädagogik der Vielfalt in der jahrgangsgemischten Eingangsstufe. In: Hartinger, A./Bauer, R./Hitzler, R. (Hrsg.): Veränderte Kindheit: Konsequenzen für die Lehrerbildung. Bad Heilbrunn: Klinkhardt, 159-170.

Landesinstitut für Erziehung und Unterricht. Arbeitskreis Wissenschaftliche Begleitung „Schulanfang auf neuen Wegen" (Hrsg.) (2002): Schulanfang auf neuen Wegen. Vorläufiger Abschlussbericht zur Eingangsstufe der Grundschule in Baden-Württemberg.

Lang, E./Grittner, F./Rehle, C./Hartinger, A. (2009): Das Heterogenitätsverständnis von Lehrkräften im jahrgangsgemischten Unterricht der Grundschule. In: Hagedorn, J./ Schurt, V./Steber, C./Waburg, W. (Hrsg.): Ethnizität, Geschlecht, Familie und Schule. Heterogenität als erziehungswissenschaftliche Herausforderung. Wiesbaden: VS, 315-331.

Prengel, A. (2005): Heterogenität in der Bildung: Rückblick und Ausblick. In: Bräu, K./ Schwerdt, U. (Hrsg.): Heterogenität als Chance. Münster: LIT, 19-35.

Schulleistungen von Schülern im Anfangsunterricht – welche Rolle spielt der Migrationshintergrund?

Stephan Mücke & Agi Schründer-Lenzen

1   Problemstellung und Fragestellung

In Deutschland wird das Schulversagen von Kindern und Jugendlichen mit Migrationshintergrund durchaus kontrovers diskutiert (Gogolin/Neumann 2009). Trotz zahlreicher internationaler wie nationaler Forschungsbefunde, die seit PISA 2000 für die Sekundarstufe und seit IGLU 2001 für die Primarstufe vorliegen, ist die Relevanz des Migrationshintergrunds in der Forschung noch nicht hinreichend geklärt. In empirischen Analysen zeigt sich immer wieder, dass die Leistungen der Schüler mit Migrationshintergrund nach wie vor deutlich unter denen der Schüler ohne Migrationshintergrund liegen. Auch unter Berücksichtigung von Sozialisationsbedingungen wie Bildung und soziale Stellung der Eltern bleibt wie in IGLU 2006 oder TIMSS 2007 ein eigenständiger und substanzieller Effekt des Migrationshintergrunds bestehen. So kann die Frage nach den Ursachen für das Schulversagen der Schüler mit Migrationshintergrund noch nicht zufrieden stellend beantwortet werden. Die Suche nach Erklärungsmustern bleibt damit eine Schlüsselfrage der aktuellen Schulforschung.

Insbesondere der mündlichen Sprachkompetenz im Deutschen wurde in statistischen Erklärungsmodellen als Kontrollvariable bisher kaum Aufmerksamkeit geschenkt. Dies ist ohne Frage bedenklich, wenn bei einem erheblichen Anteil von Schülern die Unterrichtssprache eine andere ist als die Herkunftssprache und gleichzeitig eine „konzeptionelle Schriftlichkeit" auch im Medium der Mündlichkeit von Lehrkräften erwartet wird. Vor diesem Hintergrund wird mit der hier vorliegenden Längsschnittstudie der Frage nachgegangen, inwieweit sich der mündliche Sprachstand von Schülern im Vergleich zu familiären Status- und Strukturvariablen auf die Unterschiede in den Schulleistungen zwischen Schülern mit und ohne Migrationshintergrund im Anfangsunterricht auswirkt.

2   Methode

Die Relevanz des Migrationshintergrunds wurde im Rahmen des Brandenburger FörMig-Teilprojekts *Förderung und Evaluation von Mehrsprachigkeit und Literalität* mit Hilfe der Kohortenstudie FörMig-*Plus*-Brandenburg untersucht. Ziel des Teilprojektes war die Evaluation einer ‚durchgängigen' Sprachförderung

von 142 Kindern mit Migrationshintergrund (16% der Gesamtstichprobe) im
Übergang vom Elementar- zum Primarbereich (Schründer-Lenzen/Mücke 2008).
Dazu wurden in der Schuleingangsphase insbesondere Lese- und Rechtschreib-
kompetenzen der Schüler mit und ohne Migrationshintergrund i.d.R. jährlich mit
standardisierten Instrumenten (*WLLP*, Küspert/Schneider 1998; *HSP*, May 2002;
ELFE 1-6, Lenhard/Schneider 2006) gemessen und unter Berücksichtigung individueller und familiärer Determinanten verglichen. Der mündliche Sprachstand
wurde im Hinblick auf Sprachproduktion und -rezeption, pragmatische, phonologische und grammatische Fähigkeiten mit einer zuverlässigen Item-Skala aus
Sicht der Lehrkräfte zu Beginn der ersten Klasse erfasst.

3   Ergebnisse

Die Ergebnisse in der Tabelle 1 belegen, dass die Variable ‚Migrationshintergrund' unter Berücksichtigung von Sozialisationsbedingungen keinen substan-
ziellen Erklärungsbeitrag für die Unterschiede in den Schulleistungen zwischen
Schülern mit und ohne Migrationshintergrund leistet. Wie sich zeigen lässt, sind
vielmehr die Unterschiede in individuellen und familiären Determinanten für die
Schulleistungsunterschiede zwischen den Schülern mit und ohne Migrationshintergrund in FörMig -*Plus*-Brandenburg (ohne Berücksichtigung von Unterrichts-
effekten) verantwortlich. Um diesen Einfluss zu belegen, wurden in Anlehnung
an IGLU 2006 (Schwippert et al. 2007, 263-264) fünf Regressionsmodelle für
die Erklärung von Schulleistungsunterschieden zwischen Schülern unter Berücksichtigung des Migrationshintergrunds, der sozialen Herkunft, des kulturellen
Kapitals und des mündlichen Sprachstandes gerechnet. In der Tabelle 1 sind die
Regressionskoeffizienten für die Variable ‚Migrationshintergrund' dokumentiert,
die sich unter Berücksichtigung der geprüften Modelle ergeben. Um die Leis-
tungsdifferenzen in den untersuchten Kompetenzbereichen zwischen den Schülern mit und ohne Migrationshintergrund deutlicher zu machen, werden für das
Modell A auch die Effektstärken berichtet. So zeigt sich *ohne* Kontrolle weiterer
Variablen, dass vor allem im Lesen auf Wort- und Textebene deutliche Unterschiede zu Ungunsten der Schüler mit Migrationshintergrund bestehen. Unter
Kontrolle der Determinanten (Modelle B bis E) gleichen sich aber die Unterschiede zwischen den Schülern mit und ohne Migrationshintergrund aus. Beim
Vergleich der Modelle B bis D fällt bereits auf, dass sich das Modell D tendenziell von den Modellen B und C unterscheidet. So verdeutlichen die Regressionskoeffizienten, dass sich der mündliche Sprachstand stärker als die Variablen
‚kulturelles Kapital' und ‚sozio-ökonomischer Status' auf die Nivellierung der
Schulleistungsunterschiede zwischen den Schülern mit und ohne Migrationshintergrund auswirkt. Nach Kontrolle aller Variablen (Modell E) erreichen zudem

die Schüler mit Migrationshintergrund in der Rechtschreibung zum Ende der zweiten Klasse im Durchschnitt die deutlich bessere Lernleistung.

Regressionsmodelle		A		B	C	D	E
		Differenz in Wörtern bzw. Aufgaben					
Kompetenzbereich *Rechtschreibung (RW)*							
HSP 1+	Ende 1. Klasse	-0.9 **	(*d*=-.32)	-0.1 ns	-0.2 ns	0.9 ns	0.4 ns
HSP 2[a]	Ende 2. Klasse	0.2 ns	(*d*=.06)	1.1 *	1.0 ns	1.2 *	1.5 **
Kompetenzbereich *Dekodiergeschwindigkeit (RW)*							
WLLP	Ende 1. Klasse	-7.6 **	(*d*=-.47)	-2.4 ns	-4.0 ns	0.5 ns	1.3 ns
WLLP	Ende 2. Klasse	-7.1 **	(*d*=-.36)	-2.4 ns	-2.4 ns	0.1 ns	2.2 ns
Kompetenzbereich *Textverständnis (RA)*							
ELFE 1-6	Mitte 2. Klasse	-0.8 *	(*d*=-.27)	0.1 ns	-0.0 ns	0.5 ns	1.0 *
ELFE 1-6	Ende 2. Klasse	-1.5 **	(*d*=-.40)	-0.4 ns	-0.7 ns	0.3 ns	0.4 ns

Tab. 1: Regressionsmodelle zur Erklärung von Schulleistungsunterschieden zwischen Schülern mit und ohne Migrationshintergrund nach Kompetenzbereichen und Messzeitpunkten (realisierte Gesamtstichprobe)
[a] verkürzte Version, RW (RA) = richtig geschriebene oder gelesene Wörter (gelöste Aufgaben)
A. Nur Migrationshintergrund (1=nein/2=ja)
B. Migrationshintergrund und Anzahl der Bücher im Haushalt (kulturelles Kapital)
C. Migrationshintergrund und sozio-ökonomischer Status (SES)
D. Migrationshintergrund und mündlicher Sprachstand der Schüler aus Sicht der Lehrer/-innen
E. Migrationshintergrund und 2. bis 4. Modell (alle Kontrollvariablen)
Differenz: $p > .05$ (ns), $p \leq .05$ (*), $p \leq .01$ (**)
Effekt: $.0 \leq |d| \leq .10$ (ohne Effekt), $.11 \leq |d| \leq .35$ (kleiner Effekt), $.36 \leq |d| \leq .65$ (mittlerer Effekt)

In IGLU 2006 reduzierte sich der Abstand im Leseverständnis zwischen den Schülern mit und ohne Migrationshintergrund unter Kontrolle der Bücher im Haushalt, der Sozialschicht und des Bildungsniveaus von -48,1 auf -26,7 Punkte. Der Einfluss der mündlichen Sprachkompetenz konnte aber in IGLU 2006 nicht geprüft werden. Wie aber die vorgestellten Ergebnisse des Längsschnitts zeigen, spielt die mündliche Sprachkompetenz eine elementare Rolle bei der Erklärung und Nivellierung von Schulleistungsunterschieden zwischen Schülern mit und ohne Migrationshintergrund (Mücke 2007, 277-280). Aus pädagogischer Perspektive ein „Glücksfall", denn in der Schuleingangsphase ist die Spracherziehung leitendes Prinzip des gesamten Unterrichts. So kann die Sprachkompetenz von Schülern auch als *einzige* der hier erhobenen Bedingungsvariablen für die Entwicklung von Lese- und Schreibkompetenz pädagogisch beeinflusst werden.

4   Zusammenfassung

Zusammenfassend ist festzustellen, dass unter den Bedingungen von FörMig in Brandenburg für die untersuchten Potsdamer Schüler mit Migrationshintergrund im Anfangsunterricht keine Bildungsbenachteiligung auf Grund ihrer Migrationsbiographie erkennbar ist. Die Unterschiede in den Schulleistungen zwischen den Schülern mit und ohne Migrationshintergrund lassen sich auf Differenzen in individuellen und familiären Determinanten zurückführen.

In Zukunft sollte eine differenzierte Erfassung schulischer Bildungssprache als Prädiktorvariable für eine präzise Modellspezifikation berücksichtigt werden, um *ein*dimensionale Zuschreibungen bei der Interpretation von Leistungsunterschieden zwischen Schülern mit und ohne Migrationshintergrund zu vermeiden (zur Problematik der Modellspezifikation s. Schwippert et al. 2007, 267).

Literatur

Gogolin, I./Neumann, U. (2009): Streitfall Zweisprachigkeit – The Bilingualism Controversy. Wiesbaden: VS.

Küspert, P./Schneider, W. (1998): Würzburger Leise Leseprobe für die Klassenstufe 1-4. Göttingen: Hogrefe.

Lenhard, W./Schneider, W. (2006): ELFE 1-6. Ein Leseverständnistest für Erst- bis Sechstklässler. Göttingen: Hogrefe.

May, P. (2002): HSP 1-9. Diagnose orthografischer Kompetenz zur Erfassung der grundlegenden Rechtschreibstrategien. Hamburg: Verlag für pädagogische Medien.

Mücke, S. (2007): Einfluss personeller Eingangsvoraussetzungen auf Schülerleistungen im Verlauf der Grundschulzeit. In: Möller, K./Hanke, P./Beinbrech, C./Hein, A. K./Kleickmann, T./Schages, R. (Hrsg.): Qualität von Grundschulunterricht entwickeln, erfassen und bewerten. Wiesbaden: VS, 277-280.

Schründer-Lenzen, A./Mücke, S. (2008): Vernetzung von Evaluation und Intervention in FörMig-*Plus*-Brandenburg. In: Klinger, T./Schwippert, K./Leiblein, B. (Hrsg.): Evaluation im Modellprogramm FörMig. Münster: Waxmann, 51-63.

Schwippert, K./Hornberg, S./Freiberg, M./Stubbe, T.C. (2007): Lesekompetenzen von Kindern mit Migrationshintergrund im internationalen Vergleich. In: Bos, W./Hornberg, S./Arnold, K.-H./Faust, G./Fried, L./Lankes, E.-M./Schwippert, K./Valtin, R. (Hrsg.): IGLU 2006. Lesekompetenzen von Grundschulkindern in Deutschland im internationalen Vergleich. Münster: Waxmann, 249-270.

Hausaufgabensituationen in Familien mit türkischem Migrationshintergrund

Martina Nieswandt

1 Einführung und Fragestellung

Die Ergebnisse der Schulleistungsstudien haben die ausgeprägte Bildungsbenachteiligung von Kindern mit Migrationshintergrund in das Bewusstsein der Öffentlichkeit und der Bildungspolitik gerückt. In keinem Industrieland hängt der Bildungserfolg so stark von der Familie und der Sozialschicht ab, wie in Deutschland. Die Statistiken über Schulbesuche und Schulabschlüsse dokumentieren schon seit über 20 Jahren, dass Migrantenkinder, insbesondere türkische Kinder, häufiger als deutsche Kinder Sonderschulen besuchen oder die Schule ohne Abschluss verlassen. Das Zuwanderungsland Deutschland als „Wissensgesellschaft" muss sich langfristig um die Ausbildung qualifizierter Arbeitskräfte bemühen und allen Bürgern die gleichen Bildungschancen eröffnen. Bei der Diskussion um die Integration von Migranten wird dabei mit der mangelnden Integrationsbereitschaft der Familien und den unzulänglichen Förderangeboten der Bildungsinstitutionen argumentiert.

In der vorliegenden Arbeit soll der Fokus auf einem Teilbereich der Schule liegen: den Hausaufgaben. Das Thema Hausaufgaben erlebt seit Erscheinen der Schulleistungsstudien wieder vermehrt wissenschaftliches Interesse. Für die Bildungschancen von Kindern mit Migrationshintergrund erscheint es besonders relevant, weil eine Schnittstelle zwischen schulischen und häuslichen Lernbedingungen betrachtet wird.

Bezüglich der Effektivität von Hausaufgaben lautet die Zusammenfassung der Forschungsergebnisse, dass es auf die Qualität ankommt: „auf die Qualität der Aufgaben, auf die Qualität der Bearbeitung und auf die Qualität der Unterstützung durch die Eltern" (Lipowsky 2007, 9). Insgesamt wird die Hausaufgabenforschung defizitär eingeschätzt, weil meist nur auf ausgewählte Aspekte fokussiert wird, was den Vergleich von Ergebnissen erschwert (Wagner/Spiel 2002). Studien zu Hausaufgaben in der Grundschule sind eher rar, besonders qualitative und prozessorientierte Studien. Der Befund einer experimentellen Studie von Wild und Remy (2002) verdeutlicht die hohe und zugleich problematische Beteiligung der Eltern bei den außerschulischen und schulnahen Tätigkeiten im Zusammenhang mit Hausaufgaben, auch bei Probanden aus der deutschen mittleren und oberen Bildungsbürgerschicht (s. Wild/Remy 2002, 283f.).

Gerade in Migrantenfamilien könnte sich die hohe Bildungsaspiration in Form von strenger Hausaufgabenkontrolle auswirken, zumal bei großen Teilen türkischer Migranten ein autoritativ-sachgebundener Bildungsbegriff vorherrscht (s. Leenen 1990).

In der vorliegenden ethnographischen Studie werden Hausaufgabensituationen in Familien mit türkischem Migrationshintergrund teilnehmend beobachtet. Dabei wird der Situationsbegriff in Anlehnung an die Grundelemente einer Theorie sozialer Praktiken (Reckwitz 2003) definiert.

Die Studie geht der Frage nach, wie Hausaufgaben im häuslichen Kontext von den Beteiligten bearbeitet werden: Wie gehen die Kinder vor? Welche Form von Unterstützung erfahren die Kinder beim Anfertigen der Hausaufgaben – und durch wen? Welche Hilfe geben Eltern und Geschwisterkinder – und wie?

2   Zugang zum Feld und Kurzporträt der Familien

Der Zugang zum Forschungsfeld, der über eine türkische Bekannte sowie über Lehrkräfte geschaffen werden sollte, gestaltete sich erwartungsgemäß schwierig. Bislang haben drei Familien (A, B, C) an der Studie teilgenommen. Diese zeichnen sich durch eine hohe Bildungsaspiration in Bezug auf ihre Kinder aus. Es bestehen weiterhin Bemühungen, Familien aus dem bildungsfernen Milieu in die Studie aufzunehmen, was bislang aber noch nicht gelungen ist.

An dieser Stelle porträtiere ich Familie A, da ich aus den Beobachtungsprotokollen dieser Familie auch eine Hausaufgabenszene vorstelle: Die Familie hat drei Kinder (zwei Mädchen, 15 Jahre und 9 Jahre und ein Junge, 13 Jahre). Zennur, das Mädchen, das ich bei den Hausaufgaben beobachtet habe, besucht die dritte Grundschulklasse. Die Mutter ist hauptsächlich in die Hausaufgaben eingebunden. Sie hat über den zweiten Bildungsweg einen Realschulabschluss absolviert und arbeitet als Hausfrau.

Insgesamt wurde jede Familie im Laufe eines Schuljahres drei Mal für je eine Woche während der gesamten Hausaufgabenzeit beobachtet und im Anschluss an die Beobachtungen wurden Feldprotokolle angefertigt. Mit einem Diktiergerät wurden die Dialoge während der Hausaufgabenbearbeitung aufgezeichnet und z.T. in die Feldprotokolle eingefügt. Alle Kinder haben die Hausaufgaben am Esszimmertisch im Wohnzimmer angefertigt.

3   Eine Hausaufgabenszene aus Familie A

Im Folgenden wird eine Deutschhausaufgabe vorgestellt. Aus dem Buch „Das Vamperl" (von der Österreicherin Renate Welch, erschienen 1979) soll eine ausgewählte Passage gelesen und der Inhalt anschließend schriftlich zusammengefasst werden. Die als Lesehausaufgabe erteilte Passage enthält viele Dialoge, was den Lesefluss für ungeübte Leser mitunter erschwert. Das Mädchen Zennur schlägt seiner Mutter eine arbeitsteilige Vorgehensweise vor. Zuerst soll die Mutter eine Seite vorlesen, dann das Kind selbst:

> Frau A liest (der Vorlesetext ist unterstrichen): „Da stand sie schon vor der (.) vor den – was? -gekreuzten Hundeleinen am Ende der anderen Leine (..) hing Frau Marin-ger." Zennur wiederholt mit anderer Betonung: „Frau Maringer." Frau A fährt fort: „Am Ende der anderen Leine (.) hing (.) Frau (.) Anna. Aah, so, onlar (=ach so, diese). Zennur lacht. Frau A liest weiter: „Ihr Bes, ihre Bestie hat." Sie unterbricht sich selbst und fragt Zennur, was eine Bestie ist: „Bestie heißt? Canavar ne demek! (Bestie wird das genannt!)" Zennur kennt die Bedeutung nicht. Die Mutter erklärt es als hässliches Tier. Zennur fragt nach der Bedeutung von „bes", weil sie dieses Wort vermutlich als Adjektiv verstanden hat (ein „bes" Tier). Die Mutter verneint: „Bes yok (=bes nicht), Bestie; hässliches, grausiges Tier demek (Bestie; hässliches, grausiges Tier heißt das)." Dabei schneidet sie mit dem Gesicht eine Fratze. Zennur wiederholt: „Grausiges Tier einfach." (12. Beobachtung Zennur, 107/15-108/9).

Der Protokollauszug verdeutlicht, was auf alle Aufgabenstellungen zutrifft: Beim Bearbeiten der Hausaufgaben ist in Aufgabenwissen und Aufgabenlösungswissen zu unterscheiden. Beide Bereiche sind notwendig für den Aufgabenlösungsprozess. In der dargestellten Szene ist das Aufgabenwissen vorhanden. Für das Aufgabenlösungswissen nimmt die Tochter die Unterstützung der Mutter in Anspruch. So lesen zunächst einmal beide den Text arbeitsteilig. Die Mutter beginnt mit dem lauten Vorlesen, wobei der Lesefluss häufig unterbrochen wird. Sowohl die Textsorte als auch die Leseroutine der Mutter wirken sich auf den Lesefluss aus. Es fällt auf, dass die Tochter ihre Mutter sofort unterbricht, indem sie, wie eine Lehrerin, deren Aussprache des österreichischen Nachnamens Maringer korrigiert. Die Mutter braucht mehrere Anläufe, bis sie das Wort „Bestie" vollständig erlesen und verstanden hat. Dann fragt sie nach, ob ihrer Tochter diese Bezeichnung geläufig ist. Somit übernimmt sie die Rolle einer Lehrerin, die Begrifflichkeiten klärt, um das Textverständnis zu ermöglichen. Die Tochter kennt das Wort nicht. Deshalb übersetzt es die Mutter in ihre Erstsprache, das Türkische. Als deutlich wird, dass die Tochter auch diese Bezeichnung nicht kennt, geht die Mutter zum Erklären über, indem sie zunächst eine deutsche Umschreibung für Bestie findet. Doch die mehrsprachige Situation hat vermutlich bei der Tochter zu einem Missverständnis geführt. Zennur geht von einem „bes Tier" aus und fragt nach der Bedeutung der Silbe „bes". „Bes" könnte genauso gut ein deutsches Adjektiv sein, welches das Tier genauer umschreibt. Die Mutter verneint, dass „bes" für sich genommen eine Bedeutung hat und untermalt die Bedeutung durch Mimik und Gestik. Die Tochter scheint das Wort nun verstanden zu haben.

Die Fortsetzung der Szene stellt einen Rollentausch dar, denn nun liest die Tochter vor – und die Mutter unterbricht den Leseprozess an einigen Stellen:

> Die Mutter gibt den Leseeinsatz: „Tollwütig?" Zennur liest weiter: „Tollwütig? Wir, Wir werden ser." – Die Mutter korrigiert: „Sehen." Zennur fährt fort: „Ehem ser, ser, sehen, wer da wenn." Wieder unterbricht die Mutter und betont: „Wen." Zennur protestiert. Sie lässt sich auf dem Stuhl zusammenfallen und ruft mit empörter Stimme: „Anne!" (Mama!) Die Mutter lässt sich nicht beirren und erklärt: „Wer da wen anzeigt, das ist sehr wichtig. Wer da wen anzeigt." (12. Beobachtung Zennur, 108/2227).

Die (Hausaufgaben-)Kontrolle bzw. der Umgang mit Fehlern ist zentral. In dieser Szene übernehmen beide – Tochter und Mutter – abwechselnd die Rolle der Kontrollinstanz. Die Szene ist ein Machtkampf über die Frage, „wer da wen" korrigieren darf. Während sich die Mutter beim Vorlesen nicht aus der Ruhe bringen lässt, reagiert die Tochter schnell gereizt auf die Korrekturen durch die Mutter. Die Frage nach Macht und der Umgang mit Fehlern werden bei der weiteren Datenanalyse gezielter zu analysieren sein.

Literatur

Leenen, W.-R. (1990): Bildungsverständnis, Platzierungsverhalten und Generationenkonflikt in türkischen Migrantenfamilien – Ergebnisse qualitativer Interviews mit „bildungserfolgreichen" Migranten der Zweiten Generation. In: Zeitschrift für Pädagogik 36/5, 753-771.

Lipowsky, F. (2007): Hausaufgaben: Auf die Qualität kommt es an! Ein Überblick über den Forschungsstand. In: Lernende Schule 39, 7-9.

Reckwitz, A. (2003): Grundelemente einer Theorie sozialer Praktiken. In: Zeitschrift für Soziologie 32/4, 282-300.

Wagner, P./Spiel, C. (2002): Hausaufgabenforschung – ein Plädoyer für eine stärkere theoretische Verankerung. In: Empirische Pädagogik 16/3, 275-284.

Wild, E./Remy, K. (2002): Quantität und Qualität der elterlichen Hausaufgabenbetreuung von Drittklässlern in Mathematik. In: Zeitschrift für Pädagogik 45, 276-290.

Fragestrategien im fachbezogenen Sprachförderunterricht

Charlotte Röhner, Meng Li & Britta Hövelbrinks

1 Forschungskontext

Aktuell werden verschiedene Sprachfördermodelle für Deutsch als Zweitsprache diskutiert (z.b. *FörMig*, s. Gogolin 2008 oder das *Jacobs-Sommercamp*, s. Rösch 2007). Im Rahmen des Forschungsprojektes „Sprachförderung von Migrantenkindern im Kontext frühen naturwissenschaftlich-technischen Lernens" wird ein konkreter Teilaspekt zum Verhalten der pädagogischen Fachkräfte im fachbezogenen Förderunterricht erforscht. Auf der Grundlage von videographierten Lehr-Lern-Einheiten mit Migrantenkindern werden Fragestrategien seitens der Lehrkräfte auf ihr Förderpotenzial hin überprüft. Dabei wird analysiert, welche Lehrerfragen besonders komplexe Schülerantworten hervorrufen können. Im vorliegenden Beitrag werden das Forschungsprojekt, die Teiluntersuchung zu den Fragestrategien und die bisherigen Ergebnisse vorgestellt.

2 Forschungsprojekt

Das Förderprojekt umfasste 19 Lehr-Lern-Einheiten, die im Schuljahr 2006/2007 in sechs Kindergartengruppen (N=40) und vier Grundschulgruppen (N=39) der Stadt Wuppertal durchgeführt wurden. Sie sind von wissenschaftlichen Mitarbeiterinnen des pädagogischen Fachbereichs der Bergischen Universität Wuppertal entwickelt und umgesetzt worden. Die Fördergruppen bestanden ausschließlich aus Kindern mit Migrationshintergrund, die von den Institutionen als förderbedürftig eingestuft wurden. Der entwickelte Förderunterricht verfolgt den Ansatz des impliziten Sprachlernens, d.h. es sollen gleichzeitig naturwissenschaftlich-technische Lerninhalte vermittelt und zweitsprachliche Kompetenzen erweitert werden. Dies erfolgt vorwiegend über Experimentierphasen, die handlungsorientierte Sprechanlässe ermöglichen (Hölscher/Piepho/Roche 2006, 5ff.).

Aus dem Gesamtdatenbestand wurden bisher zwei Lehr-Lern-Einheiten in je drei Kindergarten- und Grundschulgruppen aufbereitet, so dass die folgende Teiluntersuchung auf zwölf Transkripten für N=48 Kinder beruht.

3   Untersuchung

In der linguistischen Analyse wird die quantitative und qualitative Sprachproduktivität der Schülerinnen und Schüler untersucht, die als einer der Gelingens-
faktoren für erfolgreichen Förderunterricht in einer Zweitsprache angesehen wird
(Röhner/Oliva Hausmann 2008, 92). Hier soll es speziell um „gute" – d.h.
sprachlich komplexe – Schülerantworten gehen; diese werden in Verbindung mit
den vorangehenden Fragen der pädagogischen Fachkräfte analysiert, um wiederum „gute Lehrerfragen" herausfiltern zu können.

Es werden solche Fragestrategien untersucht, die drei ausgewählte Sprach-
handlungstypen – *Benennen*, *Beschreiben* und *Erklären* – bei den Kindern her-
vorrufen sollen. Gogolin, Neumann und Roth (2007, 103) identifizieren die
Sprachhandlungen *Beschreiben* und *Erklären* als bildungssprachliche Elemente;
Benennen, *Beschreiben* und *Erklären* werden außerdem von Vollmer und
Thürmann (2010, 9ff.) als Diskursfunktionen untersucht, die insbesondere im
Sachunterricht vorkommen. In einer zweiten Ebene werden die Lehrerfragen
nach der syntaktischen Form (offene vs. geschlossene Fragen) unterschieden.
Insgesamt konnten so 979 Schülerantworten klassifiziert und analysiert werden.

4   Ergebnisse

Für die vorliegende Teiluntersuchung wird angenommen, dass die Komplexität
der Schülerantworten in Abhängigkeit von den Fragen der pädagogischen Fachkräfte variiert – einerseits nach den genannten Sprachhandlungstypen (*Benennen*,
Beschreiben, *Erklären*); andererseits nach der syntaktischen Frageform. Für die
Überprüfung dieser Annahme wurden die Indikatoren „Länge der Antwort" und
„Vollständigkeit der Sätze" herangezogen.[1] Beim ersten Indikator wurden die
Antworten nach „nonverbale/keine Antwort", „Ein-bis-Zwei-Wort-Äußerung"
und „Äußerung ab drei Wörtern" sortiert. Die Vollständigkeit eines Satzes wurde
bei vorhandener Nominal- und Verbalphrase (Subjekt und Prädikat) identifiziert.

Zunächst soll der Zusammenhang zwischen diesen beiden Indikatoren und
den Sprachhandlungstypen dargestellt werden: In der Kategorie *Erklären* sind
die Schülerantworten am längsten (Antworten ab drei Wörtern: 83,15% in den
Grundschulgruppen; 91,23% in den Kindergartengruppen). Außerdem finden
sich hier vorwiegend vollständige Antworten (71,91% Grundschule, 85,96%
Kindergarten). Bei dem Sprachhandlungstyp *Benennen* findet man erwartungsgemäß meist kurze Antworten mit nur ein bis zwei Wörtern (72,77%

---

[1] Es wurden noch weitere Indikatoren im morphosyntaktischen Bereich kodiert (Satzver-
bindungen, Verbstellung, Verbformen), die in der vorliegenden Teiluntersuchung (noch)
nicht berücksichtigt wurden.

Grundschule; 64,42% Kindergarten) und zahlreiche unvollständige Antworten (80,28% Grundschule; 81,25% Kindergarten). Die Werte in der Kategorie *Beschreiben* liegen etwa dazwischen, d.h. es gibt etwa ebenso viele kurze wie längere Antworten und unvollständige wie vollständige Antworten.

Als nächstes werden die beiden Indikatoren nach der syntaktischen Form der Lehrerfragen beschrieben. Dazu wurde der Sprachhandlungstyp *Beschreiben* ausgewählt, da die Anzahl der verschiedenen Frageformen hier gleichmäßig verteilt ist. Bei den offenen Fragen wurden überwiegend längere Antworten ab drei Wörtern identifiziert (66,31% Grundschule; 59,68% Kindergarten). Darüber hinaus findet man hier häufig vollständige Antworten (59,67% Grundschule; 52,92% Kindergarten). Bei den geschlossenen Fragen gibt es jedoch etwas weniger Äußerungen ab drei Wörtern (41,18% Grundschule; 34,83% Kindergarten) und ebenfalls weniger vollständige Sätze (35,29% Grundschule; 31,46% Kindergarten). Insgesamt scheinen offene Fragen demnach eine höhere Sprachproduktivität bei den Kindern hervorzurufen.

Die Ergebnisse können mit einer Studie von Dalton-Puffer (2007) verglichen werden. Sie analysiert Lehrerfragen in der Unterrichtskommunikation und unterscheidet dabei nach dem Informationsgehalt der Fragen (*display questions* und *referential questions*), den syntaktischen Frageformen (*open questions* und *closed questions*) und den Intentionen der Lehrkräfte (*questions for facts*, *opinions*, *reasons*, *explanations* und *meta-cognitive questions*). Sie vermutet ebenfalls, dass gewisse Korrelationen zwischen den Fragetypen und der Komplexität der Schülerantworten bestehen. So könnten Fragen des Erklärens (*reason* und *explanation*) eine höhere Komplexität hervorrufen als Fragen des Beschreibens (*description*). Bezüglich der syntaktischen Form erwartet auch sie bei offenen Fragen komplexere Schülerantworten als bei geschlossenen Fragen (Dalton-Puffer 2007, 118). In unserer Studie konnten die zunächst hypothetischen Ergebnisse von Dalton-Puffer quantitativ untermauert werden.

5   Didaktische Konsequenzen

Die Analyse zeigte, dass konkrete Teilaspekte des Lehrerverhaltens untersucht werden können, um den Förderunterricht in Deutsch als Zweitsprache zu optimieren. In der hier vorgestellten Teilstudie wurde nach Zusammenhängen zwischen den Fragestrategien seitens der pädagogischen Fachkräfte und der sprachlichen Produktivität in den Schülerantworten gesucht. Zusammenfassend lässt sich dazu sagen: Fragen nach den beiden Sprachhandlungstypen *Beschreiben* und *Erklären* evozieren komplexere Antworten als *Benennen* – die Kategorie *Erklären* eignet sich dafür besonders gut. Offene Fragen eignen sich zudem tendenziell besser als geschlossene Fragen zur Anregung der Sprachproduktivität. Schließlich bleibt anzumerken, dass die handlungsorientierte Lernumgebung den pädagogischen Fachkräften schlichtweg zahlreiche Möglichkeiten geboten hat, offene Fragen zu stellen, nämlich ca. 78%. Dies ist deutlich mehr als im Regelunterricht der Naturwissenschaften gemessen wurde (ca. 32% offene Fragen im Fach *Science*, s. Barnes 1969, 21).

Solche und weitere Studien könnten genutzt werden, um die sprachdidaktischen Kompetenzen der pädagogischen Fachkräfte in Form von konkreten Handlungsempfehlungen (hier: Fragestrategien) zu erweitern.

Literatur

Barnes, D. (1969): Language in the Secondary Classroom. In: Barnes, D./Britton, J./ Torbe, M. (Eds.): Language, the Learner and the School. Harmondsworth: Penguin, 11-77.

Dalton-Puffer, C. (2007): Discourse in Content and Language Integrated Learning (CLIL) Classrooms. Amsterdam: John Benjamins.

Gogolin, I./Neumann, U./Roth, H.-J. (2007): Schulversuch bilinguale Grundschulklassen in Hamburg – Wissenschaftliche Begleitung. Bericht 2007. Hamburg: Fachbereich Erziehungswissenschaft. Verfügbar unter: http://www2.erzwiss.uni-hamburg.de/ institute/interkultur/Bericht_2007.pdf, 26.11.2009.

Gogolin, I. (2008): Förderung von Kindern und Jugendlichen mit Migrationshintergrund – ein länderübergreifendes Programm zur Optimierung der Sprachbildung. In: Gesellschaft, Wirtschaft, Politik 57/1, 65-75.

Hölscher, P./Piepho, H.-J./Roche, J. (2006): Handlungsorientierter Unterricht mit Lernszenarien: Kernfragen zum Spracherwerb. Oberursel: Finken.

Röhner, C./Oliva Hausmann, A. (2008): Zweitsprachliche Produktivität von Migrantenkindern im Übergang vom Kindergarten zur Grundschule. In: Ahrenholz, B. (Hrsg.): Deutsch als Zweitsprache – Voraussetzung und Konzepte für die Förderung von Kindern und Jugendlichen mit Migrationshintergrund. 2. Aufl., Freiburg: Fillibach, 75-94.

Rösch, H. (2007): Das Jacobs-Sommercamp – neue Ansätze zur Förderung von Deutsch als Zweitsprache. In: Ahrenholz, B. (Hrsg.): Kinder mit Migrationshintergrund – Spracherwerb und Fördermöglichkeiten. Freiburg: Fillibach, 287-302.

Vollmer, H.J./Thürmann, E. (2010): Zur Sprachlichkeit des Fachlernens: Modellierung eines Referenzrahmens für Deutsch als Zweitsprache. In: Ahrenholz, B. (Hrsg.): Fachunterricht und Deutsch als Zweitsprache. Tübingen: Narr, 107-132.

Alltagsrassismus – Befunde und Möglichkeiten in der Grundschule

Barbara Rösch

1 Einführung

Alltagsrassismus ist eine meist unbewusste soziale Praxis verinnerlichter Vorurteile, die in der bundesdeutschen Gesellschaft strukturell verankert und tradiert ist (Arndt 2001, 11). Für den Grundschulalltag bedeutet dies einen Nährboden für Zugehörigkeits- und Ausgrenzungsdiskurse: Das Weißsein trägt als nicht reflektierte und vermeintliche „Normalität" in Schule und Gesellschaft zu hierarchischen Positionierungen, Fremdheitskonstruktionen und Diskriminierungen bei und beeinflusst die Entwicklung kindlicher Identität. Folgerichtig postulieren bundesdeutsche Lehrpläne, kulturelle Vielfalt als Normalität zu begreifen, als persönliche Bereicherung wahrzunehmen (z.b. Berlin/Brandenburg/Mecklenburg-Vorpommern, Sachunterricht, 2004). Kulturelle Vielfalt bedeutet (hier nur auf Schwarze bezogen), dass aktuell in Deutschland ca. 300.000 schwarze Deutsche leben, folglich sind nicht alle Deutschen weiß und nicht alle Schwarzen zwangsläufig „Ausländer" (Sow 2008, 99).

In der Realität jedoch wirken rassistische Strukturen im „heimlichen Lehrplan": Schwarze werden von Weißen tendenziell nicht als Bestandteil der deutschen Gesellschaft akzeptiert. Der „Schwarze" Teil Deutschlands wird in Gesellschaft, Schule und Lehrerbildung bislang ausgeblendet.

Basis des subtil wirkenden Alltagsrassismus ist der Rassismus – die pseudowissenschaftlichen Analogieschlüsse aus Biologie und politischen Lehren, deren Wirkungsmacht im Zuge der Aufklärung entstand. Voltaire, Kant und Hegel festigten in ihrer Absicht, die Welt „logisch" zu ordnen, das Konzept der „Rasse", der Verschiedenheit von Menschengruppen und deren Hierarchisierung (Geulen 2007, 51-54). Obgleich diese Klassifizierung durch Genforschungen widerlegt und seit 1995 von der Unesco geächtet wird (Sow 2008, 72), existiert Rassismus ungebrochen. Er funktioniert durch die Konstruktion eines „Wir" und der Abwertung der „Andersartigkeit" anderer aufgrund einer Abweichung von „unserer Normalität". Funktion dieser „Ausschließungspraxis" (Hall 1989, 916, 921) ist Diskriminierung und die Rechtfertigung von Herrschaftsverhältnissen bis hin zur Unterdrückung ethnischer Minderheiten, Sklaverei und Völkermord.

Alltagsrassismus hat viele Gesichter, so das xenophob motivierte Ignorieren von Personen, die man als „fremd" definiert, oder unreflektierte Botschaften wie

„Ich habe nichts gegen Schwarze, aber ...“. Oft werden diese von Kindern kopiert, Zitat eines 5-jährigen weißen Kindes aus Weingarten in Baden-Württemberg:

> „Ich find' das sehr gut, wenn die armen Kinder aus Afrika zu uns kommen, damit sie nicht hungern müssen. Aber eigentlich mag ich Schwarze nicht so. Sie sind mir zu dunkel.“ (Zahn 1994, 50)

Eine Studie mit afrodeutschen Kindern und Jugendlichen in Bremen (Massingue 2005, 31) ergab, dass alle Interviewten Rassismus erlebten – auch innerhalb der Schule – *auch* von Seiten der Lehrkräfte durch Duldung rassistischer Gewalt und Beleidigung, aber auch in Form von Zynismus, Missachtung oder Benachteiligung.

Alltagsrassismus bedeutet für nicht weiße Kinder auch, angestarrt und auf ihr Äußeres reduziert zu werden. Häufig wird ihre Zugehörigkeit zu Deutschland ignoriert – d.h. sie werden als Ausländer betrachtet: etwa durch Bewertung der Muttersprachkenntnisse: „Du sprichst aber gut deutsch!“ oder durch die Frage: „Welcher Kultur fühlst du dich zugehörig?“ Meist erfahren afrodeutsche Kinder (und nicht nur sie) zwei oder mehrere Kulturen intensiv, können und wollen sich nicht für eine entscheiden (Massingue 2005, 26f, 29, 58).

2 Welche Folgen hat Alltagsrassismus – besonders für Grundschulkinder?

Alltagsrassismus gefährdet den demokratischen Grundkonsens und bedeutet reale Gefahr: In Deutschland wurden seit 1990 142 Menschen Todesopfer rechter und rassistischer Gewalt (Kulick 2009). Ibraimo Alberto, Integrationsbeauftragter in Schwedt/Oder, berichtet hierzu:

> „Ich kann mit [erg.: meiner Familie] nicht in meiner Heimatstadt Schwedt spazieren gehen – wegen übelster Beleidigungen ist das eine Tortur. [...] Meine Kinder gehen bei Veranstaltungen vor und benachrichtigen mich über Handy: 'Papa, keine Nazis – du kannst kommen!' oder 'Bleib' besser zu Hause!'“ (Alberto 2008, 16)

Diese latente Bedrohung prägt die Entfaltung kindlicher Identität – z.B. durch den Druck, in einer dominant weißen Öffentlichkeit einer steten Beobachtung ausgesetzt zu sein: Häufig werden schwarze Kinder von Erziehenden zu dezentem bis vorbildlichen Verhalten angehalten (Zwink 2006, 183ff.).

3 Möglichkeiten im Grundschulunterricht

Alltagsrassismus kann durch alternative Denk- und Umgangsweisen ersetzt werden, welche auf Konzepten des inter- bzw. transkulturellen Lernens basieren.

Dies meint u.a. Abbau von Vorurteilen, Förderung von Minderheiten und Erziehung zu Zivilcourage. Ausgewählte Ziele wären demnach:

- Identifikationsangebote für *alle* Kinder einer Klasse, z.b. auch afrodeutsche Geschichte in der Geschichtsdidaktik. Berichte aus der Perspektive von Kindern sind Texten vorzuziehen, die *über* sie sprechen.
- Korrektur gängiger Afrika-Klischees, z.b. Afrika sei ein „Land", anstatt ein Kontinent mit 53 Staaten, es sei v.a. von Tieren bewohnt und im Kontrast zur „Norm" Europa „exotisch", rückständig und hilfsbedürftig.
- Korrektur des eurozentristischen Blickwinkels, der euphemistisch betont, Afrika sei von Europäern erst „entdeckt" worden.
- Kritischer Umgang mit rassistischen und ästhetisierenden Stereotypen, z.b. der Überbetonung der Hautfarbe, die wie eine Eigenschaft bewertet wird.
- Vermeidung von Unterrichtsmaterialien, die „rassische" Merkmale betonen – darunter auch demütigende Lieder, die bis heute unkommentiert in Liederbüchern zu finden sind (z.b. „Zehn kleine Negerlein", in: Klein/ Schlichenmaier, Spielliederschatz 2007, 56f.).
- Dies bezieht sich auch auf Kinderliteratur, z.b. Astrid Lindgrens Klassiker „Pippi Langstrumpf", der i.d.R. mit Kindern *nicht* kritisch auf Rassismus hin gelesen wird. Er enthält etliche rassistische Ansichten, die Schwarze als weniger intelligent, devot und lügend und minder klug entstellen.
- Oder das Bilderbuch „Der kleine schwarze König" (Langenstein/Paule 2007), das die rassistische Legende vom Jesuskind propagiert, welches die Handflächen eines schwarzen Kindes, das sich seiner Hautfarbe schämt, aufhellt und damit „normalisiert".

4 Überlegungen für die Lehrerbildung

Um Alltagsrassismus vermeiden zu können, sind folgende Aspekte Voraussetzung, die auf Persönlichkeitsbildung und Wissenserwerb der Lehrkraft basieren:

- Das Wissen um den Vorbildcharakter bei der Weitergabe von direkten und unausgesprochenen Vorurteilen – Basis ist die kritische Reflexion eigener Vorurteile.
- Die Sensibilisierung für Probleme von Kindern aus Minderheitengruppen.
- Das Erkennen von Alltagsrassismus in Sprache, Handeln und Medien; die Auseinandersetzung mit der Wirkungsmacht des „heimlichen Lehrplans".
- Die Fähigkeit, mit Rassismus und kolonialrassistischen Bildern kritisch umgehen zu können. Viele Begriffe, mit welchen Schwarze benannt werden, sind beleidigend und kolonialrassistisch, so das Wort „Schwarzafrikaner", das Hautpigmentierung zum Kriterium für Geographie erhebt.

- Die Aneignung des Wissens um Kolonialismusgeschichte und das kritische Hinterfragen ihrer teils bis heute wirksamen und einseitig-eurozentristischen Interpretation.
- Einsicht in die Konstruktion von Identitäten: Identität beinhaltet z.b. bei afrodeutschen Kindern nicht das Hinundhergerissensein zwischen zwei Kulturen, sondern die Verbindung beider. Hilfreich ist das Bewusstsein der Lehrkraft für die eigene Identität und deren historisch-kulturellen Dimensionen.

Es ist Aufgabe der Lehrerausbildung, diese Aspekte und Kompetenzen zu vermitteln und zu vertiefen – mit dem Ziel, Ausgrenzung nicht zu ignorieren oder die Wahrnehmung des betroffenen Kindes zu bagatellisieren, sondern das Thema kompetent aufgreifen sowie Bewältigungsstrategien anbieten zu können.

Literatur

Alberto, I. (2008): Was fehlende Anerkennung täglich für mich bedeutet. In: »Ey, du Opfer...?« Von Ungleichwertigkeit zu Gleichwertigkeit, hrsg.v. Amadeu Antonio Stiftung und RAA Berlin. Verfügbar unter: http://www.amadeu-antonio-stiftung.de/die-stiftung-aktiv/gegen-gmf/download/, 24.2.2009.

Arndt, S. (2001): Impressionen. Rassismus und der deutsche Afrikadiskurs. In: Arndt, S. (Hrsg.): AfrikaBilder. Studien zu Rassismus in Deutschland. Münster: Unrast, 11-68.

Geulen, C. (2007): Geschichte des Rassismus (Sonderauflage für die Zentralen für politische Bildung). München: C.H. Beck.

Hall, S. (1989): Rassismus als ideologischer Diskurs. In: Das Argument 178, 913-921.

Klein, S./Schlichenmaier, T. (2007): Der Spielliederschatz. Hamburg: Timonverlag.

Kulick, H. (2009): Marwas Mörder war NPD-Fan. Verfügbar unter: http://www.mut-gegen-rechte-gewalt.de, 9.9.2009.

Langenstein, B./Paule, I. (2007): Der kleine schwarze König. München: Pattloch.

Massingue, E. (2005): Sichtbar anders – aus dem Leben afrodeutscher Kinder und Jugendlicher (hrsg. v. Verband binationaler Familien und Partnerschaften, iaf e.V.), Frankfurt a. M.: Brandes und Apsel.

Ministerium für Bildung, Jugend und Sport des Landes Brandenburg/Senatsverwaltung für Bildung, Jugend und Sport Berlin/Ministerium für Bildung, Wissenschaft und Kultur des Landes Mecklenburg-Vorpommern (Hrsg.) (2004): Rahmenlehrplan Grundschule. Sachunterricht. Berlin: Wissenschaft und Technik.

Sow, N. (2008): Deutschland Schwarz-Weiß. Der alltägliche Rassismus, München: Bertelsmann.

Zahn, B. (1994): Einige Stichworte zu meinen Seminaren zum interkulturellen Lernen in der Grundschule an der PH Weingarten. In: Führing, G./Mané, A.M. (Hrsg.): Ambivalenzen in der antirassistischen Arbeit an Hochschulen. Oldenburg: Zentrum für pädagog. Berufspraxis, 45-52.

Zwink, A. (2006): Vom alltäglichen Umgang mit Rassismus. Erfahrungen der Gruppe Eltern Schwarzer Kinder. In: Arndt, S. (Hrsg.): AfrikaBilder. Studien zu Rassismus in Deutschland. Münster: Unrast, 182-189.

IV. Lernwege

Attributionsstile von Grundschulkindern und deren Erklärungsfaktoren

Thomas Deters & Frank Hellmich

1 Zusammenfassung

In dem vorliegenden Beitrag werden erste Ergebnisse aus der Langzeitstudie „Selbstkonzepte und Attributionen im Mathematikunterricht der Grundschule" (SAM-G) vorgestellt. Kinder im dritten und vierten Schuljahr wurden zu ihrem Attributionsverhalten bei Erfolgen und Misserfolgen befragt. Die Befunde zum ersten Messzeitpunkt der Untersuchung geben Hinweise auf enge Zusammenhänge zwischen dem Fähigkeitsselbstkonzept in Mathematik und einzelnen Attributionsstilen der an der Befragung beteiligten Kinder.

2 Theoretischer und empirischer Hintergrund

In der pädagogisch-psychologischen Attributionsforschung wird der Frage nachgegangen, wie Lernende eigenes leistungsbezogenes Verhalten erklären und begründen. Dabei wird vermutet, dass sie ein besonderes Bedürfnis haben, eigene Erfolge und Misserfolge in Leistungssituationen kausal zu deuten, um mehr über deren Ursachen und daraus resultierend über mögliche Bewältigungsstrategien zu erfahren. Nach Weiner (1985) können dabei verschiedene Ursachenzuschreibungen voneinander unterschieden werden, nämlich solche, die in der eigenen Person verankert sind (internale Attributionen), und solche, die außerhalb des Individuums liegen (externale Attributionen). Bei internalen Attributionen werden stabile (eigene Fähigkeiten, Talente oder Begabungen) sowie nicht-stabile und damit als variabel zu bezeichnende Faktoren, wie das eigene Anstrengungsverhalten, differenziert betrachtet; unter externalen Attributionen werden hingegen die Einfachheit oder Schwierigkeit von Aufgaben oder die Unterstützung durch Andere (stabil) gefasst, ebenso wie zufällige ursächliche Ereignisse (variabel). Aus der empirischen Lehr-Lernforschung liegen mittlerweile Hinweise dafür vor, dass Kinder im Grundschulalter in der Regel zu selbstwertdienlichen Attributionsstilen neigen (s. Valtin/Wagner 2002): Misserfolge werden auf externale Faktoren zurückgeführt; Erfolge werden hingegen internal begründet. Enge Zusammenhänge werden dabei zwischen den Fähigkeitsselbstkonzepten – verstanden als die vorhandenen Kognitionen über eigene Stärken und Schwächen in einer Domäne bzw. einem Unterrichtsfach – und den Attributionsstilen von

Schülerinnen und Schülern im Grundschulalter angenommen. Ergebnisse aus der entwicklungspsychologischen Forschung deuten dabei im Speziellen darauf hin, dass Kinder mit hohen Fähigkeitsselbstkonzepten ihre Erfolge in der Regel internal (Begabung oder Anstrengung) begründen und eigene Misserfolge eher external (Zufall, Aufgabenschwierigkeit) attribuieren. Dem gegenüber erklären Kinder mit einem eher niedrigen Fähigkeitsselbstkonzept eigene Erfolge external und deuten erlebte Misserfolge internal (s. Faber 2007). Vor dem Hintergrund der bislang vorliegenden Befunde gehen wir von einem signifikanten Zusammenhang zwischen Fähigkeitsselbstkonzepten und Attributionsstilen von Kindern im Grundschulalter aus: Im Detail vermuten wir erstens, dass Kinder mit einem hohen Selbstkonzept Erfolge signifikant häufiger auf internale Faktoren zurückführen und Misserfolge signifikant häufiger external begründen als Kinder mit einem niedrigen Fähigkeitsselbstkonzept. Dem gegenüber wird zweitens angenommen, dass Kinder mit einem niedrigen Selbstkonzept Erfolge signifikant häufiger external begründen und Misserfolge signifikant häufiger internal deuten als Kinder mit einem hohen Selbstkonzept.

3   Empirische Studie

3.1   Stichprobe

An der Untersuchung sind N=593 Schülerinnen und Schüler (272 Mädchen und 321 Jungen) des dritten und vierten Schuljahres aus Schulen in und um Vechta befragt worden. Zum Zeitpunkt der Untersuchung besuchten 306 der befragten Kinder das dritte Schuljahr, 287 das vierte Schuljahr.

3.2   Methode

In Anlehnung an Arbeiten von Buff (2004) wurden verschiedene Skalen zur Erfassung von Attributionen bei Erfolgen und Misserfolgen entwickelt. Die Antwortoptionen waren dabei an der Likert-Skala orientiert (1=stimmt gar nicht, 2=stimmt nur teilweise, 3=unentschieden, 4=stimmt größtenteils, 5=stimmt genau). Die Kinder wurden im Rahmen des Fragebogens gebeten, sich hinsichtlich ihrer Stärken und Schwächen in Mathematik einzuschätzen. Diejenigen Kinder, die erklärten, häufig Erfolge im Mathematikunterricht zu erleben, füllten einen Fragebogenteil zu Attributionen bei Erfolgen in Mathematik aus (N=438); die übrigen Kinder, die eher Misserfolge in Mathematik für sich verbuchen können, gaben Auskunft im Rahmen des Fragebogenteils zu Misserfolgen in Mathematik (N=126). Für die Erfassung von Attributionen im Mathematikunterricht bei Erfolgen wurden folgende Skalen eingesetzt: Skala „Attribution auf Begabung" (6 Items, α=.87; M=3,98; SD=0,76; N=425; Beispielitem: „Wie kommt es, dass du allgemein (eher) gute Mathematiknoten hast? Was meinst du? – Ist es, weil du in Mathe begabt bist?"), Skala „Attribution auf Anstrengung" (6 Items, α=.84; M=4,18; SD=0,73; N=434; „ ... Ist es, weil du dir in Mathe Mühe gibst?"), Skala „Attribution auf Zufall" (3 Items, α=.79; M=3,13; SD=1,12; N=430; „ ... Ist es, weil du in Mathe einfach Glück hast?") und Skala „Attribution auf *powerful others*" (5 Items, α=.75; M=3,49; SD=0,83; N=424; Beispielitem: „ ... Ist es, weil der Lehrer gut erklären kann?"). Attributionen bei Misserfolgen wurden methodisch in einer ähnlichen Weise erfasst: Skala „Attribution auf Begabung" (5 Items, α=.86; M=3,04; SD=1,17; N=123), Skala „Attribution auf Anstrengung" (6 Items, α=.78; M=2,17; SD=0,90; N=121), Skala „Attribution auf Zufall" (3 Items, α=.86; M=3,01; SD=1,39; N=124) und Skala „Attribution auf *powerful others*" (4 Items, α=.80; M=1,77; SD=1,02; N=127). Das Fähigkeitsselbstkonzept in Mathematik wurde durch eine weitere Skala erhoben (10 Items, α=.91; M=3,74; SD=0,88; N=564; „In Mathe bin ich immer gut gewesen.").

3.3 Ergebnisse

Die Analysen verdeutlichen enge Zusammenhänge zwischen Attributionen auf Begabung bzw. Anstrengung und dem Selbstkonzept in Mathematik bei den befragten Schülerinnen und Schülern: Kinder mit hohen Selbstkonzepten in Mathematik führen ihre Erfolge eher auf internale Faktoren wie Begabungen oder Anstrengungen zurück als Kinder mit niedrigeren Selbstkonzepten (s. Tab. 1).

	Attribution (Begabung)	Attribution (Anstrengung)	Attribution (Zufall)	Attribution (powerful others)
Selbstkonzept	.75*** N=405	.41*** N=414	-.01 N=404	.07 N=410

Tab. 1: Interkorrelationsmatrix: Fähigkeitsselbstkonzept – Attributionen bei Erfolgen
*p≤.05, **p≤.01, ***p≤.001

In Tabelle 2 wird deutlich, dass eine schwache negative Korrelation zwischen Attributionen auf die eigene Begabung und den Selbstkonzepten der Kinder vorliegt. Kinder mit niedrigeren Selbstkonzepten führen Misserfolge signifikant häufiger auf ihre Begabung zurück als Kinder mit höheren Selbstkonzepten.

	Attribution (Begabung)	Attribution (Anstrengung)	Attribution (Zufall)	Attribution (powerful others)
Selbstkonzept	-.24**	-.08	-.12	.16
	N=116	N=114	N=117	N=120

Tab. 2:   Interkorrelationsmatrix: Fähigkeitsselbstkonzept   –   Attributionen   bei
           Misserfolgen
           *p≤.05, **p≤.01, ***p≤.001

4   Zusammenfassung und Diskussion der Ergebnisse

Die in diesem Beitrag vorgestellten Untersuchungsergebnisse sind weitgehend theoretisch zu erwarten gewesen. Im Detail hat sich gezeigt, dass die an der Studie beteiligten Grundschulkinder mit höheren Fähigkeitsselbstkonzepten im Unterrichtsfach Mathematik ihre Erfolge häufiger auf internale Faktoren wie Begabung oder Anstrengung zurückführen als Kinder mit niedrigeren Selbstkonzepten ihrer mathematischen Fähigkeiten; letztere attribuieren eigene Misserfolge hingegen weitaus häufiger auf Begabung als Kinder mit höheren Selbstkonzepten. Weitgehend unklar – und dies kann an dieser Stelle als ein Forschungsdesiderat herausgestellt werden – sind konkrete Ursache-Wirkungsmechanismen in Hinblick auf das Zusammenspiel von Selbstkonzepten und Attributionen bei Erfolgen und Misserfolgen. Theoretisch plausibel ist, dass bereits bei Grundschulkindern von reziproken Beeinflussungsprozessen auszugehen ist.

Literatur

Buff, A. (2004): Sind selbst- und fremdbezogene Kausalüberzeugungen austauschbar? In: Zeitschrift für Entwicklungspsychologie und Pädagogische Psychologie 36/1, 10-18.

Faber, G. (2007): Selbstkonzept, Kausalattributionen und Leistungsangst im Rechtschreiben. Saarbrücken: VDM.

Valtin, R./Wagner, C. (2002): Wie wirken sich Notengebung und verbale Beurteilung auf die leistungsbezogene Persönlichkeitsentwicklung aus? In: Valtin, R. (Hrsg.): Was ist ein gutes Zeugnis? Noten und verbale Beurteilungen auf dem Prüfstand. Weinheim: Juventa, 113-138.

Valtin, R. (Hrsg.) (2002): Was ist ein gutes Zeugnis? Noten und verbale Beurteilungen auf dem Prüfstand. Weinheim: Juventa.

Weiner, B. (1985): "Spontaneous" Causal Thinking. In: Psychological Bullentin 97, 74-84.

Interaktive Whiteboards in der Primarstufe

Thomas Irion & Trudy Sweeney

1 Ausgangssituation

Ein Interaktives Whiteboard (IWB) ist eine elektronische Tafel, die über einen Computer mit einem Beamer verbunden wird. Auf einem IWB kann wie an einer Tafel gearbeitet werden. Allerdings werden die Inhalte nicht direkt auf die Tafel geschrieben, sondern es wird lediglich das vom Beamer projizierte Bild bearbeitet. Die auf den ersten Blick überzeugend wirkenden Potenziale etwa für den Einbezug von Bildern im Unterricht oder auch durch die Wiederaufrufbarkeit von Tafelbildern vorheriger Stunden lässt Journalisten vom „Ende der Kreidezeit" in der Grundschule schwärmen.[1] Im Artikel wird auf der Grundlage von Forschungsergebnissen und Unterrichtshospitationen diskutiert, unter welchen Bedingungen IWBs tatsächlich zur Innovation von Unterricht beitragen können.

2 Förderprogramme in angelsächsischen Ländern

Seit Ende der 90er Jahre wird die Verwendung von IWBs in den Primarstufen in verschiedenen vor allem angelsächsischen Ländern diskutiert und in ersten Modellversuchen erprobt (Higgins/Beauchamp/Miller 2007, 214). Im Jahr 2002 wurde aufgrund erster positiver Ergebnisse ein Förderprogramm von 9,9 Millionen Pfund mit dem Ziel installiert, jede Primary School in Wales mit einem IWB auszustatten. Im Jahr 2004 gab Charles Clarke, Secretary of State for Education and Skill in England, die Zielsetzung aus, jedes Klassenzimmer in einer neu erbauten Primary School in England mit einem IWB auszustatten.

3 Internationale Forschungsergebnisse zum Einsatz von IWBs

Die Ergebnisse erster Modellversuche und der zugeordneten Begleitstudien wurden im BECTA-Report 2003 zusammengefasst.

Lernpotenziale werden in diesem Bericht in der Motivationssteigerung, erhöhten Partizipationsmöglichkeiten, der Förderung kreativerer Präsentationen der Schüler, dem tastaturunabhängigen Zugang zu Informations- und Kommunikationstechnologien (ICT) für Kinder und im erleichterten Zugang zu

---

[1] Berliner Abendschau vom 17.8.2008

Unterrichtsressourcen gesehen, die es Lehrkräften ermöglicht, Unterrichtsmedien stärker auf verschiedene Lernstile abzustimmen.

Lehrpotenziale die hervorgehoben werden, sind die Möglichkeit zur Verwendung von ICT im Frontalunterricht, die Erhöhung der Flexibilität von Lehrkräften durch spontanen Einbezug verschiedener Quellen, der Ausdruck und die Sicherung von Tafelbildern, die Möglichkeit zur Verbreitung und zum Wiederaufruf verwendeter Unterrichtsmaterialien, die hohe Benutzerfreundlichkeit im Vergleich zu traditioneller Computernutzung, die Förderung der Verwendung von ICT im Unterricht und die Förderung der professionellen Entwicklung von Lehrkräften.

Eine der umfangreichsten jüngeren Studien zur Nutzung von IWBs in Primary Schools in Großbritannien beschäftigt sich mit den Auswirkungen der interaktiven Tafeln auf die Gestaltung von Lehrprozessen im Bereich des Lesens und des Rechnens (Higgins et al. 2005). Über einen Projektzeitraum von 30 Monaten wurde der IWB-Einsatz in den Fächern Literacy und Numeracy in allen 5. und 6. Klassen der 84 beteiligten Primary Schools untersucht. Daten wurden mittels strukturierter Unterrichtsbeobachtung, Unterrrichtsvideos, Interviews mit Lehrkräften unter ergänzender Berücksichtigung der von den Lehrkräften erstellten Weblogs und mittels Gruppendiskussionsverfahren mit den Schülerinnen und Schülern gewonnen. Die Auswertung der Unterrichtsbeobachtungen ergab einen Anstieg der IWB-Verwendung von 10 % innerhalb eines Jahres. Schülerantworten waren zudem in IWB-Klassen länger als in Vergleichsklassen. Die Befragungen der Lehrkräfte zeigten eine sehr positive Bewertung der IWBs und des Supports im Rahmen der Initiative. 99% der Lehrkräfte bewerteten die IWBs als motivationssteigernd, 87% berichteten, dass IWBs ihr Selbstvertrauen im Umgang mit ICT verbessere und 71% gaben an, dass der Anteil der Frontalphasen seit Verwendung der IWBs erhöht worden wäre. Die Schülerinnen wünschten sich in den Gruppendiskussionsverfahren einen vermehrten Einsatz der IWBs und äußerten sich vor allem sehr positiv über die multimedialen Möglichkeiten und die Unterstützung von Lernprozessen. Abstürze, Kalibrierungen und Schwierigkeiten beim Erkennen animierter Objekte wurden als Hauptprobleme aus Schülersicht genannt.

Trotz erster positiver Ergebnisse in diesen und anderen Untersuchungen muss darauf hingewiesen werden, dass Studien zu messbaren Lernerfolgen durch den Einsatz mit IWBs bislang kaum vorliegen. Generalisierbare, also sich unabhängig von Kontextbedingungen ergebende Effekte, sind aufgrund der Komplexität von Unterrichtsprozessen allerdings auf die Schnelle kaum zu erwarten. Nicht die IWBs revolutionieren den Unterricht, sondern ein adäquater auf die Lernenden abgestimmter Einsatz. So betonen Armstrong et al. (2005) auf der Grundlage von in Grundschulen durchgeführten Videofallstudien, dass neben technischen und organisatorischen Fragen verschiedene andere Aspekte für eine erfolgreiche Verwendung von IWBs relevant sind und heben insbesondere die Bedeutung geeigneter Lehrerfortbildungen zum Aufbau der erforderlichen Kompetenzen hervor.

4   Lehrerkompetenzen für die Nutzung von IWBs im Unterricht

Zur Abbildung unterschiedlicher Verwendungsformen von IWBs im Unterricht und zur Erfassung unterschiedlich anspruchsvoller Aktivitäten hat Beauchamp (2004) auf der Basis einer Beobachtungsstudie ein Transition Framework entwickelt, das mit den beobachteten Lehrkräften im Sinne einer kommunikativen Validierung abgestimmt wurde. Sweeney (2008) hat diesen Ansatz auf die Verwendung von IWBs in Australien adaptiert.

Beide Autoren unterscheiden technische und pädagogische Qualifikationen und kategorisieren die schulischen Einsatzformen in unterschiedlichen Niveaustufen. Während in der untersten Stufe „Whiteboard Replacement" lediglich technische und pädagogische Qualifikation zur Verwendung der IWBs als Tafelersatz vorhanden sind, steigen die Qualifikation in den weiteren Ebenen deutlich an, so dass die Verwendung im Unterricht nicht nur flexibler erfolgen kann, sondern zudem auch die Potenziale der IWBs stärker genutzt werden können. So beschreibt Sweeney die letzte Niveaustufe (Synergistic User) auf der pädagogischen Ebene als eine Lehrkraft, die in der Lage ist IWBs als integralen Bestandteil der Lernumgebung zu verwenden, bei der spontanen Fragestellungen (mit hohen Erträgen) unmittelbar nachgegangen werden kann. Technologisch sollte ein Synergistic User problemlos externe Geräte einsetzen können und den Einsatz von Layertechniken und Internetquellen beherrschen.

Auch unter Berücksichtigung von Unterrichtshospitationen in Australien und Deutschland scheint uns das Transition Framework sowohl ein sinnvoller Ansatz um unterschiedliche Niveaus der Unterrichtsverwendung auszudifferenzieren als auch eine gute Grundlage für die Entwicklung von Lehrerfortbildungen. Andererseits fehlt uns gerade im Hinblick auf das Thema dieses Tagungsbandes die fachdidaktische Anbindung der Niveaustufen. Die Eingebundenheit in die fachdidaktischen Zielsetzungen scheint uns die zentrale Bewertungskategorie für die Qualität der unterrichtlichen Verwendung von IWBs. Lehrerkompetenzen für die Verwendung des IWBs als Synergistic User können lediglich das Spektrum der Einsatzzwecke erweitern und damit eine Grundlage für die Entfaltung der didaktischen Potenziale von IWBs schaffen. Eine Garantie für qualitativ hochwertigen Unterricht liefern sie ebenso wenig, wie sie dafür verwendet werden können, einen auf einer unteren Stufe verbleibenden Unterricht negativ zu bewerten. Die fachdidaktische Einbindung kann eben auch bedingen, dass ein einfacher Tafelersatz einer komplexeren Verwendung überlegen ist.

Vor diesem Hintergrund scheint es uns wichtig, in Lehrerfortbildungen verstärkt auch Kompetenzen zur Anbindung des Einsatzes von IWBs an fachdidaktische Zielsetzungen zu fördern.

5 Zusammenfassung und Ausblick

Die Ausgangsfrage, ob IWBs als wesentliche Elemente moderner Lernumgebungen betrachtet werden sollen, oder ob wieder einmal alter Wein aus neuen (Medien-)Schläuchen ausgeschenkt wird, lässt sich auch aufgrund der gesichteten internationalen Forschungsliteratur und der Unterrichtshospitationen kaum beantworten. Von ausgesprochen innovativen Ansätzen, die IWBs flexibel für moderne Lernverfahren wie inquiry learning einsetzen bis hin zu langwierigen Frontalphasen, in denen die IWBs lediglich genutzt wurden, um inhaltlich gelangweilte Kinder länger an den Stuhl fesseln zu können, konnten verschiedene Einsatzformen beobachtet werden.

Entscheidend für die Entwicklung geeigneter Lernumgebungen unter sinnvollem Einbezug von IWBs erscheint uns die stärkere Anbindung an fachdidaktische Zielsetzungen unter Einbezug technischer und pädagogischer Kompetenzen. Wissenschaftliche Untersuchungen können mittels differenzierter Studien zu Einzelaspekten unter Berücksichtigung der Zielsetzung dabei helfen, Hinweise zur Gestaltung geeigneter Lernumgebungen zu geben, sofern sie sich nicht auf die summative Erfassung der Erträge des Einsatzes von IWBs beschränken, sondern vielmehr im Sinne einer formativen Evaluation auch Gelingensbedingungen zum Einsatz von IWBs in der Fachdidaktik herausarbeiten.

Literatur

Armstrong, V./Barnes, S./Sutherland, R./Curran, S./Mills, S./Thompson, I. (2005): Collaborative Research Methodology for Investigating Teaching and Learning: the Use of Interactive Whiteboard Technology. In: Educational Review 57/4, 457-469.

Beauchamp, G. (2004): Teacher Use of the Interactive Whiteboard in Primary Schools: towards an Effective Transition Framework. In: Technology, Pedagogy and Education 13/3, 327-348.

Becta (2003): What the Research says about Interactive Whiteboards. Verfügbar unter: http://partners.becta.org.uk/page_documents/research/wtrs_white-boards.pdf, 04.06.2009.

Higgins, S./Falzon, C./Hall, I./Moseley, D./Smith, F./Smith, H./et al. (2005): Embedding ICT in the Literacy and Numeracy Strategies. Final report. Newcastle upon Tyne: Newcastle University.

Higgins, S./Beauchamp, G./Miller, D. (2007): Reviewing the Literature on Interactive Whiteboards. In: Learning, Media and Technology 32/3, 213-225.

Sweeney, T. (2008): Transforming Learning with Interactive Whiteboards: Towards a Developmental Framework. In: Australian Educational Computing 23/2, 24-31.

Wie lernen Kinder am Computer? Ergebnisse einer qualitativen Studie zum Erwerb von Medienkompetenz in der Grundschule

Jochen Lange & Jutta Wiesemann

1 Zur Einleitung

Der Kontakt mit dem Computer ist für Kinder selbstverständlich geworden, der Umgang mit ihm findet jedoch in erster Linie zu Hause und weniger in der Grundschule statt (s. MFS 2009, 34), obwohl Computer materiell auch hier angekommen sind (s. BMBF 2006, 6) und die Computerisierung – mit ihren medialen Facetten – den Begriff der Medienkompetenz zur Schlüsselqualifikation unserer Gesellschaft avancieren lässt. Medienkompetenz ist mit seinen Ansätzen und Konzeptionen gekennzeichnet durch fachübergreifende, interdisziplinäre Zugänge in Theorie und Praxis. Als Konzept und Auftrag an die Grundschule lässt sich Medienkompetenz in einer interessanten Schnittmenge zwischen Lernbereichen verschiedener Fächer, Perspektiven und allgemeinen pädagogischen Aufgaben der Primarschulstufe verorten.

Doch *wie* lernen GrundschülerInnen Medienkompetenz? In diesem Beitrag werden die Ergebnisse einer empirischen Studie vorgestellt, die diese Frage qualitativ fokussiert und mit teilnehmender Beobachtung erforscht. Es wird gezeigt, wie sich die Entwicklung von Medienkompetenz in schulischen Situationen vollzieht, in denen SchülerInnen (dritter und vierter Klassen) an Computern agieren.

2 Spezifisch-pädagogische Konzeption

Die Studie steht im Kontext einer „Pädagogischen Lernforschung". Die zugrunde liegende Konzeption folgt einem sozial situationistischen Verständnis, welches Lernen als normale schulische Alltagspraxis begreift. Eine derartige Konzeption ist die Grundlage für eine ethnografische Beobachtung des Lernens: Lernen als schulischer Prozess und als eine erziehungswissenschaftliche Forschungsaufgabe. Von besonderem Interesse ist hierbei das *Wie* der Verlaufsstrukturen von Lernprozessen durch deren Mikroanalysen. Für diese analytisch-rekonstruktive Sichtbarmachung des Lernens nutzen wir fünf Lernoperationen: *Strukturierung, Wiedererinnerung, Vergleich, Evaluation, Generalisierung* (s. Wiesemann 2000, 94-132). Die schulpädagogische Ausrichtung weiter verfolgend, wurde aus der Vielzahl von Konzeptionen zur Medienkompetenz ein

Ansatz gewählt, der sich weniger durch eine Nähe zur kritisch-materialistischen Medientheorie als durch einen expliziten SchülerInnenbezug auszeichnet. In diesem Sinne stützt sich die Forschung auf die Medienkompetenzkonzeption von Gerhard Tulodziecki (1997, 29 ff.).

3   Lernprozesse zur Medienkompetenz

Die folgenden Absätze geben Einblick in einen exemplarischen Lernprozess, in dem sie eine interpretierte Situation aus der Feldforschung skizzieren. Die Lernoperationen (s.o.), die die SchülerInnen im schulischen Umgang mit dem Computer anwenden, werden empirisch fassbar und damit „sichtbar".

Die SchülerInnen beschäftigen sich in dieser Situation mit der Software „Google Earth" und versuchen dabei zunächst ihre Heimatstadt auf dem digitalen Globus zu finden. In einem unaufgeforderten Austausch lösen sich einige Kinder aus der Einzelarbeit und schaffen sich soziale Interaktionsmöglichkeiten, im Folgenden treten Sabine, Johannes und Mike in einen Dialog. Johannes gibt der am Computer neben ihm sitzenden Sabine zunächst Hilfestellungen bei den *Strukturierungen* der nötigen Schritte, die die Funktionslogik der Software verlangt. Sabine *erinnert* sich selbstständig an allgemeine Funktionsbelegungen, wie die bestätigende Funktion der Entertaste. Nachdem das Programm nun ein abstraktes Gebilde anzeigt, das mit dem Namen ihrer Stadt beschriftet ist, ermöglicht die hinreichende Vergrößerung des Zoomfaktors den *Vergleich* zwischen kognitiven Stadtbildern und der Monitorausgabe. Es kann *evaluiert* werden, dass es sich wirklich um eine Stadt handelt. Diese wird von den SchülerInnen nun aufmerksam betrachtet, hierzu ein kurzer Auszug aus der dichten Situationsbeschreibung:

> Sabine betrachtet die Parkbuchten auf dem Monitor. Jetzt platzt sie mit einer Frage heraus, in der ihre Faszination von Zweifeln durchsetzt scheint: „Sind die Autos in echt dahh?" Mike schaut verständnislos: „Da?" Sabine deutet über ihren Monitor hinweg, auf das schräg dahinter liegende Fenster: „Da draußen halt... jetzt gerade."

Es stellt sich die faszinierende Frage, ob es sich um Echtzeitaufnahmen der Stadt handelt. Scharfsinnig hat Sabine zwischen all den urbanen Fixpunkten (Häuser, Bäume u.s.w.) die sichtbaren Elemente ausgemacht, die sich durch Mobilität auszeichnen und somit Auskunft geben, ob der Blick, den „Google Earth" auf die Welt gewährt, ein gegenwärtiger oder ein vergangener ist. Sabine *strukturiert* ihre Frage – auf Nachfrage von Mike – weiter aus (s.o.). Es ist eine Frage, die auch Johannes in ähnlicher Form bereits gestellt zu haben scheint, er *erinnert* sich im Weiteren an die Antwort: „Google Earth" sei zwei Jahre alt. Diese Antwort wird ihm jedoch nicht ohne weiteres geglaubt und die Frage bleibt eine Zeit lang unbefriedigend im Raum präsent, bis sie durch einen *Vergleich* erneut aufgegriffen wird: Auf einem der Monitore fällt Mike auf, dass die Autos nicht nur in den Parkbuchten, sondern auch auf einer Hauptstraße unbeweglich stehen. Johannes fühlt sich bestätigt und weist darauf hin, dass Autos nicht auf Hauptstraßen stehen. Sabine wendet ein, dass dies durchaus der Fall sein kann: Sie *evaluiert* die scheinbar gefundene Antwort kritisch mit dem Ausnahmeszenario eines Staus. Würden die Autos Stoßstange an Stoßstange stehen, so wäre die gefundene Antwort zu hinterfragen. Dies ist nicht der Fall, zwischen den Autos bestehen große Lücken. In einer letzten Äußerung hält Mike nachdenklich fest, dass es sich bei der Ausgabe nur um Bilder handelt. Mit diesem *Generalisierungsansatz* löst Mike die Darstellungen der Stadt aus dem Kontext des Programms. „Google Earth" ist somit nicht mehr als ein „Viewer", eine Anzeigesoftware für einen Flickenteppich an digitalen Standbildern. Damit führt Mike – gestützt auf die Erkenntnisproduktion der gemeinsamen Situation – eine kritisch bewertende Bilanzierung an: Ein zweifelnder zweiter Blick kann lohnend sein.

Die Situation dreht sich um die Frage, wie ist das Gesehene und Gehörte zu klassifizieren und zu bewerten ist. Der Bezug zur gewählten Konzeption von Medienkompetenz wird hier evident: Tulodziecki formuliert die Teilfähigkeit „Mediengestaltungen verstehen und bewerten". Bei dieser ist die Problemlage zentral, dass es durch die Medienentwicklung zunehmend schwieriger wird, Medienaussagen und mediale Darstellungsformen richtig einzuordnen, zu verstehen, zu unterscheiden und auf die Realität zu beziehen (s. Tulodziecki 1997, 32).

4 Ergebnis: Prozessschleifen des Lernens

Im Zentrum des Interesses der Studie steht die Frage, wie sich das Lernen von Medienkompetenz vollzieht. Bedeutsame Punkte in diesem Vollzug sind Problem- und Fragestellungen, Irritationen auf die die SchülerInnen eigenaktiv stoßen und die in digitalen Umgebungen von selbst, aus der sozialen Situation und dem Lernprozess heraus entstehen. Diese Fragen und Handlungsprobleme führen zum Erdenken und Erforschen von Lösungsideen. Die SchülerInnen operieren mit kritischen Betrachtungen und Evaluationen, die sich aus der sozialen Interaktion bedingen. Bei einer Analyse des operativen Verlaufs fiel immer wieder auf, dass die Frage- und die Problemstellungen den Fluss der Lernsituation zu einem neuen Ausgangspunkt führen und wenden. Sie schlagen die Kurve zu einer „neuen Version" des Lernprozesses. Durch eine unerwartete Fragestellung erfolgt – im Vokabular der digitalen Welt gesprochen – ein „Reset" der Operationen. Die soziale Lernsituation wird hierdurch nicht unterbrochen – wenn sie gut „läuft". Oft ändert sich jedoch die eingeschlagene Richtung, der Lerngegenstand vollzieht die Wende mit: Geht es in der oben skizzierten Situation zunächst um das Finden der Heimatstadt, so erbringt die Fragestellung eine Verlagerung. In einem kontinuierlichen Fluss schließt sich der Situation ein zweiter, ein

weiterführender Lernprozess an, der in seinem Inhalt den ersten an Relevanz zu
überragen scheint, in dem sich aber – in ähnlicher Abfolge – erneut die gleichen
Lernoperationen beobachten lassen. Bildlich gesprochen durchlaufen die
SchülerInnen eine operative Prozessschleife, in der sie von prozedural-basalen
Anwendungsoptionen zu hohen Aspekten der Medienkompetenz „die Kurve
kriegen" können. Insgesamt kann die Studie zeigen, wie die Entwicklung der
Medienkompetenz sich im Umgang mit authentisch auftretenden digitalen
Problem- und Fragestellungen sowie deren sozial-kollektiven Reflexionen im
Lernprozess vollzieht. Sie gibt damit wertvolle Hinweise, diese Lernprozesse zu
ermöglichen und zu begleiten.

Literatur

Bundesministerium für Bildung und Forschung (BMBF) (2006): IT-Ausstattung der
    allgemein bildenden und berufsbildenden Schulen in Deutschland. Bestandsaufnahme
    2006 und Entwicklung 2001 bis 2006. Bonn u. Berlin.
Medienpädagogischer Forschungsverbund Südwest (MFS) (2009): KIM-Studie 2008.
    Kinder und Medien, Computer und Internet. Basisuntersuchung zum Medienumgang
    6- bis 13-Jähriger. Stuttgart.
Tulodziecki, G. (1997): Medienkompetenz als Ziel schulischer Medienpädagogik. In:
    Freese, P. (Hrsg.): Neue Medien und Schule. Paderborn: Rektorat der Universität,
    25-41.
Wiesemann, J. (2000): Lernen als Alltagspraxis. Lernformen von Kindern an einer Freien
    Schule. Bad Heilbrunn: Klinkhardt.

Der Umgang mit der Sache im Wochenplanunterricht

Kerstin Rabenstein & Evelyn Podubrin

Unseren Beobachtungen nach geht im Wochenplanunterricht (WPLU) der Grundschulen die Adressierung der Lernenden als mehr oder weniger selbstständige Schüler einher mit einem stark formalisierenden Umgang mit dem Unterrichtsgegenstand und der ‚Sache' (Rabenstein/Reh 2008; Reh/Labede 2009). Vorrangig geht es um das ‚Erledigen' und ‚Abarbeiten' von Aufgaben, um das Einhalten des vorgegebenen Zeitrahmens bei gleichzeitig eröffneten Möglichkeiten, sich auch um das eigene Wohlbefinden beim Arbeiten zu sorgen, etwa durch die freie Wahl des Arbeitspartners und des Arbeitsplatzes sowie die Möglichkeit der das Arbeiten flankierenden Kommunikation mit den Peers. Auch in der Literatur wird der WPLU als ‚unterste Stufe' einer Öffnung von Unterricht gleichgesetzt mit einem ‚Material-Lehrgang', der mit denselben Aufgaben, oft nur bunter verpackt, den Frontalunterricht ablöse. „Entdeckendes Lernen" – so Peschel (2002, 161) bissig – „beschränke sich auf die Suche nach Arbeitsblättern und Materialien im Klassenzimmer". Die Lernaktivitäten verlaufen offenbar auf relativ niedrigem kognitiven Niveau, da sie meist der Übung dienen und rezeptiven Charakter haben (Lipowsky 2002). Im WPLU eröffnen sich nun allerdings für den Lehrenden gegenüber dem Klassenunterricht weitaus größere Freiräume, mit einzelnen Schülern und Schülerinnen ‚über die Sache' ins Gespräch zu kommen. Was allerdings in diesen Einzelgesprächen auf der Mikroebene geschieht, ist für den WPLU noch weitgehend unerforscht (Rabenstein 2009; Rabenstein in Vorb.). Im Folgenden skizzieren wir kurz, wie wir der Frage nach der Konstruktion der Sache in diesen Gesprächen nachgehen (Kolbe/Reh 2009).

1 Lernkultur(en) im Wochenplanunterricht: eine praxistheoretisch fundierte Untersuchung

Die Rekonstruktion der Lehrer-Schüler-Gespräche im WPLU stellt einen Ausschnitt aus der Untersuchung zur „Lernkultur- und Unterrichtsentwicklung an Ganztagsschulen"[1] dar. In diesem Forschungsprojekt untersuchten wir vier Jahre lang aus einer praxistheoretischen Perspektive die ‚pädagogische Ordnung' von Unterricht und erweiterten Lernangeboten an insgesamt 12 Ganztagsschulen.

---

[1] Das von Fritz-Ulrich Kolbe und Sabine Reh geleitete Forschungsprojekt wurde von 2003 bis 2009 vom BMBF finanziert.

Sechs der Schulen sind Grundschulen, an denen wir die Realisierung unterschiedlicher Varianten des WPLUs beobachten konnten.

Unser Verständnis einer in Praktiken aufgeführten ‚pädagogischen Ordnung' – von uns auch Lernkultur genannt – ist angelehnt an einem vor allem von Theodore Schatzki vertretenen Begriff sozialer Praktiken (Kolbe et al. 2008). Um Praktiken im WPLU empirisch zu beobachten, haben wir ein ethnografisches Vorgehen der Videografie entwickelt. Einzelne Szenen, Interaktionen zwischen Lehrpersonen und Schülern sowie unter Schülern, die wir mit der Kamera aufzeichnen, werten wir mittels eines mehrschrittigen sequenzanalytischen Vorgehens aus (Rabenstein/Reh 2008). Für den kontrastierenden Vergleich der Szenen haben wir mit Bezug auf Rickens (2009) anerkennungstheoretische Ausarbeitung des Zeigens als Grundform pädagogischen Handelns zwei zentrale Vergleichsdimensionen entwickelt (Kolbe/Reh 2009; Rabenstein in Vorb.): Wir fragen zum einen nach der Gestaltung der Beziehungen in den pädagogischen Angeboten und fassen diese als Adressierungsgeschehen. Und wir fragen zum anderen nach dem Umgang mit der Sache, dem Modus der Darstellung und der Konstruktion der Sache im Gespräch.

2   Skizze eines Fallvergleichs

Für einen ersten Vergleich haben wir zwei Szenen ausgewählt, in denen die Lehrerinnen mit offensichtlich sehr hilfebedürftigen Schülern in ein Gespräch treten, das insofern als erfolgreich beurteilt werden kann, als die Schülerin und auch der Schüler danach die betreffende Aufgabe richtig lösen. Wir haben diese beiden Szenen auch als eher „gelungene" Beispiele ausgewählt, da sie folgende strukturelle Ähnlichkeiten in Bezug auf die Art der angebotenen Hilfe aufweisen: Die Lehrerinnen wenden sich in beiden Fällen dem Einzelnen zu, indem sie den Zeitraum des Gesprächs deutlich von anderen Aktivitäten abgrenzen, so lehnen sie andere spontane Anfragen von Schülern ab. Beide Lehrerinnen adressieren die Schülerin bzw. den Schüler weitgehend in ihrer Rolle als Schüler/in, der/die etwas nicht kann, dem/der aber zugetraut wird, es mit Hilfe zu können. Es gibt auch Gemeinsamkeiten in Bezug auf den Umgang mit der Sache: In beiden Fällen bleibt es bei einem schematisierten Vorgehen, beim Einüben eines bestimmten Verfahrens zur Lösung von Rechenaufgaben. In beiden Fällen könnte es sein, dass das Problem weniger darin besteht, dass die Schülerin bzw. der Schüler Schwierigkeiten mit dem Rechnen haben, denn darin, dass sie Schwierigkeiten haben, sich der Arbeit zuzuwenden und anzufangen, so dass es in beiden Förderdyaden auch darum geht, dass die Schüler ins Arbeiten kommen.

Dass die Lehrerinnen die Schüler je etwas anders adressieren, macht dabei unserer Sicht nach auch einen Unterschied: Während die Lehrerin in der einen Szene dem Schüler gegenüber jede generalisierende Defizitzuschreibungen zur

Person des Schülers vermeidet und auch eine gewisse Distanz zu dem Schüler die ganze Zeit über wahrt, das heißt auch, ihn durch ihre Hilfeangebote nicht allzu sehr einzuengen (Kolbe/Reh 2009, 175), lassen sich in der anderen Szene bei der Lehrerin der Schülerin gegenüber zum einen generalisierende, nicht als Reaktion auf ein Verhalten der Schülerin in dieser Situation zu verstehende Defizitzuschreibungen beobachten (s. Rabenstein 2009, 27ff.). Zum anderen durchbricht die Lehrerin der Schülerin gegenüber auch partiell die Distanz, als sie sich ungeduldig zeigt, indem sie unmittelbar nachdem sie die Schülerin aufgefordert hat, die Aufgabe noch einmal zu lösen, interveniert und der Schülerin die Möglichkeit, selber den Fehler zu finden, aus der Hand nimmt. Diese Lehrerin lobt die Schülerin wesentlich überschwänglicher als die andere Lehrerin den Schüler. Da in einem überschwänglichen Lob immer auch die Überraschung der Pädagogin und damit ihre Unterstellung, von dieser Schülerin sei dieses Ergebnis nicht zu erwarten gewesen, enthalten ist, kann dieses Lob für die Schülerin auch ambivalent sein.

3 Konsequenzen für die Weiterentwicklung des Wochenplanunterrichts

Unter den Bedingungen von knapper Zeit der Lehrerin und Aufgabenformaten, die der Übung und nicht der eigenständigen Auseinandersetzung mit einer Sache dienen, dienen die Lehrer-Schüler-Gespräche während des WPLUs primär dazu, die Schüler in die Lage zu versetzen, die Aufgaben zu erledigen. In dem einen Fall gelingt dies dadurch, dass die Lehrerin den schematisierten Ablauf der Schülerin vormacht und diese ihn richtig nachmachen kann, in dem anderen Fall dadurch, dass die Lehrerin mit dem Schüler anfängt zu arbeiten. ‚Dyadische ad hoc Fördersituationen', wie die hier geschilderten, die in die Gesamtgruppe eingebunden bleiben, erlauben es offensichtlich nicht, dass Lehrer und Schüler sich der Sache anders als im Modus des Erledigens von Aufgaben zuwenden. Um andere Aufgabenformate einsetzen zu können, die eher entdeckendes Lernen initiieren können und die eine intensivere Verständigung zwischen der Lehrerin und den Lernenden über die Sache erfordern, braucht es offensichtlich auch andere Settings als die im WPLU möglichen ad hoc Fördersituationen.

Literatur

Kolbe, F.-U./Reh, S. (2009): Adressierungen und Aktionsofferten. Möglichkeiten und Grenzen der Differenz von Aneignen und Vermitteln in pädagogischen Praktiken von Ganztagsschulen. Zwischenergebnisse aus dem Projekt LUGS. In: Stecher, L./ Allemann-Ghionda, C./Helsper, W./Klieme, E. (Hrsg.): Ganztägige Bildung und Betreuung. Weinheim: Beltz, 168-187 (= Zeitschrift für Pädagogik 54. Beiheft).

Kolbe, F.-U./Reh, S./Fritzsche, B./Idel, T.-S./Rabenstein, K. (2008): Theorie der Lernkultur. Überlegungen zu einer kulturwissenschaftlichen Grundlegung qualitativer Unterrichtsforschung. In: Zeitschrift für Erziehungswissenschaft 1/2008, 125-143.

Lipowsky, F. (2002): Zur Qualität offener Lernsituationen im Spiegel empirischer Forschung – Auf die Mikroeben kommt es an. In: Drews, U./Wallrabenstein, W. (Hrsg.): Freiarbeit in der Grundschule. Offener Unterricht in Theorie, Forschung und Praxis. Frankfurt a. M.: Grundschulverband – Arbeitskreis Grundschule, 126-159.

Peschel, F. (2002): Qualitätsmaßstäbe – Hilfen für die Beurteilung der Offenheit von Unterricht und Vorschläge zur Leistungsmessung. In: Drews, U./Wallrabenstein, W. (Hrsg.): Freiarbeit in der Grundschule. Offener Unterricht in Theorie, Forschung und Praxis. Frankfurt a. M.: Grundschulverband – Arbeitskreis Grundschule, 160-177.

Rabenstein, K. (2009): Individuelle Förderung in unterrichtsergänzenden Angeboten an Ganztagsschulen: ein Fallvergleich. In: Appel, S. et al. (Hrsg.): Jahrbuch Ganztagsschule 2010, Vielseitig fördern. Bad Schwalbach: Wochenschau, 23-33.

Rabenstein, K. (in Vorb.): Individuelle Förderung im Wochenplanunterricht: Subjektivationsprozesse von Schülern zwischen Hilfesuche und Selbstständigkeits-anforderungen. In: sozialersinn 2.

Rabenstein, K./Reh, S. (2008): Über die Emergenz von Sinn in pädagogischen Praktiken. Möglichkeiten der Videographie im ‚Offenen Unterricht'. In: Koller, C. (Hrsg.): Sinnkonstruktion und Bildungsgang. Opladen: Barbara Budrich, 137-156.

Reh, S./Labede, J. (2009): Soziale Ordnung im Wochenplanunterricht. In: de Boer, H./ Deckert-Peaceman, H. (Hrsg.): Kinder in der Schule. Zwischen Gleichaltrigenkultur und schulischer Ordnung. Wiesbaden: VS, 159-176.

Ricken, N. (2009): Zeigen und Anerkennen. Anmerkungen zur Form pädagogischen Handelns. In: Berdelmann, K./Fuhr, T. (Hrsg.): Operative Pädagogik. Grundlegung, Abschlüsse, Diskussion. Paderborn: Schöningh, 111-134.

V. Lernbereich Sprache

Bilinguales Lernen in offenen Situationen? Das Beispiel *Flachsland Zukunftsschule*

Henriette Dausend

Im Sommer 2008 wurde es gestartet, Hamburgs innovativstes Schulprojekt, die *Flachsland Zukunftsschule*. Sechzig Schüler lernen nunmehr jahrgangsübergreifend in offenen, an Partizipation orientierten Unterrichtsarrangements. Besonderes Bonbon ist die *teilimmersive* Vermittlung des Englischen, welche sich in der Verwendung von *English only* durch fünfzig Prozent der Pädagogen widerspiegelt. Oberstes Gebot ist jedoch die Wahrung der Offenheit. Eine Beobachtung des sich entwickelnden Schulprojektes soll dessen konkrete Umsetzung sowie die Frage nach möglichen grundlegenden didaktischen Konzeptionen von Unterricht im Allgemeinen und der Vermittlung von frühen Fremdsprachenerfahrungen in offenen Strukturen im Speziellen klären.

1 Das Schulprojekt *Flachsland*

Trotz anderthalb jähriger Laufzeit, in der eine Vielzahl von Entwicklungsschritten erkannt und durchlaufen wurde, steckt die *Zukunftsschule Flachsland* in den Kinderschuhen. Ihre Idee gründet sich auf die Initiative der Kinderwelt Hamburg e.V., welche seit mehr als anderthalb Jahrzehnten 16 bilinguale Kindertagesstätten begleitet, die nach dem immersiven Prinzip *one person – one language* arbeiten. Die Schule knüpft an die Arbeit der Kindertagesstätten an, um eine „gelungene Übergangserfahrung zu ermöglichen" (Flachsland Zukunftsschule 2009, 4).

Im laufenden Schuljahr ist die Anzahl der Primarkinder auf 60 gestiegen, von denen ungefähr die Hälfte einer bilingualen Kindertagesstätte entstammt. Die Schüler sind in drei Teams mit je zwei Bezugspädagogen aufgeteilt. Jeder Tag beginnt und endet in gemeinsamen Morgen- und Abschlusskreisen innerhalb der festen Gruppen. Während des Vormittages öffnen sich die Strukturen der Teams zu Gunsten von inhaltszentrierter Projekt- und anknüpfender Individualarbeit. Die Betreuung wird von insgesamt zehn Pädagogen gewährleistet.

1.1 Philosophie und Identität

Die Basis für den strukturellen Aufbau und die Abläufe in der Flachslandschule stellt ein 60-seitiges Arbeitspapier, welches aktuell als Konzeption betitelt wird (s. Flachsland Zukunftsschule 2009).

Ziel der *Flachslandschule* ist es,

- die Übergangsproblematik, die vom Elementar- in den Primar- und später in den Sekundarbereich besteht, durch eine einheitliche Kindergarten- und Schulstruktur zu überwinden.
- Inhalte in offenen Lernarrangements darzubieten und so die Schüler in ihrer Wahl, Schnelligkeit und Methodik der Bearbeitung eigenständig entscheiden zu lassen.
- die Kompetenz der Kinder im Englischen überdurchschnittlich (im Vergleich zu Regelschulen) zu fördern, indem die „Sprache als Arbeitssprache in 50 % des Schulalltags" (ebd., 21) implementiert ist.
- die ästhetische Bildung nach Reggio in sämtlichen Lernprozessen zu fördern. Im Fokus steht die „Förderung der Wahrnehmung und des Verstehens der Welt durch Bildung aller Sinne" (ebd., 24).

Diesen Wünschen liegen unterschiedliche Paradigmen zugrunde: Das Lernen wird als „aktiver Prozess" (ebd., 8) im Rahmen des Konstruktivismus verstanden. Zusätzlich prägen Gedanken der Reformpädagogik, des weltlichen Humanismus sowie der Gestalt-, Freinet- und Reggiopädagogik die Arbeit.

1.2 Unterrichten – aber wie?

Der Terminus *Unterricht* wird in *Flachsland* ersetzt durch das „gemeinsame Erarbeiten von Inhalten" (Flachsland Zukunftsschule 2009, 10). Dieses wird in Phasen von 60 bis 90 Minuten initiiert, deren Rhythmisierung den typischen Schulstundentakt aufbricht. Dabei sind Inhalte nicht nach Fächern getrennt, sondern werden *crosscurricular* durch Projektarbeit und die Arbeit im Lernbüro vermittelt. Die Projektarbeit orientiert sich an den von den Schülern vorgeschlagenen Themen. Die Arbeit im Lernbüro versucht, die explizite Förderung der Kompetenzen Schreiben, Lesen und Mathematik zu gewährleisten. Seit Herbst 2009 wird auch das Englische angeboten. Die Schüler wählen aus einem Pool an Materialien, mit welchen Inhalten sie sich in Einzel-, Partner- oder Gruppenarbeit beschäftigen möchten. Für Fragen und Anregungen stehen die Pädagogen als Lernbegleiter zur Verfügung. Dokumentiert wird jede Lernentscheidung im Wochenplan. In diesem legt jeder Schüler zu Beginn der Woche operationalisierbare Ziele für die oben genannten Kompetenzbereiche fest. Inhalte musischer und künstlerischer Bildung sowie der Bewegungserziehung werden in sämtlichen Unterrichtsphasen implizit vermittelt. Das Englische ist durch die Anlegung einer immersiven Vermittlung im Schulalltag omnipräsent.

2 Flachsland zwischen Wunsch und Wirklichkeit

Das erste Schuljahr wurde von einem Forscherteam der *Universität Vechta* und der *PH Ludwigsburg* begleitet. In Beobachtungen von Unterricht, Gesprächen mit Pädagogen und Tests zeigte sich, dass die eigenen Ansprüche der Schule bislang unzureichend erfüllt werden.

Die ersten Untersuchungen zum fremdsprachlichen Können der Schüler im Juli 2009 ergaben, dass sämtliche Lerner in ihren Leistungen hinter den Erwartungen von Erziehern, Eltern und Forschern zurücklagen (s. Elsner/Kessler 2009). Im Bereich des Hörverstehens war eine breite Streuung des Könnens zu verzeichnen, während im Sprachproduktionstest 20 der 22 Probanden die nach Rapid Profile ausgewiesene „Könnensstufe 1" (Pienemann 2006, 36) zugeschrieben wurde, da diese lediglich Ein-Wort-Äußerungen produzieren konnten.

Beobachtungen des Schulalltages und Gespräche mit den Pädagogen zeigten, dass diese sich für ihre spezielle Arbeit teilweise nicht ausreichend vorbereitet fühlen. Unklare Erwartungen der Schulleitung, der Eltern und des Konzeptes, ein teilweise als zu gering empfundenes fachliches Wissen und die Einhaltung der Einsprachigkeit wurden als Problembereiche beschrieben.

Auf der konzeptionellen Ebene von Unterricht bestehen bisher wenig inhaltliche Verbindungen zwischen den Projekten und der kompetenzorientierten Arbeit im Lernbüro. Einhergehend mit der mangelnden Vernetzung muss eine umfassende Dokumentation der Unterrichtsplanung weiter ausgebaut werden. Vermehrt wächst jedoch eine positive Einstellung und Akzeptanz gegenüber dem Englischen als gleichberechtigte Sprache, welche eine positive Weiterentwicklung der Schule unterstützt.

3 Forschungsperspektiven und Desiderate

An eben diesen Punkt knüpft die Schulentwicklungsforschung der *Flachslandschule* an. Aus den bisher dokumentierten Ergebnissen der Unterrichtspraxis sollen Aspekte zur Anpassung des zugrunde liegenden Konzeptes der Schule generiert werden.

Theoretisch wird der Frage nachgegangen, wie der Input einer fremden Sprache in Situationen mit unterschiedlichen Offenheitsgraden angelegt sein muss, um eine effektive Aneignung von Sprache zu gewährleisten. Der offenen Arbeit am passgenauesten ist die *Immersion*, die die Sprache als Medium zur Erschließung von Inhalten implizit vermittelt ohne sich expliziter Spracharbeit zu bedienen. Dieser gegenüber steht der *Fremdsprachenunterricht*, der Sprache durch die konkrete Auseinandersetzung mit deren Strukturen vermittelt. Das *Content and Language Integrated Learning (CLIL)* nutzt die Sprache hingegen als Medium und als Arbeitsinhalt. Das Lernen durch den Gebrauch der Sprache in authentischen Situationen wird um punktuelle, geplante Spracharbeit ergänzt (s. Burmeister 2006, 198). Die Chance der *Flachslandschule* liegt darin, dass sie ein jedes der beschriebenen Konzepte punktuell einsetzen und somit die unterschiedlich offenen Phasen optimal nutzen kann.

Im Sommer 2012 muss sich die Schule zum ersten Mal vor den Augen der Öffentlichkeit im Vergleich mit Viertklässlern anderer Hamburger Schulen im zentralen Test beweisen. Bis dahin besteht die Möglichkeit, im Rahmen der Aktionsforschung und externen Evaluation regelmäßige IST-Stände im Abgleich von Wunsch und Wirklichkeit zu bestimmen und gemeinsam mit Pädagogen, Eltern und Schüler sowie der Schulleitung an einer positiven Entwicklung der Gesamtidee *Flachsland Zukunftsschule* zu arbeiten.

Literatur

Burmeister, P. (2006): Immersion und Sprachunterricht im Vergleich. In: Pienemann, M. et al. (Hrsg.): Englischerwerb in der Grundschule. Paderborn: Schöningh.

Elsner, D./Kessler, J.-U. (2009): Bilinguales Lernen im Elementar- und Primarbereich: Begleitforschung des offenen Immersionsunterricht am Beispiel der Zukunftsschule Flachsland, Hamburg. Vortrag auf der 23. DGFF Tagung in Leipzig, 30.09.-03.10. 2009.

Flachsland Zukunftsschulen (2009): Bildungskonzeption der Flachsland Zukunftsschule. Arbeitspapier.

Pienemann, M./Kessler, J.-U./Roos, E. (Hrsg.) (2006): Englischerwerb in der Grundschule. Paderborn: Schöningh.

Wie gehen Grundschullehrkräfte im Rahmen des schriftsprachlichen Anfangsunterrichts mit Heterogenität um?

Melanie Eckerth

1 Problemaufriss

Aktuelle Forschungsbefunde weisen auf eine große Heterogenität der schriftsprachlichen Entwicklungsniveaus von Kindern in der Schuleingangsphase hin (s. u.a. Hanke/Hein 2005, 289; Martschinke/Kammermeyer 2003, 266). Vor dem Hintergrund, dass die Adaptivität des Unterrichts als ein zentrales Merkmal von Unterrichtsqualität angesehen wird (s. u.a. Helmke 2003, 42), gehört die Diagnose der unterschiedlichen Lernvoraussetzungen und eine darauf aufbauende individuelle Förderung der Kinder zu den Kernaufgaben von Grundschullehrkräften.

2 Theoretischer Hintergrund

Eine Pädagogische Diagnostik umfasst nach Ingenkamp und Lissmann „[...] alle diagnostischen Tätigkeiten, durch die bei einzelnen Lernenden und den in einer Gruppe Lernenden Voraussetzungen und Bedingungen planmäßiger Lehr- und Lernprozesse ermittelt, Lernprozesse analysiert und Lernergebnisse festgestellt werden, um individuelles Lernen zu optimieren." (Ingenkamp/Lissmann 2008, 13). Im Sinne einer produktorientierten Diagnose ist in diesem Zusammenhang die Kontrolle bzw. Analyse von Arbeitsprodukten von Kindern denkbar. Zudem ist eine prozessorientierte Diagnose wesentlich, in welcher die Strategien und Denkweisen von Kindern in den Blick genommen werden, z.B. im Rahmen der Beobachtung von Kindern bei der Bearbeitung von Aufgaben oder in Gesprächen mit Kindern über ihre Lösungswege. Diagnostische Aktivitäten von Lehrkräften können hierbei sowohl spontan und situativ im alltäglichen Unterricht als auch in gezielt hierfür arrangierten Unterrichtssituationen stattfinden. Diesbezüglich ist beispielsweise der Einsatz formeller und informeller Diagnoseverfahren oder Beobachtungsbögen denkbar.

Unter individueller Förderung werden im Sinne eines relativ weit gefassten Begriffsverständnisses nach Kunze „[...] alle Handlungen von Lehrerinnen und Lehrern und von Schülerinnen und Schülern verstanden, die mit der Intention erfolgen bzw. die Wirkung haben, das Lernen der einzelnen Schülerin/des

einzelnen Schülers unter Berücksichtigung ihrer/seiner spezifischen Lernvoraussetzungen, -bedürfnisse, -wege, -ziele und -möglichkeiten zu unterstützen."
(Kunze 2008, 19). Die Gestaltung einer bewusst geplanten Förderung durch die
Lehrkraft kann auf der einen Seite zunächst einmal im Rahmen einer spontanen
und situativen Förderung im alltäglichen Unterricht erfolgen, z.b. im Rahmen
von Hilfestellungen oder gezielten Fördereinheiten mit Kindern während der
Arbeitsphase. Auf der anderen Seite kann die methodisch-organisatorische Gestaltung des Unterrichts zur Förderung beitragen. Hierzu gezählt werden kann,
neben der Differenzierung des Unterrichts, welche in diesem Beitrag im Vordergrund stehen wird, auch der Einsatz bestimmter Unterrichtsformen und die Nutzung bestimmter fachdidaktischer Konzepte.

3   Forschungsstand

Bezogen auf die Frage, wie Lehrkräfte speziell im schriftsprachlichen Anfangsunterricht im Rahmen von Diagnose und Förderung mit der Heterogenität ihrer
Schülerinnen und Schüler umgehen, liegen bislang nur wenige Untersuchungsergebnisse vor. Hinsichtlich der Diagnosepraxis von Grundschullehrkräften ist
lediglich eine Interviewstudie von Inckemann zu nennen. Die von ihr befragten
20 Lehrkräfte gaben an, zum Erkennen von „Risikokindern" im schriftsprachlichen Bereich vor allem Beobachtungen im lehrergelenkten Unterricht zu
nutzen und die Arbeitsprodukte von Kindern zu kontrollieren. Formelle oder informelle Diagnoseverfahren wurden von den befragten Lehrkräften wenig genutzt (s. Inckemann 2004, 222).
    Die Differenzierungspraxis von Lehrkräften im schriftsprachlichen
Anfangsunterricht wurde u.a. im Rahmen des KILIA[1]-Projektes untersucht.
Hierbei wurden zum Teil große Unterschiede zwischen den Klassen festgestellt,
z.B. bezüglich der Gruppenzusammensetzung in Differenzierungsphasen
(s. Martschinke/Kammermeyer 2003, 271). In einer Studie von Hanke zeigten
sich hinsichtlich der Differenzierung im schriftsprachlichen Anfangsunterricht
große Diskrepanzen bezüglich der Selbst- und Fremdeinschätzungen von Lehrkräften. So wurde eine innere Differenzierung insgesamt eher selten beobachtet,
nach Auskunft der Lehrkräfte allerdings überwiegend praktiziert (s. Hanke 2005,
178). Ergebnisse der IGLU-Studie zeigen, dass im Leseunterricht der vierten
Klassenstufe, wenn überhaupt, vor allem eine quantitative, weniger eine
qualitative Differenzierung umgesetzt wurde (s. Bos et al. 2003, 59).

---

[1] Kooperationsprojekt Identitäts- und Leistungsentwicklung im Anfangsunterricht

4 Untersuchungsdesign und erste Untersuchungsergebnisse

Es besteht weiterhin großer Forschungsbedarf bezüglich der Frage, welche Formen der Diagnose und Förderung, speziell der inneren Differenzierung, Lehrkräfte im schriftsprachlichen Anfangsunterricht einsetzen und inwieweit sich ggf. ihre Diagnose- und Förderpraxis im Verlauf der Schuleingangsphase verändert. Diesen und weiteren Fragestellungen wird in dem vorgestellten Dissertationsprojekt nachgegangen, welches in das FiS-Projekt integriert ist (s. Hanke/ Hein 2008). Hierzu kann auf Daten zweier Fragebogenerhebungen[2] und auf Unterrichtsbeobachtungen geschulter Beobachter[3] zurückgegriffen werden. Im Folgenden werden erste Befunde zur Diagnose- und Förderpraxis von pädagogischen Fachkräften zu Beginn und am Ende der Schuleingangsphase berichtet.

Hinsichtlich der Diagnosepraxis im schriftsprachlichen Anfangsunterricht lässt sich feststellen, dass die pädagogischen Fachkräfte der FiS-Stichprobe nach eigenen Angaben vor allem spontan und situativ, weniger in gezielt hierfür arrangierten Situationen diagnostizieren. Die Beobachtungsgrundlagen sind dabei recht vielfältig. Die überwiegende Mehrheit der Befragten gibt an, regelmäßig (immer oder oft) im Rahmen ihres schriftsprachlichen Anfangsunterrichts Arbeitsprodukte von Kindern zu kontrollieren (1. Schulj.: 97%, 2. Schulj.: 95%), Kinder bei der Bearbeitung von Aufgaben zu beobachten (1. Schulj.: 85%, 2. Schulj.: 94%), Eigenproduktionen von Kindern zu analysieren (1. Schulj.: 80%, 2. Schulj.: 94%) und/oder Gespräche mit Kindern über ihre Lösungswege zu führen (1. Schulj.: 74%, 2. Schulj.: 92%). Demnach werden in den ersten beiden Schuljahren sowohl produkt- als auch prozessorientierte Verfahren der Diagnostik von den pädagogischen Fachkräften regelmäßig angewendet. Beobachtungsbögen hingegen werden zu Beginn des 1. Schuljahres und insbesondere Mitte des 2. Schuljahres von deutlich weniger Fachkräften regelmäßig genutzt (1. Schulj.: 48%, 2. Schulj.: 23%). Dies gilt in verstärkter Form auch für den Einsatz formeller oder informeller Diagnoseverfahren. Diese werden Anfang des 1. Schuljahres noch von 68% der Fachkräfte zumeist manchmal verwendet, Mitte des 2. Schuljahres allerdings überwiegend selten (75%) oder nie (3%).

Bezüglich der Differenzierungspraxis in den untersuchten Klassen lässt sich folgendes Fazit ziehen: Nach eigenen Angaben setzt die überwiegende Mehrheit der befragten pädagogischen Fachkräfte im schriftsprachlichen Anfangsunterricht regelmäßig verschiedene Differenzierungsformen ein, sowohl

---

[2] Anfang des 1. und Mitte des 2. Schuljahres wurden jeweils ca. 60 pädagogische Fachkräfte befragt, neben Grundschullehrkräften z.B. auch Erzieher/innen, SonderpädagogInnen und Sozialpädagog-Innen.
[3] Beobachtet wurden Anfang/Mitte des 1. Schuljahres insgesamt 8, Ende des 1. Schuljahres 3 und Ende des 2. Schuljahres ebenfalls 3 Unterrichtseinheiten.

niveaubezogene Formen wie eine qualitative (1. Schulj.: 89%, 2. Schulj.: 77%) und eine natürliche Differenzierung (1. Schulj.: 93%, 2. Schulj.: 76%) als auch eine quantitative Differenzierung (1. Schulj.: 78%, 2. Schulj.: 88%). Es lassen sich allerdings z.t. starke Diskrepanzen zwischen den Selbstauskünften der pädagogischen Fachkräfte und den Unterrichtsbeobachtungen feststellen. So konnte, wenn überhaupt, vor allem eine quantitative Differenzierung beobachtet werden. Dies war allerdings in nicht einmal der Hälfte der Klassen regelmäßig der Fall (1. Schulj.: 47%, 2. Schulj.: 43%). Eine natürliche (1. Schulj., 4%, 2. Schulj.: 20%) oder qualitative Differenzierung (1. Schulj.: 2%, 2. Schulj.: 33%) wurde, insbesondere zu Schulbeginn, nur in wenigen Klassen regelmäßig beobachtet.

Wenn sich auch bezogen auf die Differenzierungspraxis Unterschiede zwischen Klassen feststellen lassen, deuten die Ergebnisse dennoch insgesamt darauf hin, dass dem Anspruch einer Realisierung innerer Differenzierung im Sinne individueller Förderung bislang nur relativ selten entsprochen wird.

Vor diesem Hintergrund wird in Zukunft u.a. zu prüfen sein, inwieweit sich z.b. Zusammenhänge zwischen Rahmenbedingungen in den Klassen und der Diagnose- und Förderpraxis der dort tätigen Fachkräfte feststellen lassen.

Literatur

Bos, W. et. al (Hrsg.) (2003): Erste Ergebnisse aus IGLU. Schülerleistungen am Ende der vierten Jahrgangsstufe im internationalen Vergleich. Opladen: Waxmann.

Hanke, P./Hein, A.K. (2008): Heterogenität im Übergang in die Grundschule. In: Ramseger, J./Wagener, M. (Hrsg.): Chancenungleichheit in der Grundschule. Ursachen und Wege aus der Krise. Wiesbaden: VS, 287-290.

Hanke, P. (2005): Öffnung des Unterrichts in der Grundschule. Lehr-Lernkulturen und orthographische Lernprozesse im Grundschulbereich. Münster: Waxmann.

Helmke, A. (2003): Unterrichtsqualität erfassen, bewerten, verbessern. Seelze: Kallmeyer.

Inckemann, E. (2004): »Dass man von einer Fortbildung heimgeht und morgen passiert es, geht halt nicht« – förderdiagnostische Kompetenzen von Grundschullehrkräften. In: Bartnitzky, H./Speck-Hamdan, A. (Hrsg.): Pädagogische Leistungskultur: Leistungen der Kinder wahrnehmen, würdigen, fördern. Frankfurt a. M.: Grundschulverband – Arbeitskreis Grundschule e.V., 218-238.

Ingenkamp, K./Lissmann, U. (2008): Lehrbuch der Pädagogischen Diagnostik. 6., neu ausgestattete Auflage. Weinheim: Beltz.

Kunze, I. (2008): Begründungen und Problembereiche individueller Förderung in der Schule – Vorüberlegungen zu einer empirischen Untersuchung. In: Kunze, I./Solzbacher, C. (Hrsg.): Individuelle Förderung in der Sekundarstufe I und II. Baltmannsweiler: Schneider, 13-26.

Martschinke, S./Kammermeyer, G. (2003): Jedes Kind ist anders. Jede Klasse ist anders. Ergebnisse aus dem KILIA-Projekt zur Heterogenität im Anfangsunterricht. In: Zeitschrift für Erziehungswissenschaft 6/2, 257-275.

Leseentwicklung von geförderten und nicht geförderten Kindern in Jahrgangs- und jahrgangsgemischten Klassen

Ute Fischer & Barbara Gasteiger Klicpera

Die im Folgenden vorgestellte Interventionsstudie geht der Frage nach, inwiefern eine frühe Diagnose der Lesefähigkeiten verbunden mit einer individuellen Förderung dazu beitragen kann, dass Kinder erste Schwierigkeiten im Lesen überwinden. Eine möglichst frühe Intervention erscheint angesichts der Tatsache, dass Leseschwierigkeiten bis zum Ende der Schulzeit persistent sind, besonders notwendig (s. Klicpera/Gasteiger-Klicpera/Schabmann 1993). Bei den an der Interventionsstudie beteiligten zweiten Klassen handelt es sich sowohl um jahrgangsgemischte Klassen als auch um Jahrgangsklassen. Somit ergibt sich die Möglichkeit, zu untersuchen, ob sich die Leseentwicklung der Kinder in den Jahrgangsklassen von denen der Kinder in den jahrgangsgemischten Klassen unterscheidet und ob der Erwerb der Lesefähigkeiten der in einer Einzelförderung unterstützten Kinder aus den verschiedenen Klassentypen ebenfalls unterschiedlich verläuft.

1 Untersuchungsmethode

In einer Längsschnittuntersuchung werden seit dem Schuljahr 2007/08 der Erwerb der basalen Lesefähigkeiten sowie das Leseverstehen ab dem Beginn der zweiten Klassenstufe erhoben. Die 2. Schulstufe wurde in drei aufeinanderfolgenden Jahren untersucht, so dass zwischenzeitlich Daten von drei Kohorten vorliegen. Von der ersten Kohorte, deren Ergebnisse hier berichtet werden, sind Daten bis zum Ende der dritten Klasse vorhanden. Die Gruppe umfasst vier jahrgangsgemischte Klassen und eine Jahrgangsklasse. Die Kinder wurden jeweils zu Beginn und am Ende der zweiten sowie am Ende der dritten Klassenstufe getestet.

Stichprobenbeschreibung: Von den 58 Kindern der ersten Kohorte sind 28 Mädchen und 30 Jungen. Das Alter liegt zwischen 6,3 und 9,3 Jahren. Acht der Kinder haben einen Migrationshintergrund. In die Auswertung konnten die Daten von 47 Kindern aufgenommen werden. Elf Kinder sind im Lauf des Schuljahres verzogen, darunter vier Kinder der Fördergruppe, so dass von sieben Förderkindern zu allen Zeitpunkten Ergebnisse vorliegen.

Die Erhebungsinstrumente: Zu Beginn des Schuljahres 2007/08 wurde die Leseentwicklung der Kinder mit dem Leseteil des Salzburger Lese- und Recht-
schreibtests (SLRT) von Landerl/Wimmer/Moser (2006) erhoben. Der SLRT
überprüft im Wesentlichen die Geschwindigkeit und Genauigkeit im Lesen. Der
hier berechnete Gesamtscore umfasst die Lesegeschwindigkeit von häufigen
Wörtern, kurzem Text und Pseudowörtern. Auf der Grundlage der Ergebnisse
der ersten Testerhebung wurden die schwächsten Kinder für die Förderung ausgewählt. Nach der Förderung und am Ende des dritten Schuljahrs wurde der Test
erneut eingesetzt.

Die Förderung: Die Einzelförderung wird von Studierenden der Pädagogischen Hochschule erteilt und findet vier Mal wöchentlich 30 Minuten vor Beginn
des regulären Schulunterrichts statt. Insgesamt wird die Förderung ein Semester
(ca. 15 Wochen) lang durchgeführt. Die beteiligten Studierenden werden vorab
in der Konzeption geschult (s. Fischer 2009), die sich am Silbenkonzept von
Ossner (1996; 2010) orientiert.

2   Ergebnisse zur Entwicklung der Lesegeschwindigkeit

Die Entwicklung der Lesegeschwindigkeit (s. Abb. 1) zeigt, dass alle Kinder
über die Zeit hinweg ihre Lesefähigkeit ausbauen ($F_{(2,42)}=86{,}56$; $p<001$).
Neben dem Haupteffekt für die Zeit ist die Interaktion zwischen Zeit und Jahrgangsmischung signifikant, d.h. die Entwicklung der beiden Klassentypen
verläuft unterschiedlich ($F_{(2,42)}=7{,}68$; $p<0{,}01$).

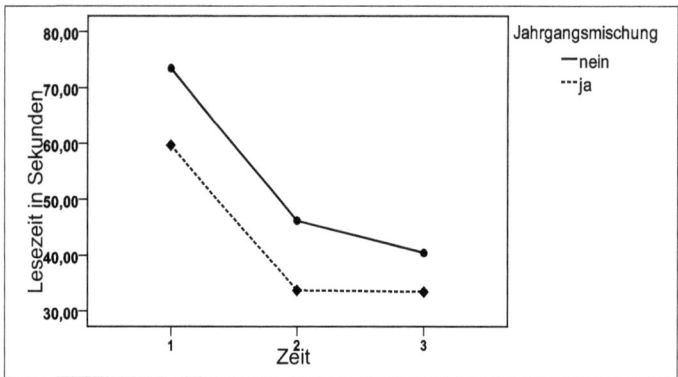

Abb. 1:   Entwicklung der Lesezeit in der Jahrgangsklasse und den
           jahrgangsgemischten Klassen über die drei Messzeitpunkte

2.1 Entwicklung der nicht geförderten Kinder

Vergleicht man nun die Entwicklung der nicht geförderten Kinder in den Jahrgangsklassen und den jahrgangsgemischten Klassen, so zeigt sich, dass sich die Kinder zum ersten Messzeitpunkt nur geringfügig unterscheiden (s. Abb. 2). Sie lesen annähernd im gleichen Tempo. Am Ende der zweiten Klasse hat sich der Abstand zwischen den Kindern jedoch vergrößert.

Zum dritten Messzeitpunkt (3. Schuljahr) werden wieder alle Kinder in Jahrgangsklassen unterrichtet. Die Kinder der früheren jahrgangsgemischten Klassen entwickeln sich auf den ersten Blick in ihrer Lesegeschwindigkeit nicht weiter. Das kann damit zusammenhängen, dass sie zu diesem Zeitpunkt umfangreichere Texte lesen. Die Kinder der ehemaligen Jahrgangklasse haben sich in der Lesegeschwindigkeit noch einmal verbessert, können aber das Niveau der ehemals jahrgangsgemischten Klassen nicht erreichen.

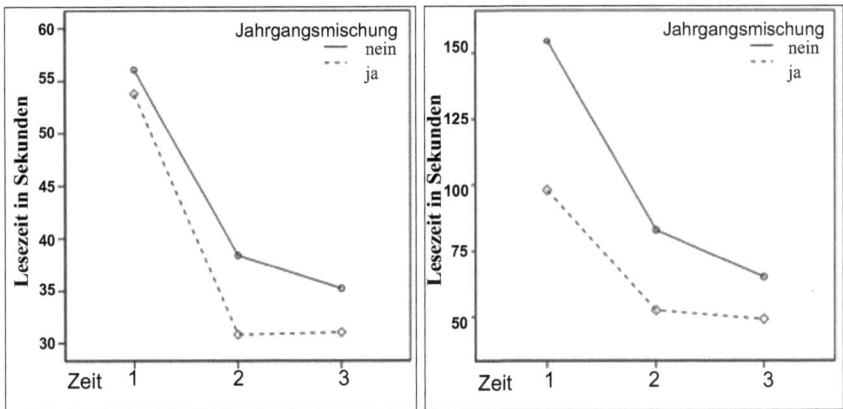

Abb. 2:   Entwicklung der nicht geförderten Kinder in Jahrgangs- und jahrgangs-gemischten Klassen.

Abb. 3:   Entwicklung der geförderten Kinder in Jahrgangs- und jahrgangsgemischten Klassen.

Zunächst sind deutliche Effekte für die Förderung bei allen Interventionskindern im Vergleich zu den nicht geförderten Kindern zu beobachten ($F(2,42)=22,36$; $p<0.001$, $\eta=.52$). Diese fallen mit einer Effektstärke von .52 beachtlich aus. Die Förderung kann somit insgesamt als sehr erfolgreich betrachtet werden.

Zum ersten Messzeitpunkt besteht ein deutlicher Unterschied zwischen den Kindern der Fördergruppe aus der Jahrgangsklasse und den Kindern aus den jahrgangsgemischten Klassen (s. Abb. 3). Die weitere Entwicklung der Kinder verläuft unterschiedlich. Die multivariaten Tests zeigen, dass die

Dreifachinteraktion zwischen Förderung, Zeit und Jahrgangsmischung signifikant ist (F(2,42)=4,83; p<0.05). Das bedeutet, dass sich die Lesezeit der Förderkinder in den jahrgangsgemischten Klassen deutlich stärker verbessert hat als die der Förderkinder in den Jahrgangsklassen.

3   Diskussion und Interpretation

Die Ergebnisse zeigen, dass der Lernzuwachs der geförderten Kinder bei der Lesezeit deutlich nachweisbar ist. Die geförderten Kinder verbesserten sich in der Lesezeit wesentlich stärker als die Kontrollkinder. Einschränkend ist jedoch anzumerken, dass die Gruppe der Förderkinder mit drei Kindern aus der Jahrgangsklasse, sowie vier Kindern aus den jahrgangsgemischten Klassen noch sehr klein ist.

Des Weiteren sind die Unterschiede zwischen der Jahrgangsklasse und den jahrgangsgemischten Klassen auffällig. Das bessere Ergebnis der jahrgangsgemischten Klassen kann mit der Differenzierung im Unterricht zusammenhängen (s. auch Bos et al. 2007). Vermutlich spielt aber die Zusammensetzung der Klassen auch eine Rolle. So könnten in der Jahrgangsklasse mehr Kinder sein, die Startschwierigkeiten in der Schule haben. Darauf deutet der Befund der unterschiedlichen Lesefähigkeiten zu Beginn der zweiten Klasse hin. Um diese Fragen klären zu können, ist es notwendig, die Ergebnisse an einer größeren Stichprobe zu replizieren, was derzeit geplant ist.

Literatur

Bos, W./Hornberg, S./Arnold, K.-H./Faust, G./Fried, L./Lankes, E.-M./Schwippert, K./ Valtin, R. (Hrsg.) (2007): IGLU 2006. Lesekompetenzen von Grundschulkindern in Deutschland im internationalen Vergleich. Münster: Waxmann.
Fischer, U. (2009): Mit Königen den Schatz der Sprache entdecken. In: Grundschulzeitschrift 225/226, 44-47.
Klicpera, C./Gasteiger-Klicpera, B./Schabmann, A. (1993): Lesen und Schreiben. Entwicklung und Schwierigkeiten. Bern: Huber.
Landerl, K./Wimmer, H./Moser E. (2006): Salzburger Lese- und Rechtschreibtest (SLRT). Verfahren zur Differentialdiagnose von Störungen des Lesens und Schreibens für die 1. bis 4. Klassenstufe. Bern: Huber.
Ossner, J. (1996): Silbifizierung und Orthographie des Deutschen. In: Linguistische Berichte 165, 369-400.
Ossner, J. (2010): Orthographie und System. Paderborn: Ferdinand Schöningh (im Erscheinen).

Förderung der Lesefähigkeit durch Lesetagebücher – Ergebnisse aus einer empirischen Studie

Jens Höntges & Frank Hellmich

1 Zusammenfassung

In dem vorliegenden Beitrag werden Ergebnisse aus einer quasi-experimentellen Studie zur Förderung der Lesekompetenz durch den Einsatz von Lesetagebüchern bei Grundschulkindern berichtet. Die Befunde verdeutlichen im Detail, dass Kinder, die an einem Lesestrategietraining teilgenommen haben – gegenüber den nicht geförderten Kindern – tendenziell bessere Lesefähigkeiten zeigen.

2 Theoretischer und empirischer Hintergrund

Durch die Befunde aus den Internationalen Grundschul-Lese-Untersuchungen (IGLU; s. Bos et al. 2007) ist deutlich geworden, dass einige Kinder in Deutschland nicht unbeträchtliche Schwierigkeiten beim Lesen von literarischen sowie Sachtexten haben. Als ein probates Mittel zur Förderung von Lesefähigkeiten bei Kindern im Grundschulalter wird in diesem Zusammenhang seit einiger Zeit die Vermittlung von Lesestrategien erachtet. Unter Lesestrategien werden dabei Leseaktivitäten verstanden, die von der Leserin bzw. dem Leser selbst initiiert als Hilfen zur Texterschließung eingesetzt werden. Gegenwärtig wird häufig auch von so genannten Metakognitionen beim Lesen gesprochen. Hierunter werden im Detail die Planung, Regulation und Evaluation des Leseprozesses subsumiert. Als Determinanten des Lesestrategieeinsatzes gelten u.a. die Beschaffenheit und Komplexität der im Leseunterricht eingesetzten Lesetexte, ebenso wie die jeweils eingeforderten Leseanforderungen (z.B. verstehendes Lesen, kritisches Lesen, reflexives Lesen, involviertes Lesen). Der Einsatz von Lesestrategien ist seitens der Leserin bzw. des Lesers damit individuell abhängig von den jeweils wahrgenommenen Textmerkmalen. Einigkeit besteht seit längerer Zeit darin, dass Lesestrategien im Rahmen geeigneter Fördereinheiten vermittelt werden können (s. Demmrich/Brunstein 2004; Palinscar/Brown 1984; Guthrie/Wigfield/Perencevich 2004). Im Detail konnte dabei verdeutlicht werden, dass bereits bei Kindern im Grundschulalter Lesestrategien zum einen in einer geeigneten Weise vermittelt werden können. Zum anderen zeigte sich aber auch, dass eine Förderung von Lesestrategien positiv auf die Entwicklung von Lesekompetenzen transferiert. Während die bislang entwickelten Fördereinheiten auf weitgehend lehrgangsorientierten Verfahren basieren, ist gegenwärtig ungeklärt, ob und inwiefern durch selbstregulative Maßnahmen Lesestrategien bei Kindern im Grundschulalter gefördert werden können. Vor dem Hintergrund dieser Forschungslücke haben wir ein Training konzipiert, das im Wesentlichen operationalisiert ist durch Lesetagebücher, die so genannte Prompts – d.h. Aufforderungen an die Leserin bzw. den Leser – enthalten, jeweilige Leseaktivitäten zu planen, zu regulieren und abschließend zu evaluieren. Wir gehen hypothetisch davon aus, dass Kinder, die mit Lesetagbüchern mit Prompts gearbeitet haben, sich im Vergleich zu Schülerinnen und Schülern, die ohne Prompts gelesen haben, hinsichtlich ihrer erworbenen Lesefähigkeiten unterscheiden. Im Detail bedeutet dies: Kinder, die mit Lesetagebüchern mit Prompts gelesen haben, weisen bessere Lesefähigkeiten auf, als Kinder, die sich mit Lesetagebüchern ohne Prompts beschäftigt haben. Darüber hinaus erwarten wir, dass gerade leistungsschwächere Schülerinnen und Schüler stärker von dem Treatment profitieren als leistungsstärkere Grundschulkinder.

3 Empirische Studie

3.1 Stichprobe

An der Untersuchung sind N=50 Schülerinnen und Schüler (30 Mädchen und 20 Jungen) eines vierten Schuljahres aus Grundschulen in und um Vechta beteiligt gewesen. Zum Zeitpunkt der Untersuchung waren die Kinder im Durchschnitt elf Jahre alt (M=10,5; SD=0,91). Jeweils die Hälfte der Kinder wurde durch Parallelisierung (Variablen: Alter, Geschlecht und Ergebnisse im Lesetest ELFE 1-6; s. Lenhard/Schneider 2006) den beiden Untersuchungsgruppen zugewiesen.

3.2 Methode

Für die Überprüfung der oben formulierten Forschungshypothese wurde ein Kontrollgruppendesign gewählt. Hierbei wurden zwei Untersuchungsgruppen voneinander unterschieden: Eine Experimentalgruppe erhielt in dem Zeitraum der Untersuchung ein Treatment zur Förderung von Lesestrategien durch Lesetagebücher, die Prompts enthielten. Das Training erstreckte sich über fünf Doppelstunden, in denen die Kinder mit den Lesetagebüchern arbeiteten. In derselben Zeit beschäftigten sich die Kinder der Basisgruppe ebenfalls mit Lesetagebüchern, die allerdings im Vergleich zu den Kindern der Experimentalgruppe keine Prompts enthielten. Der konkrete Untersuchungsablauf ist in Tabelle 1 dargestellt.

Experimentalgruppe	Präerhebungen	Lesetagebücher mit Prompts	Posterhebungen
Basisgruppe		Lesetagebücher ohne Prompts	

Tab. 1: Untersuchungsdesign

Prä- und postexperimentell bearbeiteten die Kinder einen Leseverständnistest (ELFE 1-6; s. Lenhard/Schneider 2006), um die Effekte des Trainings abschätzen zu können. Die Lesetagebücher enthielten jeweils pro Doppelstunde einen Lesetext – dabei handelte es sich um literarische Kurzgeschichten – sowie zusätzlich einige Verständnisfragen, die die Kinder in den Lesetagebüchern schriftlich bearbeiten sollten. Die entwickelten Prompts enthielten beispielsweise Aufforderungen wie „Schreibe Stichworte, die den Verlauf der Geschichte beschreiben, auf!" oder „Notiere Stichworte, die die Handlungen der Hauptfigur beschreiben!". Während der Unterrichtseinheiten arbeiteten die Kinder selbstreguliert mit den Lesetagebüchern; lediglich Verständnisfragen wurden seitens der beteiligten Grundschullehrkräfte beantwortet.

3.3 Ergebnisse

Die Ergebnisse der von uns durchgeführten quasi-experimentellen Untersuchung verdeutlichen, dass Kinder, die ein Treatment zur Förderung von Lesestrategien erhalten haben (Prätest/ELFE 1-6: M=71,00; SD=11,65; Min=0; Max=120; Posttest/ELFE 1-6: M=88,40; SD=15,76; Min=0; Max=120; N=25), in der Tendenz über bessere Lesefähigkeiten am Ende der Unterrichtseinheit verfügten als Kinder, die kein besonderes Förderprogramm zur Anwendung von Lesestrategien bekommen haben (Prätest/ELFE 1-6: M=72,68; SD=16,80; Min=0; Max=120; Posttest/ELFE 1-6: M=85,17; SD=20,49; Min=0; Max=120; N=24). Betrachtet man für beide Untersuchungsgruppen – d.h. die Experimental- und die Basisgruppe – den jeweils erzielten Lerngewinn – verstanden als Differenz der Prä- und Posttestdaten – so wird deutlich, dass die Kinder der Experimentalgruppe tendenziell einen höheren Lernzuwachs verdeutlichen als die Kinder der Basisgruppe (M=17,40, SD=13,13; N=25 versus M=12,63; SD=10,10; N=24; t=1,42; df=47; p=.16; d=.42). Vergleicht man den Leistungsgewinn der leistungsschwächeren und denjenigen der leistungsstärkeren Schülerinnen und Schüler, die der Experimentalgruppe angehörten, so wird deutlich, dass die leistungsschwächeren Kinder in der Tendenz stärker von der Lesestrategieförderung durch Prompts profitiert haben als die leistungsstärkeren (M=18,43, SD=12,18; N=14 versus M=16,09; SD=14,74; N=11; t=0,43; df=23; p=.67; d=.18).

4   Zusammenfassung und Diskussion der Ergebnisse

Die hypothetische Annahme, dass eine Lesestrategieförderung zu einer Verbesserung der Lesefähigkeit führt, kann in der Tendenz durch die vorliegenden
Untersuchungsergebnisse bestätigt werden. Mit geeigneten Prompts als Hilfen
zur Texterschließung kann den Schülerinnen und Schülern dazu verholfen werden, selbstreguliert Lesestrategien zu entwickeln bzw. auszuschärfen und auf
diese Weise ihre Lesefähigkeit zu verbessern. Die von uns ermittelten Befunde
verdeutlichen, dass durch das von uns konzipierte Training eine Steigerung der
Lesefähigkeiten möglich ist; fraglich ist an dieser Stelle, ob und inwiefern instruktionale Unterstützungen seitens der Lehrkraft das Treatment noch verbessern
würden. Für Nachfolgestudien wäre in diesem Zusammenhang in Betracht zu
ziehen, welche Ausprägungsformen des selbstregulierten Lernens – insbesondere
auch in Hinblick auf eine dauerhafte Integration der Vermittlung von Lesestrategien im Leseunterricht – sich als bedeutsam und förderlich, gerade und im Besonderen, für leistungsschwächere Schülerinnen und Schüler erweisen.

Literatur

Bos, W./Hornberg, S./Arnold, K.-H./Faust, G./Lankes, E.-M./Schwippert, K./Valtin, R.
(Hrsg.) (2007): IGLU 2006. Lesekompetenzen von Grundschulkindern in Deutschland
im internationalen Vergleich. Münster: Waxmann.
Demmrich, A./Brunstein, J. (2004): Förderung sinnverstehenden Lesens. In: Lauth, G./
Grünke, M./Brunstein, J. (Hrsg.): Interventionen bei Lernstörungen: Förderung,
Training und Therapie in der Praxis. Göttingen: Hogrefe, 279-290.
Guthrie, J./Wigfield, A./Perencevich, K. (Eds.) (2004): Motivating Reading
Comprehension: Concept-oriented Reading Instruction. Mahwah, NJ: Erlbaum.
Lauth, G./Grünke, M./Brunstein, J. (Hrsg.) (2004): Interventionen bei Lernstörungen:
Förderung, Training und Therapie in der Praxis. Göttingen: Hogrefe.
Lenhard, W./Schneider, W. (2006): ELFE 1-6. Ein Leseverständnistest für Erst- bis
Sechsklässler. Göttingen: Hogrefe.
Palinscar, A.S./Brown, A. (1984): Reciprocal Teaching of Comprehension-Fostering and
Comprehension-Monitoring Activities. In: Cognition and Instruction 1/2, 117-175.

Haptisch-kinästhetische Adressierung im Frühen Fremdsprachenunterricht

Felicitas Kröger

„Lernen braucht Bewegung" (Niedersächsisches Kultusministerium 2004, 4) ist heute ein Unterrichtsmotto, das ganz selbstverständlich in der modernen Grundschulpädagogik anzutreffen ist. Ausgehend von der Schweiz, verbreitete sich seit den 1980er Jahren die Idee, Bewegung vermehrt in die Schulen zu bringen und findet seither unter verschiedenen Begriffen wie bewegte Schule, Schule in Bewegung, bewegungsfreundliche Schule Anwendung. Wenn also von kindgemäßem Unterricht die Rede ist, wird häufig das pädagogische Prinzip des bewegten Lernens aufgegriffen.

Auch in den Fremdsprachenunterricht der Grundschulen, dem Frühen Fremdsprachenunterricht (FFU), hat dieses Prinzip Einzug gehalten. Durch die schrittweise Einführung des FFU, v.a. des Englischunterrichts, wurde mit dem neuen Unterrichtsfach der Grundschule eine neue Form der Fremdsprachendidaktik notwendig, die sich an den Lernvoraussetzungen und -bedürfnissen von Kindern im Alter zwischen sechs und zehn Jahren orientieren sollte. In ihrem Handbuch „Englisch in der Grundschule" bezeichnet Klippel (2000) Bewegung und Agieren zu Musik oder rhythmischen Texten schon früh als grundlegende Elemente des kindgemäßen Englischunterrichts, die „Konzentrationsfähigkeit", „Aufmerksamkeit" und „Freude" förderten (ebd., 27/28). Für den FFU geeignete Aufgaben gehen ihrer Meinung nach über die kognitiven Anforderungen hinaus und setzen voraus, dass „die Kinder mit allen Sinnen dabei sind" (ebd., 27). Gleichzeitig sollten die Aufgaben motorische Fähigkeiten stärken und ein „Lernen mit Kopf, Herz und Hand" ermöglichen.

Viele dieser Grundgedanken werden in den aktuellen Handreichungen und Lehrwerken zum Englischunterricht in der Grundschule integriert. So nimmt beispielsweise die von James J. Asher (2000) entwickelte Methode des Total Physical Response (TPR), durch die das Erlernen der Fremdsprache unter Einbeziehung von Körperbewegungen stattfinden soll, im Grundschullehrwerk „Sunshine" (Hollbrügge/Kraaz 2007, 4/100) eine zentrale Stellung ein. Sie soll der noch eingeschränkten Konzentrationsfähigkeit und dem Bewegungsdrang der Kinder Rechnung tragen. In „Playway" (Gerngross/Puchta 2007, 34) soll in Anlehnung an Howard Gardners Theorie der Multiplen Intelligenzen eine „ganzkörperliche Verarbeitung von Sprache" und eine „Entwicklung feinmotorischer

Fertigkeiten" durch Action Stories, Activity Songs, Bewegungsspiele, Tänze, Zeichen-, Mal- und Bastelaufgaben gefördert werden. Gerngross und Puchta (2007, 35) geben an, dass sich u.a. durch die kinästhetische Adressierung die Merkfähigkeit, das „langfristige Behalten von sprachlichen Informationen", sowie die Konzentrationsfähigkeit der SchülerInnen erhöhe, und sie auf verschiedene Lerntypen bzw. die „unterschiedlichen sensorischen Bedürfnisse der Kinder" Bezug nähme.

Auch wenn zahlreiche Autoren fachdidaktischer Handreichungen auf angebliche Erkenntnisse aus der Lernpsychologie (ebd., 34), der Lerntypenforschung oder der Neurowissenschaften (Rampillon/Reisener 2005) verweisen bzw. auf die Reformpädagogik oder auf Pestalozzis Forderung nach einem Lernen mit Kopf, Herz und Hand Bezug nehmen, stehen wissenschaftliche Belege zur positiven Wirkungsweise kinästhetisch orientierter Aufgaben und Übungen aus. Das ist wenig verwunderlich, da eine generelle Verbesserung der motorischen Fähigkeiten, der Konzentration, der Merkfähigkeit oder der Motivation durch den Einsatz bewegender Lehr- und Lernmethoden für den Fremdsprachenunterricht im Allgemeinen und den FFU im Speziellen bisher nicht nachgewiesen wurde.

Es existieren allerdings einige allgemeinere Studien, die sich näher mit dem Konzept der bewegten Schule und des bewegten Unterrichts beschäftigen und erste Aufschlüsse über die Wirkungsweise von bewegtem Lernen im Grundschulunterricht geben könnten. Hierzu gehören u.a. die Untersuchungen von Kahl (1998) sowie von Müller/Petzold (2002). Diese zeigen einen positiven Einfluss des bewegten Unterrichts auf die Konzentrationsfähigkeit der jungen SchülerInnen. Testanforderungen werden demnach schneller bewältigt, ohne zusätzliche Fehler zu produzieren. Ebenso wird beim bewegten Lernen ein Zugewinn an Lernfreude verzeichnet, der sich aber vorwiegend auf motorisch stärkere Kinder und auf Mädchen bezieht. Im Gegensatz dazu bringt der Vergleich von Versuchs- und Kontrollgruppen hinsichtlich einer Verbesserung von Schulleistungen keine signifikanten Unterschiede zutage. Gleiches gilt für den Einfluss auf Motorik und Bewegungsförderung. Kahl (1998, 99) geht jedoch davon aus, dass eine Steigerung der Konzentrationsfähigkeit die Leistungsvoraussetzungen der SchülerInnen stabilisieren kann.

Während das bewegte, motorische oder kinästhetische Lernen als elementarer Bestandteil des FFU gilt, wird in der fachdidaktischen Diskussion meist außer acht gelassen, dass es unterschiedliche Ausformungen der Bewegung und der entsprechenden Wahrnehmung gibt. Das Wahrnehmungsmodell nach Révész und Gibson (s. Grunwald 2001, 12) differenziert dagegen zwischen einer rein kinästhetischen Wahrnehmung, die sich ausschließlich auf eine Bewegung ohne

Tasten oder die Berührung von Objekten bezieht, und einer haptischen Wahrnehmung, die ein Tasten oder eine Berührung integriert. Wie für das kinästhetische Lernen existieren aber für das haptische Lernen keine empirischen Nachweise hinsichtlich der Wirksamkeit im fremdsprachlichen Unterricht. Ein Blick auf andere Forschungsbereiche und einige exemplarische Studien eröffnet mögliche Aufschlüsse: von Soden-Fraunhofen et al. (2008, 55) schlussfolgern in ihrer pädagogisch-psycholgisch ausgerichteten Untersuchung mit künstlichen Objekten, „dass eine sinnvolle motorische Interaktion [...] die Aneignung von begrifflichem Wissen beschleunigt". Zwisler (2001, 169) geht bei zusätzlich dargebotenen taktilen bzw. haptischen Reizen von einer reichhaltigeren Kodierung des Lernmaterials aus und einer daraus resultierenden verbesserten Behaltensleistung, der sogenannten intermodalen Verstärkung. Röder und Rösler (2001, 97) fanden in ihren neurophysiologischen Untersuchungen heraus, dass haptische Reize zu einer Kompensation reduzierter oder fehlender Eingänge über andere Sinnessysteme und damit zu einer effizienteren Auswertung von Informationen beitragen können. Ähnliche Forschungsergebnisse werden von Stein und Meredith (1993) genannt. In ihren Untersuchungen fanden sie heraus, dass die Kombination von Stimuli durch unterschiedliche Sinnesmodalitäten in der Regel eine wesentlich bessere Aufnahme von Informationen garantiert, als unimodale Stimuli (ebd., 141).

Die Wirksamkeit haptisch-kinästhetisch orientierter Lehr- und Lernmethoden scheint darüber hinaus an weitere Voraussetzungen gekoppelt zu sein: So legen einige Studien nahe, die Ansprache der einzelnen Wahrnehmungskanäle zu synchronisieren (Zwisler 2001, 162) und die Informationen gut darzubieten oder zu koordinieren (Weidenmann 1997, 73), nicht zu viele Lernhilfen (Helmke 2009, 68) und einfaches Lernmaterial zu nutzen (Weidenmann 1997, 76), sowie eine Kombination möglichst schwacher unimodaler Stimuli zu wählen (Stein/ Meredith 1993, 143), um möglichst effiziente Wirkungen zu erzielen.

Trotz der hier genannten Ergebnisse muss darauf hingewiesen werden, dass aufgrund der fachfremden und oft fachlich sehr speziellen Ausrichtung oder der eingeschränkten Untersuchungsdesigns der Studien eine Übertragbarkeit auf den FFU nur begrenzt möglich ist. Es kann schließlich jedoch vermutet werden, dass einige der am Anfang genannten Aussagen zur positiven Wirkungsweise kinästhetisch bzw. haptisch orientierten Lernens im FFU durchaus zutreffend sein können, während andere wiederum angezweifelt werden sollten: Braucht Lernen im FFU also Bewegung? Eine Förderung von Lernfreude und Konzentration im FFU klingt durchaus realistisch, während eine Verbesserung der Merkfähigkeit, der Schulleistung und der Motorik nicht klar ist. Dennoch reflektieren die Ergebnisse die tendenziell positive Bedeutung haptisch-kinästhetischer Lehr- und Lernmethoden für den Frühen Fremdsprachenunterricht.

Literatur

Asher, J. (2000): Learning Another Language Through Actions. Los Gatos: Sky Oaks Productions.

Gerngross, G./Puchta, H. (2007): Playway Teacher's Book 4. Rum: Helbling.

Grunwald, M. (2001): Begriffsbestimmung zwischen Psychologie und Physiologie. In: Grunwald, M./Beyer, L. (Hrsg.): Der bewegte Sinn – Grundlagen und Anwendung zur haptischen Wahrnehmung. Basel: Birkhäuser, 1-14.

Helmke, A. (2009): Unterrichtsqualität und Lehrerprofessionalität – Diagnose, Evaluation und Verbesserung des Unterrichts. Seelze-Velber: Friedrich.

Hollbrügge, B./Kraaz, U. (2007): Sunshine, Handreichungen für den Unterricht 1, Klasse 3. Berlin: Cornelsen.

Kahl, H. (1998): Forschungsergebnisse zu Bewegungsaktivitäten im Unterricht Berlin. In: Illi, U./Breithecker, S./Mundigler, S. (Hrsg.): Bewegte Schule – Gesunde Schule. Wäldli: Internationales Forum für Bewegung, 95-101.

Klippel, F. (2000): Englisch in der Grundschule – Handbuch für einen kindgemäßen Fremdsprachenunterricht. Berlin: Cornelsen Scriptor.

Müller, C./Petzold, R. (2002): Längsschnittstudie bewegte Schule – Ergebnisse einer vierjährigen Erprobung eines pädagogischen Konzeptes zur bewegten Grundschule. Sankt Augustin: Academia.

Niedersächsisches Kultusministerium (2004): Lernen braucht Bewegung. 3. Aufl., Hannover: Niedersächsisches Kultusministerium.

Rampillion, U./Reisener, H. (2005): Lernen, Sprache und Bewegung. In: Der Fremdsprachliche Unterricht Englisch 74, 2-6.

Röder, B./Rösler, F. (2001): Vergleich haptischer Wahrnehmungsleistungen zwischen blinden und sehenden Personen. In: Grunwald, M./Beyer, L. (Hrsg.): Der bewegte Sinn – Grundlagen und Anwendung zur haptischen Wahrnehmung. Basel: Birkhäuser, 89-98.

von Soden-Fraunhofen, R./Sim, E./Liebich, S./Frank, K./Kiefer, M. (2008): Die Rolle der motorischen Interaktion beim Erwerb begrifflichen Wissens – Eine Trainingsstudie mit künstlichen Objekten. In: Zeitschrift für Pädagogische Psychologie 22/1, 47-58.

Stein, B./Meredith, A. (1993): The Merging of the Senses. Nashville: Bradford Books.

Weidenmann, B. (1997): Multicodierung und Multimodalität im Lernprozeß. In: Issing, L./Klimsa, P. (Hrsg.): Information und Lernen mit Multimedia. Weinheim: PVU, 64-84.

Zwisler, R. (2001): Haptische Wahrnehmung in der Mensch-Maschine-Interaktion. In: Grunwald, M./Beyer, L. (Hrsg.): Der bewegte Sinn – Grundlagen und Anwendung zur haptischen Wahrnehmung. Basel: Birkhäuser, 161-170.

Professionelle Kompetenzen der Grundschullehrkräfte im multilingualen Kontext

Magdalena Michalak

In den heutigen Klassenzimmern sitzen zunehmend Schüler mit unterschiedlichen Erstsprachen und verschiedenen sprachlichen Erfahrungen. Für ihren Schulerfolg sind die Lehrkräfte mitverantwortlich, denn sie sollen Kinder mit Migrationshintergrund sprachlich angemessen fördern. Sprache gilt dabei als Medium des Lernens in allen Fächern. Deshalb brauchen angehende Grundschullehrer in allen Fächern das nötige theoretische und praktische Wissen, um die besonderen sprachlichen Schwierigkeiten ihres Unterrichts wahrnehmen und differenziert darauf reagieren zu können.

Der Beitrag beschäftigt sich mit der Frage, welche professionellen Kompetenzen die Grundschullehrkräfte benötigen, um mehrsprachige Kinder sprachlich adäquat zu unterstützen. Die Annahme ist, dass die Ansätze der interkulturellen Pädagogik für die sprachliche Förderung von Zweitsprachenlernern nicht ausreichen.

1   Sprache als Lernvoraussetzung in allen Fächern

In der Schule wird die Sprache nicht nur als Medium der alltäglichen Kommunikation, sondern auch als ein Instrument des Lehrens und Lernens eingesetzt. Für Schüler mit Migrationshintergrund ist diese Herausforderung besonders groß: Sie müssen Wissen in einer Sprache erwerben, die nicht ihre Erstsprache ist. Aufgaben, Fragestellungen, Verständnisschwierigkeiten oder Austausch der Ergebnisse sind nahezu ohne Ausnahme sprachfrei nicht zu bewältigen. Gedankengänge der Schüler können die Lehrkräfte erst dann genau verstehen, wenn sie versprachlicht werden. Fehler, Korrekturen oder Verbesserungen sind erst dann nachzuvollziehen, wenn sie sprachlich formuliert werden (s. Kupfer-Schreiner 2001, 30). Oft ist den Lehrenden nicht klar, dass die Leistungsprobleme von DaZ-Lernern in Sachfächern gegebenenfalls auf mangelnde Sprachkompetenz zurückzuführen sind und nicht etwa auf fehlende kognitive Fähigkeiten.

Gerade im Grundschulunterricht müssen sprachliche Fertigkeiten als basale Kompetenzen für alle Fächer ausgebildet werden. Das Ziel eines solchen Unterrichts besteht somit in der Vermittlung bzw. dem Erwerb einer übergreifenden Kompetenz zu fachlicher Kommunikation in deutscher Sprache, die der fachlichen Entwicklung in der schulischen Laufbahn und der fachlichen Vielfalt im Alltag gleichermaßen Rechnung trägt.

Diese Zielsetzungen können nicht durch sporadische interkulturelle Projekte erreicht werden. Vielmehr müssen sie in den schulischen Alltag einbezogen werden. Um unterrichtsrelevante Sprachkompetenz zu vermitteln, müssen die Grundschullehrer also die Lernzusammenhänge kennen und über konkrete didaktische Strategien verfügen, mit deren Hilfe sie die Ziele verwirklichen können.

2   Erforderliche Lehrkompetenzen und ihre Ausbildung im Studium

Als zentrale Qualifikation, die dem Anforderungsprofil für Lehrpersonen in multikulturellen Klassen entspricht, ist die interkulturelle Kompetenz zu nennen. Diese ist Grundlage dafür, kompetenten Umgang mit der sprachlichen Vielfalt zu entwickeln sowie die deutsche Sprache und Kultur aus der Perspektive von DaZ-Lernenden zu betrachten (s. Edelmann 2008). Diese Kompetenz hilft jedoch nicht unbedingt, die Schüler sprachlich angemessen in der Zielsprache zu fördern. Dafür muss die Lehrkraft in erster Linie über lernpsychologische Fähigkeiten verfügen und Kenntnisse über den Erst- und Zweitspracherwerb sowie die sprachliche Sozialisation unter Migrationsbedingungen besitzen, um die Stärken und Schwächen der Schüler in der L1 und L2 angemessen interpretieren und auf dieser Grundlage einen Förderplan erstellen zu können. Diese Kompetenzen sind auch die Voraussetzung für eine fachkundige Beratung der Eltern in Fragen sprachlicher Entwicklung und Förderung ihrer Kinder. Der Erfolg der Sprachförderung hängt weiterhin damit zusammen, wie die Anweisungen und Aufgabenstellungen im Unterricht formuliert werden. Um (Sach-)Texte auf sprachliche Hürden untersuchen zu können, den Schülern das nötige Sprachmaterial für die Bewältigung der Aufgaben als Werkzeug an die Hand zu geben sowie sie in die konzeptionelle Schriftlichkeit einzuführen, braucht die Lehrkraft bestimmte *linguistische* Kompetenzen. Das bedeutet konkret, sie benötigt die Kenntnisse der deutschen Sprache mit Berücksichtigung der Schwierigkeiten des Deutschen als Zweitsprache und der Besonderheiten der deutschen Fachsprachen. Dieses Grundlagenwissen im sprachwissenschaftlichen Bereich, Strukturkenntnisse der Herkunftssprachen sowie Elemente der kontrastiven Linguistik gelten auch als Basisqualifikation für die diagnostischen Kompetenzen, um das sprachliche Niveau der DaZ-Lerner professionell einschätzen und ihre Fehler deuten zu können. Erst auf dieser Basis lässt sich der Unterricht mit multilingualen Klassen – unter Voraussetzung entsprechender didaktisch-methodischer Kompetenzen – inhaltlich und methodisch planen und durchführen. Ausgehend von den spezifischen sprachlichen Schwierigkeiten der jeweiligen Zweitsprachenlernergruppe muss der Lehrer nicht nur die Lernziele bestimmen, sondern auch die angemessenen Materialien auswählen oder diese selbst erstellen, d.h. über die Kompetenz für curriculare Arbeit und für Lehrmaterialerstellung verfügen. Anders formuliert: Mangelt es an sprachwissenschaftlich und sprachdidaktisch fundiertem Wissen und der Sensibilisierung für die Folgen von kulturellen Veränderungen in der Schule, so wird es schwierig eine pädagogische Kompetenz aufzubauen, die auf theoretischem Wissen, Selbstreflexion und Handlungsroutinen beruhen soll. Es wird eher von intuitivem Lehrerhandeln ausgegangen. Diese These bestätigt die qualitative Untersuchung zu professionellen Lehrkompetenzen im Kontext des Deutschen als Zweitsprache, die ich seit 2006 an der Universität Lüneburg durchführe (s. Michalak 2010).

Die Studie verfolgt das Ziel, explizit die sprachwissenschaftlichen und -didaktischen Kompetenzen der Förderlehrkräfte im Bereich DaZ zu evaluieren und die Lehrerausbildung basierend auf der Erfassung schulpraktischer Anforderungen in multikulturellen Klassen unter linguistischen und sprachdidaktischen Aspekten konzeptionell zu optimieren. Den Ausgangspunkt der Untersuchung bildet die These, dass angehende Lehrer im Rahmen ihres Studiums nicht ausreichend auf die Sprachförderarbeit in heterogenen Klassen vorbereitet sind. Studentische Förderlehrkräfte werden zur Selbsteinschätzung ihrer Lehrkompetenzen im Hinblick auf ihre künftige Arbeit in mehrsprachigen Klassen befragt, wobei sie zu dem Zeitpunkt nur einzelne Seminare im Bereich DaZ belegt hatten.[1] Zusätzlich wird in dem von ihnen durchgeführten Unterricht hospitiert. Ausgewertet werden auch ihre Lehrportfolios.

Festgestellt wurde eine erhebliche Diskrepanz zwischen erworbenem theoretischen Wissen über interkulturelle Erziehung und der Fähigkeit des regelmäßigen Einbeziehens von Aspekten sprachlicher Förderung in den Unterricht. Die Studierenden fühlen sich bei ihrer Arbeit als Förderlehrer vor allem in der Anfangsphase überfordert, weil sie zwar über pädagogische Grundlagen, aber nicht über das nötige sprachwissenschaftliche und -didaktische Wissen im Bereich DaZ verfügen.

Alle Befragten bemerkten, dass sie durch das Studium nicht ausreichend auf den Umgang mit Heterogenität im Unterricht vorbereitet sind. Erziehungswissenschaftliche Lehrveranstaltungen bieten ihnen zwar die Gelegenheit zur Beschäftigung mit der Mehrsprachigkeit. Die Problematik wird dort aber nur aus der Perspektive der interkulturellen Pädagogik angesprochen und unter dem sprachlichen Aspekt kaum thematisiert.

---

[1] Die Studie erfolgt im Rahmen des Projekts „Förderunterricht DaZ für Kinder und Jugendliche mit Migrationshintergrund", das mit Unterstützung der Stiftung Mercator in Lüneburg durchgeführt wird. Von September 2006 bis Juni 2009 wurden 52 Förderlehrkräfte mittels Leitfadeninterviews befragt.

3 Implikationen für eine professionelle Arbeit mit mehrsprachigen Klassen

Das Thema Mehrsprachigkeit ist in der Lehrerbildung unter dem sprachwissenschaftlichen und -didaktischen Aspekt explizit zu thematisieren. Bisher war die Mehrsprachigkeit eher eine Domäne der interkulturellen Pädagogik und der Pädagogik der soziokulturellen Vielfalt. Diese zielen einerseits auf die Integration von Schülern mit Migrationshintergrund, andererseits auf die interkulturelle Erziehung aller Schüler. Die kulturelle Herkunft der Schüler zu berücksichtigen, reicht nicht aus, Zweitsprachenlerner in der Zielsprache sinnvoll zu fördern. Wissen über Migrationspolitik, Perspektivenwechsel und Fremdverstehen können die *sprachlichen* Schwierigkeiten der DaZ-Lerner nicht beseitigen. Da es sich hier eindeutig um *Deutsch* als Zweitsprache handelt, kann die Erziehungswissenschaft auf keinen Fall die Aufgabe übernehmen, künftigen Lehrkräften das erforderliche *sprachwissenschaftliche* und *-didaktische* Wissen zu vermitteln. Hier muss das Fach Deutsch eingreifen. Insbesondere Studierende, die nicht Deutsch studieren, müssen lernen, künftig auf die besonderen sprachlichen Anforderungen im Sachfachunterricht zu reagieren. Dazu sind bestimmte Lehrkompetenzen nötig, die ausschließlich durch das Fach Deutsch vermittelt werden können. Erst auf dieser Basis kann eine Spezifizierung der Förderkompetenz in den einzelnen Fachdidaktiken erfolgen. Daher sollte Deutsch als Zweitsprache entweder als eigenständiger Bereich definiert oder eindeutig dem Bereich Deutsch und den Fachdidaktiken zugeordnet werden.

Literatur

Edelmann, D. (2008): Pädagogische Professionalität im transnationalen sozialen Raum. Eine qualitative Untersuchung über den Umgang von Lehrpersonen mit der migrationsbedingten Heterogenität ihrer Klassen. Münster: LIT.

Kupfer-Schreiner, C. (2001): Was alle angeht, müssen auch alle lösen: Interkulturelle sprachliche Bildung als integrative Aufgabe des Unterrichts. In: Hummelsberger, S. (Hrsg.): Didaktik des Deutschen als Zweitsprache und interkulturelle Erziehung. Baltmannsweiler: Schneider, 22-38.

Michalak, M. (2010): Zum Anforderungsprofil für Lehrkräfte in mehrsprachigen Klassen. In: Stiftung Mercator (Hrsg.): Der Mercator-Förderunterricht. Sprachförderung für Schüler mit Migrationshintergrund durch Studierende. Münster: Waxmann, 141-157.

Leseschwierigkeiten bei älteren Grundschulkindern

Christiane Ritter

1 Leseerwerb: Aneignungsprozess und Aneignungsgegenstand

Für ein Verständnis des Leseerwerbs sind sowohl Ergebnisse der pädagogisch-psychologischen und psycholinguistischen Forschung zum Aneignungsprozess als auch sprachwissenschaftliche Erkenntnisse zum Aneignungsgegenstand wichtig. Zum Aneignungsprozess gehören individuelle Voraussetzungen der Lernenden und die Modellierung der Entwicklungsschritte durch Stufenmodelle (z.b. Scheerer-Neumann 2004). Der Aneignungsgegenstand ist der Lerngegenstand, den die Kinder erwerben sollen, die Struktur der Schriftsprache. Während der Aneignungsprozess seit den 80er Jahren des letzten Jahrhunderts intensiv erforscht wird, bezieht die deutschdidaktische Forschung seit einigen Jahren zusätzlich den Aneignungsgegenstand zum Verständnis des Schriftspracherwerbs ein (Hinney 2004; Röber-Siekmeyer/Spiekermann 2000; Röber-Siekmeyer 2002). Dabei geht es besonders darum, welche funktionalen Einheiten zentral für die Einsicht in den Aufbau der deutschen Schriftsprache sind und damit für das Gelingen des Leseerwerbs. Untersuchungen gibt es bisher vor allem zur Rolle der Silbe und des Morphems.

Die zentrale Rolle der Silbe für das Lesen konnte in zahlreichen Studien nachgewiesen werden (May 1986; Röber-Siekmeyer 2002; Scheerer-Neumann 1981). Dabei ist es sinnvoll, zwischen Sprechsilben als Gliederungseinheit der gesprochenen Sprache und Schreibsilben als Einheit der geschriebenen Sprache zu unterscheiden (Butt/Eisenberg 1990; Eisenberg 1998). Sprechsilben können zum Segmentieren von mündlich vorgegebenen Wörtern und zur Kontrolle von geschriebenen Wörtern genutzt werden. Schreibsilben sind wichtig für das Erlesen unbekannter Wörter über die visuelle Gliederung. Die Trennung von geschriebenen Wörtern in Schreibsilben folgt der Ein-Graphem-Regel (Eisenberg 1998, 313): „Zwischen Vokalgraphemen liegt eine Trennstelle. Sind Konsonantgrapheme vorhanden, dann wird vor dem letzten getrennt". Jede Silbe mit Ausnahme der Anfangssilbe beginnt also mit genau einem Konsonantgraphem.

Im Gegensatz zur Silbe ist das Morphem als Einheit der geschriebenen Sprache nicht intuitiv über den Sprechrhythmus zugänglich. Das Segmentieren mündlich vorgegebener Wörter in Morpheme ist im Vergleich zum Segmentieren in Silben wesentlich schwieriger (Risel 2002). Die Rolle von Morphemen wurde bisher deutlich weniger beachtet als die der Silbe (Risel 2004; van Bon 1994; Walter 2001).

2   Worin bestehen die Leseschwierigkeiten bei älteren Grundschulkindern?

Im deutschsprachigen Raum sind Leseschwierigkeiten bei älteren Grundschulkindern vor allem durch eine stark verlangsamte Lesegeschwindigkeit und weniger durch eine hohe Anzahl an Lesefehlern gekennzeichnet (Landerl/ Wimmer 2008; Wimmer 1993). Besonders auffällig ist dies beim Lesen langer mehrsilbiger oder zusammengesetzter Wörter und beim Lesen von Pseudowörtern. Während kürzere häufige Wörter zum Teil schon gespeichert und deshalb relativ leicht abrufbar sind, fällt es den Kindern meist sehr schwer, neue, unbekannte Wörter zu erlesen, wie z.B. Fremdwörter in Sachtexten. Unbekannte Fremdwörter müssen, analog zu Pseudowörtern, vollständig erlesen werden. Kinder mit Leseschwierigkeiten rekodieren Wörter und Pseudowörter meist über Graphem-Phonem-Korrespondenzen oder verwenden eine Ratelesestrategie. Die Strategie, Wörter über kleinere Einheiten zu erlesen, ist zu Beginn des Lesenlernens durchaus sinnvoll. Sie wird aber mit zunehmender Schulzeit immer weniger effektiv, weil zum einen die Wörter länger werden und zum anderen den Kindern immer weniger Zeit zum Lesen zugestanden wird. Zu einer Beschleunigung des Leseprozesses führt das Nutzen größerer Verarbeitungseinheiten wie z.B. Schreibsilben. Leseschwache Kinder sind allerdings meist nicht oder nur unzureichend in der Lage, diese Einheiten in Wörtern visuell zu erkennen und die Intrawortredundanz zu nutzen (May 1986; Scheerer-Neumann 1981; Valtin 2000; Walter 2001). Als Intrawortredundanz werden Regelmäßigkeiten in Buchstabenfolgen bezeichnet, die vom Leser erkannt und zu größeren Einheiten zusammengefasst werden können. Das visuelle Erkennen solcher Einheiten wie Schreibsilben und einzelnen Wörtern bei Zusammensetzungen ist die Voraussetzung für die Bewältigung der orthographischen Stufe des Leseerwerbs und damit zum flüssigen und automatisierten Lesen. Kinder, die keine intuitive Einsicht in die Struktur der Schriftsprache gewinnen, stagnieren deshalb in ihrer Leseentwicklung. Für sie ist eine explizite Vermittlung des Lesens mit größeren Einheiten sinnvoll.

3   Leseförderung im deutschsprachigen Raum

Mannhaupt (2002, 251) empfiehlt „den Einsatz von Fördermaßnahmen, die den Kindern die Einsicht in die Schritte ihres Tun vermitteln". Wenn Kinder also eine Einsicht in den Aufbau der Schriftsprache und die Nutzung größerer Einheiten erwerben sollen, sollten ihnen die entsprechenden Einheiten und ihr

Erkennen explizit vermittelt werden. Ein Training, das dieser Empfehlung entspricht, wurde von Scheerer-Neumann (1981) entwickelt und durchgeführt. Das Training setzt an der orthographischen Stufe des Erwerbsmodells an, auf der das Rekodieren mit größeren Verarbeitungseinheiten erworben wird. Scheerer-Neumann vermittelte leseschwachen Drittklässlern die oben beschriebene Ein-Graphem-Regel in vereinfachter Form, mit dem Ziel die Lesegenauigkeit zu verbessern. Nach nur zwölf Sitzungen zeigte sich im Nachtest eine signifikante Abnahme der Lesefehler um gut 37%. Eine untrainierte Kontrollgruppe machte dagegen kaum Fortschritte. Ritter entwickelte das Training von Scheerer-Neumann als PotsBlitz-Training weiter (Ritter 2005; Ritter/Scheerer-Neumann 2009). Ziel des Trainings ist eine Verbesserung der Lesegenauigkeit und -geschwindigkeit durch die explizite Vermittlung und Einübung von Segmentierungsstrategien. Im ersten Teil des Trainings steht die Schreibsilbe als visuelle Verarbeitungseinheit im Mittelpunkt; als Strategie zum Erlesen wird die Ein-Graphem-Regel vermittelt. Im zweiten Teil werden einzelne Wörter (bei Zusammensetzungen) und Präfixe als Verarbeitungseinheiten thematisiert. In einer Pilotstudie kam Ritter (2005) zu vergleichbaren Ergebnissen wie Scheerer-Neumann in Bezug auf die Reduzierung der Lesefehler und darüber hinaus zu deutlichen Verbesserungen der Lesegeschwindigkeit der teilnehmenden Dritt- und Viertklässler. Auch in einer größer angelegten Studie konnte sie zeigen, dass leseschwache Kinder der dritten und vierten Klassen, die das PotsBlitz-Training erhielten, sowohl kurz- als auch langfristig größere Fortschritte machten als die Kinder der Kontrollgruppen (Ritter, in Vorb.).

Die bisherigen Ergebnisse weisen darauf hin, dass es sinnvoll ist, bei der Entwicklung von Fördermaßnahmen für Kinder mit Leseschwierigkeiten sowohl Erkenntnisse zum Aneignungsprozess als auch Erkenntnisse zum Aneignungsgegenstand einzubeziehen, damit Kinder wirksam gefördert werden können.

Literatur

Butt, M./Eisenberg, P. (1990): Schreibsilbe und Sprechsilbe. In: Stetter, C. (Hrsg.): Zu einer Theorie der Orthographie: Interdisziplinäre Aspekte gegenwärtiger Schrift- und Orthographieforschung. Tübingen: Niemeyer, 34-64.

Eisenberg, P. (1998): Grundriss der deutschen Grammatik. Das Wort. Stuttgart: Metzler.

Hinney, G. (2004): Das Ganze ist mehr als die Summe der Teile. Das Konzept der Schreibsilbe und seine didaktische Modellierung. Ein Beitrag zur Schriftaneignung als Problemlöseprozess. In: Bredel, U./Siebert-Ott, G./Thelen, T. (Hrsg.): Schriftspracherwerb und Orthographie. Diskussionsforum Deutsch Bd. 16. Baltmannsweiler: Schneider, 72-90.

Landerl, K./Wimmer, H. (2008): Development of Word Reading Fluency and Spelling in a Consistent Orthography: An 8-Year Follow-Up. In: Journal of Educational Psychology 100/1, 150-161.

Mannhaupt, G. (2002): Evaluationen von Förderkonzepten – ein Überblick. In: Schulte-Körne, G. (Hrsg.): Legasthenie: Zum aktuellen Stand der Ursachenforschung der didaktischen Methoden und Konzepte. Bochum: Winkler, 245-258.

May, P. (1986): Schriftaneignung als Problemlösen: Analyse des Lesen(lernen)s mit Kategorien der Theorie des Problemlösens. Frankfurt: Peter Lang.

Risel, H. (2002): Zur Silbierkompetenz von Grundschulkindern. In: Tophinke, D./Röber-Siekmeyer, C. (Hrsg.): Schärfungsschreibung im Fokus. Zur schriftlichen Repräsentation sprachlicher Strukturen im Spannungsfeld von Sprachwissenschaft und Didaktik. Baltmannsweiler: Schneider, 71-84.

Risel, H. (2004): Aspekte morphologischen Lernens in der Grundschule. In: Bredel, U./Siebert Ott, G./Thelen, T. (Hrsg.): Schriftspracherwerb und Orthographie. Diskussionsforum Deutsch Bd. 16. Baltmannsweiler: Schneider, 46-71.

Ritter, C./Scheerer-Neumann, G. (2009): PotsBlitz – Das Potsdamer Lesetraining. Förderung der basalen Lesefähigkeiten. Köln: ProLog.

Ritter, C. (2005): Entwicklung und empirische Überprüfung eines Lesetrainings auf Silbenbasis. Unveröffentlichte Dissertation, Universität Potsdam.

Ritter, C. (in Vorb.): Evaluation eines Lesetrainings auf Silbenbasis zur Förderung der basalen Lesefähigkeit von leseschwachen Grundschulkindern.

Röber-Siekmeyer, C./Spiekermann, H. (2000): Die Ignorierung der Linguistik in der Theorie und Praxis des Schriftspracherwerbs. Überlegungen zu einer Neubestimmung des Verhältnisses von Pädagogik und Phonetik/Phonologie. In: Zeitschrift für Pädagogik 5, 753-771.

Röber-Siekmeyer, C. (2002): Schrifterwerbskonzepte zwischen Pädagogik und Sprachwissenschaft – Versuch einer Standortbestimmung. In: Röber-Siekmeyer, C./Tophinke, D. (Hrsg.): Schrifterwerbskonzepte zwischen Sprachwissenschaft und Pädagogik. Baltmannsweiler: Schneider, 10-29.

Scheerer-Neumann, G. (1981): The Utilization of Intraword Structure in poor Readers: Experimental Evidence and a Training Program. In: Psychological Research 43, 155-178.

Scheerer-Neumann, G. (2004): Unterrichtsbegleitende Diagnostik: Lesen. In: Christiani, R. (Hrsg.): Schuleingangsphase neu gestalten. Berlin: Cornelsen-Scriptor, 104-129.

Valtin, R. (2000): Die Theorie der kognitiven Klarheit – Das neue Verständnis von Lese-Rechtschreibschwierigkeiten. In: Ganser, B. (Hrsg.): Lese-Rechtschreib-Schwierigkeiten – Diagnose – Förderung – Materialien. Donauwörth: Auer, 19-45.

van Bon, W. H. J. (1994): Remediation of Reading Problems: Effects of Training at Word and Sub-word Levels. In: Assink, E.M.H. (Eds.): Literacy and social context. New York: Harvester Wheatsheaf, 150-175.

Walter, J. (2001): Förderung bei Lese- und Rechtschreibschwäche. 2. Aufl., Göttingen: Hogrefe.

Wimmer, H. (1993): Characteristics of Developmental Dyslexia in a Regular Writing System. In: Applied Psycholinguistics 14, 1-33.

Deutsch als Zweitsprache in der Lehrerbildung

Heidi Rösch

Seit dem ‚PISA-Schock' wird immer wieder gefordert, Deutsch als Zweitsprache (DaZ) stärker als bisher in der Lehrerbildung zu verankern (s. z.b. Krüger-Potratz/Supik 2008, 306ff.) und Lehrkräfte sprachdiagnostisch zu qualifizieren (s. z.b. Ehlich 2005, 61). In den aktuellen Bildungsplänen wird eine entsprechende Akzentsetzung erwartet, auch wenn die auf den Bildungsstandards der Kultusministerkonferenz fußenden neu konzipierten Curricula leider keine systematische Berücksichtigung von DaZ vorsehen. Diese finden sich aber in den seit 2000 neu konzipierten DaZ-Rahmenplänen, die gegenüber der ersten Generation eine deutliche Abkehr von kontrastiven Ansätzen aufweisen. Zu unterscheiden sind aktuell drei Ansätze: Der bayerische DaZ-Lehrplan, den mehrere ‚alte' Bundesländer übernommen haben, konzentriert sich auf den natürlichen Zweitspracherwerb in sprachintensiven Situationen, wobei eine alltagssprachliche Orientierung unverkennbar ist. Der sächsische DaZ-Lehrplan konzentriert sich dagegen auf die Vermittlung von Wortschatz, Grammatik und Fachsprache und schafft damit die Voraussetzungen zur stufenweisen Integration in die Regelklasse. Er enthält anders als der bayerische, der nur für den Einsatz in spezifischen DaZ-Unterrichtsangeboten gedacht ist, Vorschläge für eine grundlegende, hinführende und begleitende DaZ-Förderung. Hamburg hat als erstes Bundesland DaZ in den Lehrplan Deutsch integriert und damit den Weg geebnet, um – wie bundesweit immer wieder proklamiert – DaZ zum integralen Bestandteil eines sprachsensiblen Fachunterrichts zu machen.

1 DaZ-Studiengänge

Auf diese zwei unterschiedlichen DaZ-Aufgabenbereiche muss auch die Lehrerbildung reagieren: DaZ-Unterricht in reinen DaZ-Lerngruppen und die integrierte DaZ-Förderung, die in allen Fächern stattfinden sollte. DaZ-Unterricht braucht aus- oder zumindest entsprechend fortgebildete DaZ-Lehrkräfte. Integrierte DaZ-Förderung kann im Teamteaching von DaZ- und Fachlehrkraft oder von DaZ-didaktisch kompetenten Fachlehrkräften unterrichtet werden. Letzteres setzt voraus, dass alle Lehrkräfte DaZ-didaktisch gebildet sein müssen. Beide Ansätze fordern eine angemessene Verankerung von DaZ in allen Phasen der Lehrerbildung: Die Maximalvariante stellt DaZ anderen im Lehramt-Studium zu studierenden Fächern gleich und bildet ausgewiesene DaZ-Fachlehrkräfte aus.

Angebote in diese Richtung bieten Aufbau- bzw. Erweiterungsstudiengänge für das Lehramt an Grund- oder Hauptschulen (an der Universität Augsburg) bzw. an allgemeinbildenden Schulen (an der TU Dresden) oder für Lehrkräfte mit einem sprachlichen Fach (PH Weingarten). Des Weiteren gibt es Master-Studiengänge wie den folgenden:

MA-Studiengang Deutsch als Zweit- und Fremdsprache der PH Freiburg

Sem	Module		
1.	Studien-eingangsphase	Zweitsprach-erwerbsforschung	Fachdidaktik I
2.	Deutsche Sprache im Kontrast	Interkulturelle Kommunikation	Schwerpunkt bildung I
3.	Fachdidaktik II	Schwerpunktbildung II	
4.	Masterprüfung		Schlüsselqualifikationen

Tab. 1: MA-Studiengang Deutsch als Zweit- und Fremdsprache der Pädagogischen Hochschule Freiburg
kleinste Zelle entspricht einem Standardmodul mit 6 ECTS-Punkten;
größere Zelle entspricht Modul mit einem Vielfachen von 6 ECTS-Punkten

Neben psycholinguistischen und sprachvergleichenden werden fachdidaktische Kompetenzen entfaltet, wobei im ersten Fachdidaktik-Modul sprachliche Fähigkeiten und Fertigkeiten inklusive Sprachstandsfeststellung sowie Erwerb und Vermittlung von Fachsprache und Sprache in Berufsfeldern thematisiert werden. Im zweiten Fachdidaktik-Modul finden ein Unterrichtspraktikum mit einer „Curriculumsgestaltung" und Lehrwerkanalyse sowie eine individuelle Lernbetreuung (im Bereich DaZ) und ein Sprachlerntandem (im Bereich DaF) statt. Hinzu kommen Interkulturelle Kommunikation aus gesprächsanalytischer, gesellschaftlicher und kultureller Perspektive und Themen wie Literatur und Migration innerhalb der Schwerpunktbildung (s. PH Freiburg 2009).

Außerhalb des Lehramt-Studiums bieten Hochschulen Bachelor-Studiengänge wie „Sprachförderung und Bewegungserziehung" (PH Karlsruhe) oder „DaZ/DaF und Interkulturelle Kommunikation" (Universität Augsburg) an, die oftmals auf vor- und außerschulische Fördermaßnahmen zielen.

2 Das Berliner DaZ-Modul im Lehramt-Studium

Berlin hat als erstes Bundesland seit 2007 ein DaZ-Modul etabliert, an dessen Entwicklung ich als Leiterin der universitätsübergreifenden Kommission beteiligt war. Das Modul umfasst insgesamt nur 6 ECTS-Punkte und muss von Lehr-amt-Studierenden aller Lehrämter und Fachrichtungen absolviert werden. Es besteht aus einem Grundlagenmodul in der BA-Phase und einem Aufbaumodul in der MA-Phase mit je 3 ECTS-Punkten. Trotz dieser Minimalausstattung, die zwar eine Sensibilisierung für, aber keine fundierte Ausbildung in DaZ erwarten lässt, wurde das Modul etabliert, um zu zeigen, wie es inhaltlich und bezogen auf das Qualifikationsprofil auszustatten ist.

Berliner DaZ-Modul im Lehramt-Studium aller Fächer		
	Grundlagenmodul in der Bachelor-Phase (3 ECTS)	**Aufbaumodul in der Master-Phase (3 ECTS)**
Seminar	Sprachliche Grundlagen	DaZ-Didaktik
Übung	Diagnose u. Förderung	Fach-/Bereichsdidaktik
Modulabschluss-prüfung	Klausur	Hausarbeit (Unterrichtskonzeption)

Tab. 2:　　Berliner DaZ-Modul im Lehramt-Studium aller Fächer

Im Grundlagenmodul werden psycho- und soziolinguistische, diagnostische und bereits auch DaZ-didaktische Aspekte behandelt, die im Aufbaumodul fokussiert auf DaZ-Didaktik vertieft und im Blick auf einzelne Fachdidaktiken erweitert werden. Dabei werden Formen des entdeckenden Lernens, der Regelaneignung, der Schüler- und Handlungsorientierung in Unterrichtsinhalte und -abläufe umgesetzt, Unterrichtsprogramme zu mündlichen und schriftlichen Kompeten-zen sowie zu speziellen grammatischen Besonderheiten erarbeitet und Unter-richtsbeobachtungen unter Anwendung DaZ-spezifischer Kriterien vorbereitet und ggf. durchgeführt sowie Kurzgutachten zu einschlägigen Materialien erstellt.

An der Freien Universität besuchen die Studierenden im Aufbaumodul eine Vorlesung zur Didaktik von Deutsch als Zweitsprache sowie eine Übung zur Sprachlehr- und Sprachlernbewusstheit. An der Humboldt-Universität (s. Lütke 2009) werden neben dem theoretisch ausgerichteten Seminar „Grundlagen der DaZ-Förderung in der Schule" fachorientierte Übungen angeboten, in denen die Studierenden an fachspezifischen Kommunikationssituationen, Lehrmaterialien und Textsorten Sprachförderkonzepte und darauf aufbauende Unterrichtsmateria-lien entwickeln und diese an Kooperationsschulen im Unterricht erproben. Die integrative Bearbeitung von DaZ-theoretischen, DaZ-didaktischen und fach-didaktische Aspekten erfordert eine Kooperation zwischen DaZ- und anderen Fachdidaktikern, die den Weg für eine integrative DaZ-Förderung in der Schule ebnet.

3 DaZ als Fach- oder Stufendidaktik

Die DaZ-Studiengänge und das Berliner DaZ-Modul betrachten DaZ als Fachdidaktik. Dennoch werden stufendidaktische Akzente gesetzt. Bezogen auf das Primarstufenlehramt steht der frühe Zweitspracherwerb im Zentrum und bildungssprachliche Anforderungen werden für diese Altersgruppe operationalisiert. Der Akzent liegt auf DaZ-Diagnose- und Förderansätzen für den Eingangsbereich und die Grundschule. Im Bereich der Didaktik ist früher Schriftspracherwerb von und mit DaZ-Kindern und in multilingualen Gruppen zu thematisieren; gleiches gilt für den Bereich der Literalität und Literarität. Außerdem werden DaZ und Mehrsprachigkeit als Merkmal für Heterogenität und Aspekt der Individualisierung in Grundschullerngruppen in den Blick genommen. Im Bereich der Sprachlernbewusstheit sind Fragen der expliziten und/ oder impliziten Förderung mit Grundschulkindern zu erörtern.

Literatur

Ehlich, K. (2005): Sprachaneignung und deren Feststellung bei Kindern mit und ohne Migrationshintergrund: Was man weiß, was man braucht, was man erwarten kann. In: Ders. (Hrsg.): Anforderungen an Verfahren der regelmäßigen Sprachstandsfeststellung als Grundlage für die frühe und individuelle Förderung von Kindern mit und ohne Migrationshintergrund. Berlin: BMBF, 11-75.

Krüger-Potratz, M./Supik, L. (2008): Deutsch als Zweitsprache in der Lehrerbildung. In: Ahrenholz, B./Oomen-Welke, I. (Hrsg.): Deutsch als Zweitsprache. Baltmannsweiler: Schneider, 298-311.

Lütke, B. (2009): Deutsch-als-Zweitsprache in der universitären Lehrerausbildung – der fachintegrative Ansatz im Master of Education an der Humboldt-Universität zu Berlin. In: Ahrenholz, B. (Hrsg.): Fachunterricht und Deutsch als Zweitsprache. Tübingen: Narr, 153-166.

PH Freiburg (2009): Master-Studiengang Deutsch als Zweit- und Fremdsprache. Verfügbar unter: http://www.ph-freiburg.de/studium/studiengaenge/master-studiengang-deutsch-als-zweit-und-fremdsprache/studienmodule-uebersicht.html, 30.12.2009.

VI. Lernbereich Mathematik

Erklärungsfaktoren für dynamische Selbstkonzepte bei Grundschulkindern

Frank Hellmich, Frederike Günther & Sebastian Sievers

1 Zusammenfassung

Aus der Lehr-Lernforschung ist bekannt, dass dynamische bzw. statische Selbstkonzepte von Kindern beeinflusst werden durch das von ihnen wahrgenommene Feedback ihrer Lehrerinnen und Lehrer. In dem vorliegenden Beitrag werden erste Befunde aus der Langzeitstudie „Selbstkonzepte und Attributionen im Mathematikunterricht der Grundschule" (SAM-G) berichtet, bei der das von Kindern wahrgenommene Feedback seitens der Grundschullehrkräfte im Zusammenhang mit ihren Selbstkonzepten (dynamisch versus statisch) betrachtet wurde. Die Befunde verdeutlichen signifikante Zusammenhänge zwischen durch Kinder perzipiertem positivem Feedback und dynamisch ausgeprägten Selbstkonzepten einerseits und wahrgenommenem negativen Feedback und statischen Selbstkonzepten andererseits.

2 Theoretischer und empirischer Hintergrund

Zum Bildungsauftrag der Grundschule zählt – folgt man aktuellen Diskussionspapieren (s. z.B. Valtin 2006) – die Unterstützung bei der (leistungsbezogenen) Persönlichkeitsentwicklung. Hierzu zählen beispielsweise der Umgang mit eigenen Emotionen, der produktive Umgang mit Erfolgen und Misserfolgen sowie die Entwicklung von Kompetenzbewusstsein bei Kindern im Grundschulalter. Als weitere zentrale Fähigkeiten, die von Kindern im Laufe der Grundschulzeit in diesem Zusammenhang erworben werden sollen, werden geeignete implizite Überzeugungen in Bezug auf die Entwicklung eigener Kompetenzen erachtet. Beispielsweise werden unter dynamischen bzw. statischen Selbstkonzepten von Kindern implizite Überzeugungen in Bezug auf die Genese eigener Fähigkeiten und Fertigkeiten verstanden. Verfügt ein Kind über ein dynamisches Selbstkonzept, so geht es implizit davon aus, dass seine eigenen Fähigkeiten grundsätzlich durch eigenes Zutun veränderbar sind. Zeigt es hingegen eine eher statische Ausprägung in Hinblick auf seine selbstbezogenen Kognitionen, so werden Attribute, Fähigkeiten und Fertigkeiten als weitgehend unveränderlich betrachtet (s. Dweck 2000).

Die Entwicklung dynamischer bzw. statischer Selbstkonzepte bei Kindern im Grundschulalter wird – dies kann theoretisch angenommen werden – determiniert durch die im Klassenzimmer von Grundschullehrkräften gegebenen Rückmeldungen. Diese Rückmeldungen – ob nun positiv oder negativ getönt – werden von Kindern in einer spezifischen Weise wahrgenommen und gedeutet. Burnett (2003) konnte beispielsweise bei älteren Schülerinnen und Schülern der Sekundarstufe nachweisen, dass fähigkeitsbezogenes Feedback grundsätzlich negative selbstbezogene Gedanken begünstigt und sich entsprechend auf Ausprägungsgrade von statischen Selbstkonzepten niederschlägt; umgekehrt konnte er im Rahmen seiner Studie verdeutlichen, dass anstrengungsbezogenes Feedback zu positivem Self-Talk und auf diese Weise zu dynamischen Selbstkonzepten führt. Diese Untersuchungsergebnisse legen den Schluss nahe, dass die Entwicklung statischer im Vergleich zu dynamischen Selbstkonzepten immens durch das Rückmeldeverhalten von Lehrerinnen und Lehrern determiniert wird. Auf dieser Grundlage gehen wir davon aus, dass es bereits bei Schülerinnen und Schülern im Grundschulalter einen signifikanten Zusammenhang zwischen dem von ihnen wahrgenommenen Feedback (positiv versus negativ) und den jeweiligen Ausprägungen ihrer dynamischen bzw. statischen Selbstkonzepte gibt. Im Detail nehmen wir dabei einerseits an, dass Kinder mit hohen dynamischen Selbstkonzepten in der Regel von ihren Lehrerinnen und Lehrern eher positive Rückmeldungen erhalten als Kinder mit niedrigen dynamischen Selbstkonzepten. Im Umkehrschluss gehen wir andererseits davon aus, dass Schülerinnen und Schüler mit stark ausgeprägten statischen Selbstkonzepten von ihren Mathematiklehrerinnen und -lehrern häufiger negatives Feedback erfahren, als Kinder mit niedrigen statisch ausgeprägten Selbstkonzepten.

3   Empirische Studie

3.1   Stichprobe

An der Langzeitstudie sind zum ersten Messzeitpunkt N= 593 Schülerinnen und Schüler – 272 Mädchen und 321 Jungen – des dritten und vierten Schuljahres aus Grundschulen in und um Vechta beteiligt gewesen. Zum Zeitpunkt der Untersuchung besuchten 306 der befragten Kinder das dritte Schuljahr, 287 das vierte Schuljahr.

3.2   Methode

Zur Erfassung dynamisch und statisch ausgeprägter Selbstkonzepte wurden Skalen entwickelt, die gute teststatistische Kennwerte aufweisen: Skala „Dynamisches Selbstkonzept" (8 Items; α=.73; M=4,43; SD=0,57; Beispielitem:

„Wenn ich mich mehr anstrenge, kann ich in Mathe besser werden.") und Skala „Statisches Selbstkonzept" (8 Items; α=.79; M=1,32; SD=0,52; Beispielitem: „Mathe werde ich nie können."). Das von den Kindern perzipierte Feedback (positiv/negativ) wurde wie folgt operationalisiert: Skala „Positives Feedback" (13 Items; α=.92; M=2,98; SD=0,79; Beispielitem: „Du bist sehr fleißig in Mathe.") und Skala „Negatives Feedback" (9 Items; α=.80; M=1,96; SD=0,61; Beispielitem: „Du machst viele unnötige Fehler in Mathe.").

Die Kinder beantworteten die vorgegebenen Aussagen im Rahmen eines Fragebogens im Klassenverband. Ihnen wurden analog zu der Likert-Skala folgende Antwortmöglichkeiten offeriert: 1=stimmt gar nicht, 2=stimmt nur teilweise, 3=unentschieden, 4=stimmt größtenteils, 5=stimmt genau.

3.3   Ergebnisse

Die ermittelten Befunde verdeutlichen signifikante Korrelationen in Bezug auf das von Kindern wahrgenommene positive Feedback und dynamische Selbstkonzepte (s. Tab. 1): Diejenigen Kinder, die aus ihrer Sicht positives Feedback seitens der Grundschullehrkräfte erhalten, verfügen über deutlich stärker ausgeprägte Selbstkonzepte als Kinder, die seltener positiv gelobt werden.

	Positives Feedback	Negatives Feedback
Dynamisches Selbstkonzept	.14**	-.02
	N=500	N=516
Statisches Selbstkonzept	-.25**	.33**
	N=499	N=518

Tab. 1:   Interkorrelationsmatrix: Selbstkonzept (dynamisch versus statisch) und Feedback (positiv versus negativ); *p≤.05, **p≤.01, ***p≤.001

Weiterhin wird ein signifikanter Zusammenhang zwischen dem von Kindern perzipierten negativen Feedback und dem Vorhandensein statischer Selbstkonzepte deutlich. Hier zeigt sich im Detail, dass Kinder, die aus ihrer Perspektive häufig negative Rückmeldungen seitens ihrer Mathematiklehrerinnen und -lehrer erhalten, in stärkerem Maße über statische Selbstkonzepte berichten als Kinder, die seltener während des Mathematikunterrichts auf Fehler und Defizite aufmerksam gemacht werden.

Wirft man einen detaillierten Blick auf die in Tabelle 1 dargestellten Befunde zum ersten Messzeitpunkt der Langzeitstudie, so wird – wie theoretisch zu erwarten war – deutlich, dass zwischen dem von Kindern wahrgenommenen positiven Feedback im Klassenzimmer und statischen Selbstkonzepten eine signifikante negative Korrelation vorliegt. Kinder mit niedrig ausgeprägten statischen Selbstkonzepten erhalten von ihren Mathematiklehrerinnen und -lehrern demzufolge häufiger positive Rückmeldungen als solche, die hohe Ausprägungen auf der Skala „Statisches Selbstkonzept" zeigen.

4 Zusammenfassung und Diskussion der Ergebnisse

Die im Rahmen des ersten Messzeitpunkts der Langzeitstudie „Selbstkonzepte und Attributionen im Mathematikunterricht der Grundschule" (SAM-G) ermittelten Befunde verdeutlichen enge Zusammenhänge zwischen den von den Grundschulkindern wahrgenommenen Rückmeldungen und ihren dynamischen bzw. statischen Selbstkonzepten. Wie theoretisch angenommen wurde, sind dabei auf der Basis der zugrunde liegenden Daten Zusammenhänge zwischen positiven Feedbacks und dynamischen Selbstkonzepten einerseits und negativen Rückmeldungen und statischen Selbstkonzepten andererseits zu beobachten. Allerdings fallen die Korrelationen eher schwach aus, so dass – im Abgleich mit Studien, an denen ältere Schülerinnen und Schüler beteiligt waren (s. z.B. Burnett 2003) – zu vermuten ist, dass das Zusammenspiel von Rückmeldungen und Selbstkonzepten im Laufe der Schulzeit enger wird. Dies wird noch im Rahmen weiterer Forschungsarbeiten zu zeigen sein. Weiterhin ist ungeklärt, wie sich konkrete Ursache-Wirkungsmechanismen in Hinblick auf die hier betrachteten Zusammenhänge verhalten. Theoretisch kann dabei angenommen werden, dass Kinder mit angemessen ausgeprägten dynamischen Selbstkonzepten mit positiven bzw. negativen Rückmeldungen entsprechend kompetenter umgehen als Kinder, die über hohe statische Selbstkonzepte in Bezug auf ihre eigenen mathematischen Fähigkeiten verfügen.

Literatur

Burnett, P. (2003): The Impact of Teacher Feedback on Student Self-Talk and Self-Concept in Reading and Mathematics. In: Journal of Classroom Interaction 38/1, 11-16.

Dweck, C. (2000): Self-Theories. Their Role in Motivation, Personality, and Development. Lilington, NC: Edwards Brothers.

Valtin, R. (2006): Grundschule – die Schule der Nation. Überlegungen zum Bildungsauftrag der Grundschule. In: Lehren und Lernen. Zeitschrift für Schule und Innovation in Baden-Württemberg 32/2, 4-11.

Gestik als Ausdruck mathematischer Ideen in Gesprächen von Grundschüler/innen

Melanie Huth

1 Einführung

Gestik als Teil unseres multimodalen Sprachsystems bietet vielfältige und von der Lautsprache verschiedene räumlich-bildhafte Ausdrucksmöglichkeiten. Während die Lautsprache grammatikalisch und hierarchisch strukturiert ist, folgt Gestik in Raum, Form und Bewegungsweise den motorischen Möglichkeiten, aber keinem festgelegten System. Die meist linguistisch geprägte Forschungsliteratur zur Gestik geht von einem integrativen Sprachsystem beider kommunikativen Modi aus, die komplex ineinanderwirken und größtenteils gemeinsam, neurologischen Befunden zur Folge, auch in gleichen Hirnrealen, produziert und gesteuert werden (Goldin-Meadow 2005; Wachsmuth 2006). McNeill (1992) beschreibt Gestik und Lautsprache als „different sides of a single underlying mental process" (ebd., 12). Mit Blick auf die Bedeutung von Gestik als eine der frühesten Möglichkeiten der Interaktion mit der Umwelt, ist die spontan geäußerte redebegleitende Gestik in Lernsituationen von besonderem Interesse. Im vorliegenden Beitrag wird daher der Zusammenhang von Gestik und Lautsprache in mathematischen Gesprächen von Grundschüler/innen fokussiert, um Zugänge zu ihren mathematischen Vorstellungen und Konzepten eröffnen zu können.

2 Theoretische Rahmung – Gestik und Lernen

Gestik wird als Bewegungen der Arme und Hände verstanden, die keine funktionale Handlung an einem Objekt, sondern kommunikative Funktionen intendieren (Goldin-Meadow 2005). In Anlehnung an Sabena (2008) kann die bei mathematischen Aktivitäten geäußerte Gestik beschrieben werden als *„all those movements of hands and arms [...] which are not a significant part of any other action (i.e. writing, using a tool,...)"* (ebd., 21, *kursiv* von Sabena). Dies unterstreicht die Abgrenzung zum Umgang mit verschiedenen Veranschaulichungsmitteln bei mathematischen Aktivitäten. Zur näheren Beschreibung von Gestik finden sich in der Literatur verschiedene Kategoriensysteme. Wegweisend ist das Kategoriensystem von McNeill (1992): Er unterscheidet zwischen ikonischen (stellen konkrete Objekte dar), deiktischen (Zeigegesten) und

metaphorischen (verweisen auf abstrakte Objekte/Gedanken) Gesten sowie sogenannten Beatgesten (ohne inhaltliche Bedeutung, Taktung des Sprachrhythmus),
wobei Überschneidungen möglich sind (Huth 2009).

Im Sinne des vorliegenden Forschungsvorhabens ist die Bedeutung von
Gestik in Lernsituationen von besonderem Interesse. Goldin-Meadow (2005) beschreibt Gestik als Fenster zu mentalen Repräsentationen der sprechenden Person und entwickelt die Theorie der *matches* (überschneidende Inhalte von Gestik
und Lautsprache) und *mismatches* (nicht-überschneidende kontextbezogene Inhalte von Gestik und Lautsprache). „Mismatches marks a child as being open to
instruction, and thus on the precipice of learning" (ebd., 40). Dieser Erkenntnis
folgend sind insbesondere *mismatches* im Hinblick auf mathematische Konzept-
entwicklung bedeutsam Givri/Roth (2006) knüpfen an Annahmen bezüglich verdichteter Lernmöglichkeiten bei *mismatches* an: Bei dem Erwerb einer an der
Fachkultur Mathematik orientierten Sprache und mathematischen Lernprozessen
messen sie der Gestik eine besondere Bedeutung bei. „Conceptions are under-
stood as the dialectical relation of simultaneously available speech, gestures, and
contextual structures" (ebd., 1086). Radford (2005) verfolgt ein materielles und
multimodales Konzept des Denkens. Als genuine Bestandteile des Denkens und
Versuch des Umgangs mit abstrakten kulturellen Ideen der Umwelt betont Radford die kognitive Rolle von Gesten bei der Auseinandersetzung mit mathematischen Inhalten und beschreibt Denken als Koordination vielfältiger semiotischer Ressourcen (ebd.; Arzarello 2006).

3   Untersuchungsdesign – Gestik als Zugang zum mathematischen Denken

In Anlehnung an die dargestellten theoretischen Ausführungen soll die Bedeutung von Gestik mit der genutzten Lautsprache in Bezug auf mathematische
Konzepte von Grundschüler/innen erforscht werden. In der geplanten Untersuchung bearbeiten Zweitklässler/innen in Partnerarbeit ihnen unbekannte mathematische Aufgaben aus den Bereichen Größen, Geometrie und Kombinatorik.
Die entstehenden Gesprächssituationen werden videografiert, transkribiert und in
einer ersten Analyse in zwei Schritten ausgewertet: 1) Gestenanalyse: „gesture-
by-gesture" (turn-by-turn) zur Aufstellung von Deutungsalternativen. 2) Laut-
sprachenanalyse: Evaluation dieser Deutungsalternativen. Die Trennung von
Gestik und Lautsprache in der Analyse erscheint trotz integrativem Sprachsystem sinnvoll: Die Gestik kann zunächst ohne Dominanz der Lautsprache anhand
des Transkriptes intensiv nachvollzogen und analysiert und anschließend, dem
Forschungsfokus entsprechend, mit der Lautsprache in Zusammenhang gebracht
werden. Analysegrundlage stellt eine Transkriptpartitur (s. Abb. 1 unten) dar.
Äußerungen werden in einer gestischen (gs) und verbalen Zeile (vb) transkribiert

und durch eine zeit-räumliche Beschreibung der Gesten ergänzt (zur näheren Erläuterung Huth 2009).

4   Erste Erkenntnisse – Miranda bestimmt das Würfelvolumen

Im vorliegenden Beispiel beschäftigen sich zwei Schülerinnen mit der Volumenbestimmung eines 3x3x3 Würfelkantenmodells. Als Material standen ihnen Holzwürfel und das Kantenmodell zur Verfügung. Miranda erwähnte im Rahmen der vorher ausgehandelten Strategie des Abzählens zur Volumenbestimmung mehrmals den Begriff „Schichten". Interessant ist die Frage, welche Gestik wie genutzt wird, um mathematische Ideen, z.b. die der „Schichten", in Zusammenhang mit der Lautsprache auszudrücken.

M[gs]	°----1------------2----------------3.--------	1	M startet mit dem Mittelfinger auf H23 von S5 aus, die
M[vb]	Ja hier sind ja drei dann zähl ich von	2	rechte Hand bleibt auf der Tischplatte (Afp), die linke
		3	Hand wird ca. 5 cm angehoben, formt eine G-Form, zeigt
		4	mit dem Zeigefinger auf H25 von S3 aus (1) und fährt mit
M[gs]	----------4.--5.----6.	5	dem Zeigefinger nach unten Richtung Tischplatte/H7, die
M[vb]	drei hier da [.] da [.]	6	rechte Hand verbleibt in der liegenden Position (2), die
		7	linke Hand wird in G-Form nach oben bewegt, der linke
		8	Zeigefinger zeigt auf H25 von S5 aus, fixiert diese
		9	Position (3.), M „läuft" mit Fingern über von S5 aus zu
		10	sehenden Würfel, indem sie den Mittelfinger auf H24 setzt
		11	(4.), den Zeigefinger auf H19 (5.), den Mittelfinger auf
		12	H20 (6.)#
M[gs]	-7.----8.-----9.----10.----11.----°	13	#weiter tippend (mit Mittelfinger) auf H21 (7.), H22 (8.),
M[vb]	da [.] da [.] da [.] da [.] da [.] also <	14	H27 (9.), H26 (10.) und H23 (11.), nimmt die linke Hand
	(unverständlich)	15	zurück, legt sie, wie die immer noch vor dem Oberkörper
		16	auf der Tischplatte aufliegende rechte Hand, der linke
		17	Oberkörper mit angewinkeltem Unterarm ab, die Hand in
		18	Staffelhandform mit der Handkante die Tischplatte
		19	berührend, die Handfläche zum Oberkörper hin
		20	ausgerichtet, der Blick auf den Würfel (Edp)

Abb. 1:   Transkript bei der ausgehandelten Strategie des Abzählens mit Miranda

Miranda nutzt hauptsächlich deiktische, teilweise ikonische Gesten: Sie deutet auf sichtbare Holzwürfel als Zeichen für „Schicht". Ihr verbales Sprachrepertoire umfasst u.a. „hier", „da", „hier sind ja drei" und vorher bereits „Schicht". Mit ihrer Gestik verweist Miranda auf für sie bedeutende geometrische Eigenschaften des Würfels für eine mögliche Zählstrategie (3er Bündelung als „Schicht"). Mit ausgestrecktem Finger lokalisiert sie „Schichten" in einer möglichen Zählreihenfolge. Gestisch beschreibt sie in Zeile 4-6 eine Holzwürfel*säule* und drückt damit hier eine „Säulenvorstellung" der von ihr genannten „Schichten" aus, was durch eine rein lautsprachliche Analyse nicht rekonstruierbar wäre. Lautsprache und Gestik drücken nicht überschneidende Inhalte (Schicht – Säule) aus, was auf einen *mismatch* und auf eine mögliche Konzeptveränderung zum Volumen hindeutet. Die Berührung der von oben sichtbaren Holzwürfel (Zeile 9ff.) markiert bereits gezeigte Säulen/Würfel und verhindert Doppelungen. Gestik drückt aus, was verbal schwer zu beschreiben wäre (Säule als Schicht). Lautsprache und Gestik („da" + Zeigen) stellen rhythmisch eine geeignete Strategie (noch) ohne sicht- und hörbares Zählen der Holzwürfel dar.

5 Ausblick

Bei ersten Analysen von Vorstudiendaten ermöglicht es insbesondere die Kategorie der *mismatches* dichte Stellen bezüglich mathematischer Konzepte der Kinder ausfindig machen zu können. In der weiteren Forschungsarbeit wird die theoretische Rahmung mithilfe semiotischer Ansätze erweitert und diese für die Analyse nutzbar gemacht. Zur Weiterentwicklung des Analyseinstruments und für vertiefende Einblicke in Gestik als Teil des semiotischen Zeichensystems wird die Zeichentheorie von C. S. Peirce (Fricke 2007) genutzt. Durch Mikroanalysen, anknüpfend an bestehende Analyseschritte, soll insbesondere die Relation von Gestik und Lautsprache an solch dichten Stellen in mathematischen Gesprächssituationen – nach der getrennten Analyse – herausgearbeitet werden.

Literatur

Arzarello, F. (2006): Semiosis as a Multimodal Process. In: Revista Latinoamericana de Investigacion en Matematica Educativa, número especial, 267-299.
Fricke, E. (2007): Origo, Geste und Raum. Lokaldeixis im Deutschen. Berlin: de Gruyter.
Goldin-Meadow, S. (2005): Hearing Gesture. How our Hands help us Think. Cambridge: Belknap Press of Harvard University Press.
Givry, D./Roth, W.-M. (2006): Toward a New Conception of Conceptions. Interplay of Talk, Gestures, and Structures in the Setting. In: Journal of Research in Science Teaching 43/10, 1086-1109.
Huth, M. (2009): Redebegleitende Gestik in mathematischen Kindergesprächen. In: Beiträge zum Mathematikunterricht 2009. Münster: WTM.
McNeill, D. (1992): Hand and Mind. What Gestures Reveal about Thought. Chicago: University of Chicago.
Radford, L. (2005): Why do Gestures matter? Sensuous Cognition and the Palpability of Mathematical Meanings. In: Chick, H.L./Vincent, J.L. (Eds.): Proceedings of the 29th Conference of the International Group for the Psychology of Mathematics Education 1, 143-145.
Sabena, C. (2008): On the Semiotics of Gestures. In: Radford, L. et al. (Eds.): Semiotics in Mathematics Education. Rotterdam: Sense Publishers, 19-38.
Wachsmuth, I. (2006): Der Körper spricht mit. In: Gehirn & Geist 4, 40-47.

Grundschulkinder bringen in Tandemgesprächen ihre mathematischen Konzepte zum Ausdruck

Rose Vogel

1 Einführung

Im Zentrum der Ausführungen stehen Tandemgespräche zu mathematischen Aufgabenstellungen von Grundschulkindern. Diese finden außerhalb des regulären Mathematikunterrichts statt und werden von Grundschullehramtsstudierenden initiiert, begleitet, dokumentiert und analysiert. So bieten zum einen die so konzipierten Tandemgespräche den beteiligten Kindern Diskursräume intensiver Auseinandersetzung mit mathematischen Aufgabenstellungen. Gleichzeitig geben sie den Studierenden die Möglichkeit, auf der Basis sprachlicher Beschreibungen und sichtbarer Handlungen, die bei den beteiligten Kindern vorhandenen und für die Fragestellung hilfreichen individuellen mathematischen Konzepte zu rekonstruieren.

2 Mathematische Tandemgespräche von Grundschulkindern

Das zweidimensionale linguistische Modell nach Koch/Oesterreicher (2007; s. auch Fetzer 2007, 77ff.) erlaubt es Kommunikationssituationen und damit Tandemgespräche auf zwei Ebenen zu beschreiben. Auf der medialen Ebene bedeutet dies zwischen „graphisch" (schriftlich) und „phonisch" (mündlich) zu unterscheiden. Auf der konzeptionellen Ebene sind Aussagen im Hinblick auf den Grad der „kommunikativen Nähe bzw. Distanz" möglich (Koch/Oesterreicher 2007, 350) Die beiden Autoren charakterisieren das Kontinuum zwischen den beiden Polen der „kommunikativen Nähe" und der „kommunikativen Distanz" mit Hilfe von kommunikativen Parametern wie z.B. „Vertrautheit der Kommunikationspartner", „kommunikative Kooperation" für den „konzeptionellen Extrempol" der „kommunikativen Nähe" (ebd., 351).

Auf dieser Grundlage lassen sich mathematische Tandemgespräche von Grundschulkindern als „Kommunikationsform" (ebd., 351) beschreiben, die sich durch eine hohe „kommunikativen Nähe" auszeichnen. Dies befördert die Intensität der Auseinandersetzung mit der mathematischen Aufgabenstellung und die potenzielle Initiierung eines mathematischen Verstehensprozesses (s. Vogel/ Huth 2009, 38/39).

„Verstehen bedeutet Generierung von Bedeutung durch und von Sinn für den Verstehenden, die nicht etwa in den wahrgenommenen Zeichen und Symbolen fertig, gleichsam übernehmbar gegeben sind. Sie werden im Verstehensprozeß durch Entschlüsseln, Deuten, Rekonstruieren oder Konstruieren erst geschaffen." (Maier/Steinbring 1998, 320)

Beispiel:
Aufgabenstellung: Emma hat in ihrem Beutel zwei rote Kirschbonbons und sechs grüne Apfelbonbons. Sie zieht viermal aus ihrem Beutel und schenkt die gezogenen Bonbons ihrem Bruder Tom. Welche Bonbons kann Tom bekommen? Findet alle voneinander verschiedenen Möglichkeiten! (s. Vogel/Huth 2009, 39)

Kinder (1. Klasse) eines Gesprächstandems haben mehrmals vier Bonbons aus dem Beutel gezogen und unterschiedliche Kombinationen gefunden, die sie auf einem Blatt Papier dokumentieren (s. Abb. 1).

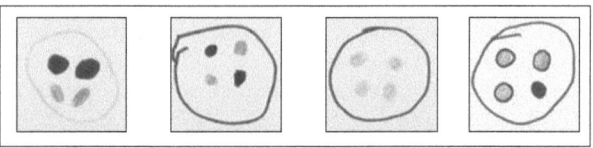

Abb. 1:   Dokumentation der gefundenen Bonbon-Kombinationen durch die Kinder (s. ebd., 41)
Dunkle Kringel entsprechen den roten Bonbons, helle den grünen

An verschiedenen Stellen des Tandemgesprächs wird von den Kindern überlegt, welche weiteren Kombinationen noch möglich sind. Dabei nehmen sie auf die konkreten Ergebnisse des Ziehens Bezug, diskutieren aber auch im Vorfeld des konkreten Ziehens, welches Ergebnis jetzt in Hinblick auf eine neue weitere Kombination von Bonbons im Sinne der Aufgabe besonders günstig wäre. Gegen Ende des Gesprächs wird von den Kindern thematisiert (auch angeregt von der erwachsenen Person, die das Tandemgespräch begleitet), ob sie alle möglichen Kombinationen haben und ob die beiden linken Ergebnisse mit zwei roten und zwei grünen Bonbons (s. Abb. 1) sich unterscheiden (s. auch Transkriptausschnitt unten). Ebenfalls wird von den Kindern überlegt, ob „Tom" drei rote und ein grünes Bonbons bekommen kann. Die Kinder schließen dies aber aufgrund der Gesamtanzahl der roten Bonbons aus.

| S1 | Ich glaub ich nich wegen (.) wenn der T o m die dann so anderst legt [zeigt auf zweite Möglichkeit] dann is ja dann auch des Gleiche [zeigt auf zweite Möglichkeit] (..) hätten wir (.) die [zeigt auf die dritte gefundene Möglichkeit; S2 nimmt roten Stift] könnten wir ihm geben |

Das Beispiel zeigt, dass mathematisches Verstehen in dem sich gegenseitig beeinflussenden Deuten und Rekonstruieren der mathematischen Anforderung stattfindet. Die Frage nach der möglichen Zusammenstellung von Bonbons, die „Tom" erhalten kann wird von den Kindern immer wieder neu ausgedeutet und damit findet eine Annäherung an das mathematische Konzept statt, das sich mit der Auswahl und der möglichen Zusammenstellung der Objekte beschäftigt. Dieses „Auswahlkonzept" ist zentral für kombinatorische Aufgabenstellungen (Vogel/Huth 2009, 40; Vogel/Huth 2010 in Vorb.).

3   Mathematische Konzepte kommen zum Ausdruck

Mathematische Konzepte bieten den Erklärungs- und Verstehensrahmen für mathematische Fragestellungen. Es kann zwischen den individuellen Konzepten der Lernenden und den formalen Konzepten der mathematischen Experten unterschieden werden (s. Prediger 2008, 6). Dabei beeinflusst der Entwicklungsstand bzw. der Zugangs- und Verfügungsgrad des Individuums in welcher Weise individuelle und formale Konzepte für die Situation genutzt bzw. als identisch wahrgenommen werden. Zum Ausdruck kommen die mathematischen Konzepte unter anderem in den sprachlichen Formulierungen und den Handlungen der Akteure. Außerdem beeinflusst die Situation, die unter anderem bestimmt wird durch die Aufgabenstellung und die Interaktionspartner und -partnerinnen, welche Konzepte aktiviert bzw. wie diese zum Ausdruck gebracht werden.

Im beschriebenen Beispiel wird deutlich, dass den Grundschulkindern intuitiv klar ist, dass es um eine Auswahl von Bonbons geht, bei der die Anordnung keine Rolle spielt. Die Kinder machen dies deutlich, indem sie im Kontext der Aufgabe argumentieren und die Perspektive der fiktiven Person „Tom" übernehmen. Sie wählen z.B. keine Formulierung im Sinne von „aus einer gegebenen Menge mit n Elementen sollen k Elemente ohne Zurücklegen und ohne Beachtung der Reihenfolge entnommen werden". Sie bleiben in der Welt der Aufgabe und verhandeln in diesem Kontext, welche möglichen Kombinationen der Länge k gefunden werden können. Die in der Dokumentation gewählte Mengendarstellung deutet ebenfalls daraufhin, dass die Kinder intuitiv von der Irrelevanz der Reihenfolge ausgehen, sich aber nicht sicher sind und dies im Verlauf des Gesprächs klären.

Die Analyse von Kinder-Tandemgesprächen zeigt, dass Kinder häufig zunächst alltagssprachliche Begriffe verwenden, die oftmals im Kontext der mathematischen Aufgabenstellung neu gefasst werden und individuelle Vorstellungen und mathematische Konzepte zum Ausdruck bringen. Sie werden ausgetauscht oder weiterentwickelt in dem Maße wie es der Sache und der Verständigung mit einer Tandempartnerin, einem Tandempartner dient. Bei jüngeren Kindern findet der Austausch häufig ausschließlich auf der Handlungsebene statt (s. Beispiel).

4   Mathematisches Verstehen in doppeltem Sinne

Die Tandemgespräche werden von Studierenden des Grundschullehramts in Veranstaltungen vorbereitet und in Form von Didaktischen Design Pattern dokumentiert (s. Vogel/Wippermann 2005; Vogel/Huth 2009, 40). Neben der Beschreibung des Materials und der Durchführung beschäftigen sich die Studierenden dabei ausführlich mit dem mathematischen Gehalt der Lehr-Lernumgebung. Diese Auseinandersetzung bildet der Ausgangspunkt für die Analyse ausgewählter Sequenzen der videografierten Tandemgespräche und damit der Annäherung an die mathematischen Konzepte der Kinder und damit einem ersten Verstehen des mathematischen Verstehensprozesses der Kinder.

Literatur

Fetzer, M. (2007): Interaktion am Werk. Eine Interaktionstheorie fachlichen Lernens, entwickelt am Besipiel von Schreibanlässen im Mathematikunterricht der Grundschule. Bad Heilbrunn: Klinkhardt.

Koch, P./Oesterreicher, W. (2007): Schriftlichkeit und kommunikative Distanz. In: Zeitschrift für Gemanistische Linguistik 35/3, 346-375.

Maier H./Steinbring, H. (1998): Begriffsbildung im alltäglichen Mathematikunterricht – Darstellung und Vergleich zweier Theorieansätze zur Analyse von Verstehensprozessen. In: Journal für Mathematik-Didaktik 19/4, 292 - 329.

Prediger, S. (2008): The Relevance of Didactic Categories for Analysing Obstacles in Conceptual Change: Revisting the Case of Multiplication of Fractions. In: Learning and Instructions 18, 3-17.

Vogel, R./Huth, M. (2009): Können wir auch rot-rot-rot nehmen? In: Die Grundschulzeitschrift 23/222 u. 223, 38-41.

Vogel, R./Huth, M. (2010, in Vorb.): Mathematical Cognitive Processes between the Poles of Mathematical Technical Terminology and the Verbal Expressions of Pupils. (erscheint in Proceedings of the Sixth Congress of the European Society for Research in Mathematics Education, Lyon 28th January – 1st February 2009.)

Vogel, R./Wippermann, S. (2005): Transferstrategien im Projekt VIB – Didaktische Design Pattern zur Dokumentation der Projektergebnisse. In: Bescherer, C. (Hrsg.): Einfluss der neuen Medien auf die Fachdidaktik. Baltmannsweiler: Schneider, 39-60.

Anmerkung: Ich danke der Römerstadtschule Frankfurt/Main und Melanie Huth, wissenschaftliche Mitarbeiterin am IDMI der Goethe-Universität Frankfurt/Main für die Unterstützung in der Arbeit mit dem Format „Tandemgespräche".

VII.   Lernbereich Sachunterricht

Piraten?! Erhebung und instruktionslogische Analyse populärhistorischer Vorprägungen von Geschichtsbewusstsein im Grundschulalter

Nicola Eisele-Brauch

Historisches Lernen ist in der Grundschule im Sachunterricht verortet. Wie empirische Studien gezeigt haben, sind Kinder im Alter zwischen 8 und 12 Jahren im Vergleich zur Adoleszenz besonders interessiert an historischen Themen (Kölbl 2004; Schenk 2007) – gleichzeitig zeigen entwicklungspsychologische Forschungen, dass in dieser Phase die Ausprägung des Zeitbewusstseins fällt (Beilner 2004; Schaub 2004). Das Interesse zeigt sich zunächst in der außerschulischen Beschäftigung mit geschichtsaffinen Themen in unterschiedlichsten populärhistorischen Medien und Genres, die einen bedeutenden Einfluss auf die Vorprägung des Geschichtsbewusstseins von Kindern haben (Eisele 2009). Diese Studie geht davon aus, dass der geschichtsdidaktische Anschluss an populärhistorische Heldenerzählungen – hier am Beispiel des Themas Piraten – die Voraussetzung für eine „alltagsrelevante Situation" erfüllt und sich daher für die Messung und Förderung von domänenspezifischen Leistungsdispositionen in besonderer Weise eignet (Koeppen/Hartig/Klieme 2008). Weiter wird davon ausgegangen, dass das Konzept des situierten Lernens diesem kompetenzorientierten Ansatz entspricht (Gruber et al. 1995). Vorprägungen stellen geschichtsaffine kognitive Inhalte bereit, aufgrund derer sich in erster Linie der vorcurriculare Ist-Stand historischer Kompetenzen messen lässt. Im Anschluss an das historische Kompetenzmodell der internationalen Forschergruppe FUER GESCHICHTSBE-WUSSTSEIN (Körber/Schreiber/Schöner 2007) geht der Beitrag davon aus, dass historisches Lernen die Förderung und Entwicklung von reflektiertem und selbstreflexivem Geschichtsbewusstsein zum Ziel hat. Erst die Passung von Unterrichtskonzeption und Kompetenzmodell schafft die Voraussetzung, Erhebungsinstrumente zur Messung von Ist-Stand und Lernprogression historischer Kompetenzen zu entwickeln und zu überprüfen.

1   Methode, Sample und Anliegen der Vorstudie

Im Folgenden werden erste Ergebnisse einer explorativen qualitativen Vorstudie in einer jahrgangsgemischten Klasse 3 und 4 (N=18, 9 Jungen, 9 Mädchen) vorgestellt und diskutiert. Dabei wurden die Methode der Gruppendiskussion und des Lerntagebuches trianguliert. Die Vorstudie integrierte zwei Ebenen im

Umgang mit historischem Lernen: Erstens eine instruktionspragmatische in der konkreten Gestaltung von Unterricht im Anschluss an das Konzept der „curricularen Synthese", das ich unten kurz vorstelle. Zweitens ging es um die geschichtsdidaktische Forschungsfrage, inwiefern die in Schreib- und Sprechanlässen entstandenen schülernarrative Hinweise auf reflektiertes und selbstreflexives Geschichtsbewusstsein beinhalten.

1.1 Instruktionspragmatik: Die „Curriculare Synthese"

Die Unterrichtsreihe umfasste vier Doppelstunden des Sachunterrichts: in der ersten stand die Schulung des Zeitbewusstseins mit Hilfe eines Zeitpfades sowie das Kennenlernen von vier historischen Piraten des karibischen Zeitalters im Vordergrund. Dies bereitete die zweite Doppelstunde vor, in der im Rahmen einer nach Stationen organisierten Lernwerkstatt die geclusterten Interessen der Kinder (Gruppendiskussion, Lerntagebuch) mit den im Bildungsplan Baden-Württemberg (2004) festgelegten Kompetenzen des Sachunterrichts zusammengeführt wurden. Diesen Vorgang nenne ich „Curriculare Synthese". Daraus ergaben sich folgende Stationen: Papagei, Schiffbau, Leben an Bord, Navigation, Entdeckung und als Pflichtstation das Piratenlexikon. Die beiden folgenden Doppelstunden galten der Ergebnissicherung, Integration und dem Transfer des Gelernten auf die Piratenbiographien sowie einer Metareflexion über „Geschichte". Den Abschluss bildete eine Gruppendiskussion, in der ausgewählte Fragen der ersten Aufgabe im Lerntagebuch gemeinsam beantwortet wurden.

1.2 Vorprägung

Im Folgenden fasse ich die zentralen Ergebnisse aus der Auswertung der vorunterrichtlich erhobenen Schülernarrative zusammen. Dabei handelt es sich erstens um die Analyse der leitfadengestützten Gruppendiskussion (GD), zweitens um die Schreibaufforderung „Ein typischer Tag im Leben eines Piraten" (Erzählung), drittens „Formuliere mindestens drei Fragen zum Thema Piraten" (Fragen) und viertens „Zeichne einen typischen Piraten" (Bild).

Vorprägung (Kodierung)	GD (Selbstreflexion der Medien, Inhalte, Interessen)	Erzählung (Narrative Repräsentation der Vorprägung)	Fragen (Lerninteresse, Fragequalität)	Bild (bildnerische Repräsentation der Vorprägung)
	Basteln (Wikingerschiff) Fernsehen (v.a. aktuelle Piraterie) Bücher/Fernsehen (v.a. Pipi Langstrumpf, Jim Knopf) Filme (Piraten der Karibik) Verkleidung (Fastnacht, Silvester) Familie	Rahmen: populärhistorische Stereotypen der karibischen Piraterie Erzählung: kindliche Lebenswelt (Essen, Arbeiten, Schlafen)	Deskriptive Fragen: Sachkultur, Lebenswelt (darunter auch Genderaspekt) Reflektierte Fragen: Moral, Begründung für Piraterie Historische Fragen: Orientierung an Vergangenheit, Gegenwart, Zukunft	Stereotypen des karibischen Piraten (Hut, Bart, Papagei, Holzbein, gestreifte Kleidung, Augenklappe)

Tab. 1:   Ergebnisse der vorunterrichtlichen Datenerhebung

2 Zusammenfassung und Diskussion

Die Vorannahme, dass das populärhistorische Phänomen der Piraterie auf allgemeine Anschlussfähigkeit an Bestände des kindlichen Geschichtsbewusstseins trifft, hat sich vollumfänglich bestätigt. Damit ist die Möglichkeitsbedingung für kompetenzorientiertes, alltagsrelevantes Erlernen kontextspezifischer Leistungsdispositionen (Kompetenzen historischen Denkens) gegeben. Das beinhaltet ein zunächst domänenunspezifisches breites Interesse und hohe Lernmotivation in Bezug auf das Thema (Erzählung, Fragen). Dem Alter entsprechend interessieren sich die Kinder in erster Linie für die Überprüfung lebensweltlicher Sachkultur, die u.a. durch Identifizierung (Perspektivenübernahme) mit den „Helden" motiviert ist. Dazu tragen die moralische und geschlechtliche Ambivalenz des Piraten maßgeblich bei: die Kinder verurteilen Rauben, „Saufen" und Gewalt, sind aber durch das populärhistorisch transportierte Heldenklischee von Freiheit, Stärke, Unerschrockenheit und Rebellion gegen die Norm fasziniert (GD). Neben dem entwicklungspsychologisch begründeten Befund regt gerade die Ambivalenz intrinsisch motiviert reflektierte Frageimpulse nach dem Grund für das moralisch verwerfliche Verhalten an (gerade auch in Bezug auf die modernen Piraten).

Dieser Impuls ist geschichtsdidaktisch für die Entwicklung eines situierten, kompetenzorientierten Lehr-Lernarrangements zu wenden, indem beispielsweise das Verhältnis zwischen Recht und Unrecht, Legalität und Illegalität sowohl auf die moderne als auch auf die karibische Piraterie exemplarisch z.b. im Vergleich der Lebensläufe von Sir Francis Drake und Captain William Kidd und deren jeweiligen Beziehung zur englischen Krone problematisiert wird. Die Überlegungen der Kinder anlässlich des Vergleichs von „König" und „Pirat" (GD) zeigen, dass hier Potenzial zur Förderung von reflektiertem und selbstreflexivem Geschichtsbewusstsein besteht.

Literatur

Beilner, H. (2004): Zum Zeitbewusstsein bei Grundschulabgängern. Fähigkeiten und Strategien zur zeitlichen Ordnung geschichtlicher Sachverhalte. In: Schreiber, W. (Hrsg.): Erste Begegnungen mit Geschichte. Grundlagen historischen Lernens. Neuried: Ars una, 189-233.

Eisele, N. (2009): Kleiner Hobbit und Großer Artus. Populäre mittelalterliche Mythen und ihr Potential für die Förderung historischen Denkens. In: Korte, B./Paletschek, S. (Hrsg.): History goes Pop. Geschichte in populären Medien und Genres. Bielefeld: transcript, 83-103.

Gruber, H./Law, L.C./Mandl, H./Renkl, A. (1995): Situated Learning and Transfer. In: Reimann, P./Spada, H. (Eds.): Learning in Humans and Machines: Towards an Interdisciplinary Learning Science. Oxford: Pergamon, 168-188.

Koeppen, K./Hartig, J./Klieme, E. (2008): Current Issues in Competence Modeling and Assessment. In: Zeitschrift für Psychologie/Journal of Psychology 216, 61-73.

Kölbl, C. (2004): Geschichtsbewusstsein im Jugendalter. Grundzüge einer Entwicklungspsychologie historischer Sinnbildung. Bielefeld: transcript.

Körber, A./Schreiber, W./Schöner, A. (Hrsg.) (2007): Kompetenzen historischen Denkens. Ein Strukturmodell als Beitrag zur Kompetenzorientierung in der Geschichtsdidaktik. Neuried: Ars una.

Ministerium für Kultus, Jugend und Sport Baden-Württemberg (2004) (Hrsg.): Bildung stärkt den Menschen. Bildungsplan 2004 Baden-Württemberg (Grundschule). Verfügbar unter: http://www.bildung-staerkt-menschen.de/unterstuetzung/schularten/GS/faecher/MeNuk, 07.05.2010.

Schaub, H. (2004): Entwicklungspsychologische Grundlagen für historisches Lernen in der Grundschule. In: Schreiber, W. (Hrsg.): Erste Begegnungen mit Geschichte. Grundlagen historischen Lernens. Neuried: Ars una, 253-291.

Schenk, T. (2007): Der Zug ist abgefahren (…) Konzeption und Zwischenergebnisse einer Untersuchung zu geschichtlichen Interessen und historischen Vorstellungen von Schülern im Primar- und Sekundarstufenbereich. In: Zeitschrift für Geschichtsdidaktik, 166-197.

Explorieren und Experimentieren im Science-Center: Ein Beitrag zur naturwissenschaftlichen Grundbildung im Primarbereich?

Hartmut Giest & Sonja Alberts

Science Center haben, seit in San Francisco 1968 das „Exploratorium" eröffnet wurde, weltweit eine schnelle Verbreitung gefunden. Sie sind meistens so konzipiert, dass die in ihnen ausgestellten Exponate auf unterschiedliche Weise so bedient werden können, dass die Besucher angeregt werden, sich interaktiv mit dem präsentierten Phänomen auseinanderzusetzen. Ein Besuch dieser Einrichtungen soll Vergnügen bereiten, soll aber auch einen auf Naturwissenschaft und Technik bezogenen Bildungsprozess anstoßen (s. Schaper-Rinkel/ Gieseke/Bieber 2001). Wobei in der Regel messbare Lernerfolge nicht primäres Ziel der Science Center sind: Sie „sollte(n) ein Feld des unmittelbaren Erlebens von Realität sein, eine Schule der Sinne" (Fiesser 2001).

Dies ist auch das primäre Ziel eines in Potsdam 2004 gegründeten Science Centers. Allerdings hegen dessen Gründer auch die Erwartung, dass durch den Besuch ihres „Exploratoriums" Interesse an Naturwissenschaft bei Kindern und Jugendlichen ab 4 Jahren geweckt wird sowie naturwissenschaftliches Denken und Verstehen angestoßen werden.

Auf dem Hintergrund konstruktivistischer Auffassungen vom Lernen geht man davon aus, dass eine adäquat gestaltete Lernumgebung im Sinne des in ihr steckenden Anregungspotenzials Handlungssituationen entstehen lässt, von denen naturwissenschaftliches Lernen ausgeht (Interesse, Fragen, Erkenntnishaltung und Verständnis). Im Rahmen eines Kooperationsprojektes zwischen dem Exploratorium Potsdam und der Universität Potsdam, Professur Sachunterricht, sollte diese Hypothese bzw. Erwartung empirisch geprüft werden.

Dazu wurden Instrumente entwickelt, die es gestatten, die *Attraktivität* (Welche Exponate ziehen die Kinder an?), die Besonderheiten der *Interaktion,* (Welche [Lern-]Handlungen kennzeichnen den Umgang mit den Exponaten?) sowie *Merkmale des Verständnisses[1] der in den Exponaten präsentierten Phänomene* (Wird Verständnis angeregt?) zu prüfen. Es wurde das Verhalten der Kinder beobachtet und in einem Beobachtungsbogen erfasst, anschließend bzw.

---

[1] Diese Prüfung musste indirekt erfolgen, weil aus Gründen der Konzeption des Exploratoriums jede Analogie mit Schule vermieden werden sollte.

ergänzend dazu erfolgte eine Befragung (5 Fragen zu Attraktivität und Merkmalen des Verständnisses).

Die Auswertung von 689 Datensätzen ergibt folgendes Bild: Die größte Besuchergruppe bilden die Neun- bis Dreizehnjährigen (65%), jedes fünfte Kind ist zwischen 4 und 8 Jahren alt. Die Jungen sind mit 55,7% in der Überzahl.

Attraktivität: Die Verweildauer an den Experimentierstationen ist sehr kurz, aber von Exponat zu Exponat verschieden. Zeiten von 30 Minuten, wie von Fiesser (2001) angegeben, konnten nicht festgestellt werden (s. Abb. 1). Immerhin kommen im Schnitt 64,4% der Kinder zum Exponat zurück. Der Unterschied zwischen Mädchen und Jungen ist hierbei nahezu signifikant (z=-1,879, p=0.06)[2].

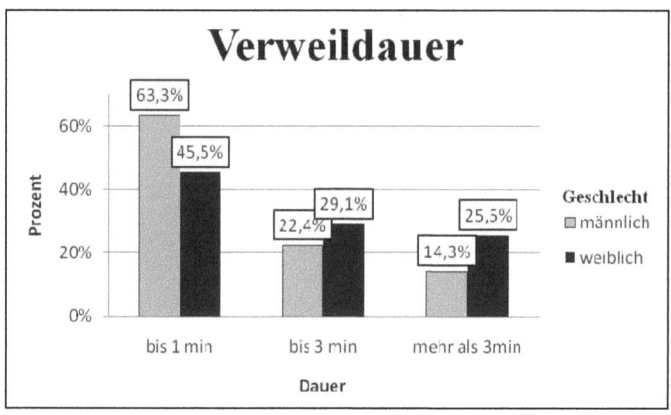

Abb. 1:   Verweildauer an den Exponaten

Interaktion: Während der kurzen Interaktionszeit probieren zwei Drittel aller Kinder das Exponat praktisch aus, ein Drittel sieht lediglich zu. Die meisten Kinder (70,1%) sind an den Stationen mit anderen Kindern zusammen. Hilfe wird von jedem dritten Kind in Anspruch genommen, in 2 von 3 Fällen wird diese durch Lehrkräfte geleistet.

Lerneffekte: Die Beurteilung des Lernzuwachses durch die Kinder fällt relativ positiv aus: 57,8% glauben, etwas Neues gelernt zu haben. Die Aussage „ich habe das Experiment verstanden" wird von 65,5% bejaht, nur jedes fünfte Kind sagt von sich, das Experiment nicht verstanden zu haben. Das Verstehen des Exponats beziehen die Kinder darauf, verstanden zu haben, was zu tun ist, um einen

---

[2] Geprüft wurden auch die abhängigen Variablen Klasse, Alter, Exponat, welche teilweise statistisch relevante Effekte zeigten, was aus Platzgründen hier allerdings nicht mitgeteilt werden kann.

Effekt zu erzielen. Darauf deuten explizite Nachfragen der Beobachter sowie die Tatsache, dass die Aussage „ich kann das Experiment erklären" bzw. „ich kann das Experiment anderen erklären" nur noch von 30,7% bzw. 37,7% mit ja beantwortet wird. 42,9% der Kinder sagen aus, das Experiment weder sich selbst noch anderen erklären zu können. Hierbei ist ein deutlicher Gendereffekt festzustellen: Die Zahl der Mädchen, die angibt, das Experiment anderen nicht erklären zu können ist fast doppelt so hoch wie die der Jungen (Z=-4,138; p<0.001) (s. Abb. 2 und 3).

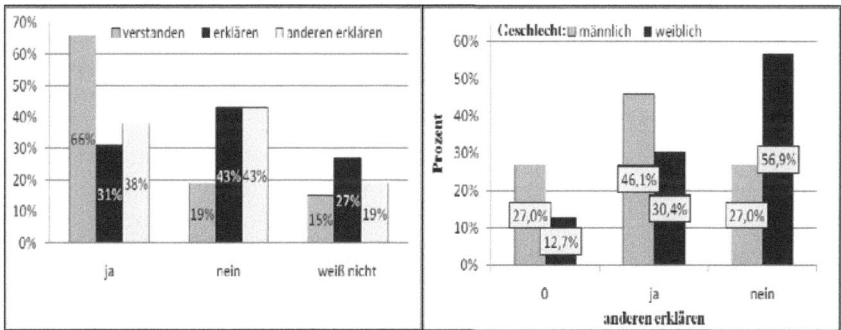

Abb. 2:   Merkmale des Verstehens
Abb. 3:   Experiment anderen erklären können

Damit bestätigen sich die hohen Erwartungen nicht, die dem Besuch eines Science Centers entgegengebracht werden, vielmehr werden kritische Stimmen gestärkt, die einen kognitiven Lerneffekt anzweifeln (s. Jung 2008; Looß 2006).

Um zu prüfen, auf welchem der drei Niveaus (Alltagsvorstellung N1, Mischvorstellung N2, wissenschaftliche Vorstellung N3) die Kenntnisse vorliegen, wurden Probanden einer kleinen Stichprobe (98) gebeten, sich zwischen – auf je unterschiedlichen – Niveaus präsentierten Aussagen über Erklärungen zu entscheiden. Um den Aspekt der sozialen Erwünschtheit, d.h. einer Entscheidung für eine „wissenschaftlich klingende" Erklärung, zu kompensieren, wurde eine Falschantwort N4 eingeführt, die zwar „wissenschaftlich", aber fachlich unsinnig formuliert war. Hier ein Bespiel zum Exponat „Steinkiste ziehen mit Flaschenzug": Warum lässt sich die Steinkiste an der einen Seite leichter ziehen als an der anderen?

N1: Weil das Seil länger ist.

N2: Ich muss länger laufen, dadurch geht es leichter.

N3: Je mehr das Seil umgelenkt wird, desto länger muss ich laufen und desto weniger Kraft muss ich aufwenden.

N4: Durch die Vorrichtung des Flaschenzugs muss ich weniger Kraft aufwenden, die Erdanziehungskraft verringert sich.

Fast die Hälfte der Testpersonen konnte N3 nicht von N4 abgrenzen. Es dominierte die Niveaustufe 2. Dies zeigt, dass aus der bloßen Beschäftigung mit dem Flaschenzug – ob durch Ziehen einer Steinkiste horizontal über den Boden oder durch vertikales Anheben eines Autos – kein Verständnis für das Wesen dieses Gerätes entsteht. Die Abstraktionsleistung „je länger der Weg, desto weniger Kraft muss aufgewendet werden, um die gleiche Arbeit zu verrichten" ist aus der Anschauung nicht ohne weiteres möglich und kann sich dem Kind nur durch instruktionale Hilfen erschließen. Werden diese Hilfen nicht gegeben, finden weiterführende kognitive Prozesse im Sinne naturwissenschaftlicher Lernhandlungen nicht statt. Was bleibt, ist der Spaßfaktor – und Spaß hatten immerhin 92,2% aller befragten Kinder.

Anschließend an diese Pilotuntersuchung, deren differenzierte Datenauswertung noch nicht abgeschlossen ist, erfolgt eine Interventionsstudie mit Grundschüler/innen, in der geprüft werden soll, wie das Lernen am außerschulischen Lernort Exploratorium Potsdam durch geeignete instruktionale Unterstützung so gefördert werden kann, dass dieses Lernangebot für Grundschulen ergänzend zu den dort allerdings sehr eingeschränkt gegeben Möglichkeiten zum naturwissenschaftlichen Lernen sinnvoll genutzt werden kann.

Literatur

Fiesser, L. (2001): Science-Zentren – Interaktive Erfahrungsfelder mit naturwissenschaftlich-technischer Grundlage. Flensburg: Phänomenta (Schriftenreihe zum Interaktiven Lernen, Nr. 1).

Jung, J. (2008): Hauptsache Spaß? In: Giest H./Wiesemann, J. (Hrsg.): Kind und Wissenschaft. Probleme und Perspektiven des Sachunterrichts, Bd. 18. Bad Heilbrunn: Klinkhardt, 175-186.

Looß, M. (2006): Ansichten und Einsichten: Science Center – Lernort oder Spielplatz? In: Unterricht Biologie. Offenes Experimentieren 317, 9/06, 2-3.

Schaper-Rinkel, P./Gieseke, S./Bieber, D. (2001): Science Center. Studie im Auftrag des BMBF. Berlin: VDI/VDE Informationstechnik GmbH, iv.

Bildung für Nachhaltige Entwicklung – eine Chance für die Grundschule?

Katrin Hauenschild, Horst Rode & Dietmar Bolscho

1 Theoretischer Kontext

Die im folgenden Beitrag vorgestellte Lehrerbefragung fokussiert Gelingens-bedingungen für die Verankerung des für Schule und Lehrerbildung zunehmend bedeutsamen Aufgabenfeldes *Bildung für Nachhaltige Entwicklung* (BNE).

Nachhaltige Entwicklung ist in den 1990er Jahren weltweit zum zentralen Leitbild umwelt- und entwicklungspolitischer Prozesse geworden. Nachhaltige Entwicklung vernetzt im Sinne der Retinität (rete = Netz) ökologische, ökonomische und soziokulturelle Aspekte in globaler und zeitlicher Perspektive. In der Zusammenschau von Umwelt und Entwicklung geht es im Kern darum, die An-sprüche zukünftiger Generationen auf Sicherung natürlicher Lebensgrundlagen zu wahren und gleichzeitig die Bedürfnisse heutiger Generationen zu sichern (s. Hauff 1987). Damit zeichnet sich das Leitbild Nachhaltige Entwicklung als ein transdisziplinäres Aufgabenfeld aus, das durch Komplexität und Dynamik gekennzeichnet ist: Es geht um die Tragfähigkeit ökologischer Systeme, um den nachhaltigen (wirtschaftlichen) Umgang mit „Naturkapital", es geht um Armuts-bekämpfung und Friedenssicherung, um die gerechte Verteilung von Ressourcen – auch zwischen den Generationen.

In Bezug auf innovative Bildungsaufgaben in allen Schulstufen fordert das Leitbild Nachhaltige Entwicklung zu grundlegenden Neuorientierungen auf: Auf der *inhaltlichen* Ebene gehen in Bildung für nachhaltige Entwicklung (BNE) An-sätze aus der Umweltbildung und der entwicklungspolitischen Bildung auf, so dass BNE an Traditionen wie Naturpädagogik, Umwelterziehung und -bildung auf der einen und auf der anderen Seite an interkulturelle Bildung, Dritte/Eine-Welt-Pädagogik, globales Lernen, Friedenserziehung usw. anknüpfen kann. Da-rüber hinaus ist BNE inhaltlich an curriculare Strukturen und fachdidaktische Zusammenhänge anschlussfähig (s. Hauenschild/Bolscho 2009): Biologie, Erd-kunde, politische Bildung, Gesellschaftskunde, Arbeit/Technik/Wirtschaft sind z.B. Unterrichtsfächer in der Sekundarstufe, in denen BNE thematische An-knüpfungspunkte findet. Für die Grundschule ist der vielperspektivische Sachun-terricht mit seiner genuin integrativen Konzeption (s. Thomas 2009) das Zentrierungsfach für BNE. Auf der Ebene von *Zielen* geht es bei BNE um die Entwicklung von *Gestaltungskompetenz* als Befähigung zur aktiven und

zukunftsgerichteten Reflexion über und Teilhabe an gesellschaftlichen Entwicklungen im Hinblick auf die ökologischen, ökonomischen und sozialen Folgen
globaler und lokaler Umweltveränderungen.

> „Mit dem Konzept der Gestaltungskompetenz steht somit eine eigenständige
> Urteilsbildung mit dem Ziel der Fähigkeit zum innovativen, am Leitbild der Nach-
> haltigkeit orientierten Handeln im Zentrum innovativer Entwicklung von Schulen,
> Hochschulen und anderen Bildungseinrichtungen" (BMBF 2009, 15).

Bildungsprozesse müssen daher auf der *methodischen* Ebene so angelegt sein,
dass in offenen, selbstinstruktiven und kommunikativen Lernarrangements, z.B.
im projektorientierten Unterricht (s. Hauenschild/Lampe 2009), vernetztes Denken gefördert sowie partizipatives Handeln und reflexive Bewertungsprozesse
ermöglicht werden.

2   Fragestellung und ausgewählte Ergebnisse der empirischen Studie

In der Studie gehen wir der Frage nach, welche Chancen und Grenzen für die
Integration von BNE in die Regelpraxis bestehen. Der Modellversuch BLK-Programm „21" hat gezeigt, dass erhebliche Potenziale für BNE bestehen (s. Rode
2005). Im Rahmen der UN-Dekade ‚Bildung für nachhaltige Entwicklung' 2005-
2014 haben sich inzwischen rund 1600 Projekte mit nachhaltigkeitsorientierten
Ansätzen profilieren können, davon rund 20% an Schulen. Auf der UNESCO-
Weltkonferenz 2009, die die Halbzeit der UN-Dekade markiert, wurde verstärkt
auf die Potenziale von BNE für alle Bildungsbereiche hingewiesen (s. BMBF
2009, 24).

Eine systematische Forschung zur Entwicklung von BNE an Schulen, wie
sie beispielsweise für die schulische Umweltbildung mit mehreren Studien aus
den 1980er und 1990er Jahren vorliegt (s. im Überblick Hauenschild/Bolscho
2009), oder Studien zu Voraussetzungen, schulischen Bedingungen oder Gestal-
tungsmerkmalen von BNE sind jedoch – abgesehen von Modellversuchen und
anderen Großaktivitäten – bisher ein Desiderat.

In der folgenden Untersuchung wurden anknüpfend an eine Pilotstudie
(s. Rode/Bolscho/Hauenschild 2006) Fragebögen von 152 Lehrkräften aus fünf
Bundesländern (Brandenburg, Hamburg, Niedersachsen, Sachsen-Anhalt,
Schleswig-Holstein) ausgewertet: 39% Grundschullehrkräfte, 61% andere Schularten; Durchschnittsalter der Befragten: 46,7 Jahre; 77% weiblich und 23%
männlich. Die Verteilungen der personenbezogenen Merkmale weichen nur un-
wesentlich von der Gesamtheit aller Lehrkräfte ab. Der Anteil von 77%
weiblicher Lehrkräfte ist durch die hohe Zahl befragter Grundschullehrerinnen
und -lehrer zu erklären (zum Vergleich: die Gesamtheit der Lehrkräfte aller

Schularten ist zu 64% weiblich; s. Statistisches Bundesamt 2006). Mit dieser Datengrundlage lassen sich zumindest Tendenzaussagen stützen.

Im Folgenden werden ausgewählte Ergebnisse der Studie vorgestellt: Die Frage, ob sie sich im Unterricht bereits häufiger mit der Thematik Nachhaltige Entwicklung beschäftigt haben, beantworten die Lehrkräfte aus der Sek. I mit fast 40% deutlich häufiger mit „Ja" als ihre Kolleginnen und Kollegen an Grundschulen (GS) mit 30%, bei denen fast die Hälfte (47%) angibt, sich bisher noch nicht mit der Thematik beschäftigt zu haben (Sek. I 30%). Auch bei den Themen, die im Unterricht bisher behandelt wurden, sind die Lehrkräfte der Sek. I vielfältiger und geben häufiger (N=167 Nennungen) als Lehrkräfte an der GS (N=112) Themen wie Energie, Globalisierung, Klimaschutz an, mit denen die Grundanliegen Nachhaltiger Entwicklung mehrdimensional bearbeitet werden können; bei den Grundschullehrkräften ist hingegen knapp ¼ der Themen im Bereich Umwelt/Umweltschutz angesiedelt.

Bei den *Kompetenzen*, die mit den nachhaltigkeitsorientierten Themen gefördert werden sollen, unterscheiden sich die Lehrkräfte aus Grundschulen und den anderen Schularten nur in zwei Punkten: An anderen Schularten wird der globale Bereich (‚Erkennen globaler Umweltveränderungen' und ‚Verständnis anderer Kulturen') als noch wichtiger als die übrigen Kompetenzen betrachtet. Dort zeigen sich keine Unterschiede zwischen den Lehrkräften aus der GS und den anderen Schulen; etwa um den Wert 4 werden zwischen dem Minimum 1 (unwichtig) und dem Maximum 6 (sehr wichtig) alle weiteren Kompetenzen nahezu gleich hoch eingeschätzt (Vernetztes Denken, Handlungskompetenz, Wechselwirkung Ökol.-Ökon.-Soz., Selbstständige Kommunikation, Solidarisches Handeln, Wissen für Lösungen nutzen, Abschätzung künftiger Entwicklungen, Urteils-/Bewertungskompetenz, Vorausschauendes Denken, Phantasie und Kreativität, Informationen beschaffen und bewerten, Entscheidungen unter Unsicherheit, Teamfähigkeit, Sich und andere motivieren können).

Als Hindernisse für die Verankerung von BNE an Schulen sehen alle Lehrkräfte vor allem die Unschärfe des Begriffs Nachhaltige Entwicklung. Darüber hinaus halten sie die Materiallage und die Ausstattung der Schulen für vielfach unzureichend und monieren, dass es zu wenige Fortbildungen gibt. Zweitens halten es die Lehrkräfte für zutreffend, dass die Bildungsverwaltung die Implementation von BNE an Schulen zu wenig fördert. Die Stofffülle, fehlende Motivation bei den Lernenden oder unzureichende Unterstützung durch Schulleitung und Kollegium werden nicht als zentrale Hindernisse gesehen.

3 Zusammenfassung und Perspektiven

Die Ergebnisse der Studie zeigen insgesamt, dass BNE durchaus anschlussfähig an die Alltagspraxis von (Grundschul-)Lehrerinnen und Lehrern ist, obwohl

BNE nach wie vor wenig populär ist und von den Stufen- und Fachdidaktiken selten explizit bearbeitet wird.

Ein beachtlicher Teil der Befragten setzt sich mit BNE auseinander, allerdings zeigen sich die Grundschullehrkräfte dieser Studie zurückhaltender. *Themen* konzentrieren sich *noch* eher im Bereich Umwelt, Natur, Technik. Stärker betont werden sollten interkulturelle und auch ökonomische Aspekte. Für alle Lehrkräfte hat die Vermittlung von *Kompetenzen* große Bedeutung. Globale Aspekte und interkulturelles Lernen sind an Grundschulen etwas weniger präsent.

Es gibt kaum noch große *Hindernisse* – abgesehen von der Komplexität des Begriffs „Nachhaltige Entwicklung" und der 18 Jahre nach Rio offenbar noch immer recht zögerlichene Bildungsverwaltung.

Literatur

BMBF – Bundesministerium für Bildung und Forschung (2009): Bericht der Bundesregierung zur Bildung für eine nachhaltige Entwicklung. Berlin. Verfügbar unter: http://www. bmbf.de/pub/bb_bildung_nachhaltige_entwicklung.pdf, 08.01.2010.

Hauenschild, K./Bolscho, D. (2009): Bildung für Nachhaltige Entwicklung in der Schule. Ein Studienbuch. 3. Aufl., Frankfurt a. M.: Peter Lang.

Hauenschild, K./Lampe, V. (2009): Bildung für Nachhaltige Entwicklung unterrichten. In: Hauenschild, K./v. Monschaw, B. (Hrsg.): Kinder erfahren Nachhaltiges Wirtschaften – eine Handreichung für die Grundschulpraxis. Frankfurt a.M.: Peter Lang, 107-122.

Hauff, V. (Hrsg.) (1987): Unsere gemeinsame Zukunft. Der Brundtland-Bericht der Weltkommission für Umwelt und Entwicklung. Greven: Eggenkamp.

Rode, H. (2005): Bildung für eine nachhaltige Entwicklung („21"). Abschlussbericht des Programmträgers zum BLK-Programm. Heft 123, hrsg. von der Bund-Länder-Kommission für Bildungsplanung und Forschungsförderung (BLK), Bonn.

Rode, H./Bolscho, D./Hauenschild, K. (2006): Gute Chancen für Bildung für Nachhaltige Entwicklung an Schulen. Ausgewählte Ergebnisse einer empirischen Studie. In: Zeitschrift für internationale Bildungsforschung und Entwicklungspädagogik 29/4, 33-35.

Statistisches Bundesamt (2006): Verfügbar unter: http://www.destatis.de, 08.01.2010.

Thomas, B. (2009): Der Sachunterricht und seine Konzeptionen. Historische und aktuelle Entwicklungen. 3. Aufl., Bad Heilbrunn: Klinkhardt.

Kreative Ausdrucksformen beim Philosophieren mit Kindern im Kontext von PhiNa

Anna K. Hausberg

1 Einleitung

Philosophieren mit Kindern und Jugendlichen gilt inzwischen bei vielen PädagogInnen als ein vielversprechendes Unterrichtsprinzip, das einer konstruktivistischen Didaktik folgt. Durch das Philosophieren können grundlegende Kompetenzen des Denkens und Ausdrucks gefördert werden, u.a. auch kreatives Denken, das im Mittelpunkt dieses Promotionsvorhabens steht. In der Dissertation soll untersucht werden, in welcher Weise Kreativität beim Philosophieren manifestiert wird und inwiefern ein Transfereffekt zwischen Kreativität beim Philosophieren und Kreativität bei der Lösung von offenen Aufgaben in anderen thematischen Zusammenhängen beobachtet werden kann.

2 Das Projekt PhiNa

Die Untersuchungen zu kreativen Ausdrucksformen beim Philosophieren werden im Projekt PhiNa stattfinden. Das Projekt PhiNa – Philosophieren mit Kindern über naturwissenschaftliche Themen[1] ist ein Instrument zur kontinuierlichen und integrativen Förderung besonders begabter Kinder von der Vorschule bis zur Klasse 6.

Konzipiert und durchgeführt wird das Forschungsvorhaben von Frau Dr. Calvert und Frau Prof. Dr. Nevers:

> „Wir meinen z.B., dass PhiNa Kinder dazu ermuntern kann, über Naturphänomene zu staunen und Fragen zu formulieren, die in unterschiedlicher Weise erforscht werden können. Wir vermuten, dass durch philosophische Gespräche bestimmte naturwissenschaftliche Konzepte für Kinder persönlich bedeutsam werden können, wodurch sie auch besser verstanden und zu eigen gemacht werden können. Hierzu ist es wichtig, die Alltagsvorstellungen der Kinder mit diesen Konzepten in Verbindung zu setzen." (Calvert/Nevers 2008, 221).

---

[1] s. Schulprojekte der Karg-Stiftung: „Schulische Hochbegabtenförderung ist Schulentwicklung! Diesen Prozess fördert und begleitet die Karg-Stiftung in verschiedenen Projekten". Eines dieser Projekte ist PhiNa. Informationen unter: http://www.karg-stiftung.de/schulprojekte.php?Teil=35)

Die Autorinnen vermuten weiterhin, dass durch Philosophieren die Fantasietätig-keit und das kreative Potenzial von Kindern angeregt werden können. Vielleicht können Kinder, die viele Jahre über die Natur und naturwissenschaftliche Un-ternehmungen philosophiert haben, eine neue, post-moderne Form der Natur-wissenschaft gestalten, die anstelle der heutigen Entfremdung von der Natur eine größere Verbundenheit mit ihr begünstigt (s. Calvert/Nevers 2008, 231).

3 Forschungsfragen

Das kreative Potenzial, welches die Autorinnen ansprechen, leitet nun zu folgen-den Forschungsfragen über:

- Welche kreativen Ausdrucksformen zeigen SchülerInnen beim Philoso-phieren im Kontext von PhiNa?
- Inwiefern können Transferleistungen bzw. Synergismen bei der Lösung von offenen Aufgaben aus anderen Sachzusammenhängen (z.B. Sachunterricht) beobachtet werden?
- Um mit diesen Fragen arbeiten zu können, muss eine Definition von Krea-tivität im Kontext von PhiNa geschaffen werden.

4 Kreativität im Kontext von PhiNa

Nach eingehender Recherche der Literatur verschiedener Autoren, die sich mit Kreativität und ihrer Definition befassen, entsteht folgende Definition.
Anknüpfung findet diese u.a. an die Arbeiten Klaus Urbans (2004), Robert Sternbergs (2006) und Mihaly Csikszentmihalyis (1997) und beinhaltet zudem wesentliche Aspekte des kreativen Denkens beim Philosophieren.

Definition: Kreatives Denken ist die Fähigkeit, durch selbstständiges Denken (allein und miteinander) zu neuen und überraschenden Lösungen zu kommen. Selbstständiges Denken heißt hierbei neue Ideen zu entwickeln, interdisziplinäre Fragen zu stellen und durch Umstrukturieren und Neukombinieren von bereits Bekanntem mit neuen Eindrücken, sinnstiftende Produkte zu erzeugen. Krea-tives Denken beinhaltet Analyse- und Synthesefähigkeit und Durchhaltever-mögen, ebenso wie den Einsatz der Fantasie und des mythischen[2] Denkens.

---

[2] Das mythische Denken, welches beim kreativen Denken häufig zum Einsatz kommt, ist laut Kieran Egan (1997) durch binäre Gegensätze (warm/kalt), Bilder (ikonische Wissensrepräsentation), Meta-phern und Rhythmen und Narrative (Einbettung von Informationen in Geschichten) gekennzeichnet. Diese Denkformen treten ebenfalls beim Philosophieren mit Kindern auf und deuten somit auf mythisches Denken hin.

Kreatives Denken heißt Weiterdenken unter Berücksichtigung der genannten (einem oder mehreren) Aspekte. Somit stellt kreatives Denken eine Problemlösekompetenz dar.

5 Methodik

Dieser Definition folgend werden die kreativen Ausdrucksformen der Kinder beim Philosophieren beobachtet und kategorisiert. Dies geschieht mittels der Qualitativen Inhaltsanalyse nach Mayring (2008).

Mayring schlägt zur Vorgehensweise der Inhaltsanalyse zwei Ansätze vor. Folgende Beispiele von Kriterien der „Kreativen Ausdrucksformen" entstanden in Anlehnung an Mayrings Bildung der Kategoriensysteme induktiv und deduktiv und sind eine Mischung dieser zwei Ansätze. Induktiv, da die Kategorien teils aus dem Material, den Transkriptionen der philosophischen Gespräche, entwickelt wurden. Deduktiv, weil schon vorher festgelegte, theoretisch begründete Auswertungsaspekte an das Material herangetragen werden[3].

Zudem werden auf Grundlage der Definition von Kreativität im Kontext von PhiNa kreative, offene Aufgaben entwickelt. Diese Aufgaben werden dann mit zwei Gruppen von Kindern erprobt, um eine eventuelle Transferleistung von Kreativität beim Philosophieren in anderen inhaltlichen (biologischen) Zusammenhängen zu prüfen. Die Aufgaben sollen aus unterschiedlichen thematischen Bereichen der Biologie stammen. Der Charakter der Aufgaben könnte dem von Modellierungsaufgaben (s. Maaß 2004) der Mathematikdidaktik entsprechen. Zur Lösung der Modellierungsaufgaben ist von den SchülerInnen eigenständiges reflexives Denken erforderlich, eine Kompetenz, die auch beim Philosophieren mit Kindern verbindlich ist.

6 Kreative Ausdrucksformen

Während des Philosophierens konnten u.a. folgende zwei kreative Ausdrucksformen bereits beobachtet werden.

Kinder drücken ihre eigenen Gedankengänge und/oder Argumente zeichnerisch aus. Dieser Ausdruck ist nicht als kreativ im künstlerischen Bereich zu verstehen, sondern als kreative Leistung einer Synthese im Bild.

Laut Hans Lenk (2007), Philosoph und Psychologe, zählen Humor und Witz zur kreativen Persönlichkeit. Auch diese Ausdrucksform konnte bereits beobachtet werden und bildet eine deduktive Kategorie.

---

[3] Hier wären zum einen die Kategorien des „Test zum Schöpferischen Denken – Zeichnerisch (TSD-Z)" (Urban/Jellen 1995: Frankfurt am Main. Swets Tests Services) zu nennen und zum anderen die antithetischen Gegensatzpaare von Czikscentmihaly (1997).

Zum Abschluss werden hier die Worte Ernst Pöppels zitiert, um zu verdeutlichen, warum die kreativen Ausdrucksformen beim Philosophieren mit Kindern
im Kontext von PhiNa untersucht werden sollen:

> „Kreativität lässt sich nicht herbeiführen [...] Man kann nur die Bedingungen
> schaffen, in denen sie sich ereignen kann. Und das sind vor allem: möglichst viele
> verschiedene Einflüsse und Gedanken" (Pöppel, E. zit. nach Hoffmann, R. 2008).

Literatur

Calvert, K./Nevers, P. (2008): PhiNa – Kinder philosophieren über die Natur. In:
Fischer, C./Mönks, F.J./Westphal, U. (Hrsg.): Individuelle Förderung. Begabungen
entfalten – Persönlichkeit entwickeln. Fachbezogene Forder- und Förderkonzepte. LIT,
221-232.

Csikszentmihalyi, M. (1997): Kreativität. Wie Sie das Unmögliche schaffen und Ihre
Grenzen überwinden, 2. Aufl., Stuttgart: Klett-Cotta.

Hoffmann, R. (2008): Wie wir kreativer werden. In: Zeit Wissen 6, 14-26.

Lenk, H. (2007): Bewusstsein, Kreativität und Leistung. Philosophische Essays zur
Psychologie. Darmstadt: Wissenschaftlihe Buchgesellschaft.

Maaß, K. (2004): Mathematisches Modellieren im Unterricht. Ergebnisse einer
empirischen Studie. Hildesheim: Franzbecker.

Mayring, P. (2008): Qualitative Inhaltsanalyse. Grundlagen und Techniken. 10. Aufl.,
Weinheim: Beltz.

Sternberg, R.J. (2006): Creating a Vision of Creativity: The First 25 Years, Yale
University, Psychology of Aesthetics, Creativity, and the Arts S/1, 2-12.

Urban, K.K. (2004): Kreativität. Herausforderung für Schule, Wissenschaft und
Gesellschaft. Münster: LIT.

Schul- und Unterrichtsentwicklung durch schulbezogene Fortbildungen in der Grundschule

Anja Heinrich, Thomas Irion & Bernd Reinhoffer

In diesem Beitrag wird das Entwicklungsprojekt „PROFI – Professionalisierung von Lehrkräften durch schulbezogene Fortbildungen im Fächerverbund Mensch, Natur und Kultur" vorgestellt, das Lehrerfortbildungen[1] an Grundschulen mit dem Ziel durchführt, die Passgenauigkeit zwischen Fortbildungsinhalten und zu verändernden Lehrerhandlungen im Grundschulunterricht zu erhöhen. Die Konzeption des Projektes ist orientiert am Modell der Unterrichtsentwicklung von Helmke sowie an verschiedenen weiteren Theorien. Erste Ergebnisse einer deskriptiven Evaluation werden vorgestellt.

1 Konzeption des Projekts PROFI

Mit dem Projekt PROFI wurde ein Fortbildungskonzept entwickelt, bei dem Prozesse der Schul- und Unterrichtsentwicklung mit schulinternen Fortbildungsangeboten gekoppelt werden. Die Ziele von PROFI liegen in der Unterstützung von Schulen bei deren schulspezifischen Entwicklungsprozessen – realisiert durch bedarfsorientierte Fortbildungsangebote vor Ort, die auf die Umsetzung in die Unterrichtspraxis durch die jeweiligen Lehrkräfte ausgerichtet sind. Aus Sicht der Schul- und Unterrichtsentwicklung sind so Prozesse zu erwarten, die zu dauerhaften Veränderungen im Schulalltag führen – nicht nur was die Qualität des Unterrichts betrifft, sondern auch die kollegiale Zusammenarbeit (s. Schratz 2007; Helmke 2009; Gräsel et al. 2004).

Zur Vernetzung von Fortbildungsangeboten mit schulspezifischen Schulentwicklungsprozessen wird mittels qualitativer Methoden und später in Weiterführungsgesprächen der Fortbildungsbedarf an der jeweiligen Schule erhoben. Für die so ermittelten Themenbereiche werden dann gezielt Fortbildungen entwickelt und in Kooperation der Pädagogischen Hochschule Weingarten und der Anlaufstelle für Fortbildung, Beratung und Evaluation des Staatlichen Schulamtes Markdorf für das gesamte Kollegium vor Ort umgesetzt. Kooperative Lern- und Arbeitsprozesse in Teams sollen dabei sowohl jahrgangsorientierte als auch jahrgangsübergreifende Schulentwicklungsprozesse initiieren und begleiten.

---

[1] Es werden männliche Formen nur aufgrund der einfacheren Lesbarkeit verwendet.

2   Lehrerfortbildung, Schul- und Unterrichtsentwicklung

Lehrerfortbildungen zielen auf ein verändertes Lehrerhandeln im Unterricht, um den Schülern optimierte Lernprozesse zu ermöglichen (Lipowsky 2004). Sie können als eine spezielle Form der Unterrichtsentwicklung verstanden werden. Das Sequenzmodell der Unterrichtsentwicklung und ihrer Bedingungen von Helmke kann einen Rahmen zur Einordnung von PROFI bilden. Er sieht, dass „Unterrichtsentwicklung auf sehr verschiedene Weise gefördert werden kann: (…) durch unmittelbare Initiierung eines Programms oder einer Aktivität oder auch (…) durch flankierende Maßnahmen, d.h. durch Einflussnahme auf die für Unterrichtsentwicklung entscheidenden Bedingungen" (Helmke 2009, 308). Die Basissequenz mit dem gestuften Aufbau (Information, Rezeption, Reflexion, Aktion, Evaluation) wird beeinflusst von individuellen, sozialen und institutionellen Bedingungen, d.h. individuellen und externen Faktoren. PROFI hat zum Anliegen, das spezifische Bedingungsgefüge an den Einzelschulen in der Konzeptionierung wie auch in Planungs- und Durchführungsphasen der Fortbildungen zu berücksichtigen. Dazu wurde Helmkes Modell auf PROFI adaptiert (s. Abb 1):

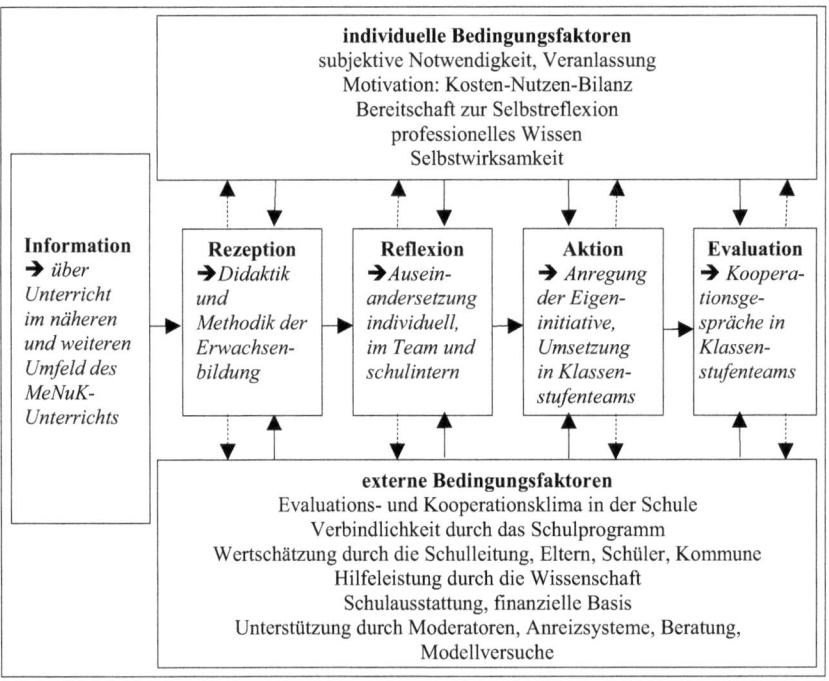

Abb. 1:   Adaptation des Sequenzmodells auf das Projekt PROFI

Inhaltlich auf den speziellen Bedarf der an der Schule unterrichtenden Lehrkräfte ausgerichtete Lehrerfortbildungen bieten Informationen über Unterricht an. Rezeption und die Reflexion sollen in PROFI u.a. durch solche Methoden der Erwachsenenbildung gefördert werden, die den Lehrkräften Raum geben für eigene Interpretationen und individuelle Vorsatzbildung zur Umsetzung der Inhalte in den eigenen Unterricht, idealerweise in Klassenstufenteams.

Implementationsstudien haben Bedingungen herausgearbeitet, die eine Umsetzung der Vorhaben in Aktion begünstigen (Lipowsky 2004). Eine längerfristige Begleitung durch Fortbildungen zu wenigen ausgewählten Themen kann eine ergiebige Evaluation der Handlungsergebnisse unterstützen (u.a. Fey et al. 2004; Möller/Kleickmann/Jonen 2004). Die schulbezogene Anlage von PROFI soll ermöglichen, den Kreis zu schließen und aufgrund der Evaluationserkenntnisse auf den sich neu ergebenen Bedarf mit entsprechend inhaltlich ausgerichteten Fortbildungen zu reagieren und das Kollegium weiterhin bedarfsorientiert zu unterstützen.

Dieses Vorgehen wird durch die Berücksichtigung der spezifischen systemischen Strukturen einer Schule unterstützt. Die Personale Systemtheorie (König et al. 2005) geht davon aus, dass Probleme nicht aus einer einzigen Ursache heraus entstehen, sondern verschiedene Faktoren zusammenwirken und Personen – speziell ihre individuellen Deutungen und Handlungen – Elemente eines Systems sind. „Veränderung sozialer Systeme kann immer nur bedeuten, dass sich Menschen Gedanken über ihre Situation machen, auf Basis dieser Deutungen handeln und damit das System verändern." (ebd., 33) Damit bietet die Personale Systemtheorie nicht nur einen Ansatz zur Analyse von Schule als personalem System sondern auch zur Intervention, hier zur Gestaltung von Fortbildung.

3   Ausgewählte Ergebnisse erster Evaluationsschritte

Erste Evaluationsschritte wurden in Form einer deskriptiven Häufigkeitsanalyse auf der Grundlage einer Selbstevaluation durchgeführt. Untersucht wurden zwei unabhängige Stichproben, die sich aus am Projekt teilnehmenden Grundschulkollegien zusammensetzten, wobei projektbedingt nur eine geringe Stichprobengröße (N1=25, N2=23) möglich war. Neben soziographischen Angaben wurden hauptsächlich projektspezifische Daten aus überwiegend geschlossenen Fragen zu folgenden Bereichen erhoben: Rahmenbedingungen, Organisation des Projekts, Motivation und Erwartungen, Theorie-Praxis-Bezug, Bildungsplanbezug/ Schulentwicklung, Zusammenarbeit im Kollegium, persönliche Entwicklung.

Das Item: „Ich würde das PROFI-Projekt gern weiterführen" signalisiert große Bereitschaft zur Weiterarbeit im Rahmen der schulbezogenen Fortbildungsveranstaltung: 95,4% der befragten Lehrkräfte gaben an, dass dies zutraf. Betont wurde von den Lehrkräften die Bedeutung der Teamarbeit für die Implementation von Fortbildungsinhalten. Das Item: *„Die Arbeit im Tandem, mit einer Kollegin/einem Kollegen an der eigenen Schule war für die Umsetzung in der Praxis hilfreich"* bewerteten 56,4% der befragen Lehrkräfte mit „trifft eher zu" bis „trifft voll zu". Von 26,1% der Lehrkräfte wurde diese Frage mit „trifft eher nicht zu" bis „trifft gar nicht zu" beantwortet. Etliche Ergebnisse zeichnen ein Bild, das weitergehende quantitative und qualitativer Erhebungen lohnenswert erscheinen lässt, um einerseits die Potenziale und Grenzen von PROFI aus-zuleuchten und andererseits Hinweise zur Weiterentwicklung zu erhalten.

4   Ausblick

Die vorliegende Selbstevaluation des PROFI-Projekts stellt eine erste Vorarbeit zu tiefergehenden Analysen dar. Sehr ergiebig wäre sicherlich eine qualitative Befragung zu einzelnen Items, um detailliertere Erkenntnisse über individuelle Interpretationen und Überzeugungen zu gewinnen. Ferner bleibt das Augen-merk auf der Passung zwischen Projekt und teilnehmenden Schulen durch eine noch spezifischere Bedingungsanalyse und eine noch besser abgestimmte Inter-vention.

Literatur

Fey, A./Gräsel C./Puhl, T./Parchmann, I. (2004): Implementation einer kontext-orientierten Unterrichtskonzeption für den Chemieunterricht. In: Gräsel, C./ Strittmatter, P. (Hrsg.): Unterrichtswissenschaft. Zeitschrift für Lernforschung 32/3, 238-256.

Gräsel, C./Parchmann, I./Puhl, T./Baer, A./Fey, A./Demuth, R. (2004): Lehrer-fortbildungen und ihre Wirkungen auf die Zusammenarbeit von Lehrkräften und die Unterrichtsqualität; In: Prenzel, M. (Hrsg.) (2004): Bildungsqualität von Schule. Münster: Waxmann, 133-151.

Helmke, A. (2009): Unterrichtsqualität und Lehrerprofessionalität. Diagnose, Evaluation und Verbesserung des Unterrichts. 1. Aufl., Seelze-Velber: Klett; Klett Kallmeyer.

Lipowsky, F. (2004): Was macht Fortbildungen für Lehrkräfte erfolgreich? Befunde der Forschung und mögliche Konsequenzen für die Praxis. In: Die Deutsche Schule 96/4, 462-479.

König, E./Volmer, G./Bentler, A./Bührmann, T. (2005): Systemisch denken und handeln. Personale Systemtheorie in Erwachsenenbildung und Organisationsberatung. 1. Aufl., Weinheim: Beltz.

Möller, K./Kleickmann, T./Jonen, A. (2004): Zur Veränderung des naturwissen-schaftsbezogenen fachspezifisch-pädagogischen Wissens von Grundschullehrkräften durch Lehrerfortbildungen. In: Hartinger, A./Fölling-Albers, M. (Hrsg.): Lehrer-kompetenzen für den Sachunterricht. Bad Heilbrunn: Klinkhardt, 231-242.

Schratz, M. (2007): Qualität sichern. Schulprogramme entwickeln. 2. Aufl., Seelze: Kallmeyer.

„Die Anfänge des Lernens in den Blick nehmen". Entwicklungsmöglichkeiten der Grundschulpädagogik mit Perspektive auf den Elementarbereich

Astrid Kaiser & Claudia Schomaker

Um das Anliegen und die Ziele von Grundschulpädagogik zu kennzeichnen, wird in zahlreichen Darstellungen zunächst auf das Alter der Kinder verwiesen, auf die sich die jeweiligen Ausführungen beziehen: „Grundschulpädagogik bezeichnet ein auf Kinder im Alter von 6-10 oder 12 Jahren gerichtetes pädagogisches Denken. Damit bezieht sie sich auf eine besondere Altersgruppe von Kindern und muss diese ansprechen und ihren Fähigkeiten gerecht werden. Sie hat die Funktion, eine Anfangsschule zu entwerfen, die den Kindern eine kulturell anregungsreiche Lebensumgebung gibt, die auch das lebenslange Lernen fördert und auf die weitere Bildungslaufbahn vorbereitet" (Kaiser/Pfeiffer 2007, 8). Hier wird die Institution Grundschule explizit als Anfangsschule dargestellt, die den Beginn des Bildungssystems markiert: „Der Grundschule kommt in doppelter Hinsicht eine herausragende Bedeutung zu: Sie bildet das Fundament unseres Bildungssystems und stellt zugleich den zentralen Lern- und Lebensraum für einen wichtigen Entwicklungsabschnitt der Kindheit bereit" (Topsch 2004, 8).

Derartige Setzungen legen nahe, den theoretischen Blick auf die Grundschulpädagogik mit der Einschulung zu beginnen. Tatsächlich stellt die prozessuale Entwicklung der Kinder von der Geburt bis zur Schulzeit jedoch einen eigenen Abschnitt des Lernens dar, der mit dem Eintritt in den Kindergarten auch an Lernziele und Bildungsabsichten gebunden ist. Bis zum Eintritt in die Grundschule haben Kinder daher bereits außerordentlich viel ohne eine formelle Anbindung ans Bildungssystem gelernt, denn sie können mindestens eine Sprache sprechen, vielfältige Bewegungsformen ausführen und mit ihrer Umwelt kommunizieren. Die Auseinandersetzung mit der Welt und die stetige Erfahrung, neue Fähigkeiten zu erwerben und Einsichten zu gewinnen, kennzeichnen ihren Lebensraum als Lernraum seit der Geburt (s. u.a. Dornes 2004).

Diese Formen des Lernens sind gegenüber dem schulischen Lernen jedoch stärker in Situationen eingebettet, wirken weniger von außen bestimmt und sind doch sehr wirksam. Schon Pestalozzi (Pestalozzi 1801/1979) hatte diese Beobachtung angeregt, von der Pädagogik der „Mutterschul" als Musterbeispiel für die Schule zu sprechen. Doch trotz aller Wertschätzung für Pestalozzis Schriften ist dieser Gedanke bislang erst in Ansätzen rezipiert worden (s. hierzu den

Situationsansatz im Elementarbereich). Die heutige Entwicklung von Bildungsplänen für den Elementarbereich sieht hingegen vor, dass Kinder im Kindergarten bewusst u.a. an Inhalte naturwissenschaftlicher Fächer herangeführt werden
(s. Hessisches Sozialministerium 2005). Aus der Perspektive der Grundschulpädagogik ist diese Entwicklungs- und Lernphase daher konsequent mit in den
Blick zu nehmen, um ausgehend von den Denkmöglichkeiten, Erkenntnisweisen,
Handlungsmustern und sozial-emotionalen Kompetenzen von Kindern in den
verschiedenen Altersstufen ein pädagogisches Konzept für den Elementarbereich
wie auch für die Grundschule zu konstruieren, das anthropologisch fundiert und
gleichzeitig an kindlichen Lernpotenzialen orientiert ist.

1   Perspektiven der Fachdidaktik Sachunterricht

Der Übergang vom Elementar- in den Primarbereich wird auch aus der Perspektive der Fachdidaktik Sachunterricht erst zögernd in den Blick genommen. Im
Mittelpunkt gegenwärtiger Forschungsprojekte stehen vor allem Fragen zur Gestaltung der Institutionen übergreifenden Zusammenarbeit sowie der individuellen Bewältigung des Übergangs vom Elementar- in den Primarbereich durch die
jeweiligen Kinder. Spezifische Fragestellungen zum Umgang mit sachunterricht-
lichen Inhalten und der Entwicklung des subjektiven kindlichen Zugehens auf
Welt in dieser Phase bleiben jedoch außen vor, obgleich gerade die naturwissenschaftliche Bildung im Elementarbereich einen hohen Zuspruch in einer zuneh-
menden Praxis des Experimentierens erfährt, aber es wird auch vor einer Verfrühung und Vorverlagerung von Themen sowie einer Verschulung in diesem
Bereich gewarnt. Dieser Diskussion hat sich insbesondere die Didaktik des Sachunterrichts anzunehmen, um die Anschlussfähigkeit derartiger Lernprozesse in
Bezug auf den Sachunterricht der weiterführenden Primarschule zu reflektieren.

In diesem Zusammenhang sind insbesondere Prinzipien der Auseinandersetzung mit Sachverhalten wie dem *altersübergreifenden Lernen*, die dem frühen
Lernen in vorschulischen Einrichtungen durch die jeweiligen institutionellen
Rahmenbedingungen zu eigen sind, in den Fokus des Erkenntnisinteresses zu
rücken, die im Hinblick auf die didaktisch-methodische Umsetzung von derarti-
gen Lernsituationen bislang kaum berücksichtigt werden. Das für den Elementarbereich strukturell dominierende Prinzip des Lernens in einer altersheterogenen
Gruppe wird in der sich anschließenden Primarstufe lediglich in spezifischen
Konzepten der jahrgangsübergreifenden Eingangsstufe bzw. des jahrgangsübergreifenden Lernens aufgegriffen, jedoch nicht als generelles Strukturprinzip
über die gesamte Grundschulzeit weitergeführt. Nationale und internationale
Literatur-Recherchen machen dagegen deutlich, dass der nachgewiesenen positiven Bedeutung altersübergreifenden Lernens in Bezug auf spezifisch naturwissenschaftliche Fragestellungen im Primarbereich deutschlandweit bislang keine

Beachtung geschenkt wurde. Den hier aufgegriffenen, elementaren Prinzipien des Lernens im vorschulischen Bereich wird in der Primarstufe zurzeit eher in allgemeinen Fragestellungen zum (sozialen) Lernen, zur Leistungsentwicklung sowie zum Umgang von älteren und jüngeren Schülerinnen und Schülern miteinander nachgegangen (s. u.a. Kucharz/Wagener 2007). Das Prinzip „Kinder lernen von Kindern" (s. Scholz 1996) wird demgegenüber im internationalen Vergleich insbesondere in den naturwissenschaftlichen Fachdidaktiken unter dem Stichwort „Peer-Tutoring" breit diskutiert (s. u.a. Topping, K.J. et al. 2004).

2 „Miteinander die Welt erkunden"

Die Fragen der Erschließung naturwissenschaftlicher Inhalte durch Kinder im Übergang vom Elementar- in den Primarbereich werden im Projekt „Miteinander die Welt erkunden" aus der Perspektive der Grundschulkinder wie auch der der Vorschulkinder untersucht. Ziel ist es, die spezifischen Erklärungsmuster von Kindern in der Auseinandersetzung mit Sachverhalten zu erheben, um den Aufbau kindlicher Wissensstrukturen nachzeichnen und damit ein Konzept anschlussfähigen Sachlernens im Übergang vom Elementar- in den Primarbereich generieren zu können. Denn ein derartiges Konzept bedarf „der normativen Begründung von wünschenswerten Kompetenzen, der Erforschung erreichbarer Ziele unter Berücksichtigung der Denk- und Lernmöglichkeiten wie auch der Interessen von Kindern sowie der Erforschung eines kumulativen Aufbaus von Kompetenzen" (Möller 2009, 172).

Ausgehend von den international gewonnenen Erkenntnissen über nachhaltige Lehr-/Lernsituationen ist es das Ziel des Forschungsvorhabens, über ein kooperatives Unterrichtsprojekt zwischen Elementar- und Primarbereich zu einem naturwissenschaftlichen Sachverhalt das Kompetenzerleben von Grundschülerinnen und -schülern sowie Kindern im Elementarbereich im Hinblick auf ein mittelfristig positives naturwissenschaftliches Selbstkonzept zu fördern. Der Fokus der Studie richtet sich hierbei insbesondere auf die Motivation, das Interesse, den jeweiligen individuellen Zugang zum Inhalt, das Autonomie- und Kompetenzerleben sowie die soziale Eingebundenheit und das spezifische Sachwissen der beteiligten Jungen und Mädchen. Ausgehend von den Überlegungen Kegans, dass Kinder sich ihr Wissen über die Welt in der Auseinandersetzung mit anderen konstruieren („Ko-Konstruktion", s. Kegan 1994), richtet sich das Interesse dieses Projektes daher insbesondere auf die im Gegensatz zur Kommunikation mit Erwachsenen symmetrisch ausgerichteten Erklärungsmuster von Kindern untereinander. Eine Lehr-Lernsituation, wie sie über das Cross-aged-Tutoring gegeben ist, kann diese Kommunikationssituationen hervorheben und fokussiert die Aneignung von Wissensstrukturen in einer spezifischen Domäne. Denn einhellig wird in den bereits vorliegenden Bildungs- und Orientierungs-

plänen aller Bundesländer für den Elementarbereich betont, dass eine Kooperation zwischen Kindergarten und Grundschule für einen gelingenden Übergang
in die Primarstufe unerlässlich ist. Um Kindern des Elementarbereichs einen erfolgreichen Übergang in die Primarstufe zu gewährleisten, sind jedoch Erkenntnisse notwendig, in welcher Weise sie sich hier Wissensstrukturen aneignen und
die Qualitäten ihres Umgangs mit der Welt verändern.

Literatur

Dornes, M. (2004): Der kompetente Säugling. Die präverbale Entwicklung des Menschen.
    Frankfurt a. M.: Fischer.
Hessisches Sozialministerium/Hessisches Kultusministerium (2005): Bildung von Anfang
    an. Bildungs- und Erziehungsplan für Kinder von 0-10 in Hessen. Wiesbaden.
Kaiser, A./Pfeiffer, S. (2007): Grundschulpädagogik in Modulen. Baltmannsweiler:
    Schneider.
Kegan, R. (1994): Die Entwicklungsstufen des Selbst. Fortschritte und Krisen im
    menschlichen Leben, München: Kindt.
Kucharz, D./Wagener, M. (2007): Jahrgangsübergreifendes Lernen. Eine empirische
    Studie zu Lernen, Leistung und Interaktion von Kindern in der Schuleingangsphase.
    Baltmannsweiler: Schneider.
Möller, K. (2009): Was lernen Kinder über Naturwissenschaften im Elementar- und
    Primarbereich? – Einige kritische Bemerkungen. In: Lauterbach, R./Giest, H./
    Marquardt-Mau, B. (Hrsg.): Lernen und kindliche Entwicklung. Elementarbildung und
    Sachunterricht. Bad Heilbrunn: Klinkhardt, 165-172.
Scholz, G. (1996): Kinder lernen von Kindern. Baltmannsweiler: Schneider.
Topping, K.J./Peter, C./Stephen, P./Whale, M. (2004): Cross-Age peer Tutoring of
    Science in the Primary School: Influence on Scientific Language and Thinking. In:
    Educational Psychology 24/1, 57-75.
Topsch, W. (2004): Einführung in die Grundschulpädagogik. Berlin: Cornelsen Scriptor.

Lernvoraussetzungen zum Thema Magnetismus

Bärbel Kopp & Sabine Martschinke

„Ich könnte mir vorstellen, dass das irgendwie aufgeladen wurde!" Dieses Zitat gibt die Aussage eines Drittklässlers wieder, der im Rahmen eines Interviews das Phänomen Magnetismus erklären sollte, und steht stellvertretend für Erklärungen und Präkonzepte, die Kinder in den naturwissenschaftlichen Sachunterricht mitbringen. Die Kenntnis kindlicher Vorstellungen ist nötig, um eine passende Lernumgebung bereitzustellen, die aktuellen Forderungen nach anschlussfähiger Bildung entspricht. Diese Anschlussfähigkeit von Schülervorstellungen und naturwissenschaftlichem Erkenntnisstand ist oft nicht gegeben. Schülervorstellungen stimmen häufig nicht überein mit den naturwissenschaftlich korrekten Vorstellungen bzw. widersprechen ihnen sogar. Grundsätzlich ist jedoch empirisch belegt, dass Lernvoraussetzungen, insbesondere das Vorwissen der Kinder, mit deren künftiger Leistungsentwicklung zusammenhängen (z.b. Franz 2008).

1 Anlage der Untersuchung

In einer Untersuchung am Institut für Grundschulforschung der Universität Erlangen-Nürnberg erfolgte im Schuljahr 2007/08 die Erfassung von Präkonzepten in zwei Phasen: Zunächst wurden zehn Kinder der dritten Jahrgangsstufe in Einzelinterviews befragt. Mit Hilfe eines *Interviewleitfadens* wurden drei thematische Teilbereiche erfasst (Magnetismus allgemein, Magnetisieren und Kompass) und nach dem Vorgehen der Qualitativen Inhaltsanalyse (Mayring 2005) ausgewertet. Mit dieser *qualitativen Teilstudie* erhielten wir Einblick in spontane Erklärungsversuche der Kinder, die wir für die Konstruktion eines *Fragebogens in der quantitativen Teilstudie* nutzen konnten. Der Fragebogen wurde in der ersten Testphase bei 69 Kindern der zweiten Jahrgangsstufe und in einer leicht überarbeiteten Form bei 80 Kindern der vierten Jahrgangsstufe pilotiert. Er bezieht sich auf verschiedene Inhaltsbereiche (Anziehung, Pole, Magnetisieren, Fernwirkung und Kompass). Insgesamt wurden den Kindern neun Teilfragen mit jeweils verschiedenen Antwortvorgaben (Multiple Choice-Format) vorgelegt. Die Antwortvorgaben repräsentieren Wissen auf unterschiedlichen Ebenen: Einerseits fragen wir nach *Fakten- bzw. Erfahrungswissen* (z.B. „Ein Magnet zieht alle Geldstücke an", 23 Items), andererseits ist es aber für die Planung der Intervention wichtig zu wissen, welches *Erklärungswissen* für Kinder plausibel ist (z.B. „Dinge aus Papier, Glas oder Wolle werden nicht vom Magneten angezogen, weil sie kein Eisen enthalten", 12 Items). Zudem ist es im Rahmen der Lernstandsdiagnose wichtig zu erkennen, inwieweit die Kinder über *Modellvorstellungen* verfügen; deshalb sind unter den Antwortvorgaben auch solche, die nur durch Kenntnis und Anwendung von Modellvorstellungen als richtig oder falsch bewertet werden können (z.b. „Man stellt sich vor, dass die Magnetkraft auf kleinste Teilchen in der Kühlschranktür wirkt", 10 Items). Diese drei unterschiedlichen Wissensdimensionen bilden sich in einer exploratorischen Faktorenanalyse nicht als Komponenten ab, waren aber für die Testkonstruktion leitend. Der Ertrag dieses Fragebogens muss differenziert gesehen werden: Als Gesamtskala ist er nur bedingt tauglich, da durch das Antwortformat unter Umständen auch Antworten „erraten" oder auf Plausibilität hin geprüft werden. Wir erhalten aber dadurch einen für die Planung des Lernangebots unverzichtbaren Zugriff auf Konzepte, die den Kindern zutreffend erscheinen.

2   Deskriptive Ergebnisse

Wie erklären sich nun Kinder das Phänomen Magnetismus? Exemplarisch soll hier die *qualitative* Auswertung der Leitfrage *„Warum halten Magnete an der Kühlschranktür?"* vorgestellt werden. Alle zehn befragten Kindern nennen das Material als Grund für das Halten, aber nur zwei Kinder vertreten dieses Materialkonzept als Einzelkonzept (Bsp.: „Meistens gehen Eisensachen an einem Magneten fest"). Andere kombinieren diese Erklärung mit zusätzlichen Erklärungen: Sechs Kinder bringen Materialkonzepte in Kombination mit Anziehungskraft vor, teilweise unterschiedlich spezifiziert durch „Magnetfeld" oder „Pole" (Bsp.: „Das sind zwei unterschiedliche Pole und die ziehen sich mit der Kraft, was in dem Magneten drin ist, an gegenseitig und dann hält das"). In einer letzten Kategorie liegt ein Fehlkonzept vor, das ohne Überarbeitung anschlussfähiges Weiterlernen behindern könnte: Zwei Kinder glauben, dass die Magnete durch eine Art elektrostatische Ladung halten, verursacht entweder durch „Rubbeln" des Magneten oder durch Aufladung (Bsp.: „Weil es beides Eisen ist und ich könnte mir dann nur vorstellen, dass das irgendwie aufgeladen wurde"). Hier erfolgt eine Argumentation, die möglicherweise in Anlehnung an erworbenes Wissen aus dem Phänomenkreis der Elektrizität entstanden ist und analog übertragen wird. Die Spannung zwischen Fachkonzept und kindlicher Vorstellung wird hier besonders deutlich. Die sich anschließende quantitative Teilstudie gibt Aufschluss über Unterschiede im Wissen bei Kindern der zweiten und vierten Jahrgangsstufe. Ein Vergleich über die Akzeptanz der richtigen Antwortvorgaben ergibt zunächst – wie erwartet – einen Unterschied zwischen beiden Klassenstufen. Zum Zeitpunkt der Befragung liegt die Bearbeitung des Themas bei den Kindern der vierten Klasse schon längere Zeit zurück. Die Kinder identifizieren im Gesamtwert über die Klassenstufe 55% der richtigen Items als richtig, während in der zweiten Klasse, also vor Bearbeitung des Themas im Unterricht, nur durchschnittlich 43% der Kinder richtige Items als solche erkennen. Ein Blick in die Einzelfragen zeigt, dass die Überlegenheit der älteren Kinder nach dem Unterricht nicht auf der Ebene qualitativ höherwertiger Aussagen besteht. Dies soll wiederum exemplarisch an der Frage „Warum hält der Magnet an der Kühlschranktür aus Metall?" aufgezeigt werden. Tabelle 1 zeigt die Beantwortung auf Itemebene.

Warum halten Magnete an der Kühlschranktür aus Metall?	2. Jgst.	4. Jgst.
a) Weil sich der Magnet an der Kühlschranktür festsaugt.	86%	93%
b) Weil die Kühlschranktür den Magneten anzieht.	65%	56%
c) Weil der Magnet elektrisch aufgeladen ist.	84%	80%
d) Weil der Magnet an der Kühlschranktür klebt.	87%	95%
e) Weil die Magnetkraft auf kleinste Teilchen in der Kühlschranktür wirkt und diese anzieht.	41%	54%
f) Weil der Magnet vorher gerubbelt wurde.	93%	98%

Tab. 1: Überblick über die Verteilung richtiger Antworten

Die richtigen Aussagen sind dabei unterlegt. Der Zahlenwert gibt an, wie viele Kinder in Prozent die einzelnen Aussagen richtig bewertet haben, also richtige Antwortmöglichkeiten angekreuzt und falsche nicht angekreuzt haben: 93% der Viertklässler wissen, dass die Vorstellung des Festsaugens unzutreffend ist; dies ist aber auch schon für 86% der Zweitklässler eine falsche Erklärung. Aus der Tabelle wird zudem ersichtlich, dass darüber hinaus auch Fehlkonzepte wie Kleben (d) oder Rubbeln (f) als Ursache sowohl vor als auch nach der unterrichtlichen Thematisierung in ähnlich hohem Umfang abgelehnt werden. Die Modellvorstellung (e) hingegen wird – wie erwartet – von den Kindern der zweiten Jahrgangsstufe eher nicht angenommen. Überraschend und für die Qualität des durchgeführten naturwissenschaftlichen Unterrichts aufschlussreich ist die Tatsache, dass auch die Kinder der vierten Klasse nach intensiver Themenbearbeitung ebenfalls nur etwa zur Hälfte über eine geeignete Modellvorstellung verfügen. Dass durch den Unterricht möglicherweise auch erst Fehlvorstellungen geweckt wurden, zeigt Antwort b: Das dort zugrunde liegende Actio-Reactio-Prinzip müsste verstanden worden sein, wenn Sachunterricht der Grundschule durchgängig mit sachlich richtigen Erklärungen arbeitet. Dass dies nicht der Fall zu sein scheint, zeigt die Tatsache, dass wiederum nur knapp über die Hälfte der Kinder diese Aussage für zutreffend halten.

3   Diskussion und Ausblick

Was kann aus diesen ersten deskriptiven Ergebnissen in aller Vorsicht abgeleitet werden? Aus den insgesamt ermutigenden Ergebnissen von PISA 2006 wird neben den deutlich verbesserten Leistungen deutscher Jugendlicher (Prenzel 2007) auch Unterricht erstmals in den Blick genommen: Es wird konstatiert, dass Elemente wie das Forschen an eigenen Ideen, Modellieren und das Anwenden naturwissenschaftlicher Konzepte auf Alltagsphänomene eher selten in den Unterricht integriert werden. Zudem finden Experimente überwiegend als Demonstration von Lehrern anstelle von selbstgesteuerter Eigenaktivität statt (Seidel et al. 2007). Für den Unterricht in der Grundschule dürfte gerade der in PISA festgestellte Seltenheitswert von Modellieraufgaben noch stärker zum Tragen kommen. Die präsentierten Ergebnisse scheinen die Kritik am Ertrag des naturwissenschaftlichen Lernens zu unterstützen, weil eher oberflächliches Phänomenwissen, nicht aber vertieftes Verstehen bei den Schülern bewirkt wird. Wenn Grundschulunterricht anschlussfähig für den weiterführenden Unterricht sein soll, muss er auch das Lernen an und über Modellvorstellungen beinhalten. Dies scheint im Sachunterricht der Grundschule zumindest nicht durchgängig erfolgreich zu geschehen.

Literatur

Flick, U./v. Kardorff, E./Steinke, I. (2005): Qualitative Forschung. Ein Handbuch. Reinbek bei Hamburg: Rowohlt.

Franz, U. (2008): Lehrer- und Unterrichtsvariablen im naturwissenschaftlichen Sachunterricht. Eine empirische Studie zum Wissenserwerb und zur Interessenentwicklung in der dritten Jahrgangsstufe. Bad Heilbrunn: Klinkhardt.

Mayring, P. (2005): Qualitative Inhaltsanalyse. In: Flick, U./v. Kardorff, E./Steinke, I. (Hrsg.): Qualitative Forschung. Ein Handbuch. Reinbek bei Hamburg: Rowohlt, 468-475.

Prenzel, M. (2007): PISA 2006: Wichtige Ergebnisse im Überblick. In: Prenzel, M./ Artelt, C./Baumert, J./Blum, W./Hammann, M./Klieme, E./Pekrun, R. (Hrsg): PISA 2006. Die Ergebnisse der dritten internationalen Vergleichsstudie. Münster: Waxmann, 13-30.

Prenzel, M./Artelt, C./Baumert, J./Blum, W./Hammann, M./Klieme, E./Pekrun, R. (Hrsg) (2007): PISA 2006. Die Ergebnisse der dritten internationalen Vergleichsstudie. Münster: Waxmann.

Seidel, T./Prenzel, M./Wittwer, J./Schwindt, K. (2007): Unterricht in den Naturwissenschaften. In: Prenzel, M./Artelt, C./Baumert, J./Blum, W./Hammann, M./ Klieme, E./Pekrun, R. (Hrsg) (2007): PISA 2006. Die Ergebnisse der dritten internationalen Vergleichsstudie. Münster: Waxmann, 147-179.

kidipedia – Eine Präsentationsplattform im Internet für Sachunterrichtsergebnisse

Markus Peschel

1 Neue Medien und ICT

Die Diskussion was eigentlich Neue Medien bzw. das Neue an den Neuen Medien ist, ist vielfältig und wird aktuell z.b. in der AG Neue Medien (ICT) im Sachunterricht der GDSU wieder aufgegriffen. Zu trennen ist hierbei zwischen den Medien auf der technischen Seite und den Anwendungsszenarien, die insbesondere durch die Entwicklung der letzten Jahre auf der Soft- und Hardwareseite möglich wurden. Mittlerweile hat sich der international gebräuchliche Begriff ICT (Information and Communication Technologies, in Deutschland auch IuK oder IKT abgekürzt) etabliert. Dieser Begriff rückt den kommunikativen Aspekt und besonders die Internetnutzung (Stichwort „Web 2.0") in den Mittelpunkt der didaktischen Auseinandersetzung (s. Peschel 2010).

Herrschte noch bis in die 1990er Jahre in den Grundschulen eine Bewahrungshaltung gegenüber den Neuen Medien vor (s. exemplarisch v. Hentig[1]) entwickelte sich die Mediennutzung in den Familien weiter und Gervé (1998) bemerkte prägnant „Der Computer ist heute Gegenstand der Lebenswirklichkeit von Grundschulkindern". Zeitnah mit v. Hentig nannte Klafki 1993 die Auseinandersetzung mit Neuen Medien in der Grundschule ein *epochaltypisches Schlüsselproblem*. „Wir brauchen in einem zukunftsorientierten Bildungssystem auf allen Stufen und in allen Schulformen eine gestufte, kritische informations- und kommunikationstechnologische Grundbildung als Moment einer neuen Allgemeinbildung" (Klafki 1993, 4f.). Er bezog seine Forderung vornehmlich auf den Sachunterricht, der sich trotz prädestinierter Möglichkeiten allerdings noch nicht als Kerndisziplin für die Nutzung Neuer Medien durchgesetzt hat (s.u.).

---

[1] „Wie der Computer das Lesen und Lernen der Kinder in der Schule unmittelbar beeinflussen wird, ist [...] abzusehen. [...] Der Computer [...] hält es an seinem Stuhl fest, grenzt seine Lebensregungen auf das Feld zwischen Bildschirm und Tastatur ein, legt alle anderen Sinne lahm, schaltet anderen Kontakt aus, bannt den Geist des Kindes auf das Frage-und-Antwort-Schema des Programms oder der Programmierung". (v. Hentig, 1993, 60).

Wichtige Daten zur Nutzung von (Neuen) Medien und ICT von Kindern (6-13 Jahre) liefern die KIM-Studien (Kinder und Medien, s. mpfs 2008):

1. In 88% der Haushalte, in denen 6-13-Jährige leben, gibt es mindestens einen PC oder Laptop. Ca. 25% aller Kinder haben ein eigenes Gerät. 85% der Familien haben einen Internetzugang.
2. Den Umgang mit dem Computer lernen die Kinder am häufigsten von den Eltern, vor allem den Vätern (62%). Schule und Lehrende haben hier eine geringere Vermittlungsfunktion (27%).
3. Computer werden in der Schule zu 41% genutzt, allerdings liegen die Werte für die Grundschule niedriger: 6-7 Jahre=11%, 8-9 Jahre=26%, 10-11 Jahre=54%. Dies bedeutet, dass der ICT-Einsatz in der 4-jährigen Grundschule eher selten ist und erst nach der vierten Klasse ansteigt.
4. Das Fach Deutsch dominiert in der Computernutzung (46%), es folgen Mathematik (43%) und Sachunterricht (23%). Korreliert man die Werte mit den Nutzungsdaten der Grundschule, sind die Ergebnisse jedoch geringer.

2   Präsentieren und Internet

Im Zusammenhang mit der Nutzung des Computers zur Publikation (s. Peschel 2006) sind die Forschungsarbeiten der Berliner ComputerLernWerkstatt zu nennen, da Schreib- und Lesekompetenzen beim Publizieren von Sachunterrichtsergebnissen zu den unabdingbaren Kompetenzen gehören (Kochan/Schröter 2007).

Zur Internetnutzung von Grundschülern gibt es nur wenige Studien, wie z.B. eine Studie des DJI, die die Notwendigkeit einer pädagogischen Begleitung der Kinder bei der Nutzung des Internets hervorhebt. Eltern schätzen Schutzmaßnahmen eher gering ein und haben eine tendenziell liberale Haltung zu den Seiten, die ihre Kinder aufsuchen. Hier ist umso mehr die Schule als Medienerziehungsinstanz gefordert (s. Feil/Decker/Gieger 2004).

Kaiser gelangt zu der Einschätzung, dass die Nutzung von Internetforen für die Grundschule nicht geeignet ist. „Unterricht im Grundschulalter [kann] nicht durch auf Kommunikation angelegte Internetangebote ersetzt werden" (Kaiser 2008, 144). Möglichkeiten der Integration des Computers in den Sachunterricht diskutiert Kaiser jedoch nicht. Dass Kinder im Netz angebotene Foren und Portale in ihrer Freizeit nutzen und daher professionelle und vor allem schulisch nutzbare Alternativen erforscht werden sollten, scheint mir evident.

Mitzlaff betont, dass „über das Netz sehr wohl sinnvolle Kommunikation, die freilich von der Lehrperson immer wieder gepflegt, angestoßen und gefördert werden muss, möglich ist", und gibt als Beispiel Kontakte zu ausgewanderten Bürgern oder Partnerschulen. „Dies kann ein Anlass sein, über Sinn und Grenzen

der digitalen und der direkten Kommunikation – auch schon mit Grundschülern
– zu reflektieren" (Mitzlaff 2010 i.D.).

Sander bekräftigt die Unterbewertung des Faches Sachunterricht in der
Mediennutzung und kommt für den Bereich Recherchieren zu dem Schluss,
„dass hier die hauptsächlichen Potenziale digitaler Medien für den Sachunterricht liegen" (Sander 2007b, 108). Für die Nutzung von ICT ergibt sich „die These, dass digitale Medien eine besondere Affinität zu einem handlungsorientierten
Unterricht haben und ihren Nutzen in erster Linie als Werkzeuge entfalten"
(Sander 2007a, 558). Produktives Lernen mit digitalen Medien im Sachunterricht
der Grundschule ist möglich und digitale Medien für den Sachunterricht
ermöglichen neue Lernchancen. Diese können „unter relativ normalen [...]
alltagsnahen [...] Bedingungen des Grundschulunterrichts genutzt werden"
(Sander 2007b, 95/124).

Einige weitere Praxisprojekte zeigen, dass Kinder durchaus in der Lage
sind, eigenständig mit dem Computer Ergebnisse ihrer Arbeit zu präsentieren
(s. Peschel 2006) und diese auch im Internet zur Verfügung zu stellen (z.B.
primolo.de). Allerdings werden mit den bisherigen Ansätzen die Möglichkeiten,
die das Web 2.0 bietet, (noch) nicht von Grundschülern genutzt.

3   kidipedia

Mit dem Projekt kidipedia (kidipedia.de) wurde eine solche Onlineplattform geschaffen, die die oben skizzierten Mängel aufgreift und einen (experimentellen)
Sachunterricht mit den ICT verzahnt. Hiermit wird den Lehrenden ein neues
Bildungsinstrument an die Hand gegeben, das (zunächst) im Sachunterricht
eingesetzt und auf andere Fächer erweitert werden kann. Dieses Online-Lexikon
ist von der grundlegenden Idee der Mitgestaltbarkeit der Inhalte vergleichbar mit
dem Internetlexikon Wikipedia, allerdings von Kindern für Kinder geschrieben.
Bisherige Seiten im Internet für Kinder sind hingegen meist von Erwachsenen
geschrieben und daher eher wenig kindgerecht, monomedial, statisch oder trivial.
Die von Kindern für Kinder erstellten Inhalte werden durch Lehrpersonen begleitet und betreut. Es können z.B. Einträge und Darstellungen von Experimenten,
zu weiteren Themen des Sachunterrichtes sowie Erklärungen für Naturwissenschaften, Informatik und Mathematik aus der Sicht von 6-12-Jährigen verfasst
werden. Mit kidipedia wird den Kindern ein Publikationsorgan für ihre Erkenntnisse in Form von Texten, Bildern, Fotos, Audio- und Videodarstellungen gegeben, das sich an ihrem jeweiligen Lernstand orientiert. Basierend auf dem Sachunterricht können die gewonnenen Erkenntnisse der Schülerinnen und Schüler
mit ihren Texten, eigenen Bildern und grafischen Darstellungen sowie Audio-
und Videodarstellungen in einem schülerInnengerechten Kontext in diesem Wiki
eingestellt und öffentlich im Internet zugänglich gemacht werden.

Das Projekt unterstützt durch das Lernen mit und durch Neue Medien sowohl den sachunterrichtlichen/naturwissenschaftlichen wie auch den informations-technologischen Kompetenzerwerb von Jungen und Mädchen und kann nachhaltig dazu beitragen, Kinder für naturwissenschaftliche Themen und innovative Technologien zu begeistern. Indem dabei Genderforschung und -didaktik berücksichtigt wird, trägt das Projekt zur Chancengleichheit von Jungen und Mädchen bei.

kidipedia bietet eine neue Form der Nutzbarkeit von ICT im Sachunterricht der Grundschule. Hierbei sind aber nicht nur sachunterrichtsdidaktische Aspekte zu beachten, sondern vor allem eine adäquate Verknüpfung zu Primärerlebnissen und eine entsprechende (offene) Unterrichtsmethodik. Der Sachunterricht als Ausgangspunkt von Erlebnissen und Ergebnissen ist hier ein zentraler Bestandteil der weiteren Medienarbeit unter Berücksichtigung der Möglichkeiten des Web 2.0, hier kidipedia.

Literatur

Feil, C./Decker, R./Gieger, C. (2004): Wie entdecken Kinder das Internet? Schriften des Deutschen Jugendinstituts DJI. Wiesbaden: VS.

Gervé, F. (1998): Der Computer als Medium im Heimat- und Sachunterricht. In: Mitzlaff, H./Speck-Hamdan, A. (Hrsg.): Grundschule und neue Medien. Frankfurt a. M.: Arbeitskreis Grundschule, 195-204.

Hentig, H. v. (1992): Die Schule neu denken. München: Carl Hanser.

Kaiser, A. (2008): Internetkommunikation im Grundschulalter – eine empirische Untersuchung zu Foren zu Sachthemen. In: Zeitschrift für Grundschulforschung 2, 133-145.

Klafki, W. (1993): Zum Bildungsauftrag des Sachunterrichts in der Grundschule. In: Grundschulunterricht 40/1, 3-6.

Kochan, B./Schröter, E. (2007): 20 Jahre ComputerLernWerkstatt an der TU Berlin. In: Mitzlaff, H. (Hrsg.): Internationales Handbuch Computer, Bd. 2. Baltmannsweiler: Schneider, 507-524.

Mitzlaff, H. (Hrsg.) (2007): Internationales Handbuch: Computer (ICT), Grundschule, Kindergarten und Neue Lernkultur. 2 Bde. Baltmannsweiler: Schneider.

mpfs – Medienpädagogischer Forschungsverbund Südwest (2009): KIM-Studie 2008 – Kinder, Medien, Computer + Internet. Stuttgart.

Peschel, M. (2006): Der Computer zur Präsentation von Experimenten im Sachunterricht. In: Grundschulunterricht 5 (Sonderheft Computer + Internet), 31-36.

Peschel, M. (2010) (Hrsg.): Neue Medien im Sachunterricht. Gestern – Heute – Morgen. Baltmannsweiler: Schneider.

Sander, W. (2007a): Lehren und Lernen mit digitalen Medien im Sachunterricht – Ergebnisse aus einem Forschungsprojekt. In: Mitzlaff, H. (Hrsg.): Internationales Handbuch Computer, Bd. 2. Baltmannsweiler: Schneider, 555-561.

Sander, W. (Hrsg.) (2007b): Digitale Medien in der Grundschule – Ein Forschungsprojekt zum Sachunterricht. Schwalbach/Ts.: Wochenschau.

GOFEX – Entwicklung eines Raumkonzeptes als Element der Öffnung

Markus Peschel & Sarah Struzyna

Das GOFEX (Grundschullabor für Offenes Experimentieren) wurde als Schüler-Lehrenden-Studierenden-Labor an der Universität Duisburg-Essen entwickelt und wird momentan an mehreren Standorten der FHNW in der Schweiz umgesetzt. Zentraler Inhalt ist die Öffnung des Experimentalunterrichts hin zum Offenen Experimentieren (s. Reinhold 1996; Peschel 2009b). Somit steht der eigene zunehmend selbständigere experimentelle Zugang zu physikalischen bzw. naturwissenschaftlichen Themen im Mittelpunkt des GOFEX. Ziel ist es, dem Mangel an naturwissenschaftlichem Experimentieren im Unterricht als auch in der Lehreraus- und -fortbildung entgegenzuwirken (s. Peschel/Bürger 2009) und die Motivation bei den Lernenden zu steigern (s. Prenzel et al. 2007). Außerdem soll dazu beigetragen werden, eine anschlussfähige naturwissenschaftliche Grundbildung zu schaffen, also die Fähigkeit naturwissenschaftliches Wissen anzuwenden, naturwissenschaftliche Fragen zu erkennen, aus naturwissenschaftlichen Beobachtungen oder Beweisführungen Schlussfolgerungen zu ziehen und sich dabei mit Chancen und Grenzen des naturwissenschaftlichen Arbeitens auseinander zu setzen (s. Artelt et al. 2001).

Im GOFEX können sich LehrerInnen fortbilden lassen, SchülerInnen können experimentieren und Lehramtsstudierende werden im Offenen Experimentieren ausgebildet. Eine Besonderheit des GOFEX liegt also in der Heterogenität der Zielgruppen sowie der Vernetzung dieser Gruppen durch Phasen des gemeinsamen Experimentierens. So bietet das GOFEX Lehramtsstudierenden die Möglichkeit, sich schon in ihrem Studium mit der Anschlussfähigkeit naturwissenschaftlicher Sach- und Methodenkompetenzen zu beschäftigen: Es unterstützt die zumeist fachfremd unterrichtenden SachunterrichtslehrerInnen mit Fortbildungsmaßnahmen, indem Module angeboten werden, in denen sukzessive Wissen, Handlungskompetenzen und Öffnungsmöglichkeiten aufgebaut werden. Außerdem unterstützt das GOFEX als Schülerlabor SchülerInnen bei der Entwicklung naturwissenschaftlichen Denkens und Arbeitens. Die Vernetzung eines Schülerlabors mit Aus- bzw. Fortbildungsveranstaltungen sowie die Etablierung von Phasen des gemeinsamen Experimentierens der beteiligten Zielgruppen vereinfacht den Transfer der Inhalte in die Schulen. Besonderheiten des GOFEX sind das Öffnungs- (Peschel 2009a), Material- (Peschel/Carell 2010) und Raumkonzept, das im Weiteren erläutert wird.

Ergänzend zum didaktischen Konzept des GOFEX (s. Peschel 2009a) wurde ein Material- und Raumkonzept entwickelt, welche ein individuelles, differenziertes und offenen Arbeiten ermöglichen bzw. stark vereinfachen. Beide Konzepte unterstützen sich wechselseitig. Während das Materialkonzept speziell für den Einsatz in Grundschulen entwickelt wurde, entstand das Raumkonzept explizit für den Einsatz des GOFEX an der Universität.

Der wichtigste Leitgedanke bei der Entwicklung des Raumkonzeptes war die Schaffung eines multifunktionalen Lernraumes: Seminarraum für Studierende, Fortbildungsraum für Lehrende, Labor für SchülerInnen, Studierende und Lehrende. Die Arbeit mit diesen sehr verschiedenen Zielgruppen stellt besondere Anforderungen an die Ausstattung des Labors hinsichtlich der Flexibilität, um sich den verschiedenen Nutzergruppen und unterschiedlichen (offenen) Lernsituationen anzupassen (s. Schneider 2004). Dazu müssen Tische und Stühle zum einen leicht, höhenverstellbar und wenn möglich auch noch rollbar sein und zum anderen müssen sie den hohen Ansprüchen an die Widerstandsfähigkeit von Labormöbeln gerecht werden.

Gleichzeitig soll der Raum an sich den zu vermittelnden Öffnungsgedanken unterstützen, indem er die Lernenden durch Platz, Rückzugs- und Entfaltungsmöglichkeiten bei der Entwicklung ihrer individuellen Lern- und Arbeitsgewohnheiten unterstützt. Dazu ist bei einer Lerngruppe von 25-30 Personen im Idealfall eine Fläche von ca. 100m² plus eines Nebenraumes (20m²) zur Verfügung zu stellen. Es sollte verschiedene Bereiche geben, in die sich die Lernenden für unterschiedliche Tätigkeiten zurückziehen können, um nach ihren Vorlieben arbeiten zu können. Das bedeutet nicht nur, dass es die Möglichkeit zur Schaffung kleinerer Arbeitsbereiche geben muss, sondern auch Rücksichtnahme auf unterschiedliche Bewegungsbedürfnisse (z.B. Steh- und Sitzarbeitsplätze) und auf anatomische Anforderungen an das Mobiliar. Daher ist der hier entwickelte Raum ist in verschiedene Funktions- bzw. Arbeitsbereiche unterteilt (s. Kasper 1979), welchen in den unterschiedlichen Phasen des experimentierenden Unterrichts verschiedene Bedeutung zukommt.

Den zentralen Bereich nimmt der Experimentierbereich mit den flexibel anzuordnenden Tischgruppen ein. Dieser ist durch mobile Paravents in kleinere Arbeitsbereiche (s. Schneider 2004) unterteilbar. Eingerahmt wird er von rollbaren, halbhohen (auf die Größe von GrundschülerInnen abgestimmten), offenen Regalen, in denen sich die Materialsammlung befindet. So ist eine gute Übersicht und schneller Zugriff auf jedes benötigte Material gewährleistet und die Materialregale können bei Bedarf jederzeit an eine andere Stelle im Raum geschoben werden. Die GOFEX-Sammlung stellt alle Materialien, die die Lernenden für eigenverantwortliches Arbeiten und Lernen (s. Klippert 2001) benötigen, zur Verfügung und unterstützt so bei der Öffnung (s. Peschel/Carell 2010).

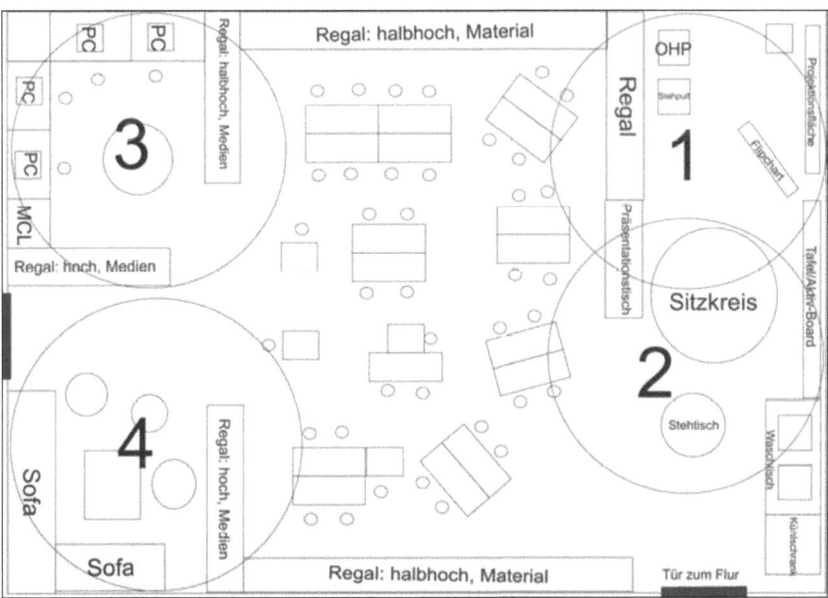

Abb. 1:   Raumplan

Im vorderen und hinteren Bereich des Raumes befinden sich Flächen zu verschiedenen Tätigkeiten (präsentieren, konferieren, recherchieren, Datenverarbeitung), welche im Rahmen des naturwissenschaftlichen Arbeitens und Unterrichts notwendig und sinnvoll sind:

Der **Präsentationsbereich (1)**, welcher mit verschiedenen modernen und traditionellen Präsentationsmedien (Aktiv-Board, Beamer, Tafel, OHP) ausgestattet ist. Natürlich sind Präsentationen in Kleingruppen auch in jedem anderen Bereich des Raumes jederzeit denkbar, Platz für eine Posterausstellung bieten z.B. auch die mobilen Paravents. Der **Konferenzbereich (2)**, der Platz bietet sich zum Kreisgespräch zu treffen oder sich am Stehtisch zu beraten. Der **Multimediabereich (3)** mit dem Schwerpunkt Informationssuche und -verarbeitung, dazu stehen fünf PC/Notebook-Arbeitsplätze zur Verfügung, wobei einer als mobiler Steh- und Gruppenarbeitsplatz konzipiert ist. Weiterhin finden sich hier auch thematisch sortierte digitale Medien zur Informationssuche. Sollten einmal mehr PCs benötigt werden, steht ein mobiles Computerlabor zusätzlich zur Verfügung. Um eine optimale Nutzung zu ermöglichen, verfügen alle Arbeitsplätze über Internetzugang, Drucker, Scanner und Kameraanschluss, auch ein Kopfhörer befindet sich an jedem PC. Der **Bibliotheksbereich (4)** mit Leseecke, welcher eine traditionelle Informationssuche ermöglicht. Durch eine Zwischentür ist ein

Nebenraum zu erreichen, der z.b. zur Aufbewahrung von Projekten, zur Vorbereitung, als Garderobe und als zusätzliche Arbeitsfläche genutzt werden kann.

Durch die klassenraumähnliche Grundaufteilung und die dadurch empfundene „Vertrautheit" wird versucht, die Distanz von Lehrenden in Fortbildungen zu naturwissenschaftlichen Inhalten zu verringern. Auch kann diese Aufteilung den Transfer in die Grundschule begünstigen: Ein kompletter Transfer des Raumkonzeptes an Grundschulen ist aus räumlichen und finanziellen Gründen zwar selten in Idealform zu realisieren, daher werden in Fortbildungen die für die Stärkung des naturwissenschaftlichen Sachunterrichts zu transferierenden Elemente herausgestellt. Als wichtig erwiesen sich Flexibilität, Multimedia und eine ständig für die SchülerInnen und Lehrenden sichtbare und verfügbare Sammlung. So reichen oft geringe Änderungen in den bestehenden Räumlichkeiten an den Schulen (eine Sammlung in den Klassenraum integrieren oder mobil für alle Klassen verfügbar machen), um die Voraussetzungen für einen (offenen) naturwissenschaftlich orientierten Sachunterricht zu schaffen.

Literatur

Artelt, C. et al. (Hrsg.) (2001): PISA 2000. Zusammenfassung zentraler Befunde. Berlin: Max-Planck-Institut für Bildungsforschung.

Kasper, H. (1979): Der Raum als Lernfaktor. In: Kasper, H. (Hrsg.): Vom Klassenzimmer zur Lernumgebung. Ulm: Vaas, 9-40.

Klippert, H. (2001): Eigenverantwortliches Arbeiten und Lernen. Bausteine für den Fachunterricht. Weinheim: Beltz.

Peschel, M. (2008): GOFEX – Grundschullabor für Offenes Experimentieren. Didaktik der Physik. Regensburg, Berlin: Lehmanns Media - LOB.de.

Peschel, M. (2009a): GOFEX - Grundschullabor für Offenes Experimentieren. Grundlegende Konzeption. In: Lauterbach, R./Giest, H./Marquardt-Mau, B. (Hrsg.): Lernen und kindliche Entwicklung. Bad Heilbrunn: Klinkhardt, 229-236.

Peschel, M. (2009b): Der Begriff der Offenheit beim Offenen Experimentieren. In: Höttecke, D. (Hrsg.): Chemie- und Physikdidaktik für die Lehramtsausbildung. Berlin: LIT, 268-270.

Peschel, M./Carell, S. (2010): „Die Materialsammlung im Grundschullabor für Offenes Experimentieren". In: Höttecke, Dietmar (Hrsg.): „Chemie- und Physikdidaktik für die Lehramtsausbildung." Berlin: LIT, 461-463.

Peschel, M./Bürger, C. (2009): Unterrichtsbedingungen für physikalischen Sachunterricht (SUN) In: Höttecke, D. (Hrsg.): Chemie- und Physikdidaktik für die Lehramtsausbildung. Berlin: LIT, 428-430.

Prenzel, A. et al. (Hrsg.) (2007): PISA 2006. Münster: Waxmann.

Reinhold, P. (1996): Offenes Experimentieren und Physiklernen. Kiel: IPN.

Schneider, V. (2004): Bau und Ausstattung in der Offenen Ganztagsgrundschule. Verfügbar unter: hhttp://www.ganztag.nrw.de/upload/pdf/material/raum_bau_schneider.pdf

Kreisgespräche als stufendidaktische Methode – Chancen und Grenzen einer Kompetenzorientierung

Anja Seifert

Innerhalb der Grundschulpädagogik wird die Orientierung an Kompetenzen und Standards kontrovers diskutiert. Indes verspricht der Kompetenzbegriff „aus der Sicht vieler Bildungspolitiker und Didaktiker, einen Lösungsweg aus den Problemen anzubieten." (Esslinger-Hinz et al. 2007, 121) Mit dem Konzept der Kompetenzorientierung geht das der Bildungsstandards einher; Kompetenzen werden hierbei „so konkret beschrieben, dass sie in Aufgabenstellungen umgesetzt und prinzipiell mit Hilfe von Testverfahren erfasst werden können." (Bundesministerium für Bildung u. Forschung 2007, 19). Kritisiert wird von Detlef Pech und Markus Rauterberg (2007) eine Kompetenzorientierung, die (nur) standardisierbare Ergebnisse vor Augen hat und Kompetenzen (über-)betont, die vermeintlich in einer neoliberalen Gesellschaft relevant zu sein scheinen. In Deutschland ist auch für die Grundschule eine Dominanz der Fremdevaluation (Testfragen, Vergleichsarbeiten etc.) feststellbar, während etwa im englischen und schwedischen Schulsystem daneben die Selbstevaluation (Lernentwicklungsgespräche, Lerntagebücher, Portfolios) im Unterricht ein zentrales Prinzip darstellt (s. Kaiser 2007, 176). Auch die neuere Motivationsforschung belegt, dass auf der individuellen Ebene die Selbstbestimmung des Schülers und die Selbstwirksamkeit bedeutsam sind. Grundschullehrer agieren in einem Spannungsfeld: „Wenn sie wollen, dass ihre Schülerinnen und Schüler bei den Tests gut abschneiden, müssen sie unter Umständen zugleich bei Inhaltsbereichen und Kompetenzfeldern, die im Test nicht wichtig sind, die aber für das Leben des einzelnen Schülers und langfristig für die gesamte Gesellschaft und die Demokratie bedeutsam sind, Abstriche machen" (Esslinger-Hinz et al. 2007, 137f.). Der Kompetenzbegriff spielt auf der Schüler- und der Lehrerseite eine Rolle. Lehrer sind mit ihrem Professionswissen Experten für die Organisation von Lehr-Lern-Prozessen, wie die KMK in ihrer Erarbeitung neuer Standards für die Lehrerbildung ausführlich darlegt. „Die Qualität einer guten Schule und die Wirksamkeit eines guten Unterrichtes werden entscheidend durch die professionellen und personalen Fähigkeiten von Lehrerinnen und Lehrern geprägt." (KMK 2008) Um diese Kompetenzen zu fördern, ist eine praxisbezogene Lehrerausbildung notwendig, bei der sich Seminare zur Kindheits- und Grundschulforschung sowie Grundschul- und Fachdidaktik ergänzen und mit ihren Bezugsfächern kooperieren. Qualitative Methoden der Kindheitsforschung – wie die teilnehmende Beobachtung und die

Gruppendiskussion – können im Kontext einer Lebenswelt- und Lernausgangs-
diagnostik für die Unterrichtsplanung fruchtbar gemacht werden (s. Hempel
2007). Auch wurden bislang die (Anschluss-)Möglichkeiten, die die Elementarpädagogik im Bereich der Beobachtung und Dokumentation von Bildungspro-
zessen bietet, wenig genutzt.

Der Kreis spielt als Sozialform (Sitzkreis oder Stuhlkreis) und als Methode
(Erzählkreis oder Unterrichtsgesprächskreis) eine Rolle in der Grundschuldidaktik. Der Kreis ist zunächst keine Methode im engeren Sinne oder eine Methoden-
konzeption wie z.B. die Projekt- oder Wochenplanarbeit, vielmehr eine methodische Kleinform, die häufig im Unterricht in der Primarstufe eingesetzt wird
(s. auch Esslinger-Hinz et al. 2007, 149). Aktuellere Zahlen liegen nicht vor,
aber Friederike Heinzel befragte 1996 Grundschullehrer zum Kreisgespräch.
Dabei „gaben 89,6% der Befragten an, dass sie sich mit den Kindern ihrer Klasse
im Kreis zu Gesprächen versammeln. Mehr als ein Drittel derjenigen Befragten,
die mit den Kindern ihrer Klasse zu Kreisgesprächen zusammentreffen, erklärte,
dies wöchentlich mindestens fünfmal zu tun. Als wichtigste in der Praxis vor-
kommende Kreistypen, nennen sie den Morgenkreis und den Montagskreis."
(Heinzel 2000, 122)

Kreisgespräche können im Rahmen der geforderten fachlichen, methodischen, personalen und sozialen Kompetenzorientierung einen Beitrag leisten.
Über ein Semester haben beispielsweise Studierende des Seminars *Studienbe-
ginn zwischen Schulpraxis und theoriegeleiteter Reflexion* an der PH Ludwigsburg einen Vormittag in einer zweiten Grundschulklasse hospitiert, teilnehmend
beobachtet, unterrichtet und im Rahmen des Unterrichtes Kreisgespräche geführt. Die Kinder im Alter zwischen sechs und acht Jahren (zehn Mädchen und
zwölf Jungen, viele mit einer anderen Familiensprache als Deutsch aufwachsend)
waren vertraut mit der Methode des Kreisgespräches, auch in Form eines freien
Kollektivgesprächs oder einer Gruppendiskussion. Die Kinder wurden zu Beginn
aufgefordert, schriftlich eine Frage zu formulieren, die ihnen wichtig war, thematisch gab es keine Vorgabe.

Fragen aus dem Bereich Natur und Technik:

> wie machen die Kreiden!/ von wo komt die Luft her/ Woh komt die Luft den her Ich
> mochte es gerne wiesen/ Warum sind die Tigers wild?/ von wo komm die spilzeug
> her? Und das was es sind?/ Wie machen die süsichkeiten?/ aus was entstehen
> knochen?/ Wer war der erste Mensch auf dem Mond?/ Wie bleiben die Schiffe über
> Wasser?/ Wo kommen die Tiere her?/ Warum ist der Mond da?/ Warum haben
> Zebras Streifen/ aus was besteht Mettall?/ Wie kriegen Mütter kinder??

Religiös-philosophische Fragen:

> wer hat Liebe erschafen?/ wen die Engel Sterben weden si dan neu Geboren?/ wer hat Jesus geboren?/ Wer hat Gott erschaffen?/ Was war vor Gott?/ Wer sind die Menschen erstanden?/ Wer hat die Menschen erschafen?/ von wo kommt Gott?/ Gibt es der 7 Himel/ Wi sind die Menschen er schafen worden sind?/ Wo kommen die Menschen??/ Wer soll die Menschen er safen Wer es nicht Gott war???/ Wer der rste Mensch auf der Weld war./ Wieso gibt es verschiedene sprachen?

Anknüpfend an die Kinderfragen wurden Kreisgespräche geführt, bei denen Vermutungen geäußert werden konnten, Kreisgespräche in stärker informierender und instruierender Form sowie Kreisgespräche als „Philosophieren mit Kindern". Fachbezogene und fächerübergreifende Projekte mit den Bezugsfächern Deutsch, Sachunterricht und Religion waren im Anschluss möglich. Dazu passende Kompetenzfelder finden sich im Bildungsplan für die Grundschule Baden-Württemberg v.a. im Fächerverbund Mensch, Natur und Kultur (s. *Menschliches Leben, Kulturphänomene und Umwelt, Naturphänomene und Technik*). Kompetenzbereiche des Faches Deutsch wurden ebenfalls gefördert (*Sprechen und Zuhören*: verständlich sprechen und zuhören, Gesprächsregeln entwickeln und beachten, s. Bildungsstandards im Fach Deutsch 2005, 9). Metaphysische und anthropologische Fragen nach dem Menschsein und nach Gott lassen sich neben dem Sach- im Religionsunterricht verorten, der diese Fragen aus der jeweiligen Glaubensrichtung heraus beantwortet (z.B. katholische Religion, Kompetenz für Klasse 2: *Die Schüler können eigene Gottesvorstellungen zum Ausdruck bringen*). Wichtiger als jede Kompetenzbestimmung bleibt das Postulat der Kindorientierung, das sich durch das Zulassen einer „Unmittelbarkeit des Frauwgens und Explorierens" (Röbe/Lichtenstein-Rother 2005, 113) auszeichnet. Freie Fragen im Sinne eines „natürlichen Erkenntnistriebes" der Kinder stehen in einer reformpädagogischen Tradition, die bei Berthold Otto und Johannes Kretschmann einen Anfang findet. Freie Fragen können nach Duncker und Nießeler (2005) als direkte Lebensäußerung der Kinder gesehen werden, denn sie öffnen uns „ein Fenster in die Innenseite der Kindheit" hinein, zeigen, „welches Bild" sich Kinder von der Welt machen. Im Rahmen des vielperspektivischen Sachunterrichtes, wie Köhnlein (1999), Kahlert (2004) u.a. ihn vertreten, kommt den Fragen der Kinder und den aus diesen resultierenden Gesprächen eine große Bedeutung zu. Schreier (1998; 1999) erweiterte den Ansatz um das „Philosophieren mit Kindern", er forderte, den Unterricht zu enttrivialisieren und das Nachdenken mit Kindern durch eine Praxis der Kinderphilosophie zu fördern. „Grundschulpädagogisches Denken" (Rehle/Thoma 2003) kann sich damit nur bedingt an einem Kompetenzkonzept in Richtung Fremdevaluation und Standardisierung orientieren.

Literatur

Bundesministerium für Bildung und Forschung (BMBF) (Hrsg.) (2007): Zur Entwicklung nationaler Bildungsstandards. Eine Expertise. Bonn: Bundesministerium.

Duncker, L./Nießeler, A. (Hrsg.) (2005): Philosophieren im Sachunterricht. Integration und Denken im Grundschulalter. Münster: LIT.

Esslinger-Hinz, I./Unseld, G./Reinhard-Hauck, P./Röbe, E./Fischer, H./Kust, T./Däschler-Seiler, S. (2007): Planung von Unterricht. Bad Heilbrunn: Klinkhardt.

Esslinger-Hinz, I./Hahn, H. (2008): Kompetenzen entwickeln – Unterrichtsqualität in der Grundschule steigern. Baltmannsweiler: Schneider.

Feige, B. (2007): Der Sachunterricht und seine Konzeptionen. Historische, aktuelle und internationale Entwicklungen. Bad Heilbrunn: Klinkhardt.

Götz, M. (2000): Entwicklung und Status der universitären Grundschulpädagogik und -didaktik. In: Zeitschrift für Pädagogik 46/4, 525-539.

Heinzel, F. (2000): Methoden der Kindheitsforschung. Weinheim und München: Beltz.

Hempel, M. (2007): Diagnostik der kindlichen Lebenswelt als Voraussetzung zur Förderung des Kompetenzerwerbs der Lernenden. In: Lauterbach, R. et al. (Hrsg.): Kompetenzerwerb im Sachunterricht fördern und erfassen. Bad Heilbrunn: Klinkhardt, 23-36.

Kaiser, A./Pech, D. (Hrsg.) (2004): Basiswissen Sachunterricht. Baltmannsweiler: Schneider.

Kaiser, A. (2007): Möglichkeiten und Grenzen der Messung von naturwissenschaftlichen Kompetenzen im Sachunterricht. In: Lauterbach, R. et al. (Hrsg.): Kompetenzerwerb im Sachunterricht fördern und erfassen. Bad Heilbrunn: Klinkhardt, 173-182.

Kahlert, J. (2004): Lebenswelten erschließen. In: Kaiser, A./Pech, D. (Hrsg.): Basiswissen Sachunterricht Bd. 2. Baltmannsweiler: Schneider, 32-41.

Köhnlein, W. (1999): Vielperspektivisches Denken im Sachunterricht. Bad Heilbrunn: Klinkhardt.

Kultusministerkonferenz der Länder (Hrsg.) (2005): Bildungsstandards im Fach Deutsch für den Primarbereich. München: Luchterhand.

Martens, E./Schreier, H. (Hrsg.) (1994): Philosophieren mit Schulkindern. Heinsberg: Agentur Dieck.

Pech, D./Rauterberg, M. (2007): Sollen wird Können (oder soll Können werden) – Sachunterrichtliche Kompetenzen und ihre gesellschaftliche Bedeutung. In: Lauterbach, R. et al. (Hrsg.): Kompetenzerwerb im Sachunterricht fördern und erfassen. Bad Heilbrunn: Klinkhardt, 47-58.

Rehle, C./Thoma, P. (2003): Einführung in grundschulpädagogisches Denken. Donauwörth: Auer.

Ritz-Fröhlich, G. (1992): Kinderfragen im Unterricht. Bad Heilbrunn: Klinkhardt .

Röbe, E./Lichtenstein-Rother, I. (2005): Grundschule. Der pädagogische Raum für Grundlegung der Bildung. Neubearbeitung von E. Röbe. Weinheim: Beltz.

Schreier, H. (1989): Ent-trivialisiert den Sachunterricht! In: Grundschule 3, 10-13.

Schreier, H. (1999): Nachdenken mit Kindern. Aus der Praxis der Kinderphilosophie in der Grundschule. Bad Heilbrunn: Klinkhardt.

VIII. Lernbereich Kunst

Basisqualifikation Zeichnen – Für ein Naturstudium in der Grundschule

Christina Knoll & Ulrich Teske

Kinder können zeichnen, bevor sie schreiben lernen. Diese Fähigkeit möchte der Kunstunterricht unterstützen und altersgemäß fördern. Deshalb können wir unseren Vortrag auch nennen: „Was vor Augen ist, soll aufs Papier."

Das niedersächsische Kerncurriculum Grundschule von 2006 hat sich eher dem ästhetischen Experiment als der Disziplin der Zeichenübung nach der Natur verschrieben.

Constanze Kirchner liefert als Herausgeberin des Buches „Kunstunterricht in der Grundschule" zwar eine Aufzählung, was Kinder mit „Einfallsreichtum, Fantasietätigkeit und Kreativität" (Kirchner 2007, 9f.) alles treiben. Was nicht dabei ist: Kinder einer Klasse drei sitzen um ein ausgestopftes Eichhörnchen und zeichnen es mit Pastellkreide so genau ab wie möglich.[1]

Beatrice Gysin schreibt unter dem Titel „Zeichnen ʻkönnenʼ?":

> „Die Ausrichtung und Einengung von Zeichnen auf gegenständliches Zeichnen im Unterricht vernachlässigt wichtige Aspekte des Ausdrucks. Akademisches Zeichnen – provokativ gesagt – der eurozentrische Blick zurück auf die Renaissance, kann und darf nicht der Maßstab für zeichnerisches Können sein" (Gysin 2003, 43).

„Bildung findet (…) dann statt, wenn Abbildung nicht angestrebt wird", zitiert Erika Meili-Schneebeli Karl Joseph Pazzini, um die „Unzulänglichkeit der Nachahmungsfunktion" (Meili-Schnebeli 2000, 21) für Bildungsprozesse herauszustreichen.

Wir behaupten das Gegenteil. Bei Meili-Schneebeli lesen wir aber auch einen Gedanken, der unsere Auffassung stützt:

> "Das neunjährige Schulkind stellt nicht mehr ausschließlich das Wesen der Dinge dar, sondern versucht die äußere Ansicht der Gegenstände wiederzugeben. Dieser Einbruch des Optischen in die emotional-motorische Welt des Kindes führt zu einem Umstrukturierungsprozess im bildnerischen Gestalten. Die optische Wendung kennzeichnet eine neue Phase in der Entwicklung der Kinderzeichnung, die (…) auch mit dem Begriff „visueller Realismus" überschrieben wird." (Meili-Schneebeli 2000, 72)

---

[1] Erfahrungen aus diversen Praktika der Studierenden sowie am „Tag der Zeichnerey" 2006

Hier, in der dritten und vierten Klasse setzen wir an. Die folgenden Bildbeispiele stammen aus Bachelor- bzw. Masterarbeiten, die im Rahmen unserer Seminare entstanden sind. Saskia Seifer hat Schülern einer Klasse 4 die Aufgabe gestellt, aus dem Gedächtnis einen Mitschüler ihrer Wahl zu zeichnen, ohne noch einmal hinzusehen. Dann kam die Aufgabe, denselben Schüler zu porträtieren, das heißt so abzuzeichnen, wie er vor einem sitzt.

Abb. 1:   Kinderzeichnungen 4. Klasse (Seifer 2007, 35)

Die Zeichnungen zeigen, dass Kinder in diesem Alter sehr wohl in der Lage sind, nach Beobachtung zu zeichnen und dabei differenziertere Bilder hervorbringen als bei Gedächtniszeichnungen. Einfach gesprochen: Gegenstandswissen und Abbildungswissen (Schuster 2000) werden durch beobachtendes Zeichnen erweitert, die Form wird besser geklärt. Gegenbeispiel: die gleiche Aufgabe in einer Klasse 1 zeigt, dass in der Schemaphase beobachtendes Zeichnen nicht gelingt.

Tritt diese Klärung durch Beobachtung nur beim Porträtzeichnen der Viert- und Drittklässler auf? Zur Überprüfung sollten jetzt in einer anderen Lerngruppe und mit etwas veränderter Instruktion Gegenstände gezeichnet werden, die Kinder noch nie gezeichnet hatten, d.h. wo Gegenstands- und Abbildungswissen noch unentwickelt sind. Architekturformen der Weserrenaissance, Klasse 3.

Auf dem Marktplatz in Stadthagen befindet sich das Haus am Markt 4 mit einem Brillengeschäft im Parterre.

Abb. 2: Foto des Hauses am Markt 4 in Stadthagen (Gutsch/Hammer 2008, 31)

Wahrlich, eine Herausforderung, auch für den erfahrenen Zeichner! Was kann hier das Klären der Form bedeuten? Einmal die geometrische Grundfiguren der Fassade, dann ihre Binnengliederung in Stockwerke, die Verteilung von Mauern und Maueröffnungen und schließlich der bemerkenswerte Zierrat des Giebels, der bizarre Rhythmus von Voluten und Obelisken.

Abb. 3: Kinderzeichnungen 3. Klasse

Die Bilder lassen sich in unserem Kontext „Was vor Augen ist, soll aufs Papier" als Antwort auf die Frage betrachten, was Schüler tun, wenn die Zeichenaufgabe zu schwer ist. Eigentlich sagt alle Unterrichtserfahrung, dass es dann über Frustration zu Leistungsverweigerung und abweichendem Verhalten kommt, und das ist auch im vorliegenden Fall nicht immer auszuschließen. Wichtiger aber ist die Beobachtung, dass Kinder von dem komplexen Gegenstand dann ein prägnantes

Merkmal herausgreifen und dies in ihrer Zeichnung betonen, anderes aber weg-
lassen. Hier war das deutlich der Giebelzierrat, Voluten und Obelisken.

Saskia Seifer hat in ihrer Masterarbeit zeigen können, dass Kinder der Klassenstufe 4 sehr wohl in der Lage sind, in der Landschaft „vor dem Motiv" zu
zeichnen und charakteristische, für die Landschaftssituation typische Bilder hervorbringen zu können. Sie konnte darüber hinaus feststellen, dass diese Zeichen-
arbeit mit der Landschaft vor Augen und dann auf dem Papier, die Kinder mit
Stolz und Freude erfüllte.

Literatur:

Gysin, B. (2003): Zeichnen „können"? In: Kunst und Unterricht 271, 41-43.
Kirchner, C. (2003): Zeichnen als Experiment. In: Kirchner, C. (Hrsg.) Kunst und
    Unterricht 2003 271, 4-10.
Kirchner, C. (Hrsg.) (2007): Kunstunterricht in der Grundschule. Berlin: Cornelsen-
    Scriptor.
Meili-Schneebeli, E. (2000): Kinderbilder – innere und äußere Wirklichkeit. Basel:
    Schwabe.
Schuster, M. (2000): Psychologie der Kinderzeichnung. 3. Aufl., Göttingen: Hogrefe.

Bachelor- und Masterarbeiten:
Seifer, S. (2007): Kinder zeichnen – aber wie? Ein innerschulisches Experiment: Kinder
    lernen zu sehen. Bachelorarbeit: Hildesheim.
Seifer, S. (2008): Kind und Landschaft. Ein Bericht über eine Klassenfahrt. Masterarbeit:
    Hildesheim.
Gutsch, K./Hammer, J. (2008): Die Weserrenaissance erkunden und erleben – Ein
    Unterrichtsgang durch Stadthagen. Masterarbeit: Hildesheim.

Wissensbasis von Lehrkräften an Grundschulen mit dem Schwerpunkt Kunst

Silke Willmann

1 Einleitung und fachspezifische Fragestellungen

In der aktuellen Debatte um die Lehrerinnen- und Lehrerbildung ist die Bedeutsamkeit des professionellen Wissens und Könnens von Lehrkräften unumstritten. Neben den Anforderungen des pädagogischen Professionswissens wird immer auch eine fachspezifische Professionalisierung eingefordert. Unter der fachspezifischen Professionalisierung wird dabei nicht das reine Fachwissen verstanden, sondern es wird darunter eine fachdidaktische und fachwissenschaftliche sowie pädagogisch-psychologische und entwicklungspsychologische Expertise gefasst (s. Helmke 2009, 114f.). Die fachspezifische Professionalisierung von Grundschullehrkräften im Bereich Kunst zu fokussieren, lässt sich mit folgenden Aspekten begründen:

An Grundschulen ist der Anteil von Lehrkräften, die „fachfremd" unterrichten gegenüber anderen Schularten sehr viel höher. Darüber hinaus wird aus der Fachdiskussion vermutet, dass das Fach Kunst aufgrund des unterschätzten Anspruchs noch häufiger als die Fächer Musik und Sport fachfremd unterrichtet wird (s. BDK 1998, 11). Aus Studien mit anderem fachspezifischen Schwerpunkt wissen wir, dass sich der Unterricht von Lehrpersonen, die das Fach studiert haben, signifikant leistungsförderlicher ist als der Unterricht von fachfremd unterrichtenden Lehrpersonen (s. Helmke et al. 2008). Des Weiteren sind neben den unterrichtsrelevanten Merkmalen für das Fach Kunst auch Aufgaben von Grundschullehrkräften zu bewältigen, die sich aus fachspezifischer Sicht mit der Vernetzung innerschulischer und außerschulischer Bildungsarbeit zu beschäftigen haben. Die offene Ganztagsschule im Kontext kultureller Bildung (s. Bielenberg 2004; Pfeiffer 2004, 115), die Jugendkunstschulen und Museen als Kooperationspartner sowie die Kindertagesstätten und weiterführenden Schulen erfordern in fachkonzeptioneller Hinsicht Orientierungs- und Bewertungsmuster für künstlerische Bildungsarbeit.

Für die Grundschulpraxis sind somit die folgenden Fragen bedeutsam: Über welche Wissensvorräte verfügen Lehrkräfte – fachfremd oder nicht fachfremd unterrichtend – für das Fach Kunst? Welche Orientierungen nutzen Lehrkräfte für ihre

Bewältigungsstrategien im Fach Kunst an Grundschulen? Um dies zu klären, sind zwei Untersuchungsschritte nötig:

1. Es gilt ein Inventar zum fachspezifischen Wissen für das Fach Kunst zu erstellen, welches von den Lehrpersonen als Experten erfasst werden soll, die nicht fachfremd und das Fach Kunst mit hohem Engagement in ihrer Schule vertreten.

2. Mit dem erstellten Inventar soll ein Instrument entwickelt und eingesetzt werden, mit dem generalisierbare Ergebnisse zu dem Fachwissen im Bereich Kunst von Lehrpersonen an Grundschulen zusammengetragen werden können.

Mit diesem Bericht soll ein Ausschnitt aus den Ergebnissen des Inventars zum fachspezifischen Wissen für das Fach Kunst (Untersuchungsschritt I) vorgestellt und folgenden Fragen nachgegangen werden: Welches Wissen über das Fach Kunst hat für die Lehrpersonen eine so hohe Bedeutung, dass dieses formuliert wird? Welche Aussagen treffen Lehrpersonen, um ihr Fachverständnis und ihre Routinen zu beschreiben?

2   Empirische Studie

Über eine qualitative Befragung mit Leitfadeninterviews konnten Informationen zum Fach Kunst von ausgewählten Lehrpersonen an Grundschulen gewonnen werden. Es wurden 12 Personen in 5 Grundschulen im Regierungsbezirk Arnsberg ausgewählt. 9 Lehrpersonen hatten das Fach Kunst in der ersten Ausbildungsphase studiert, 3 Lehrpersonen hatten andere Fächer studiert, vertraten das Fach Kunst in ihrer Schule aber aus Sicht der Schulleitung mit hohem Engagement.

Für die inhaltliche Konzeption des Interviewleitfadens wurden insgesamt 20 Fragen entwickelt, die sich aus Dimensionen an bestehenden Modellen zur Qualitätsentwicklung im Bildungsbereich und in Anlehnung an die von Günther Regel formulierten Fachkompetenzen – künstlerische, gestalterische, ästhetische sowie kunsttheoretische und kunstwissenschaftliche (s. Regel 2004) – orientieren. Die transkribierten Interviews wurden inhaltsanalytisch ausgewertet und Begriffsbildungen mit Hilfe der formalen Strukturierung (Mayring 2000, 85) aufgelistet und kategorisiert. Es sollte ein Inventar ermittelt werden, mit dem Ausprägungen, Dimensionen und Spannbreiten vor dem Hintergrund fachbezogener, fachdidaktischer und stufenbezogener Konzepte dargestellt werden können.

In den folgenden Tabellen werden Begriffsbildungen zu unterrichtlichen Prozessen aufgezeigt. Wie man sieht, werden in Verbindung mit dem Kunstunterricht offene Arbeitsformen genannt und die Förderung von Individualität und Vielfalt bekräftigt. Das Bewerten im Kunstunterricht nimmt dabei einen kritischen Stellenwert ein. Auch im Bewusstsein der Notwendigkeit von Bewertungen und dem Besprechen von Kriterien für Gestaltungsarbeiten wird dieser Bereich als Dilemma interpretiert.

Frage: Wie organisieren Sie Ihren Kunstunterricht?

Aussagen der Lehrpersonen, untergliedert in vier Bereiche:
- Thema auswählen: aus dem Erfahrungsbereich der Kinder, welches sie anspricht, wo sie sich wiederfinden, welches sie irritiert, die Wahrnehmung stört, die Kinder zum Nachdenken bringt - Ausgangspunkt: Bild, Bilderbuch, Künstler, Technik, Gegenstand, Material - Unterrichtsstruktur: Phase des Kennlernens; Phase des vertraut Werdens durch Experimentieren, durch szenisches Spiel; Vorschläge für das Thema und die Gestaltung; das Bestimmen, Durchsprechen und Notieren von Kriterien für die Gestaltungsaufgabe; Zwischen- und Endreflexion für Rückmeldungen und Bewertungen - Methodische Überlegungen: offene, transparente, fächerübergreifende, fächerverbindende und projektorientierte Methoden

Frage: Was vermeiden Sie im Kunstunterricht?

Aussagen der Lehrpersonen, unsortiert:
Zensuren geben; beurteilen nach bestimmten Standards; Arbeiten sofort in Noten ausdrücken; negative Äußerungen über Arbeiten der Kinder; Arbeiten vor anderen zu stark kritisieren; Misserfolge und Frust vermeiden; Diskussion über schön und nicht schön; Über- und Unterforderung; zu enge Aufgabenstellung; Eintönigkeit und einheitliche Gestaltungen, Zeitdruck; zu viel Material; Lautstärke; Rumfliegen von Arbeiten der Kinder in der Klasse

Werden von den Lehrkräften die formalisierten Beurteilungen auch kritisch bewertet, so gilt es dennoch Wirkungen und Erfolge im Fach Kunst bei den Schülerinnen und Schülern wahrzunehmen. Wie unten in der Tabelle ersichtlich, liegen hier informelle Diagnoseleistungen von den Lehrkräften vor, die implizite subjektive Urteile und Einschätzungen zeigen und eher beiläufig im Rahmen des Schulalltags gewonnen werden.

Frage: Inwieweit lassen sich Wirkungen und Erfolge im Bereich der ästhetischen Bildung feststellen?

Aussagen der Lehrpersonen, unsortiert:
Menschendarstellung; bewusstes Einsetzen von Farben; Umgang mit Materialien; Wissen über bestimmte Verfahren, Künstler und Techniken; Darstellung von Selbstporträts von Schülerinnen und Schülern vom 1.-4. Schuljahr; fürchten sich nicht mehr vor einem leeren Papier; machen erst einmal einen Entwurf; Kinder fangen an zu strahlen; zeigen in Gesprächen Interesse an der Kunst; wie Kinder mit ihren Ergebnissen umgehen; am Anfang unsicher, dann viel gelöster; Kind stellt mit Freude etwas her; Ausdauer; entwickeln neue Ausdrucksformen; nehmen etwas nicht mehr als ungewöhnlich wahr; andere Wahrnehmung; mit Kunst wird anders umgegangen, wird anders betrachtet, wird anders gestaltet

Neben der Auflistung der vielfältigen Details durch das Erstellen von Inventaren, können auch die Spannweiten der Aussagenbereiche durch sogenannte

Grenzfälle gut abgebildet werden. Der Begriff „Ästhetische Bildung" wird einerseits als ein ganz breiter Begriff verstanden, welcher alle Lebensbereiche umfasst sowie als Versuch beschrieben, die Wahrnehmung der Kinder zu schulen. Andererseits wird „Ästhetische Bildung" als Begriff gedeutet, der „was mit Harmonie zu tun [hat], schön sein und schön wirken soll" (Aussage einer fachfremd unterrichtenden Lehrperson). Vorsichtig interpretiert zeigen diese Aussagen durchaus gemeinsame Schnittmengen, sie verweisen jedoch auch auf unterschiedliche Sichtweisen und Bedeutungshintergründe. An einem anderen Beispiel sollen die Bereiche von „Ästhetischer Bildung" in der Schule verdeutlicht werden. Aussagen, wie, „das Heft ordentlich führen" bis hin zum „gemeinsamen Malen eines Mandalas mit Kindern beim Stadtteilfest" bilden eine überaus große Spannweite.

3   Ausblick

Es ist festzuhalten, dass mit den Begriffsbildungen detailreiche Informationen als Wissen von Lehrkräften transparent gemacht werden können. Das Forschungsziel wird es sein, vor dem Hintergrund fachwissenschaftlicher und fachdidaktischer Bildungstheorien ein Wissensprofil von Grundschullehrkräften für das Fach Kunst mittels qualitativer und quantitativer Verfahren herauszuarbeiten.

Literatur

Bielenberg, I. (2004): Künstler/Innen in die Schulen – Zum Mehrwert von Kooperationsprojekten. In: Kettel, J. (Hrsg.): Künstlerische Bildung nach PISA. Dortmund: Athena, 148-161.

BDK (=Bund Deutscher Kunsterzieher) (1998): Ästhetische Erziehung in der Grundschule. In: Ders. (Hrsg.): Positionen zum Kunstunterricht in der Grundschule. Sonderdruck. Hannover: BDK.

Helmke, A. (2009): Unterrichtsqualität und Lehrerprofessionalität. 2. akt. Aufl., Seelze: Friedrich.

Helmke, A./Helmke, T./Schrader, F.-W./Wagner, W./Klieme, E./Nold, G./Schröder, K. (2008): Wirksamkeit des Englischunterrichts. In: DESI-Konsortium (Hrsg.): Unterricht und Kompetenzerwerb in Deutsch und Englisch. Ergebnisse der DESI-Studie. Weinheim: Beltz, 382-397.

Pfeiffer, M. (2004): Einige Gedanken zum Problem der Kunst in Schule und Unterricht. In: Kettel, J. (Hrsg.): Künstlerische Bildung nach PISA. Dortmund: Athena, 108-121.

Regel, G. (2004): Zur Problematik der Fachkompetenz und der langfristigen Bildungsstandards für den Kunstunterricht und die künstlerische Bildung überhaupt. In: Kettel, J. (Hrsg.): Künstlerische Bildung nach PISA. Dortmund: Athena, 173-185.

IX. Lehrerbildung

Schulpraktische Studien zwischen institutionellen Ansprüchen und studentischen Lernprozessen

Liselotte Denner

1 Schulpraktische Studien: Rahmung und Anspruch

Viele Studiengänge setzen auf Wissenschafts- und Berufsfeldbezug, in der Lehrerbildung gleichermaßen wie in der Sozialpädagogik, der Frühen Kindheit oder den Ingenieurswissenschaften. Praktika, Praxissemester oder Praxisstudien dienen der Erkundung des künftigen Berufsfelds und der Anbahnung berufsbezogener Kompetenzen. Schulpraktische Studien können nach Dieter Schulz (1994, 124) zu einem dynamischen Bindeglied zwischen Theorie und Praxis werden, wenn es gelingt, die Praxis im Blick auf die Theorie zu reflektieren und die Theorie auf ihre praktischen Konsequenzen zu befragen. Diesem Anspruch ist aus professionstheoretischer Sicht zuzustimmen. Welche Rahmungen jedoch geeignet sind, den berufsbezogenen Bildungsprozess der Studierenden zu befördern, also zwischen Theorie, Praxis und studentischer Person zu vermitteln, stellt noch weitgehend ein Desiderat dar (s. Oelkers 2007; Reinhoffer/Dörr 2008). Im Beitrag wird die Rahmung reflexiver Portfolioarbeit und das Lehr-Lernsetting eines Tagespraktikums im Kontext der Pädagogischen Hochschule Karlsruhe gewählt.

Für eine kompetenzorientierte Lehrerbildung können die Standards nach Oser (2001) oder die KMK-Standards (2004) als Leitlinie gelten. Um die Lern- und Professionalisierungsprozesse im Rahmen der Schulpraktischen Studien abbilden zu können, erscheinen diese als zu komplex. Die Lernfelder sind zu begrenzen, um nicht durch Überforderung Prozesse der Deprofessionalisierung zu forcieren. Als zentrale Bereiche für den Lehrerberuf und die 1. Phase der Lehrerbildung können „Beobachten", „Planen", „Unterrichten", „Erziehen und Beziehung gestalten" sowie „Reflektieren" gelten. Möchte man den Übergang von der Beliebigkeit schulpraktischen Lernens hin zu einer zielgerichteten und institutionell geförderten schulpraktischen Kompetenzentwicklung der angehenden Lehrpersonen befördern, so sind die Entwicklungsziele und Mindeststandards für das Bestehen eines Praktikums klar zu benennen. Die institutionellen Ansprüche in den genannten fünf Feldern schulpraktischer Kompetenzentwicklung werden deshalb als Mindestanspruch auf Niveau I (Einführungspraktikum), Niveau II (Blockpraktikum I, 1. Tagesfachpraktikum) und Niveau III (2. Tagesfachpraktikum, Blockpraktikum II) definiert (s. Denner 2007, 110ff.).

Damit Studierende die skizzierten Entwicklungsaufgaben übernehmen und bewältigen können, sind sie auf das Lehr-Lernsetting eines gruppenbezogenen Tagespraktikums angewiesen (s. Abb. 1), das die Gestaltungsaufgaben der Betreuenden aus Hochschule und Schulpraxis ebenfalls berücksichtigt. Auf Ausführungen zum Theorie- und Forschungsstand sei verwiesen (s. Denner 2010 im Dr.).

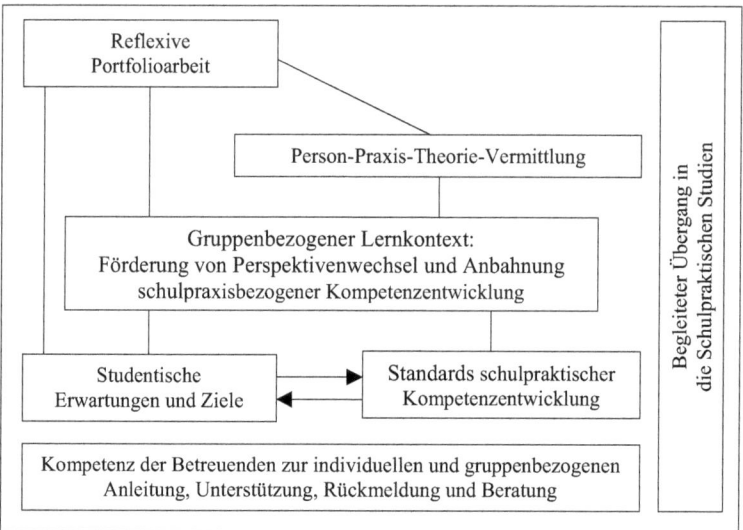

Abb. 1:   Lehr-Lernsetting „Einführungspraktikum" (Denner 2010)

2   Evaluation Schulpraktischer Studien (ESS)

Wie aber schätzen Studierende (GHS: Lehramt an Grund- und Hauptschulen, RS: Lehramt an Realschulen) ihre Lern- und Entwicklungsprozesse im Rahmen ihrer Schulpraktischen Studien ein? Im *ersten Teilprojekt* (2006-2008) nehmen Examenskandidaten (drei Kohorten, alte und neue Prüfungsordnung, N=427) mittels Fragebogenerhebung die Evaluierung ihrer schulpraktischen Kompetenzentwicklung vor und bestimmen Akzeptanz und Qualität von Portfolioarbeit und Mentoring (s. Denner 2009, 103ff.). Rechnet man eine Faktorenanalyse über die in den Items erfassten Lernfelder, so extrahiert die Varimax-Rotation fünf Faktoren mit einer Varianzaufklärung von 55,8%. Unterschiede ergeben sich zwischen Studierenden der alten und der neuen Prüfungsordnung sowie zwischen den Lehrämtern, jeweils zugunsten der neuen Prüfungsordnung und der GHS-Studierenden. Eine Verbindung zwischen Theorie und Praxis deuten die in *Faktor 4* gebündelten Items an. Der eingeschätzte Lernzuwachs fällt eher gering aus und markiert institutionellen Handlungsbedarf.

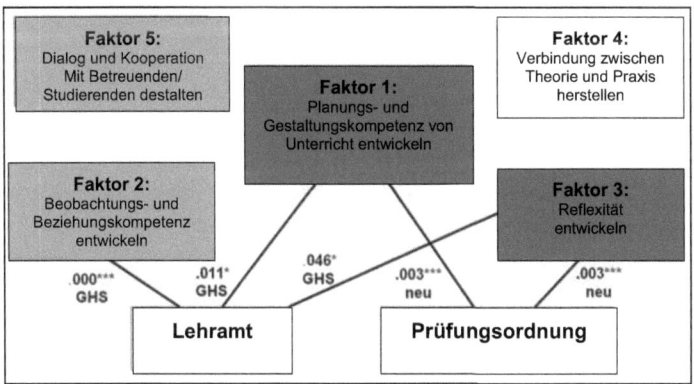

Abb. 2:   Lernfelder – berichteter Lernzuwachs (Denner 2009, 111)

Blockpraktika bieten den Studierenden ein Feld der Selbsterfahrung, das sie in ihrer Berufsentscheidung stützt und unter Umständen weniger in Frage stellt als dies bei den durch die Hochschule betreuten Tagespraktika der Fall ist. Nur so sind die äußerst positiven globalen Wertschätzungen der Blockpraktika zu verstehen, da der eigene Lernzuwachs sowie die Quantität und Qualität von Anleitung, Unterstützung und Rückmeldung deutlich negativer bewertet werden. Die Vorlage des Portfolios wird von der Mehrheit der Befragten mit der Erwartung von Wertschätzung, konstruktiver mündlicher und schriftliche Rückmeldung und dem Dialog über die schulpraktische Kompetenzentwicklung verbunden.

Insgesamt machen die Ergebnisse der ersten Teilstudie darauf aufmerksam, dass bei der Einführung in die Schulpraktischen Studien verstärkt in Anleitung, Beratung und Rückmeldung zu investieren ist. Beim *zweiten Teilprojekt* (2009) werden deshalb zwei Kohorten eines gruppenbezogenen Einführungspraktikums (N=246) mit einem Online-Fragebogen untersucht. Von besonderem Interesse dabei ist, unter welchen Lern- und Kontextbedingungen dieses stattfindet, in welchen Bereichen sich die schulspezifische Professionalität der künftigen Lehrpersonen anbahnt und welche Rolle es dabei spielt, ob dieses mit oder ohne Hochschulbetreuung erfolgt (s. Denner 2010).

Das Niveau des berichteten Kompetenzerwerbs in den Entwicklungsfeldern „Planen", „Unterrichten" sowie „Erziehen und Beziehung gestalten" kann in beiden Betreuungsvarianten als gut bewertet werden. Eine ausgewiesene Expertise der Praxis- und Hochschullehrkräfte wird jedoch in den Bereichen „Beobachten", „Reflektieren" und „Vermittlung zwischen Person, Praxis und Theorie" benötigt, um entsprechende Kompetenzen aufbauen zu können. Die Einführung in die Schulpraktischen Studien allein den Praxislehrkräften zu überlassen bedeutet, Standards schulpraktischer Kompetenzentwicklung zu vernachlässigen.

3   Fazit und Ausblick

Im Urteil der befragten Studierenden erfährt das Konzept baden-württembergischer „Schulpraktischer Studien" (drei betreute Tagespraktika, zwei Blockpraktika, 46-50 Unterrichtsversuche, drei Seminare mit Schulpraxisbezug) gleichermaßen Bestätigung wie der Karlsruher Portfolioansatz mit den fünf Feldern schulpraktischer Kompetenzentwicklung. Dass die Vermittlung zwischen studentischer Person, schulischer Praxis und wissenschaftlicher Theoriebildung nicht allein die Aufgabe der Studierenden sein kann, sondern vielmehr institutionell entsprechend abgesichert werden will, belegen die Evaluationsergebnisse zu Beginn und am Ende des Studiums.

Literatur

Denner, L. (2007): Leistung im Praktikum sehen, fördern, bewerten. In: karlsruher pädagogische beiträge 67, 108-138.
Denner, L. (2009): „… irgendwann hat man seine Linie gefunden." Der Portfolioansatz in der Lehrerbildung – Konzeption und Evaluation. In: Bolle, R./Rotermund, M. (Hrsg.): Schulpraktische Studien in gestuften Studiengängen – Neue Wege und erste Evaluationsergebnisse. Leipzig: Leipziger Universitätsverlag, 95-128.
Denner, L. (2010 im Dr.): Schulpraktische Kompetenzentwicklung im Einführungspraktikum – eine theoretische und empirische Annäherung. In: Krueger, A.-K./ Nakamura, Y./Rotermund, M. (Hrsg.): Schulentwicklung und Schulpraktische Studien – Wie können Schulen und Lehrerbildung voneinander profitieren? Leipzig: Leipziger Universitätsverlag.
KMK-Standards (2004): Standards für die Lehrerbildung: Bildungswissenschaften. Beschluss der Kultusministerkonferenz vom 16.12.2004. In: Zeitschrift für Pädagogik 2005, 51/2, 281-290.
Oelkers, J. (2007): Praxisbezug: Eine Formel ohne Gehalt? In: Flagmeyer, D./ Rotermund, M. (Hrsg.): Mehr Praxis in der Lehrerbildung – aber wie? Möglichkeiten zur Verbesserung und Evaluation. Leipzig: Leipziger Universitätsverlag, 8-31.
Oser, F. (2001): Standards: Kompetenzen von Lehrpersonen. In: Oser, F./Oelkers, J. (Hrsg.): Die Wirksamkeit der Lehrerbildungssysteme. Zürich: Rüegger, 215-342.
Reinhoffer, B./Dörr, G. (2008): Zur Wirksamkeit Schulpraktischer Studien. In: Rotermund, M./Dörr, G./Bodensohn, R. (Hrsg.): Bologna verändert die Lehrerbildung: Auswirkungen der Hochschulreform. Leipzig: Leipziger Universitätsverlag, 10-31.
Schulz, D. (1994): „Schulpraktische Studien" zwischen praxisferner Theorie und theorieferner Praxis? In: Strukturkommission Lehrerbildung 2000: Lehrerbildung in Baden-Württemberg. Band Materialien. Stuttgart, 124-131.

Pädagogische Begleitung – überfachliche Kernkompetenz pädagogisch professionellen Handelns und Kernaufgabe universitärer Lehrerausbildung

Susanne Pietsch

Ob sich die Grundschule zur Sicherung von Bildungskontinuität an den Bildungs- und Lernkonzepten von Kindertagestätten oder ob sie sich stärker an den Anforderungen der Sekundarschule orientiert, ob sie spielerisch erfahrungsorientiertes Lernen oder fachliche Bildung und kumulatives Lernen favorisiert – grundlegende Aufgabe professionell handelnder Lehrerinnen und Lehrer ist es, *alle* Kinder individuell anzuregen und zu fördern: die lernstarken ebenso wie die lernschwächeren, die behinderten oder die von Behinderung bedrohten, genauso wie jene, die unter erschwerten Bedingungen aufwachsen und häufig aufgrund fehlender Unterstützung und verpasster Chancen benachteiligt sind. Sie individuell zu fördern bedeutet, sie auf der Grundlage ihrer Bedürfnisse und Fähigkeiten anzuregen und sie entsprechend ihrem jeweiligen Lern- und Entwicklungsstand in der körperlichen, sozialen, emotionalen sowie in der kognitiven Entwicklung zu unterstützen (s. HSchG 2005, §3). Für das Gelingen einer so verstandenen Förderung ist ein pädagogisch professionelles Lehrerhandeln erforderlich, für das das Handeln in vielfältigen Rollen, der Umgang mit Heterogenität und Fremdheiten sowie mit Ungewissheit und Belastung und die Konfrontation mit vielfältigen Antinomien kennzeichnend sind.

Pädagogische Begleitung wird zunächst als Lernbegleitung gefasst. Weil Lernen als individueller Konstruktionsprozess immer in Lebenssituationen eingebunden ist, und viele Lernerfahrungen oftmals unter belasteten Bedingungen und damit erschwert stattfinden, muss dessen Förderung immer im Zusammenhang mit den jeweiligen Lebensbedingungen der Kinder gesehen werden. Aus diesem Grund wird die Lernbegleitung mit Bezug auf Begemann (1997) durch das in der Sonder- und Heilpädagogik verankerte Verständnis einer Lebensbegleitung erweitert. Dies schließt eine sozio-ökosystemische Sichtweise (s. Bronfenbrenner 1981) und eine grundlegende Umfeldanalyse mit ein. Die so angelegte pädagogische Begleitung stellt somit eine Schlüsselkategorie professionellen Lehrerhandelns dar und erweist sich als überfachliche Kompetenz pädagogischer Professionalität im Spannungsverhältnis zwischen Unterrichten, Erziehen und Beraten. Ihr Ziel ist es, die Bewältigung von Übergängen zu unterstützen, individuelle Lern- und Persönlichkeitsentwicklungen anzuregen, Resilienzfähigkeit zu stärken, Chancenungleichheit auszugleichen und Integration durch interkulturelle Begegnungen zu begünstigen.

Auf der Grundlage eines kombinierten und konstruktivistisch ausgerichteten Professionsverständnisses, das den interaktionistischen, den strukturtheoretischen, den systemtheoretischen und den ressourcenorientierten Ansatz zusammenführt, ist professionelle pädagogische Begleitung ko-konstruktiv angelegt. Im Handlungsfeld „Beziehungspraxis" verortet, zeichnet sie sich durch spezifische An- und Herausforderungen aus. Auf der Basis von Vertrauen und Anerkennung ist sie auf Vermittlungsleistungen angewiesen und erfordert eine veränderte Akzentuierung der Lehrerrolle vom Wissensvermittler hin zum Berater und Begleiter.

Angehende Lehrerinnen und Lehrer auf diese Komplexität professioneller pädagogischer Begleitung vorzubereiten, ist Aufgabe universitärer Lehrerbildung. Um diese überfachliche Kernkompetenz bereits in der ersten Phase der Lehrerausbildung anzubahnen, wurde 2001 an der Universität Kassel die Praxisinitiative „Projekt K – Kinder begleiten und verstehen lernen" gegründet.[1] In diesem Mentoring-Projekt übernehmen Lehramtsstudierende für ein Jahr eine Patenschaft für ein zuwendungsbedürftiges Kind und begleiten es wöchentlich für mehrere Stunden. Die praxisnahe Fallarbeit soll dazu beitragen, professionelles Lehrerhandeln im realen Handlungsfeld entdeckend und situiert anzubahnen. Den Studierenden wird damit die Möglichkeit geboten, nicht nur situationsunabhängiges Wissen aufzubauen, sondern auch Können in der Praxis einzuüben, Handlungsstrukturen zu entwickeln und zu lernen, die Praxisprobleme, das eigene Handeln und das zugrunde liegende Handlungswissen zu reflektieren.

Dieses universitäre Lehr-Lern-Projekt wurde im Rahmen meiner Promotion qualitativ erforscht. Die Forschungsergebnisse verdeutlichen, dass dem pädagogischen Begleithandeln unterschiedliche Konzepte zugrunde gelegt werden können. Diese sind im Sinne erster persönlicher, meist unbewusster Entwürfe zu verstehen und durch fallspezifische Spannungsfelder gekennzeichnet, die wiederum unterschiedlich bearbeitet und ausgeprägt werden.

1   Konzepte pädagogischer Begleitung

Die ausgewählten Fälle zeigen pädagogische Begleitung als Förderung, als fürsorgende Beratung und als Unterstützung konzeptualisiert. Entsprechend

---

[1] Nähere Informationen zu dieser Praxisinitiative, die 2007 vom Hessischen Minister für Wissenschaft und Kunst für Exzellenz in der Lehre ausgezeichnet wurde, können der Internetpräsentation entnommen werden: http://www.uni-kassel.de/fb1/Projekt-K/homepage/geschichte/index.html.

schreiben sich die studentischen Begleiterinnen unterschiedliche Rollen zu: die der inter- und inervierenden Förderin, die der Helferin und Beraterin und die der mitwirkenden Türöffnerin.

Die Konzepte pädagogischer Begleitung werden erfahrungs-, ergebnis- und erlebnisorientiert umgesetzt. Sie sind geprägt durch fallspezifische Spannungsfelder, die sich durch die biografischen Hintergründe und die selbstbezogene Motivation der Begleiterinnen einerseits und den jeweils verfolgten fremd- bzw. klientenbezogenen pädagogischen Zielsetzungen andererseits ergeben. Diese unterschiedlichen Ausprägungen und zugrunde liegenden Orientierungen der Konzepte müssen im Zusammenhang mit den individuellen Motivationen und den Zielsetzungen der Studierenden betrachtet werden:

- *Wera* ist am Ende ihres Studiums an einer Qualifizierung interessiert. Sie möchte die Projekterfahrungen als Thema für ihre Examensarbeit nutzen und zugleich das Kind gezielt fördern und in der Entwicklung voran bringen.

- *Bianca* dagegen sucht am Anfang ihres Studiums, das sie über den zweiten Bildungsweg beginnt, in der Phase der privaten und beruflichen Neuorientierung die Möglichkeit der Selbstvergewisserung und Selbsterfahrung. Dem Kind und dessen Mutter möchte sie aufgrund ihrer bisherigen Erfahrungen als Mutter fürsorgend und beratend beistehen.

- Und *Jana* sucht in der Mitte des Studiums die Gelegenheit, ihr Können zu überprüfen und weiter zu entfalten. Dem Kind will sie in gemeinsamen Erlebnissen neue Möglichkeiten eröffnen.

Pädagogische Begleitung kann also mit unterschiedlichen Schwerpunkten umgesetzt und je nach Anlage verschieden ausgeprägt werden. Idealtypisch modelliert vereint sie diese drei Konzepte in einer Trias von Fördern, Unterstützen und Beraten. Pädagogische Begleitung ist ein dynamisch zu gestaltendes Konstrukt unterschiedlicher Konzepte. Im Idealfall wird sie flexibel, situationsangemessen und bedarfsorientiert in unterschiedlichen Orientierungen und Anlagen umgesetzt.

2 Konsequenzen für die universitäre Lehrerausbildung

Pädagogische Begleitung erfordert von allen Beteiligten die grundsätzliche Bereitschaft, sich immer wieder auf den Weg zu begeben. Dies erfordert Gelegenheiten. Soll pädagogische Begleitung als Kern professionellen Lehrerhandelns im Kontext universitärer Lehrerausbildung gelernt werden, sind situierte Lern- und Erfahrungsfelder erforderlich, wie z.B. das „Projekt K".

Das integrative Konzept der Parallelisierung, das ein „zeitliches Neben- und didaktisches Ineinander von Wissen und Können" (Neuweg 2004, 2) anstrebt, erweist sich für eine „professionsorientierte Berufsvorbereitung" (Heinzel 2006, 36) mit einem verstärkten „Berufsfeldbezug" (Heil/Faust-Siehl 2000) als förderlich. Hier lernen Studierende professionelles Begleithandeln dadurch, dass sie tun, was sie erst lernen wollen. Um solches professionelles Handeln zu lehren, ist es vorteilhaft, die Lernenden in Situationen zu bringen, die zu bewältigen sie lernen sollen (s. Bauer et al. 2007, 30). Um angehende Lehrer im Hinblick auf pädagogisches Begleithandeln zu professionalisieren, reicht es aber nicht aus, nur ein entsprechendes Praxisfeld zu eröffnen. Individuelle Lernerfahrungen und -erfolge sind auch für das Lernen Erwachsener in der Hochschule auf Begleitung angewiesen. Damit wird Pädagogische Begleitung, soll sie in der Professionalisierung angehender Lehrerinnen und Lehrer als überfachliche Kernkompetenz angebahnt werden, zur Kernaufgabe universitärer Lehrerausbildung.

Literatur

Bauer, H.G./Brater, M./Büchele, U./Dufter-Weis, A./Maurus, A./Munz, C. (2007): Lern(prozess)begleitung in der Ausbildung. Wie man Lernende begleiten und Lernprozesse gestalten kann. Ein Handbuch. Bielefeld: Bertelsmann.

Begemann, E. (1997): Lebens- und Lernbegleitung konkret. Bad Heilbrunn: Klinkhardt.

Bronfenbrenner, U. (1981): Die Ökologie der menschlichen Entwicklung. Natürliche und geplante Experimente. Stuttgart: Klett-Cotta.

Heil, S./Faust-Siehl, G. (2000): Universitäre Lehrerausbildung und pädagogische Professionalität im Spiegel von Lehrenden: eine qualitative empirische Untersuchung. Weinheim: Beltz.

Heinzel, F. (2006): Lernen am schulischen Fall – Wenn Unterricht zum kommunizierbaren Geschehen wird. In: Cloos, P./Thole, W. (Hrsg.): Ethnografische Zugänge: professions- und adressatInnenbezogene Forschung im Kontext von Pädagogik. Wiesbaden: VS, 35-47.

Hessisches Kultusministerium (2008): Hessisches Schulgesetz – HSchG – in der Fassung vom 14. Juni 2005 (GVBl. I S. 442), zuletzt geändert durch Gesetz vom 5. Juni 2008 (GVBl. I S. 761).

Neuweg, G.H. (2004): Figuren der Relationierung von Lehrerwissen und Lehrerkönnen. In: Hackl, B./Neuweg, G.H. (Hrsg.): Zur Professionalisierung pädagogischen Handelns: Arbeiten aus der Sektion Lehrerbildung und Lehrerbildungsforschung in der Österreichischen Gesellschaft für Forschung und Entwicklung im Bildungswesen Bd. 1. Münster: LIT, 1-26.

Pietsch, S. (2010): Begleiten und begleitet werden. Praxisnahe Fallarbeit – ein Beitrag zur Professionalisierung in der universitären Lehrerbildung. Kassel: kassel university press, Verfügbar unter: http://www.upress.uni-kassel.de/publi/abstract.php?978-3-89958-822-4, 24.04.2010.

Subjektive Theorien von Lehrkräften zur Herausbildung ihrer Übergangsempfehlung

Sanna Pohlmann-Rother

1 Fragestellung und Methode

Lehrkräfte müssen mit ihrer Übergangsempfehlung am Ende der vierten Klasse eine möglichst verlässliche Prognose über den weiteren Schulerfolg der Schüler treffen. Die Hinweise der KMK sind sehr allgemein und stellen kaum konkrete Hilfen dar. Damit ist nicht nur von Interesse, welche Kriterien Lehrkräfte bei ihrer Empfehlung berücksichtigen, sondern auch, welche Zielsetzung und Strategie sie beim Prozess ihrer Entscheidungsfindung verfolgen. In Ergänzung zu bisherigen empirischen Untersuchungen, die den Einfluss leistungsferner Kriterien auf die Übergangsempfehlung sowie eine Benachteiligung von Kindern unterer Sozialschichten nachweisen konnten (z.B. Preuß 1970; Ditton 1992), rücken in diesem Beitrag die für die Genese der Übergangsempfehlung relevanten Subjektiven Theorien der Lehrkräfte in den Fokus.

Zur Erklärung von Bildungsentscheidungen wird häufig auf Wert-Erwartungs-Modelle bzw. auf den Rational-Choice-Ansatz zurückgegriffen (z.B. Esser 1999). Im vorliegenden Beitrag bildet die Wert-Erwartungs-Theorie eine theoretische Perspektive, um die für den Entscheidungsprozess relevanten Parameter bei der Herausbildung der Übergangsempfehlung zu systematisieren. Vor diesem Hintergrund stehen folgende Fragestellungen im Zentrum:

1. Welche Einflussgrößen, pädagogischen Orientierungen und Überzeugungen liegen der Formation der Lehrerempfehlung zugrunde?
2. Inwieweit kann durch die Integration von für den Entscheidungsprozess relevanten Parametern ein Modell auf der Grundlage der Wert-Erwartungs-Theorie entwickelt werden, das Erklärungskraft für die Übergangsentscheidung der Lehrkräfte besitzt?

Um die Herausbildung der Übergangsempfehlung nachvollziehen und die damit verbundenen Überzeugungen aufdecken zu können, wurden leitfadengestützte Experteninterviews zu zwei Zeitpunkten mit 20 Lehrkräften 4. Klassen durchgeführt. Die Interviews wurden computergestützt inhaltsanalytisch ausgewertet (Mayring 2003). Im Anschluss wurden in einem vierstufigen Konstruktionsprozess Typen gebildet (Kelle/Kluge 1999), so dass vier verschiedene Gruppen unterschieden werden konnten. Exemplarisch werden im Folgenden zwei Typen näher vorgestellt.

2 Ergebnisse

2.1 Der kritisch-konfliktoffene Typ

Die Lehrer dieser Gruppe orientieren sich bei ihrer Empfehlung nicht vorrangig am Notendurchschnitt, sondern lassen auch leistungsferne Aspekte, wie Frustrationstoleranz oder Charaktereigenschaften, in ihre Empfehlung einfließen. Eine ausschließliche Orientierung am Notendurchschnitt sehen die Vertreter dieses Typs mehrheitlich kritisch aufgrund des klasseninternen Bezugssystems. Alle Mitglieder dieses Typs zeigen ein restriktives Empfehlungsverhalten und berichten von dem Bestreben der Eltern, eine gymnasiale Empfehlung durchzusetzen:

> Ich habe erlebt, dass Eltern wegen halben Punkten ganze Büchereien wälzen, um mir zu beweisen, dass hier noch ein halber Punkt mehr zu geben wäre. Das mache ich dann aber auch. [...] Dass die Fronten verhärtet sind, kommt in jeder vierten Klasse vor. Also alle zwei Jahre (BY, 1132, W1).

Ihr restriktives Empfehlungsverhalten führt häufig zu Auseinandersetzungen mit den Eltern, was die Lehrkräfte dieser Gruppe als sehr belastend wahrnehmen. Sie befürworten entweder eine höhere Verbindlichkeit ihrer Empfehlung oder Aufnahmeprüfungen an den weiterführenden Schulen für alle Schüler, die eine gymnasiale Laufbahn einschlagen möchten.

2.2 Der zugewandt kooperative Typ

Die Angehörigen dieses Typs befürworten den Elternwillen als Entscheidungskriterium. Bei ihrer Empfehlung berücksichtigen sie neben den Noten weitere Kriterien und zeichnen sich durch ein flexibles Empfehlungsverhalten aus, woraus ein positives Verhältnis zu den Eltern resultiert. Dieses Empfehlungsverhalten basiert auf der Überzeugung, dass die Eltern über den weiteren Bildungsweg ihrer Kinder entscheiden sollten. Da sich die Lehrkräfte dieses Typs „nur" in einer Beratungsfunktion sehen, gelangen sie im Gespräch gemeinsam mit den Eltern zu einer Entscheidung. Im Zweifelsfall möchten sie Eltern und Kindern keine Steine in den Weg legen, so dass sie in Grenzfällen die höhere Schulform empfehlen:

> Ich möchte nur beraten und die Eltern entscheiden lassen. Das ist für mich wichtig. Vielleicht ist das auch der zentrale Punkt, warum ich mit Eltern weniger Schwierigkeiten habe. […] Es kommt auch nicht auf ein Zehntel im Notenschnitt an, sondern man muss das Kind einfach in seiner Gesamtheit beurteilen (BY, 3011, W2).

3   Entscheidungsmodell für eine Übergangsempfehlung

Nach den Grundannahmen der Wert-Erwartungs-Theorie ist die Entscheidung für eine Empfehlung abhängig von der subjektiv eingeschätzten Erfolgswahrscheinlichkeit, dass das Kind die Anforderungen der empfohlenen Schulform bewältigen kann, und dem subjektiven Wert, den die Lehrkraft mit der Übergangsempfehlung verbunden sieht. Das Modell zeigt den Entscheidungsraum der Lehrkräfte für eine Übergangsempfehlung.

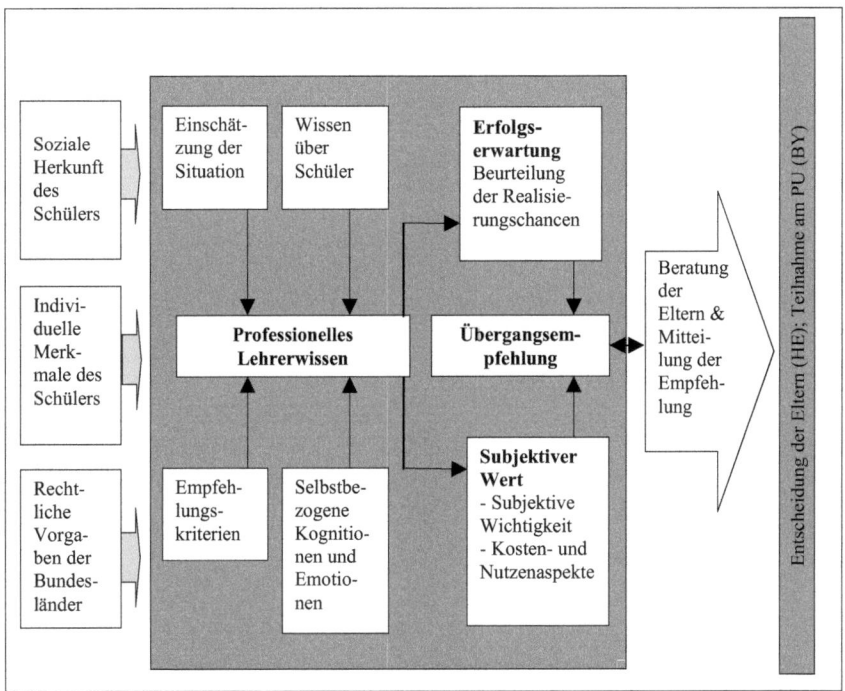

Abb. 1:   Entscheidungsmodell für eine Übergangsempfehlung

4   Zusammenfassung und Ausblick

Obwohl die Schullaufbahnprognose in Bayern auf der Grundlage des Notendurchschnitts erteilt werden soll, berücksichtigen die befragten Lehrkräfte neben den Noten auch weitere pädagogisch begründete und schwer zu operationalisierende Kriterien, um den Schulerfolg in den weiterführenden Schulen möglichst wahrscheinlich zu machen. Diese strukturellen Freiheitsgrade führen nicht nur zu

Chancenungleichheit beim Übergang, sondern auch zu Belastungen der Lehrkräfte und zu Konflikten mit Eltern. Um die angespannte Beziehung zwischen Lehrern und Eltern zu entschärfen und die damit verbundenen Belastungen von Lehrkräften im Übergangsprozess zu reduzieren, sollte eine regelmäßige Elternberatung an Bedeutung gewinnen, die nicht erst in der vierten Klasse beginnt (s. Speck-Hamdan 2003). Auch eine intensivere Kooperation zwischen Grundschule und weiterführender Schule könnte den Übergangsprozess für die Lehrkräfte erleichtern.

Literatur

Ditton, H. (1992): Ungleichheit und Mobilität durch Bildung: Theorie und empirische Untersuchung über sozialräumliche Aspekte von Bildungsentscheidungen. Weinheim: Juventa.

Esser, H. (1999): Soziologie. Spezielle Grundlagen, Bd. 1: Situationslogik und Handeln. Frankfurt a. M.: Campus.

Kelle, U./Kluge, S. (1999): Vom Einzelfall zum Typus. Fallvergleich und Fallkontrastierung in der qualitativen Sozialforschung. Opladen: Leske + Budrich.

Mayring, P. (2003): Qualitative Inhaltsanalyse. Grundlagen und Techniken. 8. Aufl., Weinheim: Beltz.

Preuß, O. (1970): Soziale Herkunft und die Ungleichheit der Bildungschancen. Eine Untersuchung über das Eignungsurteil des Grundschullehrers. Weinheim: Beltz.

Speck-Hamdan, A. (2003): Der Übergang nach Klasse 4 und die Verantwortung der Schule. Schulverwaltung. Ausgabe Niedersachsen und Schleswig-Holstein, 13/11, 296-300.

Der Lernzuwachs von Grundschullehrer(inne)n in situierten Lehrerfortbildungen

Astrid Rank, Andreas Hartinger & Maria Fölling-Albers

1   Situiertes Lernen in der Lehrerfortbildung

Genaue Diagnose und passende Förderung stellen für Lehrer(innen) im Schrift-spracherwerb der ersten Jahrgangsstufe wichtige Aufgaben dar. Schülerinnen und Schüler bringen unterschiedliche Lernvoraussetzungen ein und entwickeln dann individuelle Lernverläufe. Die Lehrer(innen) stehen vor der Herausforde-rung, möglichst passgenau zu differenzieren und zu fördern.

In dem hier vorgestellten DFG-Projekt zum situierten Lernen in der Lehrer-fortbildung (Fo 121/12-1, 12-2) wurden die Diagnose- und Förderkompetenzen im Schriftspracherwerb vor und nach einer Fortbildungsreihe erhoben. Aus-gangspunkt waren die Befunde zur geringen Nutzung von (Lehrer-)Fortbil-dungsinhalten in der Praxis (s. z.B. Wolf/Göbel-Lehnert/Chroust 1999; Gräsel/ Parchmann 2004). Dieser geringe Effekt von Fortbildungen lässt sich eventuell dadurch erklären, dass häufig Lern- und Anwendungssituation zu sehr differieren und deshalb „träges Wissen" aufgebaut wird (s. z.B. Gerstenmaier/Mandl 1995). Nach der Idee des „situierten Lernens" kann der Kluft zwischen Lern- und Anwendungssituation dadurch begegnet werden, dass bereits in der Lernsituation möglichst authentische Lernerfahrungen gemacht werden können (s. zusammen-fassend Hartinger et al. im Dr.). Dabei besteht kein Widerspruch zu instruktiona-len Unterstützungsmaßnahmen. In Untersuchungen zu Auswirkungen situierter Lernumgebungen erwiesen sich sowohl Reflexions- und Artikulationspro-zesse als auch die gezielte instruktionale Unterstützung durch Lehrende als wichtige Elemente für den Lernprozess (s. Gräsel/Parchmann 2004; Mörtl-Hafizović 2006).

In zwei vorhergehenden Projekten zu situiertem Lernen in der Lehrerbil-dung zeigten sich situierte Lernsituationen als sehr wirksam (Fölling-Albers/ Hartinger/Mörtl-Hafizović   2004;   Hartinger/Fölling-Albers/Mörtl-Hafizović 2005). Von diesen positiven Befunden ausgehend stellt sich die Frage, ob sich situierte Lernbedingungen auch für die Lehrerfortbildung eignen. Diese Fragestellung ist keineswegs trivial, denn es scheint durchaus plausibel, dass Situierungen bei Lehrer(inne)n nicht (mehr) hilfreich sind, weil ihre tägliche Praxis sie bereits permanent mit verschiedenen Lernsituationen konfrontiert. In

situierten Lehrerfortbildungen erwarten sie womöglich sehr enge Zusammenhänge zu ihrem täglichen Unterricht, und es könnte ihnen schwer fallen, diese in
allgemeine Lernsituationen zu überführen.

Für das hier vorgestellte Forschungsprojekt wurde als Anwendungsfeld der
Schriftspracherwerb gewählt. Während der letzten Dekaden haben in diesem
Bereich erhebliche konzeptuelle Veränderungen stattgefunden. Genannt seien
etwa die Sicht des Schriftspracherwerbs als (phasentypische) Denkentwicklung
mit Beginn schon weit vor Schuleintritt; die veränderte Sicht auf Fehler als
Möglichkeit. Denkstrategien der Kinder zu erkennen; die systemorientierte Sicht
auf Lese-Rechtschreibschwierigkeiten und die Bedeutung der phonologischen
Bewusstheit. Nach diesen Erkenntnissen und Sichtweisen zum Schriftspracherwerb ist ein für alle Kinder einheitlicher Lehrgang am Schulanfang nicht (mehr)
angemessen; vielmehr erfordern sie individuelle Diagnose- und Fördermaßnahmen. D.h. für die Lehrer(innen) auch, dass der Unterricht im Schriftspracherwerb anspruchsvoller geworden ist. Da ein Großteil der neueren Entwicklungen
in der Didaktik des Schriftspracherwerbs noch relativ jüngeren Datums ist, ist
davon auszugehen, dass viele Lehrer(innen) diese Inhalte in ihrem Studium nicht
erworben haben. Hierdurch ergibt sich ein erhebliches Fortbildungsfeld.

2   Fragestellung

Authentizität ist ein wesentliches Merkmal situierter Lernumgebungen, und diese
wurde deshalb im aktuellen Projekt gezielt in den Mittelpunkt der Forschungsfrage gestellt. Mit Blick auf die besonderen Bedingungen bei Lehrerfortbildungen interessiert uns, ob ausschließlich konkrete eigene Praxiserfahrungen
bzw. solche von Kolleg(inn)en als authentische Lernsituationen geeignet sind
oder ob auch konstruierte, komplex angelegte Fallbeispiele, die in verdichteter
Form mehrere Problemaspekte des Schriftspracherwerbs thematisieren, zu güns-
tigen Lernerfolgen führen.

3   Design der Untersuchung

Aus dieser Überlegung heraus wurden in dem Forschungsprojekt drei Untersuchungsgruppen gebildet, denen dieselben Fortbildungsinhalte vermittelt
wurden. Die erste Gruppe (EG1) wird als „vollsituiert" bezeichnet. Hier dienten
persönliche Erfahrungen der eigenen Unterrichtspraxis als Lernanlässe. Die
zweite Gruppe (EG2) lernte an generalisierbaren authentischen Erfahrungen
(Fallstudien), die entweder aus der Literatur gewonnen wurden oder von unserer
Forschergruppe im Vorfeld erstellt worden waren. Die Kontrollgruppe (KG)
erhielt eine traditionelle Lehrerfortbildung mit Vorträgen bzw. Texten und
Arbeitsblättern, die die entsprechenden Probleme strukturiert und systematisch

darstellten. Unterrichtsbeispiele, überwiegend die gleichen wie in der EG 2, illustrierten im Anschluss die Inhalte. Insgesamt wurden sechs Fortbildungsveranstaltungen pro Gruppe im ersten Halbjahr des ersten Schuljahrs durchgeführt. In einem experimentellen Design mit vier Messzeitpunkten (Pretest, begleitende Erhebung, Posttest und Follow up) wurden qualitative (Interviews und Videoaufzeichnungen) und quantitative Daten (Fragebögen und Tests) erhoben, um die Effekte der Fortbildungen zu prüfen. In diesem Artikel werden erste Ergebnisse der Fragebögen von Pre- und Posttest dargestellt.

Mit einem Fragebogen wurden individuelle Daten, etwa das Alter, die Vorerfahrungen im ersten Schuljahr und das Faktenwissen zu den Fortbildungsinhalten erhoben. Zudem waren zwei Fallbeispiele zu bearbeiten. Im Fallbeispiel zum Lesen wurde das Leseprofil eines Schülers vorgelegt. Die Lehrer(innen) wurden gebeten, mögliche Ursachen dieses Leseverhaltens zu benennen und Möglichkeiten zur Diagnose und Förderung anzuführen. Das Fallbeispiel zum Schreiben war ein mehrseitiges Unterrichtsprotokoll mit Schriftproben, das sich bereits in den Vorgängerprojekten mit Studierenden bewährt hatte. Auch hier wurden die Lehrer(innen) gebeten, die Schriftspracherwerbskompetenz des Kindes zu beurteilen und passende didaktische Angebote vorzuschlagen. Zur Zufriedenheit mit der Fortbildung, zu Elaborationen und zur Motivation wurden begleitend und im Posttest Daten erhoben.

4   Ergebnisse

Im Faktenwissen gab es nach der Fortbildungsreihe keine Unterschiede zwischen den Gruppen. Bei der intrinsischen Motivation erwies sich die EG1 – die Gruppe, die mit eigenen Situationen arbeitete – als signifikant motivierter. Auch die praxisbezogenen Elaborationen waren bei dieser Gruppe überzufällig höher. Die anwendungsbezogenen Fragen aber konnte die EG2, also die Gruppe, die an konstruierten Situationen arbeitete, signifikant am besten lösen.

5   Diskussion

Aus den bislang vorliegenden Ergebnissen können folgende Schlussfolgerungen gezogen werden: Die Art der Fortbildung hat keinen Einfluss auf den Erwerb des Faktenwissens. In allen drei Fortbildungsgruppen, in denen ja die identischen Inhalte vermittelt wurden, wurde über die Gruppen hinweg gleich viel (neues) Wissen aufgebaut. Ein entsprechendes Ergebnis wurde auch bereits in dem (Vorgänger-)Projekt zum situierten Lernen erzielt, das mit Studierenden durchgeführt worden war (s. Fölling-Albers et al. 2004). Der Erwerb deklarativen (Fakten-)Wissens scheint relativ unabhängig vom Ausmaß der Situierung zu sein. Der Grad der Situierung hat aber besondere Bedeutung für die Art, wie sich die Fortbildungsteilnehmer fühlen und welche praxisrelevanten Gedanken sie assoziieren: Sowohl die Motivation als auch die Elaborationen waren in der „vollsituierten" Gruppe (EG1) signifikant höher als in den beiden anderen Lernergruppen. Die Tatsache, dass die Fähigkeit, die Lerninhalte in Fallbeispielen anzuwenden, in der EG2 am höchsten war, deutet darauf hin, dass es gelungen ist, hier Lernsituationen zu konstruieren, die eine gute Passung zur Anwendungssituation haben; wir vermuten jedoch auch, dass die Beschäftigung mit den konstruierten Situationen – im Unterschied zum Umgang mit den eigenen Unterrichtssituationen in der EG1 – hilft, erforderliche Abstrahierungen durchführen zu können.

Die bisher ausgewerteten Daten geben den Stand unmittelbar nach der Fortbildung wider. Es bleibt abzuwarten, ob sich ein halbes Jahr nach der Fortbildung (im Follow-Up-Test) diese Ergebnisse bestätigen werden. Des Weiteren ist zu prüfen, ob sich auch in den Interviews und nicht zuletzt anhand der Unterrichtsaufzeichnungen entsprechende Ergebnisse nachweisen lassen

Literatur

Fölling-Albers, M./Hartinger, A./Mörtl-Hafizović, D. (2004): Situiertes Lernen in der Lehrerbildung. In: Zeitschrift für Pädagogik 5/5, 727-747.

Gerstenmaier, J./Mandl, H. (1995): Wissenserwerb unter konstruktivistischer Perspektive. In: Zeitschrift für Pädagogik 41/6, 867-888.

Gräsel, C./Parchmann, I. (2004): Implementationsforschung – oder: der steinige Weg, Unterricht zu verändern. In: Unterrichtswissenschaften 32/3, 196-214.

Hartinger, A./Fölling-Albers, M./Lohrmann, K./Rank, A. (im Dr.): Situiertes Lernen. In: Kiel, E./Zierer, K. (Hrsg.): Basiswissen Unterrichtsgestaltung. Baltmannsweiler: Schneider.

Hartinger, A./Fölling-Albers, M./Mörtl-Hafizović, D. (2005): Die Bedeutung der Ambiguitätstoleranz für das Lernen in situierten Lernbedingungen. In: Psychologie in Erziehung und Unterricht 52/2, 113-126.

Mörtl-Hafizović, D. (2006): Chancen situierten Lernens in der Lehrerbildung. Theoretische Analyse und empirische Überprüfung. Inauguraldissertation zur Erlangung der Doktorwürde der Philosophischen Fakultät II der Universität Regensburg.

Wolf, W./Goebel-Lehnert, U./Chroust, P. (1999): Fortbildung der Lehrerinnen und Lehrer. Eine Bilanz ihrer Formen und Wirkungen anhand empirischer Untersuchungen. In: Die Deutsche Schule 91/4, 451-467.

Portfolio – ein Weg zu einer kompetenzorientierten Grundschullehrer und -lehrerinnenausbildung im Fach Mathematik

Rose Vogel & Anna-Katharina Schneider

1 Einführung

Kompetenzorientierung hat sich zu einem zentralen Begriff für schulische Lehr- und Lernprozesse entwickelt und ist auch aus der Lehrer- und Lehrerinnenbildung nicht mehr wegzudenken. Schellak und Lemmermöhle (2008) weiten Weinerts Auffassung von Kompetenz auf berufliche Kontexte aus und formulieren:

> „Kompetenzen zeichnen sich dadurch aus, dass sie nicht nur kognitive Leistungen, sondern auch motivationale, ethische und soziale Komponenten umfassen (s. Weinert 2001). Wer über spezifische, berufsbezogene Kompetenzen verfügt, ist in der Lage in konkreten, anspruchsvollen beruflichen Situationen professionelle Handlungsstrategien zu entwickeln und diese auch zur realisieren" (140).

Diese professionelle Kompetenz gilt es in den verschiedenen Phasen der Lehrerbildung zu entwickeln. Als eine Gelingensbedingung wird die systematische, methodisch kontrollierte Analyse und Reflexion der Praxis auf der Basis theoretischen Wissens beschrieben (s. Schellak/Lemmermöhle 2008, 142). Portfolioarbeit im Studium könnte die geforderte Reflexionskompetenz anbahnen und in allen Phasen des Lehrerberufs begleiten.

2 Portfolioarbeit im Projekt „eLPort"

Das hier vorgestellte Projekt „eLearning basiertes Portfolio (eLPort) zur Unterstützung modulübergreifender Lernprozesse bei Studierenden des Faches Mathematik im Rahmen des Lehramtsstudienganges Grundschule"[1] ist ein Projekt, das im Rahmen des Förderprogramms der Goethe-Universität Frankfurt am Main zur Verbesserung der Lehre gefördert wird (Projektzeitraum 2008-2010).

Ziel des Projektes ist, den Lehramtsstudierenden einen reflektierten Zugang zum eigenen mathematischen Handeln zu eröffnen. Dazu gehört auch die

---

[1] Projektverantwortliche: Prof. Dr. Rose Vogel und Prof. Dr. Götz Krummheuer; Wissenschaftliche Mitarbeiterin: Anna-Katharina Schneider, Goethe-Universität Frankfurt am Main

Auseinandersetzung mit der eigenen schulischen Lernbiografie im Fach Mathe-
matik. Ein weiteres Grundprinzip der initiierten Portfolioarbeit besteht in der
Schaffung eines Lernraums, in dem die Studierenden ihr Professionswissen
(s. Brunner et al. 2006) aufbauen und ihre epistemologischen Überzeugungen zur
Mathematik (s. Blömke et al. 2008) weiterentwickeln und verändern können.
Dies bildet die Basis für eine professionelle Begleitung von Kindern in ihrem
Mathematiklernen und für die Gestaltung adäquater Lehr- und Lernumgebungen.

Die konkrete Portfolioarbeit beruht auf einem dreiteiligen Konzept, beste-
hend aus dem Arbeits- und Entwicklungsportfolio, dem Leistungsportfolio und
dem Präsentationsportfolio (s. Abb. 1 links unten). Alle drei Teile haben unterschiedliche Ziele und Öffentlichkeitsgrade. Allen gemeinsam ist der Grundpfei-
ler „Reflexion". Reflexion erfordert relativ komplexe Denk- und Handlungspro-
zesse. Die Handlungen, die reflektiert werden, werden mit anderen Aspekten der
Erfahrung in Beziehung gesetzt, um sie entweder abzuändern oder anzupassen
(s. Schön 1988, 19).

Für die Portfolioarbeit der Studierenden bedeutet dies konkret, dass Artefakte aus den Lehrveranstaltungen wie z.B. Notizen oder mathematische Eigenproduktionen sortiert, ausgewählt, reflektiert und beurteilt werden. Dies bedarf
eines Innehaltens, eines Zurückblickens im Sinne einer Verlangsamung des Prozesses, vergleichbar mit der Fortbewegung einer Schnecke (s. Abb. 1 rechts
unten, Logo des Projekts).

3   „Reflexionselemente" in der Portfolioarbeit

Für die Entwicklung geeigneter „Reflexionselemente" wurden die in den verschiedenen Lehrveranstaltungen eingesetzten Lehr-Lern-Arrangements analysiert. Diese Arrangements prägen die konkrete Lernarbeit in den Veranstaltungen
entscheidend und dienen als Ausgangspunkt für die individuelle Reflexionsarbeit
der Studierenden, die durch die „Reflexionselemente" angeregt und unterstützt
werden soll. Eine durch „Reflexionselemente" angeregte Portfolioarbeit in einer
Lehrveranstaltung des Grundstudiums (Vorlesung mit ergänzenden Übungen,
Dauer: zwei Semester, erstes Semester: mathematische Fachinhalte, zweites Semester: mathematikdidaktische Inhalte) kann von der Struktur wie folgt beschrieben werden (s. Abb. 1).

Regelmäßige Standortbestimmungen zu Beginn oder am Ende von
einzelnen Veranstaltungsthemen geben sowohl der Lehrperson wie auch den
Studierenden Orientierung. Sie aktivieren den Wissensstand der Studierenden, so
dass sich diese bewusst machen können, auf welcher Niveaustufe sie sich befinden, wo sie ggf. noch Lücken aufzuarbeiten haben und wo sie das neue Wissen einordnen und Anknüpfungen finden können. Eine solche Standortbestimmung kann auch als Ausgangspunkt für die Erstellung eines individuellen

Lernplans genutzt werden. Für die Lehrperson bietet diese eine Rückmeldung, auf welchem Lernstand die Studierenden „abzuholen" sind.

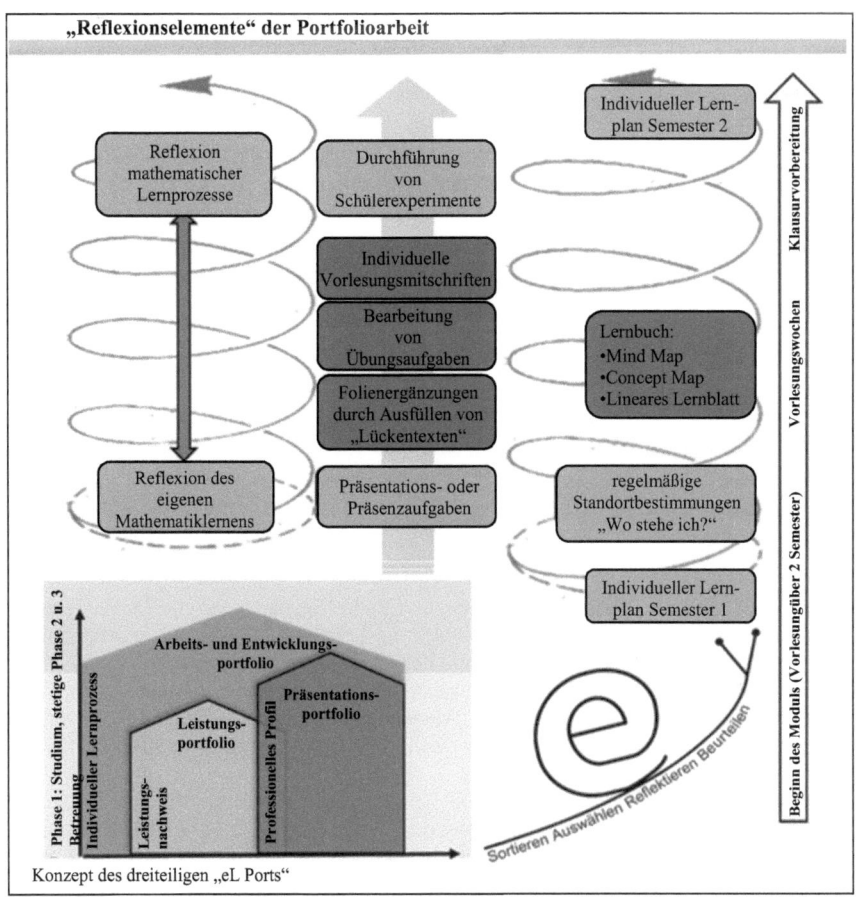

Abb. 1: „Reflexionselemente" in der Portfolioarbeit

Ein während der laufenden Veranstaltung geführtes oder in der Nachbereitung aufgebautes *Lernbuch* ermöglicht den Studierenden in ganz individueller Weise eine große Stofffülle zu überblicken, zu strukturieren und die eigenen Stärken und Schwächen zu identifizieren. Die Lernbücher können im Referendariat oder auch später in der Berufspraxis weitergeführt und als Nachschlagewerk bei fachlichen und fachdidaktischen Fragen genutzt werden. Ein solches Lernbuch besteht idealerweise aus einzelnen Lernblättern zu unterschiedlichen Themen. Es können Mind Maps, Concept Maps oder auch lineare Lernblätter sein. *„Präsentations- bzw. Präsenzaufgaben"* sind integrative Bestandteile der studentischen Übungsgruppen. Sie bieten den Studierenden die Möglichkeit, ihre mathematischen Lernprozesse in der Gruppe und individuell zu reflektieren und somit ihre Erfahrungen in der konkreten Auseinandersetzung mit mathematischen Fragestellungen zu vertiefen. Auf dieser Grundlage initiieren die Studierenden im weiteren Verlauf der Veranstaltung (im zweiten Semester, fachdidaktischer Schwerpunkt) für Kinder mathematische Lerngelegenheiten, die beobachtet, dokumentiert und unter spezifischen mathematikdidaktisch relevanten Fragestellungen analysiert werden (s. Abb. 1). Dies wiederum schafft für Studierende Erfahrungsräume, das eigene Handeln und pädagogische Entscheiden im Beteiligtsein kindlichen Lernens zu reflektieren.

4 Ausblick

Aktuell werden „Reflexionselemente" in ausgewählten Lehr-Lern-Arrangements einzelner Lehrveranstaltungen eingesetzt. Des Weiteren wird an der einheitlichen Beschreibung der entwickelten „Reflexionselemente" gearbeitet, so dass diese den Lehrpersonen in einer Sammlung zur Verfügung gestellt werden können.

Literatur

Blömeke, S./Müller, C./Felbrich, A./Kaiser, G. (2008): Epistemologische Überzeugungen zur Mathematik. In: Blömeke, S./Kaiser, G./Lehmann, R. (Hrsg.): Professionelle Kompetenz angehender Lehrerinnen und Lehrer. Münster: Waxmann, 219-246.

Brunner, M. et al. (2006): Welche Zusammenhänge bestehen zwischen dem fachspezifischen Professionswissen von Mathematiklehrkräften und ihrer Ausbildung sowie beruflichen Fortbildung? In: Zeitschrift für Erziehungswissenschaft 9/4, 521-544.

Schellak, A./Lemmermöhle, D. (2008): Universitäre Lehrer/innen/bildung zwischen wissenschaftlichem Wissen und professionellen Kompetenzen. In: Kraler, C./ Schratz, M. (Hrsg.): Wissen erwerben, Kompetenzen entwickeln. Modelle zur kompetenzorietierten Lehrerbildung. Münster: Waxmann, 139-149.

Schön, D.A. (1988): Coaching Reflective Teaching. In: Grimmet, P.P./Erickson G.L. (Eds.): Reflection in Teacher Education. New York: Teachers College Press, 19-30.

Weinert, F.E. (2001): Concept of Competence: A Conceptual Clarification. In: Rychen, D.S./Salqanik, L.H. (Hrsg.): Defining and Selecting. Key Competencies. Göttingen: Hogrefe, 45-65.

Forschungsbasierte Lehrerbildung für die Grundschule – ein Plädoyer

Birgit Ziegenmeyer & Katrin Hauenschild

1   Einleitung

Unser Plädoyer für eine forschungsbasierte Lehrerbildung rankt sich um das an der Universität Hildesheim angesiedelte interdisziplinäre Projekt „Videobasierte Fallarbeit in der Fachdidaktik", in dessen Rahmen ein videobasiertes fallorientiertes Lernangebot entwickelt und in der universitären Lehrerbildung für die Grundschule und die Sekundarstufe I verankert werden soll. Kernstück des Projektes ist der Aufbau eines Fallarchivs mit videografierten Unterrichtssituationen aus verschiedenen Fächern, mit dem eine didaktisch aufbereitete Material- und Aufgabenbasis für die forschende Fallarbeit in der Lehrerbildung geschaffen wird.

Ein forschungsorientierter Blick auf Schule und unterrichtliches Handeln fokussiert für die Lehrerbildung die Frage nach den Möglichkeiten und Grenzen einer Begegnung von Theorie und Praxis und damit gleichzeitig das Praxisverständnis universitärer Lehrerbildung. In diesem Spannungsfeld verorten wir eine forschungsorientierte Lehrerbildung: Die Analyse videografierter unterrichtlicher Handlungssituationen soll Studierende anregen und unterstützen, exemplarisch Beziehungen zwischen Theorien, eigenen Erfahrungen und Handlungswissen zu erkennen und zu reflektieren. Dabei wird das bisher erworbene theoretische Wissen der Studierenden in der Fallarbeit mit der Komplexität eines (annähernd) realen und alltäglichen Handlungskontextes konfrontiert und weitergeführt. Theorie-Praxis-Bezüge können hergestellt und Kompetenzen auf verschiedenen Ebenen entwickelt und gestärkt werden: Fallarbeit trägt somit zur Professionalisierung von Lehramtsstudierenden bei und soll zugleich – durch den forschungsorientierten Zugang der Fallarbeit – wissenschaftsbezogene Kompetenzen fördern.

2   Fallarbeit in der Lehrerbildung

Pädagogische Fälle basieren auf Situationen von hoher kommunikativer oder interaktionaler Dichte aus dem Handlungsfeld (fach)unterrichtlicher Praxis. Ausgangspunkte sind unterrichtliche Begebenheiten, die in Form von Texten (Schilderungen, Berichten) oder als videografierte Interaktionssequenzen in audiovisueller Form vorliegen. Dabei verstehen wir Unterricht als einen

komplexen und dynamischen Inszenierungsraum, in dem Lehrende und Lernende als Akteure mit ihren individuellen Handlungsweisen Sinn und Bedeutung
von Unterricht prozesshaft konstruieren und zur Darstellung bringen (s. Frei
et al. 2008). Der Begriff der Inszenierung bietet die Möglichkeit einer zeit-, sach-
und sozialangemessenen Beschreibung und Analyse tragender unterrichtlicher
Kontexte und Handlungsweisen, die fachübergreifend zur Geltung kommen. Er
kombiniert für die theorie- und empiriegeleitete Beschäftigung mit Lehr-
/Lernprozessen hohe analytische Reichweiten mit Tiefenschärfe: Unterrichtliche
Inszenierungen schließen vielfältige Bedeutungsfelder und -dimensionen von
Unterricht ein, z.B. die Herstellung unterrichtlicher Rahmungen, die Konstitution
und Gestaltung einer Sache oder Muster unterrichtlichen Handelns. Es rücken
dabei die unverwechselbaren Handlungsweisen der Akteure ebenso in den Blick
wie die Handlungssituationen im dynamischen Lehr-/Lerngeschehen. Im
Rahmen der Fallarbeit können diese Strukturen und Muster offengelegt sowie
fachdidaktische und pädagogische Spezifika unterrichtlicher Inszenierungen der
Analyse zugänglich gemacht werden.

   In der Lehrerbildung beinhaltet Fallarbeit im Kern die Auseinandersetzung
mit „problematischen" pädagogischen Handlungssituationen (z.B. Merseth 1996;
Shulman 1992). Studierende werden dazu angeregt, in unterrichtlichen Situationen wahrgenommene Brüche, Irritationen oder Konflikte bzw. Ungewissheiten
im beobachteten pädagogischen Handeln (s. Helsper 2003) als konstitutive Bestandteile von Unterricht ausführlich zu reflektieren und die eigenen Deutungs-
und Handlungsmuster über Schule und schulfachliches Lernen zu hinterfragen.
In der 1. Phase der Lehrerbildung kann Fallarbeit für Studierende einen hand-
lungsentlasteten Zugang zu pädagogischen Situationen des zukünftigen Hand-
lungsfeldes Schule und Unterricht darstellen, der sich im Spannungsfeld von
systematischer, kriterienorientierter Analyse und der Offenheit von Fallarbeit
bewegt. Ohne unmittelbaren Handlungsdruck können bei der (Re-)Konstruktion
der Unterrichtssituation auch immer neue Perspektiven eingenommen werden.

   Fallarbeit ermöglicht problemorientierte Zugänge zur Theorie-Praxis-
Vernetzung und zielt auf die Herausbildung von pädagogischer Urteilskraft,
Analogiefähigkeit und hermeneutischer Kompetenz angehender Lehrerinnen und
Lehrer in der Auseinandersetzung mit unterrichtlicher Praxis (s. z.B. Lüsebrink
2005; Messmer 2001; Schierz/Thiele 2002). Wir sehen das Potenzial hier
insbesondere im Bereich der Förderung einer professionsspezifischen Reflexionskompetenz, die zugleich verknüpft werden kann mit der Generierung
(fach-) didaktischen Wissens und der Förderung wissenschaftsbezogener Kompetenzen. Fallarbeit setzt als forschende Tätigkeit immer auch an der Reflexion eigener biografisch geprägter Lehr-/Lernerfahrungen an. Sie fördert die
Einnahme unterschiedlicher Perspektiven, indem Deutungen diskutiert oder

interdisziplinäre Analysen, z.b. durch Fallvergleiche, ermöglicht werden. Somit trägt Fallarbeit auch zur Ausbildung eines forschenden Habitus im Rahmen der Professionalisierung angehender Lehrerinnen und Lehrer bei.

3 Videografierter Unterricht als Ausgangspunkt für Fallarbeit

Zum Potenzial von Unterrichtsvideos in der Lehrerbildung sind seit dem von Brophy (2004) herausgegebenen Sammelband *„Using video in teacher education"* zahlreiche Veröffentlichungen, überwiegend in Anlehnung an videobasierte Unterrichtsforschung erschienen (z.b. Fischer/Schratz 2005; Krammer/Reusser 2005), die von Helmke (2009) in einer Übersichtsdarstellung zusammengefasst wurden. Allerdings steht eine empirische Erforschung der videobasierten Lehrerbildung noch weitgehend aus (s. Schramm/Aguado 2010).

Der Einsatz des Mediums Video als Grundlage von Fallarbeit ermöglicht es, unterrichtliche Begebenheiten in zeitlicher und räumlicher Distanz in ihrer Komplexität und Variabilität „sichtbar", d.h. beobachtbar zu machen. Durch die Perspektive(n) der Kamera(s) können flüchtige Praxissituationen visuell und akustisch immer wieder neu erkundet, durch Pausen verlangsamt oder durch Kommentare strukturiert betrachtet und – ggf. in der Zusammenschau mit weiteren Daten zum Unterricht – komplex gedeutet werden. Fachspezifische Theorien des Lernens und Lehrens können in Sichtstrukturen des unterrichtlichen Handelns ‚übersetzt' und situiert werden. Unterrichtsvideos können so ohne Handlungsdruck zu „Kristallisationspunkte[n] gemeinsamer fachlicher Diskussionen des Handelns und Geschehens in Klassenzimmern" werden (Reusser 2005, 10). Studierende können in der videobasierten Fallarbeit der Komplexität eines annähernd realen und alltäglichen Handlungskontextes unter verschiedenen fachlichen Perspektiven forschend begegnen.

4 Das videobasierte Fallarchiv HILDE

Das „Fallarchiv HILDE – Hildesheimer Videos zur Fachdidaktik" soll zentraler Bestandteil eines videobasierten fallorientierten Lernangebotes für die Lehrerbildung in den Fachdidaktiken werden. Das besondere Potenzial des Projektes liegt in seiner interdisziplinären Ausrichtung, durch die Transferleistungen über Disziplinen hinaus und durch Disziplinen hindurch möglich sind: Denn das Projekt ist angesiedelt im 2008 gegründeten Forum Fachdidaktische Forschung der Universität Hildesheim und wurde in einem interdisziplinären Forschungsverbund aus vier fachdidaktischen Perspektiven heraus initiiert.

Im Zentrum des Projektes steht zunächst der inhaltliche Aufbau des videobasierten Archivs in den Unterrichtsfächern Mathematik, Sachunterricht, Deutsch und Sport. Dafür entstehen in Kooperation mit Lehrkräften und

Schulklassen der Grundschule bzw. Sekundarstufe I Unterrichtsaufzeichnungen in den Klassenstufen 3-8, die als Materialbasis (Unterrichtsvideos, Transkripte, Begleitdokumente) in das Fallarchiv einfließen. Insbesondere zwei Perspektiven stehen dabei derzeit im Fokus: Zum einen der Unterricht einer Klasse in verschiedenen Fächern, zum anderen der Unterricht einer Lehrkraft in verschiedenen von ihr unterrichteten Fächern. Begleitend werden auf der Grundlage der dokumentierten und analysierten Unterrichtssequenzen Materialien für die fachdidaktische Lehre erstellt und erprobt, die den dargestellten forschenden und fallbezogenen Zugang zu unterrichtlicher Praxis unterstützen sollen.

Literatur

Brophy, J. E. (Hrsg.) (2004): Using Video in Teacher Education. Amsterdam: Elsevier.

Fischer, D./Schratz, M. (2005): Videos in der LehrerInnenbildung. In: journal für lehrerinnen- und lehrerbildung 2, 4-7.

Frei, P./Hauenschild, K./Pieper, I./Schmidt-Thieme, B. (2008): Unterrichtliche Inszenierungen – interdisziplinäre Forschungen zur Fachdidaktik. Universität Hildesheim, unveröff. Manuskript.

Helmke, A. (2009): Unterrichtsqualität und Lehrerprofessionalität. Diagnose, Evaluation und Verbesserung des Unterrichts. Seelze: Kallmeyer.

Helsper, W. (2003): Ungewissheit im Lehrerhandeln als Aufgabe der Lehrerbildung. In: Helsper, W./Hörster, R./Kade, J. (Hrsg.): Ungewissheit – pädagogische Felder im Modernisierungsprozess. Weilerswist: Velbrück.

Krammer, K./Reusser, K. (2005): Unterrichtsvideos als Medium der Aus- und Weiterbildung von Lehrpersonen. In: Beiträge zur Lehrerbildung 23/1, 35-50.

Lüsebrink, I. (2005): Fallarbeit im Kontext universitärer Lehrerbildung. In: Unterrichtswissenschaft 33/1, 30-51.

Merseth, K. K. (1996): Cases and Case Methods in Teacher Education. In: John Sikula (Eds.): Handbook of Research on Teacher Education. 2nd ed., New York: Macmillan Library Reference USA, 722-744.

Messmer, R. (2001): Lernen aus Fallgeschichten in der Lehrerinnen- und Lehrerbildung. In: Beiträge zur Lehrerbildung 19/1, 82-92.

Reusser, K. (2005): Situiertes Lernen mit Unterrichtsvideos. In: journal für lehrerinnen- und lehrerbildung 2, 8-18.

Schierz, M./Thiele, J. (2002): Hermeneutische Kompetenz durch Fallarbeit. Überlegungen zum Stellenwert kasuistischer Forschung und Lehre an Beispielen antinomischen Handelns in sportpädagogischen Berufsfeldern. In: Zeitschrift für Pädagogik 48/1, 30-47.

Schramm, K./Aguado, K. (2010): Videographie in den Fremdsprachendidaktiken – ein Überblick. In: Aguado, K./Schramm, K./Vollmer, H. J. (Hrsg.): Fremdsprachliches Handeln beobachten, messen und evaluieren. Neue methodische Ansätze der Kompetenzforschung und Videographie. Frankfurt a. M.: Peter Lang, 185-214.

Shulman, J. H. (Hrsg.) (1992): Case Methods in Teacher Education. New York: Teachers College Press.

X. Symposien

Das Kind in der primarschulpädagogischen Reflexion zwischen 1945 und 1990

Margarete Götz, Michaela Vogt & Verena Stürmer

Die Berufung auf das Kind dient historisch wie aktuell nicht nur dazu, das jeweils zeittypische Bildungsprogramm der Grundschule einschließlich ihrer Lern- und Leistungserwartungen zu legitimieren oder zu kritisieren. Sie bestimmt darüber hinaus sogar die Geschichtsschreibung zur Grundschule, für deren Unterscheidung von kindorientierten und nicht kindorientierten Entwicklungsphasen das Kind den Maßstab der Periodisierung der Grundschulgeschichte abgibt (s. Knörzer/Grass 1998; Heinzel 2002). Trotz einer solchen Bedeutungszumessung fehlen weitgehend Forschungen, die nach der inhaltlichen Genealogie, nach Stabilität und Wandel von Kind(er)bildern in der primarschulpädagogischen[1] Reflexion fragen.

Dieses Desiderat greift das grundschulhistorische Forschungsprojekt auf, das nachfolgend unter Berücksichtigung der metatheoretischen Grundlagen in seiner Gesamtanlage in Kurzform dargestellt und im Anschluss in zwei ausgewählten Teilprojekten näher gekennzeichnet wird. Es erstreckt sich auf die grundschul- bzw. unterstufenpädagogische Reflexion von 1945 bis 1990 im politisch zweigeteilten Deutschland. Die Untersuchung bedingt die Auswahl eines Quellenkorpus, der in annähernd repräsentativer Weise die ost- und westdeutsche, primarschulpädagogische Reflexion für den gewählten Zeitraum abdeckt.

1 Quellenkorpus und kontextuale Referenzen

Für das Gesamtprojekt folgte nach intensiven Recherchen eine Auswahl an Quellenmaterialien, die sich in mehrere Teilkorpora ausdifferenzieren lassen. Dabei wurde ein mehrdimensionales System an Auswahlkriterien angelegt: Neben der inhaltlichen Repräsentativität für die primarschulpädagogische Reflexion sollte das Quellenmaterial möglichst über den gesamten Untersuchungszeitraum

---

[1] Der Sammelbegriff „Primarschulpädagogik" wird aufgrund der Differenz zwischen der in der BRD verwendeten Bezeichnung „Grundschulpädagogik" und des DDR-spezifischen Ausdrucks „Unterstufenpädagogik" verwendet. Da in dem betrachteten Zeitraum weder die in Ostdeutschland betriebene Unterstufenpädagogik noch die in Westdeutschland betriebene Grundschulpädagogik im strengen Sinne den Status einer Wissenschaftsdisziplin besaß (s. Götz 2000), bewegt sich die zu untersuchende primarschulpädagogische Reflexion weitgehend auf prädisziplinärer Ebene.

ein nachvollziehbares Kontinuum bilden und zudem den Vergleich zwischen ost-
und westdeutschen Kind(er)bildern ermöglichen.

Unter Berücksichtigung dieser Kriterien wurde für das Gesamtprojekt ein
Quellenkorpus festgelegt, der sich auf drei Ebenen bewegt, einer professionsbezogenen, einer curricularen und einer didaktischen:

1. Die erste Korpusebene umfasst Lehrerzeitschriften, die wegen der historisch
   nachweisbaren Anbindung der primarschulpädagogischen Reflexion an die
   Lehrerbildung gewählt wurden und zudem als seriell vorhandene Quellenmaterialien zur Verfügung stehen. Charakteristisch für diese Korpusebene
   ist, dass in den Zeitschriften bei synchronen Analyseschnitten voneinander
   abgrenzbare Autorengruppen identifizierbar sind.
2. Die zweite Korpusebene erstreckt sich wegen der staatlichen Verfasstheit
   der deutschen Primarschule auf deren offizielle Lehrpläne, die ebenfalls
   seriell vorhanden sind. Ihre Analyse kann Aufschluss über staatlich sanktio-
   nierte Kind(er)bilder im historischen Prozess liefern.
3. Die dritte Ebene des Korpus bilden Fibeln. Diese sind im Gegensatz zu den
   beiden anderen Ebenen direkt für die Hand der Schüler entwickelt worden
   und können als repräsentativ für die Didaktisierung der primarschulpädagogischen Auffassungen vom Kind angesehen werden.

Neben der Analyse hinsichtlich der enthaltenen Kind(er)bilder werden die genannten Textkorpora der Teilprojekte auch auf korpusinterne Kontextinforma-
tionen wie Personennamen, Ortsnamen, genannte Literaturreferenzen oder historische Ereignisse hin untersucht. Derartige Informationen enthalten zwar keine
direkten Aussagen über Kind(er)bilder, können aber indirekt mit ihnen und
ihrem diachronen Wandel in Verbindung stehen.

Um mögliche Verknüpfungen zwischen textinternen Kind(er)bildern und
kontextualen Aspekten zu identifizieren, wird die korpusinterne Ebene des
Kontextes um zwei weitere, korpusexterne Bezugsrahmen ergänzt: Zum einen
folgt eine Auswertung korpusrelevanter Archivalien (z.B. Gremienprotokolle,
Verlags-Autorenkorrespondenzen, usw.), zum anderen findet eine Sichtung er-
eignisgeschichtlicher Vorkommnisse statt, die gerade nicht in den Textkorpora
auffindbar sind, obwohl sie mit dem Wandel der Kind(er)bilder in Zusammenhang stehen könnten.

2   Forschungsleitende Fragen

Gemäß des induktiv-qualitativen Paradigmas werden an den Quellenkorpus for-
schungsleitende Fragen formuliert, die sowohl auf die analysierbaren Kind(er)-
bilder als auch auf deren kontextuale Einbettung abzielen.

Die Erforschung der korpusinternen Kind(er)bilder erfolgt unter folgenden Fragestellungen:

- Was wird in den Textkorpora auf deskriptiver und normativer Ebene wann über das Kind gesagt (bspw. über sein Verhalten, seine Eigenschaften, seine Wünsche, seine Pflichten und Freiheiten)?
- Sofern eine Differenz zwischen deskriptiven und normativen Kind(er)bildern in den Textkorpora vorhanden sein sollte, kann in der Analyse zudem mit der Differenzierung zwischen den Fragen „Wie ist das Kind?" und „Wie soll das Kind sein?" operiert werden (s. Fend 1998).
- Welche Änderungen inhaltlicher Art lassen sich in den Aussagen über das Kind im synchronen Vergleich und diachronen Verlauf identifizieren?
- Variieren die Aussagen über das Kind in Abhängigkeit von den dargestellten räumlichen, zeitlichen und sozialen Orten?

Für die Analyse des korpusinternen und -externen Kontextes und dessen Verknüpfung mit analysierten Kind(er)bildern ist folgende Fragestellung leitend:

- Welche auf den verschiedenen Kontextebenen identifizierten Faktoren institutioneller, personeller und zeitlicher Art könnten in welcher Form mit den analysierten Kind(er)bildern und deren Wandel zusammenhängen?

3   Metatheoretische und forschungsmethodologische Einordnung

3.1   Terminologische Klärungen: Kind – Kindheit – Kindheitskonstrukte – Kind(er)bilder

Auffällig in deutschsprachigen Publikationen ist die häufig gar nicht oder nur sehr ungenau vorgenommene Differenzierung sowohl zwischen den Begriffen „Kind" und „Kindheit" als auch darauf aufbauend den Bezeichnungen „Kindheitskonstruktion" und „Kinderbilder" (s. u.a. Berg 2004; Bühler-Niederberger 2005; Andresen 2006). Als Basis der definitorischen Annäherung an den projektbezogen zentralen Terminus „Kind(er)bild" ist dementsprechend die vorhergehende Klärung, Differenzierung und gegenseitige Abgrenzung dieser Begrifflichkeiten, sofern dies überhaupt möglich ist, notwendig.

In Anlehnung an anglo-amerikanische Publikationen kann zwischen „Kind" und „Kindheit" folgendermaßen unterschieden werden: „Childhood is the societal framework or the societal architecture within which all children lead their individual periodic childhoods. (…) Childhood is always *formed* by prevailing economic, social, political, cultural, technological and other parameters" (Qvortrup 2007, 396 f; Herv. i. Orig.). Kindheit ist somit die durch verschiedenste Faktoren beeinflusste und durch diverse Relation gekennzeichnete

Wirklichkeit, die alle Kinder in einer bestimmten Epoche und einem bestimmten Kulturraum erleben und erfahren (s. Bickler 2002).

Auf diesen Überlegungen aufbauend können „Kinder" und deren „Kindheit" im Sinne „empirische[r] ... Realitäten" (Honig 2009, 37) von dem gesellschaftlichen Diskurs immanenten „Kindheitskonstrukten" und „Kinderbildern"[2] unterschieden werden. Letztere sieht Lenzen (1989) als „mentale ... Konstrukt[e] in den Köpfen Erwachsener" (Lenzen 1989, 855), die „nur als Kommunikation erfahrbar" (Müller 2005, 156) sind und durch das Reden über Kinder und Kindheit maßgeblich die Wirklichkeit beeinflussen (s. Punkt 3.3)(s. Lenzen 1989). In Analogie zur oben aufgeführten Abgrenzung zwischen „Kind" und „Kindheit" kann auch zwischen den Termini „Kinderbildern" und „Kindheitskonstrukt" entsprechend differenziert werden. Die für das Forschungsprojekt relevanten Bilder vom Kind umschreibt bspw. Engelbert (1986, 72) wie folgt: „Das *Bild bzw. die Vorstellung von Kindern* ist als das sozial verfügbare Wissen über die Eigenarten und besonderen Bedürfnisse von Kindern zu verstehen. Dieses ‚Kinderbild' hat sich historisch entwickelt" (Engelbert 1986, 72; Herv. i. Orig.). Auch Hornstein (1994)[3] definiert Kinderbilder als „Vorstellungen über das, was Kinder sind, welche Bedürfnisse sie haben, was ihnen guttut [und] was ihnen schadet" (Hornstein 1994, 573).

In Anlehnung an diese begrifflichen Differenzierungen kann eine Arbeitsdefinition des projektbezogenen erkenntnisleitenden Terminus „Kind(er)bilder" aufgestellt werden:

> Kind(er)bilder sind mentale Konstrukte über Eigenarten und Bedürfnisse von Kindern. Sie können einen singulären Status haben (=Kindbild) oder mit alternativen Vorstellungen konkurrieren (=Kinderbilder) und entwickeln sich historisch als sozial produziertes und verfügbares Wissen.

3.2 Forschungsthematische Einordnung

Forschungsthematisch kann das Projekt an der Schnittstelle zwischen historischer Bildungsforschung einschließlich historischer Schulforschung und historisch-sozialwissenschaftlicher Kindheitsforschung verortet werden und geht damit auf die in den letzten Jahren intensiv diskutierte Forderung ein, Ansätze der sozialwissenschaftlichen Kindheitsforschung ergänzend in die

---

[2] In Anlehnung an die Gängigkeit und Popularität im wissenschaftlichen Kontext wird statt des formal korrekten Terminus „Kind(er)konstrukt" der Begriff „Kind(er)bild" eingesetzt, jedoch mit der bewussten Distanzierung von Formen der Abbildfunktion oder der piktoral-künstlerischen Orientierung und unter konkreter Hinwendung zur konstruktiven und damit wirklichkeitskonstituierenden Funktion dieses Begriffes (s. Punkt 3.3).

[3] Im Original bezieht Hornstein (1994) seine Definition auf Kindheitsbilder, beschreibt darunter aus Sicht des Forschungsprojektes jedoch ein Bild von Kindern.

erziehungswissenschaftliche und grundschulpädagogische Forschung einzubrin-
gen (s. u.a. Honig 2002; Herrmann 1991; Andresen/Diehm 2006; Panagioto-
poulou/Brügelmann 2003; Fuhs 2005).

Mit Arbeiten der historischen Kindheitsforschung teilt das Projekt die
Annahme der Kindheit und in projektspezifischer Erweiterung des Kindes als
„historisch-spezifisches soziokulturelles Muster" (Honig/Leu/Nissen 1996, 21)
und orientiert sich dementsprechend an historischen Studien zum Bild und zur
Rolle des Kindes, wie sie unter anderem von Ariès (1978), Borstelmann (1983),
Hendrick (1997), Ullrich (1999) und Andresen (2006) durchgeführt wurden.

Die Verbindung zur themenrelevanten historischen Bildungs- und Schulforschung manifestiert sich insofern in dem Projekt, als die zu untersuchenden
Bilder vom Kind als wirklichkeitskonstituierende Faktoren unter anderem für
schulisches Handeln interpretiert werden (s. u.a. Budde 1995; Funck/Malinowski
2000). So sieht bspw. Scholz (1994) Kind(er)bilder als „Voraussetzungen
pädagogischer Theorien ... [, die] dort häufig die Funktion einer Letztbegrün-
dung pädagogischen Handelns" (Scholz 1994, 9) erfüllen.

3.3 Wissenschaftstheoretische Fundierung: Sozialkonstruktivismus

In epistemologischer Anlehnung an den Konstruktivismus, nach dem
„Wahrnehmung und Erkenntnis ... konstruktive und nicht abbildende Tätigkeiten" (Glasersfeld 2008, 30) des Menschen darstellen, und mit zusätzlicher
Orientierung am „linguistic turn", der „reality as constituted by language" (Clark
2004, 125) definiert, erfolgt auf wissenschaftstheoretischer Ebene eine Fundierung der Forschungsthematik durch den Sozialkonstruktivismus (s. Watzlawick
1981; Rorty 1967). Wissen, zu dem im sozialkonstruktivistischen Ansatz von
Berger und Luckmann (1980) auch das Alltagswissen zählt, wird als gesellschaftliche, in semantischen Feldern gespeicherte Konstruktion angesehen. Von
diesem gespeicherten Wissensvorrat kann „das Individuum ... sich in seiner All-
tagswelt bedienen" (Berger/Luckmann 1980, 43). Zudem postulieren die Autoren eine gesellschaftliche Zuteilung des Wissens. Je nach sozialer Rolle besteht
für die Individuen „Zutritt zu einem besonderen Ausschnitt des gesamten Wis-
sensvorrates der Gesellschaft" (Berger/Luckmann 1980, 81). Im Rahmen des
Forschungsprojektes werden die Untersuchungsmaterialien – Lehrerzeitschriften,
Curricula und Fibeln – als an die Lehrer bzw. Schüler adressierte Wissensvorräte
definiert, aus denen diese sozialen Gruppen unter anderem Kind(er)bilder entnehmen können. Diese Kind(er)bilder wirken sich durch ihre Vermittlung über
die Medien auf die Interaktion der Adressatengruppen in „Vis-à-vis-Situationen"
(Berger/Luckmann 1980, 31) aus und tragen damit „zur Realitätskonstruktion
der Gesellschaft" und im Speziellen zur Ausformung von (Primarschul-)Kindheit
bei (Luhmann 2004, 183).

Einschränkend muss jedoch gesagt werden, dass die medial übermittelten Informationen von den Adressaten individuell selektiv verstanden oder missverstanden werden können, weshalb direkte Effekte nicht unterstellt werden können, sondern unter einer neuen Fragestellung separat untersucht werden müssten (s. Luhmann 2004; Horster 2005).

3.4 Methodologische Einordnung und methodische Konsequenzen: Text-Kontext-Analyse

Geleitet vom projektbezogenen Erkenntnisinteresse und den Spezifika der Textkorpora orientiert sich das Forschungsprojekt an der Semiologie Ferdinand de Saussures (1967) und seiner Differenzierung zwischen „langue" und „parole" (s. u.a. Nöth 2000): „Langue" als allgemeines System der Sprache verweist auf einzelne Sprechhandlungen bzw. „paroles", da „langue" erst in konkreten Situationen und individuellen Sprechhandlungen im Sinne von „paroles" realisiert wird (s. Prechtl 1994; Saussure 1967)[4]. Methodologische Relevanz für historische Forschungen hat die semiologische Theorie vor allem durch ihre Einbettung in kontextual relevante Ereignisse erhalten (s. Wicki 2008). So versuchen u.a. Pocock (1987) und Skinner (1969) mit ihren Ansätzen sozialhistorischen Überlegungen folgend „Wechselwirkungen zwischen Theorie und Sprache auf der einen Seite sowie ... Gesellschaft auf der andern Seite" (Landwehr 2008, 42) zu analysieren. Osterwalder (2006) konkretisiert den Zusammenhang zwischen „langue", „parole" und Kontext in historisch-diachroner Perspektive wie folgt: „Durch die immer neuen ‚paroles', die dieses Verständigungssystem ‚langue' am Leben halten, werden immer neue Kontexte erschlossen und damit verändert sich auch die Normierung der ‚langue'" (Osterwalder 2006, 177).

Entsprechend der methodologischen Grundannahmen erfolgt auf methodischer Ebene eine Kombination aus qualitativer Inhaltsanalyse und sich an der historischen Diskursanalyse nach Landwehr (2008) orientierender Text-Kontext-Analyse (s. u.a. Früh 2007; Mayring 2008; Lamnek 2005). In Orientierung an Saussure (1967) kann man korpusintern relevante Textpassagen, die Elemente eines Kind(er)bildes enthalten und deshalb qualitativ-inhaltsanalytisch relevant sind, als individuell von den Autoren geäußerte „paroles" ansehen. Sie werden zu Kategorien verdichtet und ermöglichen auf diesem Weg letztendlich den Rückschluss auf die den analysierten Einzelaussagen zugrundeliegenden „langues". Folglich stellen diese erforschten „langues" gesellschaftsabhängige

---

[4] In Anlehnung an Barthes (1967) und Eco (1972) werden die für die Korpusebene der Fibeln spezifischen Illustrationen – ebenso wie die Texte – als Träger von individuenspezifischen „paroles" verstanden.

und historisch wandelbare Kind(er)bilder dar, auf die Repräsentanten der primarschulpädagogischen Reflexion in ihren individuenspezifischen „paroles" zurückgreifen. Im Rahmen der zusätzlichen Text-Kontext-Analyse werden die erschlos-
senen „paroles" und „langues" auf Zusammenhänge mit den unter Punkt 1
bereits dargestellten Kontextebenen hin geprüft, um so eventuelle „Wechselwirkungen zwischen beiden Bereichen zu eruieren" (Landwehr 2008, 105). Zur
übersichtsschaffenden Strukturierung des Kontextes erfolgt zudem in Anlehnung
an Landwehr (2008) und Osterwalder (2006) eine thematisch orientierte Unterteilung der kontextualen Elemente und Ereignisse in folgende Bereiche:

- situativ-zeitgenössischer Kontext, wie gesellschaftliche Bedingungen und
  deren lokaler Spezifika (bspw. Arbeits- und Wohnbedingungen);
- institutioneller Kontext als Charakterisierung des Aufbaus und der
  Funktionsweise relevanter politischer, sozialer und wirtschaftlicher Institutionen (bspw. Zuständigkeit und Arbeitsweise von Lehrplankommissionen,
  Struktur und Funktionsprinzipien der Quellenmaterial-Verlage);
- historischer Kontext mit besonderer Fokussierung auf politische und bildungspolitische Ereignisse (bspw. Stalin-Note, Landschulreform).

4   Darstellung ausgewählter Teilprojekte

Jedes der insgesamt sechs Teilprojekte erforscht entweder in der ost- oder westdeutschen primarschulpädagogischen Reflexion im entsprechenden Textkorpus
enthaltene Kind(er)bilder. Aus Platzgründen können an dieser Stelle nur in zwei
Teilprojekte erste Einblicke gegeben werden, die beide DDR-bezogene Textkorpora untersuchen. Da sich die Projekte im Arbeitsprozess befinden, sind
Endergebnisse noch nicht präsentierbar.

4.1 Das Kind in der ostdeutschen Lehrerzeitschrift „Die Unterstufe"

Ziel dieses Teilprojektes ist es, die in der Zeitschrift „Die Unterstufe" enthaltenen Kind(er)bilder und deren Zusammenhänge mit kontextualen Faktoren zu
ermitteln.

4.1.1   Textkorpus

Ausgewählt wurde auf der Korpusebene der professionsbezogenen Zeitschriften
in der DDR das Periodikum „Die Unterstufe"[5]. Sie kann als Fachzeitschrift

---

[5] In bisherigen Forschungsarbeiten wurde die Zeitschrift „Die Unterstufe" meist als kontextuale
Informationsquelle genutzt, eine Erschließung des kompletten Textkorpus hinsichtlich einer
bestimmten Themenstellung und folglich auch eine Erhebung des enthaltenen Kind(er)bildes bleiben
bisher jedoch ein Desiderat (s. u.a. Wiegmann 2009).

definiert werden, da sie monatlich und ohne zeitliche Begrenzung mit der Absicht erschienen ist, speziell die Unterstufenlehrer als eindeutig definierbare und nach fachlichen Kriterien abgrenzbare Zielgruppe beruflich zu informieren und fortzubilden (s. u.a. Kleinjohann 1987). Zwar gab es in der DDR bis 1989 für die Unterstufenlehrer auch andere Fachzeitschriften, jedoch waren diese unterrichtsfachspezifisch und nicht schulartbezogen ausgerichtet.

Der Textkorpus der Fachzeitschrift „Die Unterstufe" besteht aus 37 – von 1954 bis 1990 erschienenen – Jahrgängen zu je neun bis zwölf mindestens 20-seitigen Einzelheften. Beschlossen wurde die Gründung der Zeitschrift „Die Unterstufe" – wie erste Aktenrecherchen ergaben – am 05.02.1952 und damit bereits knapp zwei Jahre vor dem Erscheinen des ersten Heftes im Pädagogischen Kollegium, das dem Ministerium für Volksbildung zugeordnet war. Das Protokoll der entsprechenden Sitzung enthält diesbezüglich folgende Passage: „Die Herausgabe einer methodischen Zeitschrift mit dem Arbeitstitel ‚Anfangsunterricht' wird beschlossen" (BAarch DR 2/1709, Bl. 1). Inhaltlich war das später unter dem Titel „Die Unterstufe" erschienene Periodikum nach Karsten – einem damaligen Mitarbeiter des Deutschen Pädagogischen Zentralinstituts – „in erster Linie als Fachblatt für den Schulpraktiker gedacht" (BArch, DR 2/1191, Bl. 14). Dementsprechend sollte auch der Schwerpunkt auf der Erörterung didaktisch-methodischer Fragen liegen, jedoch unter zusätzlicher Einbeziehung fächerunspezifischer Themen, wie bspw. die Erziehung zur bewussten Disziplin (s. BArch, DR 2/1191, Bl. 14-16). Anknüpfend an den Profilentwurf Karstens verfasste der damalige Staatssekretär Laabs für das erste Heft der Zeitschrift, das im Januar 1954 erschien, einen Artikel über die Ansprüche und Zielsetzungen der neuen Zeitschrift (s. Laabs 1954). Sie sollte „ein wahrhafter Propagandist unserer neuen Schule, aber auch der kollektive Agitator und Organisator sein" (Laabs 1954, 2) und durch eine derart zentrale Positionierung entscheidend Einfluss auf die politische Erziehung des Lehrers und dessen Unterrichtsgestaltung nehmen. Zur Erfüllung dieser Zielsetzung musste die Fachzeitschrift mit Hilfe der bereits bestehenden Abonnenten unter der Zielgruppe bekannt gemacht und letztendlich von möglichst vielen Lehrer/innen der Unterstufe gelesen werden. Deshalb forderte „Die Unterstufe" ihre Leser auch zur direkten Werbung unter den Kolleg/innen auf: „Jedem Leser entsteht die Aufgabe, die abseitsstehenden Kollegen bei allen sich bietenden Gelegenheiten ... zu einem Abonnement zu veranlassen" (Berndt 1955, 17). Erste Aktenfunde, nach denen die Zeitschrift bereits 1959 im IV. Quartal eine Druckauflage von 24.500 Heften erreichte und damit das vorgegebene Soll von 22.700 sogar übertraf, lassen vermuten, dass die Zeitschrift gemäß ihren eigenen Ansprüchen wirklich von einem Großteil der Unterstufenlehrer abonniert wurde (Barch DR 2/1651, Bl. 17).

4.1.2 Methodische Arbeitsschritte

Eine besondere Herausforderung des Textkorpus der Zeitschrift „Die Unterstufe" ist mit 11.000 Seiten sein Umfang, der aus kapazitären Gründen eine methodisch fundierte Eingrenzung und Schwerpunktsetzung, die jedoch sowohl die Diachronizität als auch die Aussagekräftigkeit erhalten soll, unumgänglich macht. Jedoch bieten bisher durchgeführte Forschungsansätze keinen überzeugenden Lösungsansatz für diese Problematik. So ist die Verwendung eines deduktiv angelegten Kategoriensystems nach Bos und Straka (1989) oder auch Wicki (2008) aufgrund des thematischen Neulandes und damit verbundener fehlender Theorieliteratur zu dem hier vorgestellten Forschungsprojekt genauso wenig möglich wie eine Konzentration auf wenige Jahrgänge in Orientierung an Diaz-Bone (2002), der Kulturwelten in Musikzeitschriften analysiert. Auch andere Herangehensweisen wie die kriterial geleitete Auswahl bestimmter Artikel haben sich aufgrund fehlender Anhaltspunkte zur Festlegung eingängiger Selektionskriterien bisher als schwierig erwiesen.

Um ein sinnvolles Vorgehen bei der Reduktion des Gesamtkorpus der Zeitschrift „Die Unterstufe" festlegen zu können, erfolgt als erster Schritt eine Komplettkodierung von 41, im diachronen Verlauf gleichmäßig verteilten Heften. Dadurch soll gemäß dem induktiven Paradigma anhand der gewonnenen Erkenntnisse ein an den Charakteristika des Materials orientiertes, weiteres Vorgehen ermittelt werden. Die Ergebnisse dieses Arbeitsschrittes stehen noch aus.

4.2 Das Kind in den Fibeln der DDR

Fibeln sprechen im Unterschied zu den anderen Quellen des Forschungsprojektes nicht die Profession, sondern die Schüler an. Dies geschieht in didaktischer Absicht zur Vermittlung von Lesekompetenz. Über Texte und Bilder werden somit in den Fibeln Bilder vom Kind an die Kinder selbst herangetragen.

4.2.1 Quellenkorpus

Der Quellenkorpus umfasst für das Teilprojekt der Fibeln alle Erstlesebücher, die zwischen 1945 und 1990 in der SBZ/DDR veröffentlicht wurden. Mit Ausnahme der unmittelbar nach Kriegsende erschienenen Erstlesebücher wurden alle Fibeln, wie auch alle anderen Schulbücher in der DDR, im volkseigenen Verlag „Volk und Wissen" herausgegeben. Zumeist wurden die neu entwickelten Schulbücher von unter gesellschaftspolitischen Erwägungen sorgsam ausgesuchten Autorenkollektiven verfasst. Häufig waren sie „Verdiente Lehrer des Volkes" oder langjährig bewährte und vertraute Kollegen (s. z.B. BBF/DIPF/1130). Eine Konkurrenzsituation unterschiedlicher Fibelwerke wie in Westdeutschland gab es in der DDR aufgrund der Monopolstellung des Verlags „Volk und Wissen", abgesehen von den unmittelbaren Nachkriegsjahren, nicht.

Im Untersuchungszeitraum lassen sich, analog zu den Lehrplangenerationen, insgesamt sechs verschiedene Fibelgenerationen festlegen (s. Dammenhayn et al. 2000): In den Jahren 1945 bis 1949, also vor der Gründung der DDR, erschienen zwei verschiedene Fibelwerke, die „Fibel" (1945) sowie „Guck in die Welt" (1945; 1946; 1947; 1948). Beide Werke basieren auf der erstmals 1911 erschienen, reformpädagogisch beeinflussten Fibel „Guck in die Welt". Von 1950 bis 1960 erschien die von Johannes Feuer und Robert Alt herausgegebene Fibel „Lesen und Lernen". Zwischen 1959 und 1967 wurden in der DDR zwei verschiedene Fibelwerke verwendet: Die Landfibel „Wir lernen für morgen", die in Anlehnung an „Lesen und Lernen" von Magdanz und Ballmann verfasst wurde sowie eine nun explizit als Stadtfibel konzipierte neue Auflage von „Lesen und Lernen". Die zeitweise Unterscheidung von Stadt- und Landfibeln ist für das Forschungsvorhaben von besonderem Interesse, da sie eine sozialräumliche Differenzierung der Fibelinhalte markiert, die eventuell auch in den fibelinternen Aussagen über das Kind nachweisbar ist. 1968 wurde mit „Unsere Fibel" ein methodisch überarbeitetes Fibelwerk verfasst, das jedoch bereits 1974 von einer neuen Ausgabe abgelöst wurde. Diese hatte zwar den gleichen Titel, weist aber in inhaltlicher und lesemethodischer Hinsicht deutliche Veränderungen in Text und Bild auf. Die letzte Fibelgeneration erscheint aufgrund der politischen Umbruchsituation in Deutschland in den Jahren 1989/90 als besonders interessant. Im Jahr 1990 erschien ein völlig neues Erstlesewerk: „Meine Fibel" (1990). Innerhalb des ersten Erscheinungsjahres wurde die Fibel in zwei verschiedenen Auflagen produziert. Aufgrund des Erscheinungsdatums nach dem Mauerfall könnte angezweifelt werden, ob es sich bei „Meine Fibel" überhaupt um eine DDR – Fibel handelt. Der Redaktionsschluss für die erste Auflage war jedoch bereits im April (!) 1989. Zudem lässt sich für die Entstehung der Fibel eine jahrelange Entwicklungsarbeit nachweisen (BArch DR 2/10685), so dass das Erstlesebuch noch eindeutig den DDR- Fibeln zurechenbar ist.

4.2.2   Methodische Arbeitsschritte

Für die Analyse der Fibeltexte und -bilder über das Kind ist zunächst ein inhaltsanalytischer Zugang zum Material nötig. Dieser wird über eine qualitative Inhaltsanalyse nach Mayring (2008) vollzogen, mittels derer aus Texten und Bildern Aussagen über Kinder gewonnen werden sollen. Berücksichtigt werden nur diejenigen Bild- und Textstellen, die sich, entsprechend der Fragestellung, explizit mit Kindern befassen. Wie eine Überprüfung der Fibeln ergeben hat, verändert sich der Anteil dieser Bild- und Textteile im diachronen Verlauf, umfasst aber durchweg mindestens 70% aller Seiten. Aus dem Quellenmaterial wird zunächst eine repräsentative Stichprobe gezogen, die 20% der zu untersuchenden Seiten umfasst. Um eine möglichst unverfälschte, gegenstandsnahe Abbildung des Quellematerials zu gewährleisten, werden ausgehend von der Gesamtfragestellung auf induktivem Wege aus dieser Stichprobe Kategorien gewonnen (s. Mayring 2008, 75). Diese sollen ausdrücken, welches Wissen über das Kind, bspw. über seine Beschäftigungen, seine Eigenschaften, sein Verhalten Erwachsenen oder Gleichaltrigen gegenüber, in den Texten und Bildern der Fibel erkennbar wird. Anhand der so gewonnen Kategorien wird ein Kodierleitfaden erarbeitet, der im Analyseprozess revidierbar bleibt und die Grundlage der eigentlichen Inhaltsanalyse darstellt. Ergänzend zur qualitativen Analyse sollen entsprechend der Fragestellung anhand des kodierten Materials auch quantitative Analysen vorgenommen werden, um z.B. thematische Kontinuitäten und Diskontinuitäten innerhalb des Untersuchungszeitraums aufzuzeigen. In einem zweiten Schritt werden die durch die Inhaltsanalyse gewonnen Aussagen in den historischen Kontext eingebettet. Dies geschieht v.a. über die zur Verfügung stehenden Sekundärquellen, die überwiegend aus Archivmaterialien des Verlags „Volk und Wissen", aber auch des Ministeriums für Volksbildung, stammen. Im Rahmen dieser Analyse wird der Fragestellung nachgegangen, warum welche Aussagen zu welchem Zeitpunkt auftauchen und – sofern dies über die Archivmaterialien oder den gesamtgesellschaftlichen Kontext rekonstruierbar ist – warum genau diese Aussagen auftreten, andere hingegen nicht (s. Landwehr 2008).

Quellen und Literatur

Ungedruckte Quellen
BArch (Bundesarchiv Berlin) DR 2/1709: Sitzung des Pädagogischen Kollegiums. 05.02.1952, 1-3.
BArch DR 2/1191: Vorschläge für die Herausgabe und inhaltliche Gestaltung einer Zeitschrift für die Lehrer der Unterstufe. 25.02.1952, 13-16.
BArch DR 2/1651: Entwicklung der Druckauflagen der Zeitschriften 1959/60 (in Tausend Exemplaren). 28.10.1959, 17.
BArch DR 2/10685: Ministerium für Volksbildung. Hinweise und Erläuterungen zum Lehrplan Deutsch Klasse 1. 1988, 23-30.
BBF/DIPF/1130 (Bibliothek für Bildungsgeschichtliche Forschung): Akte aus dem Deutschen Pädagogischen Zentralinstitut (DPZI). Briefwechsel zwischen der späteren Fibelautorin Maria Krowicki und Ernst Karsten, Leiter der Sektion Unterstufe im DPZI. 1955.
Gedruckte Quellen
Fibel (1945): Farbige Bilder von A. Warnemünde. Weimar: Thüringer Staatsverlag.
Guck in die Welt (1945): Ein Lesebuch für die Kleinen. Mit farbigen Bildern von Georg Kretschmar. Herausgegeben im Auftrag der Deutschen Verwaltung für Volksbildung in der Sowjetischen Besatzungszone. Leipzig: o.V.

Lesen und Lernen (1950): 1. Auflage. Diese Fibel schufen in gemeinsamer Arbeit Johannes Feuer, Robert Alt und Hans Baltzer, der die Bilder zeichnete. Berlin: Volk und Wissen.

Wir lernen für morgen (1959): 1. Auflage. Verfaßt von Wilhelm Magdanz, verdienter Lehrer des Volkes, und Gottfried Ballmann auf der Grundlage der Fibel „Lesen und Lernen" von Johannes Feuer und Robert Alt. In Zusammenarbeit mit der Abteilung Unterstufe des Verlages. Die Bilder zeichnete Heinz Rodelwald. Berlin: Volk und Wissen.

Lesen und Lernen (1962): Verfaßt von Johannes Feuer und Robert Alt unter Mitarbeit von Maria Krowicki. Die Bilder zeichnete Hans Baltzer. Berlin: Volk und Wissen.

Unsere Fibel. (1969): 2. Auflage. Maria Krowicki, Ilse Liebers, Klara Schürmann, Dorothea Türk. Illustrationen Hans Baltzer. Berlin: Volk und Wissen.

Unsere Fibel (1974): 1. Auflage. Maria Krowicki, Ilse Liebers, Klara Schürmann, Dorothea Türk. Illustrationen: Werner Klemke. Berlin: Volk und Wissen.

Meine Fibel (1990): 1. Auflage. Die Fibel entwickelten Gerhard Dathe und Edmund Wendelmuth unter Mitarbeit von Erika Richter, Gerhild Schenk und Isolde Stangner. Bilder: Konrad Golz. Redaktionsschluss 28.4.1989. Berlin: Volk und Wissen.

Meine Fibel (1990): 2. Auflage. Die Fibel entwickelten Gerhard Dathe und Edmund Wendelmuth unter Mitarbeit von Erika Richter, Gerhild Schenk und Isolde Stangner. Bilder: Konrad Golz. Berlin: Volk und Wissen.

Zeitschrift „Die Unterstufe". Jahrgänge 1954-1990. Berlin: Volk und Wissen.

Literatur

Andresen, S. (2006): Sozialistische Kindheitskonzepte. Politische Einflüsse auf Erziehung. München: Reinhardt.

Andresen, S./Diehm, I. (2006): Kinder, Kindheiten, Konstruktionen. Erziehungswissenschaftliche Perspektiven und sozialpädagogische Verortungen. Wiesbaden: VS.

Ariès, P. (1978): Geschichte der Kindheit. München: DTV.

Barthes, R. (1967): Rhetorik des Bildes. In: Alternative. Blätter für Literatur und Diskussionen. 9/54, 28-46.

Berndt, E. (1955): Jeder Lehrer der Unterstufe abonniert seine Fachzeitschrift „Die Unterstufe". In: Die Unterstufe, 2/1, 16-17.

Berg, C. (2004): Kind/Kindheit. In: Benner, D./Oelkers, J.: Historisches Wörterbuch der Pädagogik. Weinheim: Beltz, 497-517.

Berger, P. L./Luckmann, T. (1980): Die gesellschaftliche Konstruktion der Wirklichkeit. Frankfurt a. M.: Fischer Taschenbuch.

Bickler, D. (2002): Zielgruppe Kind. Handlungsspielräume eröffnen – Abhängigkeiten vermeiden. Marburg: Tectum.

Borstelmann, L. J. (1983): Children Before Psychology: Ideas About Children From Antiquity to Tie Late 1800's. In: Muss, P. H. (Eds.): Handbook of child psychology. Vol. I: History, Theory, and Methods. New York: Wiley, 1-40.

Bos, W./Straka, G. (1989): Multivariate Verfahren zur heuristischen Analyse kategorialer Daten. Eine Inhaltsanalyse von Lesebüchern der chinesischen Grundschule. In: Bos, W./Tarnai, C.: Angewandte Inhaltsanalyse in Empirischer Pädagogik und Psychologie. Münster: Waxmann.

Budde, G.-F. (1995): An der Wiege des Bürgertums. Erziehungsgeschehen und -erleben in deutschen und englischen Bürgerfamilien im 19. und frühen 20. Jahrhundert. In:

Historische Kommission der DGfE (Hrsg.): Jahrbuch für Historische Bildungsforschung. Bd. 2. Weinheim: Juventa, 113-134.

Bühler-Niederberger, D. (Hrsg.) (2005): Macht der Unschuld. Das Kind als Chiffre. Wiesbaden: VS.

Clark, E. A. (2004): History, theory, text. Historians and the Linguistic Turn. Cambridge, MA: Harvard University.

Dammenhayn, H./Funken, W./Gade, M./Schenk, G. (2000): Volk und Wissen Verlag 1945-2000. Berlin: Volk und Wissen.

Diaz-Bone, R. (2002): Kulturwelt, Diskurs und Lebensstil. Eine diskurstheoretische Erweiterung der bourdieuschen Distinktionstheorie. Opladen: Leske + Budrich.

Eco, U. (1972): Einführung in die Semiotik. München: Wilhelm Fink.

Engelbert, A. (1986): Kinderalltag und Familienumwelt. Eine Studie über die Lebenssituation von Vorschulkindern. Frankfurt a. M.: Campus.

Fend, H. (1998): Eltern und Freunde. Soziale Entwicklung im Jugendalter. Entwicklungspsychologie der Adoleszenz in der Moderne. Bd. 5. Bern: Hans Huber.

Früh, W. (2007): Inhaltsanalyse. Konstanz: UVK.

Fuhs, B. (2005): Kindheitsforschung und Schulforschung – zwei Gegensätze? Überlegungen aus der Sicht der Kindheitsforschung. In: Breidenstein, G./Prengel, A. (Hrsg.): Schulforschung und Kindheitsforschung – ein Gegensatz? Wiesbaden: VS, 161-176.

Funck, M./Malinowski, S. (2000): „Charakter ist alles!". Erziehungsideale und Erziehungspraktiken in deutschen Adelsfamilien des 19. und 20. Jahrhunderts. In: Historische Kommission der DGfE (Hrsg.): Jahrbuch für Historische Bildungsforschung. Bd. 6. Bad Heilbrunn: Klinkhardt, 71-92.

Glasersfeld, E. v. (2008): Konstruktion der Wirklichkeit und des Begriffs der Objektivität. In: Carl Friedrich von Siemens Stiftung (Hrsg.): Einführung in den Konstruktivismus. München: Piper, 9-40.

Götz, M. (2000): Entwicklung und Status der universitären Grundschulpädagogik. In: Zeitschrift für Pädagogik 46/4, 523-539.

Heinzel, F. (2002): Kindheit und Schule. In: Krüger, H.-H./Grunert, K.: Handbuch der Kindheits- und Jugendforschung. Opladen: Leske + Budrich, 541-566.

Hendrick, H. (1997): Children, Childhood, and English Society, 1880-1990. Cambridge: Cambridge University.

Herrmann, U. (1991): Historische Sozialisationsforschung. In: Hurrelmann, K./Ulich, K. (Hrsg.): Neues Handbuch der Sozialisationsforschung. Weinheim: Beltz, 231-250.

Honig, M.-S. (2002): Geschichte der Kindheit. In: Krüger, H.H./Grunert, C.: Handbuch Kindheits- und Jugendforschung. Opladen: Leske + Budrich, 309-332.

Honig, M.-S. (2009): Ordnungen der Kindheit. Problemstellungen und Perspektiven der Kindheitsforschung. Weinheim: Juventa.

Honig, M.-S./Leu, H. R./Nissen, U. (1996): Kindheit als Sozialsationsphase und als kulturelles Muster. Zur Strukturierung eines Forschungsfeldes. In: Honig, M.-S./Leu, H.R./Nissen, U. (Hrsg.): Kinder und Kindheit. Soziokulturelle Muster – sozialisationstheoretische Perspektiven. Weinheim: Juventa, 9-30.

Hornstein, W. (1994): Das schutzbedürftige Kind. Zur historischen Entwicklung des Kinderbildes und der Praxis des Kinderschutzes. In: Deutsches Jugendinstitut (Hrsg.):

Handbuch Medienerziehung von Kindern. Teil 1: Pädagogische Grundlagen. Opladen: Leske + Budrich, 572-586.

Horster, D. (2005): Niklas Luhmann. München: C. H. Beck.

Kleinjohann, M. (1987): Sportzeitschriften in der Bundesrepublik Deutschland. Bestandsaufnahme – Typologie – Themen – Publikum. Frankfurt a. M.: Peter Lang.

Knörzer, W./Grass, K. (1998): Einführung in die Grundschule. Weinheim: Beltz.

Laabs, H.-J. (1954): Unsere Zeitschrift – ein neues Mittel zur Verbesserung der Schularbeit. In: Die Unterstufe, 1/1, 1-2.

Lamnek, S. (2005): Qualitative Sozialforschung. Lehrbuch. Weinheim: Beltz.

Landwehr, J. (2008): Historische Diskursanalyse. Frankfurt a. M.: Campus.

Lenzen, D. (1989): Kindheit. In: Lenzen, D.: Pädagogische Grundbegriffe. Bd. 2: Jugend bis Zeugnis. Reinbek bei Hamburg: Rowohlt Taschenbuch, 845-859.

Luhmann, N. (2004): Die Realität der Massenmedien. Wiesbaden: VS.

Mayring, P. (2008): Qualitative Inhaltsanalyse. Grundlagen und Techniken. Weinheim: Beltz.

Müller, G. (2005): Die Macht des Bildes – Das Kind im politischen Plakat. In: Bühle-Niederberger, D.: Macht der Unschuld. Wiesbaden: VS, 149-184.

Nöth, W. (2000): Handbuch der Semiotik. Stuttgart: J. B. Metzler.

Osterwalder, F. (2006): Die Sprache des Herzens. Konstituierung und Transformation der theologischen Sprache der Pädagogik. In: Casale, R./Tröhler, D./Oelkers, J.: Methoden und Kontexte. Historiographische Probleme der Bildungsforschung. Göttingen: Wallstein, 155-180.

Panagioutopoulou, A./Brügelmann, H.(2003): Grundschulpädagogik meets Kindheitsforschung. Wiesbaden: Leske+ Budrich.

Pocock, J. (1987): The Ancient Constitution and the Feudal Law. A Study of English Historical Thought in the Seventeenth Century. Reissue with a Retrospect. Cambridge: Cambridge University.

Prechtl, P. (1994): Saussure zur Einführung. Hamburg: Junius.

Qvortrup, J. (2007): Editorial: A Reminder. In: Childhood, 14/4, 395-400.

Rorty, R. (1967): The Linguistic Turn. Essays in Philosophical Method. Chicago: University of Chicago.

Saussure, F. d. (1967): Grundfragen der allgemeinen Sprachwissenschaft. Berlin: Walter de Gruyter.

Scholz, G. (1994): Die Konstruktion des Kindes. Opladen: Westdeutscher.

Skinner, Q. (1969): Meaning and Understanding in the History of Ideas. In: History and Theory. Studies in the Philosophy of History, 8/1, 1-53.

Ullrich, H. (1999): Das Kind als schöpferischer Ursprung. Studien zur Genese des romantischen Kindbildes und zu seiner Wirkung auf das pädagogische Denken. Bad Heilbrunn: Klinkhardt.

Watzlawick, P. (1981): Die erfundene Wirklichkeit. Wie wir wissen, was wir glauben? Beiträge zum Konstruktivismus. München: Piper.

Wicki, M. (2008): Gleichzeitig – Ungleichzeitig. Stabilität und Wandel von Vorstellungen über Kindheit, Jugend und Generationenbeziehungen. Bern: Peter Lang.

Wiegmann, U. (2009): Zur Geschichte der Unterstufenpädagogik in der DDR. Ein Aufriss ihrer Entwicklung bis 1989. Vortrag auf der Tagung „90 Jahre Grundschule. Zur Entwicklung von Institution, Bildungsprogram und Disziplin", 04.12.2009.

Perspektiven auf Instrumente der pädagogischen Diagnostik in der Grundschule

Frauke Grittner, Johanna Hochstetter & Tanja Kraemer

Parallel zur Diskussion um nationale und internationale Vergleichsstudien erfolgt derzeit eine weitere Diskussion, die sich mit Fragen zu Zielen von Leistungsbewertung auf der Ebene der einzelnen Schülerin oder des einzelnen Schülers beschäftigt. Um der Heterogenität in Bezug auf Leistung, aber auch auf Lernmotivation, Lernstrategien und Interessen innerhalb von Schulklassen gerechter werden zu können, wird über Möglichkeiten der individuellen Förderung und der individuellen Bewertung nachgedacht. In diesem Zusammenhang wird für alle Schulstufen und den vorschulischen Bereich der Einsatz von so genannten alternativen Instrumenten der Leistungsbewertung und Diagnose vorgeschlagen und zum Teil mit wissenschaftlicher Begleitung erprobt (s. z.B. Winter 2008; Grunder/Bohl 2001; Grittner 2009; Kraemer 2009; Hochstetter 2009). Bei aller Unterschiedlichkeit der Projekte kann die Ausrichtung an einer pädagogischen Diagnostik und Leistungsbewertung als Gemeinsamkeit angesehen werden. Als Kriterien für die pädagogische Leistungsbewertung gelten u.a.:

- Entwicklung hin zum selbstgesteuerten Lernen und einer selbstbestimmten Leistungsdarlegung (Winter 2008; Häcker 2007);
- Verlagerung der Leistungsbewertung vom Ende des Lernprozesses (mit dem Fokus auf das Lernprodukt) zurück in den Lernprozess, um die Leistungsbewertung als Feedback im Prozess für eine Förderung nutzen zu können, d.h. weg von einer summativen Bewertung hin zu einer formativen (s. Jürgens 2005);
- Orientierung an der Individualnorm und der kriterialen Norm und nicht an der Sozialnorm, weil es um Förderung des Individuums und nicht um Begründung von Selektionsprozessen gehen soll (s. Rheinberg 2008);
- Stärkenorientierung, um Lernmotivation zu erhalten bzw. zu steigern, ohne dabei Schwächen auszublenden (s. Ruf/Winter 2006).

Grundlage der pädagogischen Leistungsbewertung ist eine detaillierte Analyse des Lernprozesses und des Lernproduktes. Ohne eine solche Diagnose bleiben Rückmeldungen inhaltsarm und Selbsteinschätzungen fehlt die Reflexionstiefe. Mit Beobachtungsbögen, Lerntagebüchern und Portfolios werden im Folgenden drei Instrumente der Leistungsbewertung in ihrem Einsatz in der Grundschule näher dargestellt. Zunächst werden die drei Instrumente in ihrer Bedeutung beschrieben, bevor sie aus der Perspektive von Lehrenden und Lernenden in Verbindung mit Ergebnissen aus drei verschiedenen Forschungsprojekten betrachtet werden. Den Abschluss bildet ein Fazit, in dem die vorgestellten Teilergebnisse der Studien in Bezug gesetzt werden zu den oben benannten theoretischen Überlegungen zur pädagogischen Leistungsbewertung.

1   Kurzbeschreibungen der Instrumente Beobachtungsbogen, Lerntagebuch und Portfolio

Beobachtungsbögen können mit unterschiedlichem Beobachtungsfokus eingesetzt werden, z.b. für die Diagnose der vorschulischen mündlichen Sprachentwicklung im Deutschen oder für das schulische Fremdsprachenlernen (Drese 2008). Insbesondere im vorschulischen Bereich wird von einer Fremdbeobachtung ausgegangen, d.h. davon, dass ein erwachsener Beobachter beobachtetes Verhalten eines Kindes dokumentiert und auswertet. Für ältere Lerner wird sowohl die Fremd- als auch die Selbstbeobachtung diskutiert. So gibt es im Rahmen des Europäischen Portfolios der Sprachen Selbsteinschätzungsbögen, die eine Selbstbeobachtung voraussetzen (Europarat 2001). Im Zentrum der Beobachtung kann sowohl der Verlauf eines Lernprozesses als auch das Ergebnis stehen. Damit zeigt sich, dass Beobachtungsbögen nicht an die Primarstufe und nicht an ein einzelnes Fach gebunden sind, sondern in verschiedenen Stufen und Fächern, zur Fremd- oder Selbstbeobachtung und mit einer Fokussierung auf den Lernprozess oder ein Lernprodukt eingesetzt werden können.

Lerntagebücher sind Dokumentations- bzw. Organisationshilfen mit Prozesscharakter. Sie dienen Lehrenden dazu, die Lernprozesse ihrer Schülerinnen und Schüler analysieren zu können. Die Analyse der Eintragungen ermöglicht es ihnen, ein diagnostisches Urteil über individuelle Lernleistungen zu verfassen. Für Lernende haben sie die Funktion, Orientierung über eigene Lernprozesse und deren Resultate zu geben. Lerntagebücher haben weiterhin die Funktion, die Wahrnehmung eigener Lernfortschritte positiv zu beeinflussen. Sie helfen bei der Reflexion über das eigene Lerngeschehen im Hinblick auf die im Unterricht behandelten Inhalte. Schülerinnen und Schüler können mit ihrer Hilfe schrittweise ihren eigenen Lernprozess dokumentieren und kontrollieren: Sie setzen sich u.a. selbst Ziele, begründen und beobachten ihr Vorgehen, teilen ihre Lernzeit ein und prüfen ihre Aufgaben anschließend. Lerntagebücher unterscheiden sich in ihrer Form und inhaltlichen Gestaltung je nachdem, in welchen Kontext sie eingebettet sind, und für wen sie von Nutzen sein sollen.

Unter dem Begriff Portfolio werden in der Literatur verschiedenste Formen von Sammlungen von Schülerarbeiten subsumiert, die sowohl als Instrument zur Leistungsbewertung als auch zur Unterrichtsentwicklung eingesetzt werden können. Im Folgenden wird ein Portfolio verstanden als eine zielgerichtete Sammlung von Schülerarbeiten, mit der Schülerinnen und Schüler ihre Leistungen präsentieren möchten, die sie im Laufe einer bestimmten Zeit in bestimmten Bereichen erbracht haben. Das heißt, die Lernenden sind an der Auswahl der Inhalte und der Aufstellung der Bewertungskriterien beteiligt und reflektieren über ihre Arbeiten, ihr Zustandekommen, Gelungenes oder weniger Gelungenes. Das Portfolio kann von der Schülerin bzw. dem Schüler vor Lehrpersonen, Eltern und ggf. weiteren Interessenten präsentiert werden. Die Lehrkraft nimmt ebenfalls Stellung dazu. Im Mittelpunkt können sowohl Lernprozesse als auch Lernprodukte stehen. Die Schülerarbeiten können sehr unterschiedlicher Gestalt sein, wie z.b. Schriftstücke, aber auch audiovisuelle Medien oder handwerklich-künstlerische Produkte (Winter 2008; Häcker 2007).

2 Beobachtungsbögen aus der Perspektive von Lehrerinnen

Die erste der drei im Folgenden vorzustellenden empirischen Studien zu Instrumenten der Leistungsbewertung beschäftigt sich mit dem Einsatz von Beobachtungsbögen im Englischunterricht der Klassen 1-4 der Grundschule (Hochstetter 2009). In der Erprobungsphase dieser Studie wurden fünf Lehrerinnen und ihre Klassen während des Einsatzes der Beobachtungsbögen gefilmt und einzeln sowie in Gruppen befragt. Ein Schwerpunkt lag dabei auf der Erhebung von Einstellungen und Überzeugungen im Zusammenhang mit dem Einsatz der Beobachtungsbögen.

Im Vergleich zur Zielsetzung einer pädagogischen Leistungsbewertung zeigt die Analyse der Interviews unter anderem auf, dass ein Einsatz von einem so genannten alternativen Bewertungsinstrument wie Beobachtungsbögen nicht automatisch zu einer Unterrichtsänderung hin zu einer pädagogischen Leistungsbewertung, wie sie zu Beginn dieses Artikels skizziert wurde, führt. Die folgende Interviewpassage mit Frau Meier zeigt, dass für sie das Beobachten notwendig erscheint, weil sie zu jedem Kind einen Satz auch zum Fach Englisch ins Zeugnis schreiben muss.

> Das muss ich ja. Ich muss es ja im Schulbericht erwähnen. Ich muss die ja gelegentlich schon beobachten. Ich muss ja auch beobachten, schreibe ich da jetzt was rein oder schreibe ich nichts rein. Und dann habe ich erfahren, Englisch ist inzwischen Pflicht, also muss ich da was rein schreiben. Verstehen Sie? […] Ich muss ja zu jedem Kind 'nen Satz schreiben, also muss ich's ja beobachten (Int. Meier, Abs. 144-146).

In ähnlicher Weise äußert sich Frau Müller. Sie stellt sich vor, Beobachtungsbögen als Belege für die Richtigkeit von Zeugnisnoten nutzen zu können.

> Aber, aber es ist klar, wenn ich jetzt dem eine Note geben müsste, also das hilft enorm, um zu belegen, warum die Note jetzt so ist, und nicht anders (T5, FII, Müller, Z. 47-49).

An beiden Aussagen wird deutlich, dass die Motivation für den Einsatz der Beobachtungsbögen in einer Erleichterung der summativen Bewertung der Leistungen des Schülers oder der Schülerin am Ende des Schuljahres gesehen wird. Von keiner der befragten Lehrpersonen werden als Motive dagegen der Wunsch nach einer stärkeren Individualisierung des Englischunterrichts und einer Nutzung der Beobachtungen zur formativen Rückmeldung während des Schuljahres benannt.

Dass der Einsatz der Beobachtungsbögen nicht verbunden war mit einer Einbeziehung der Schülerinnen und Schüler wird auch in weiteren Aussagen der Lehrerinnen und in ihrem Verhalten während des Einsatzes der Beobachtungsbögen deutlich. Nach eigenen Aussagen besprach keine der Lehrerinnen die Beobachtungskriterien mit ihren Schülerinnen und Schülern. Vier der fünf Lehrerinnen berichten, dass sie ihren Klassen verschwiegen, dass sie die Kinder mit Hilfe eines Beobachtungsbogens einschätzten. In den Interviews äußern die Befragten Begründungen, warum sie das Beobachten so weit wie möglich für die Schülerinnen und Schüler intransparent hielten. Im folgenden Abschnitt aus dem Interview mit Frau Schulze wird deutlich, dass diese den Schülerinnen und Schülern Angst vor der Situation nehmen möchte:

> Also, obwohl das Kind beobachtet wird, äh, darf das Kind nicht den Eindruck gewinnen, dass es jetzt unter einem ganz starken Stress steht. Verstehen Sie? So, dass das jetzt wirklich beobachtet wird und was das sagt, wird als richtig oder falsch oder sonst wie bewertet. Das sollte dem Kind nicht so vorkommen müssen (Int. Schulze, Abs. 209).

Das Beobachten wird hier als eine Art Klassifizierungsprozess dargestellt, der Schülerleistungen in „richtig" oder „falsch" einteilt und damit Leistungsstress erzeugt. Dass Beobachtetes als eine Momentaufnahme auf einem Lernweg gesehen werden könnte und es in Bezug auf die Individualnorm nicht um „richtig" oder „falsch", sondern um eine individuelle Entwicklung geht, ist im Vergleich dazu eine völlig andere Vorstellung von Beobachten. Diese Vorstellung und die, dass eine Beobachtung genutzt werden könnte, um Leistungsstärken an ein Kind rückzumelden und Pläne für die nächsten Lernschritte mit ihm zu besprechen, wird von keiner der fünf Lehrpersonen geäußert. Der Wunsch, Schülerinnen und Schülern Stress zu ersparen, führt hier zu einer Intransparenz, die verhindert, dass sich Lehrende und Lernende im Gespräch über beobachtete Lernentwicklungen austauschen können. Stattdessen erfahren die Schülerinnen und Schüler nichts von den Einschätzungen ihrer Lehrpersonen im Laufe des Schuljahres, sondern werden mit dem Zeugnis mit einer „endgültigen", viele Einzelleistungen zusammenfassenden Bewertung konfrontiert.

Ebenfalls von Bedeutung für Diagnostik und Leistungsbewertung sind die Aussagen von zwei der Lehrpersonen, die angeben, dass sie wissen wie ihre Schülerinnen und Schüler sind und dass sie Beobachtetes vollständig und korrekt erinnern werden, auch wenn sie es nicht aufgezeichnet haben. In allen Interviews finden sich zudem Äußerungen über Schülerinnen und Schüler, die aufgrund der Vehemenz, mit der sie geäußert werden, rückschließen lassen, dass die Lehrpersonen bereits sehr klare Eigenschaftszuschreibungen zu ihren Schülerinnen und Schülern haben.

Beides, die Vorstellung alles erinnern zu können und die Art der Eigenschaftszuschreibungen lassen darauf schließen, dass die Lehrerinnen sich nicht bewusst sind, dass sie als Beobachterinnen mit ihren Vorannahmen Beobachtungen aus einer bestimmten Perspektive wahrnehmen, d.h. dass sie u.U. Beobachtungen stärker gewichten und besser erinnern, wenn diese die eigenen Annahmen bestätigen oder als weniger wichtig einstufen und gegebenenfalls nicht erinnern, weil sie nicht mit den eigenen Vorstellungen übereinstimmen. Hier wird eine mögliche Lücke in der Lehrerbildung deutlich, die bisher meist keine Ausbildung im Bereich der Diagnostik, d.h. auch nicht zu Beobachten und so genannten Beobachterfehlern beinhaltet.

Die Ergebnisse der Studie zeigen insgesamt, dass für einen Einsatz von Beobachtungsbögen im Sinne der Diagnostik und pädagogischen Leistungsbewertung, d.h. mit einem klaren Schwerpunkt auf die Förderung von Schülerinnen und Schülern, Lehrpersonen neben der genauen Kenntnis des Beobachtungsinstrumentes auch Kenntnisse über die Möglichkeiten und Grenzen des Beobachtens und über pädagogische Leistungsbewertung benötigen. Ob sie ein Beobachtungsinstrument im Sinne der pädagogischen Leistungsbewertung nutzen, scheint darüber hinaus davon abzuhängen, ob sie Überzeugungen und Einstellungen besitzen, die mit den theoretischen Prämissen der pädagogischen Leistungsbewertung kongruent sind.

3 Lerntagebücher aus der Perspektive von Schülerinnen und Schülern

Die Förderung der Selbsteinschätzung und Selbstorganisation von Lernprozessen bei Grundschulkindern mit Migrationshintergrund steht im Fokus der zweiten Studie (Kraemer 2009). Im Rahmen dieses Forschungsprojekts wurden 14 Wochen lang Lerntagebücher im Unterricht einer Berliner Grundschule eingesetzt.

Die Studie ist mehrperspektivisch angelegt. In einem Fragebogen wurden soziodemografische und personeninterne Faktoren erfasst, denen ein Einfluss auf das selbstgesteuerte Lernen zugeschrieben wird. Über einen zweiten Fragebogen, der vor und nach dem Einsatz des Lerntagebuchs ausgefüllt werden sollte, wurden metakognitive und motivationale Fähigkeiten sowie die motivationale Orientierung der Schülerinnen und Schüler gemessen. Ein Ziel der Untersuchung bestand darin, festzustellen, ob Unterschiede in den Eintragungen der Kinder feststellbar sind, wenn eine Lerngruppe ein halbstandardisiertes, individuumzentriertes Feedback auf die Einträge im Lerntagebuch erhält. Im Anschluss an die Intervention wurden mit einzelnen Schülerinnen und Schülern Interviews durchgeführt, um Auskunft über die Wahrnehmung der Lerntagebucharbeit zu bekommen. Des Weiteren wurden die Lehrerinnen interviewt, um Informationen über die Unterrichtspraxis im Hinblick auf die Vermittlung des selbstgesteuerten Lernens zu erhalten.

Bei der Untersuchung stand die Frage im Vordergrund, ob metakognitive und motivationale Fähigkeiten als Teilbereiche des selbstgesteuerten Lernens durch den Einsatz von Lerntagebüchern im Unterricht gefördert werden können. Weiterhin wurde erprobt, ob sich die halbstandardisierte Form für Schülerinnen und Schüler als nützlich erweist, um Schreibprozesse anzuregen, die eine Auseinandersetzung mit dem eigenen Lernen beinhalten, z.B. bei der Bearbeitung einer Aufgabe. Durch die Fragen und Hinweise (sog. Prompts) zu den einzelnen metakognitiven und motivationalen Aspekten im Lernprozess sollte die Reflexion über die eigene Aufgabenbearbeitung unterstützt werden. Hierbei war von Interesse, ob sich die Lerntagebücher für Kinder mit Migrationshintergrund als Hilfe zur Strukturierung des Lernprozesses eignen und damit die Qualität der Aufgabenbearbeitung auf lange Sicht verbessern helfen.

In Anlehnung an das Prozessmodell des selbstgesteuerten Lernens von Schmitz (2001) und das Lerntagebuchdesign von Wohland/Spinath (2004) wurde das Lerntagebuch so konzipiert, dass sowohl offene als auch geschlossene Fragen zu einzelnen metakognitiven und motivationalen Aspekten beantwortet werden konnten. Das Prozessmodell gliedert den Lernprozess in drei Lernphasen: die Planungs-, die Bearbeitungs- und die Reflexionsphase. Innerhalb dieser Phasen stehen bestimmte metakognitive und motivationale Aspekte des Lernens im Mittelpunkt. Im Lerntagebuch konnten die Schülerinnen und Schüler z.B. angeben, welche Ziele sie sich vornehmen zu erreichen und am Ende der Aufgabenbearbeitung prüfen, ob sie diese Ziele auch tatsächlich erreicht haben.

Die Analyse der Antworten zeigt, dass die Lernenden dazu in der Lage waren, die Fragen im Lerntagebuch zu beantworten. Es gelang ihnen weiterhin, Zusammenhänge zwischen den einzelnen metakognitiven und motivationalen Aspekten, die sie sowohl einschätzen als auch am Ende der Aufgabe reflektieren konnten, herzustellen. Die Ergebnisse der Analysen zeigen, dass die Schülerinnen und Schüler ansatzweise fähig waren, mit Hilfe der Lerntagebücher ihre eigene Aufgabenbearbeitung schriftlich zu analysieren und zu reflektieren. Weiterhin zeigt sich, dass diese Verschriftlichungen dazu genutzt werden können, die Vorgehensweise bei der Bearbeitung einer Aufgabe im Hinblick auf die Anwendung von metakognitiven und motivationalen Aspekten des selbstgesteuerten Lernens zu beurteilen und zu bewerten.

Leider zeichnen sich die Aussagen der Schülerinnen und Schüler insgesamt durch eine geringe Reflexionstiefe aus. Die Antworten auf die offenen Fragen im Lerntagebuch fallen häufig oberflächlich aus. So äußerten sich die Schülerinnen und Schüler zur Frage, was sie bei der Aufgabe gelernt haben, häufiger allgemein, dass sie lesen und schreiben gelernt hätten. Konkrete Aussagen, wie zum Beispiel, dass sie gelernt hätten, die wörtliche Rede anzuwenden oder aus einem Text wichtige Informationen zu entnehmen, finden sich dagegen seltener in den Lerntagebüchern. Auch wählten die Lernenden für ihre Arbeit im Lerntagebuch häufig Aufgaben aus, die einen geringen Komplexitätsgrad im Bezug auf Anforderungen zum Einsatz von Lernstrategien vorsahen. Eine Ursache für beides könnte die fehlende Kommunikation über selbstgesteuertes Lernen und Lernstrategien sein. Im Hinblick auf die Förderung metakognitiver und motivationaler Fähigkeiten zeigt sich interessanterweise kein positiver Effekt für die Schülerinnen und Schüler, die zusätzlich für die Arbeit mit dem Lerntagebuch eine Rückmeldung erhielten. In der Lerngruppe ohne Feedback hingegen veränderten sich metakognitive Fähigkeiten innerhalb der 14 Wochen positiv. Hinsichtlich der Lernmotivation kann gezeigt werden, dass die Amotivation (s. Ryan/Deci 2000) in der Lerngruppe mit einer Rückmeldung signifikant anstieg. Die Schülerinnen und Schüler sahen möglicherweise keinen Sinn darin, eine Aufgabe zu bearbeiten, d. h. ihnen fehlte die Intention, zu handeln. Grund für die Amotivation könnte eine so genannte Überdidaktisierung sein, die durch die vorstrukturierte Form der Lerntagebücher in Kombination mit dem halbstandardisierten Feedback hervorgerufen wurde.

Aus Interviews mit den Lehrenden und Lernenden geht hervor, dass der Einsatz für alle eine zusätzliche Anforderung an den Unterricht dargestellt hat. Bei der Arbeit mit dem Lerntagebuch handelt es sich zwar um eine unterrichtsintegrierte Maßnahme, die Arbeit mit dem Lerntagebuch wurde allerdings nicht unterstützt. So wurde den Schülerinnen und Schülern von den Lehrenden z.B. keine Zeit eingeräumt, um neben den Wochenplanaufgaben das Lerntagebuch zu führen. Auch wurden die Verschriftlichungen des Lernprozesses und der Arbeit an Aufgaben von den Lehrerinnen nicht genutzt, um Aufschluss über die Vorgehensweise der Schülerinnen und Schüler zu erhalten, um daraus beispielsweise Fördermaßnahmen abzuleiten.

Wenn der Einsatz des Lerntagebuchs im Unterricht das selbstgesteuerte Lernen der Schülerinnen und Schüler unterstützen soll, so erscheint es hilfreich, wenn den Lernenden die Vorteile des Lernstrategie-Einsatzes vermittelt und das Argumentieren über Metakognition unterstützt wird. Es wäre zu prüfen, ob das

Potenzial des Instruments Lerntagebuch noch stärker zum Tragen käme, wenn folgende Erkenntnisse aus der Studie im Design von Lerntagebüchern, aber auch in der Konzeption eines Lerntagebuch-Einsatzes, berücksichtigt würden:

- Aufgaben für die Lerntagebucharbeit erfordern explizit sowohl Elaborations-, Organisations- und Problemlösestrategien als auch Strategien, um das eigene Lernen zu beobachten.
- Die Gestaltung des Lerntagebuches sollte an die individuellen Lernbedürfnisse der Schülerinnen und Schüler angepasst werden (s. Hübner et al. 2007).
- Feedback zum Lerntagebuch wird individuell und im Gespräch vermittelt, um die Motivation, das Lerntagebuch zu führen, aufrecht zu erhalten.
- Jedem Schüler und jeder Schülerin wird genügend Zeit zur Verfügung gestellt, um das Lerntagebuch zu bearbeiten.

4   Portfolioarbeit aus der Perspektive von Lehrerinnen

Die dritte vorzustellende Studie entstand im Rahmen der wissenschaftlichen Begleitung eines Schulversuches bei dem u.a. mit der Portfolio-Arbeit eine alternative Form der Leistungsbewertung erprobt wurde (s. Grittner 2009). Im Kontext dieser Untersuchung wurden mit den acht am Schulversuch beteiligten Klassenleiterinnen etwa einstündige Leitfadeninterviews geführt, die anschließend anhand der qualitativen Inhaltsanalyse nach Mayring (2003) ausgewertet wurden. Ziel der Interviews war es, zu erheben, welche Informationen die Lehrpersonen durch die Portfolio-Arbeit über die Leistungen der Schülerinnen und Schüler erhalten und ob die Portfolio-Arbeit für eine Lernberatung, also eine Förderung der Lernenden eingesetzt wird.

Die Gesamteinschätzung der Lehrpersonen gegenüber der Portfolio-Arbeit ist sehr positiv: sieben Lehrerinnen äußern sich dahin gehend, dass ihnen die Portfolio-Arbeit deutliche und viele Erkenntnisse über die Schülerinnen und Schüler bietet. Im Bezug auf Informationen über Stärken der Schülerinnen und Schüler geben die Lehrerinnen an, dass die Stärken für sie deutlicher werden als durch Unterricht ohne Portfolio-Arbeit. Im folgenden Zitat begründet die Lehrerin ihre Einschätzung damit, dass die Stärken der Schülerinnen und Schüler in der Portfolio-Arbeit „richtig zum Vorschein kommen", weil die Schülerinnen und Schüler interessenorientiert arbeiten können.

> Also Leistungsstärken werden sehr viel mehr deutlich als im normalen Unterricht, weil die Kinder einfach Interessen entwickeln und dadurch ihre Stärken richtig zum Vorschein kommen (Iw-D 171-173).

Besonders werden bislang unbekannte Fähigkeiten der Schülerinnen und Schüler für die Lehrerinnen durch die Portfolio-Arbeit deutlich. Genannt werden hier Fähigkeiten wie z.b. präsentieren können, selbstständig arbeiten, Wissen anwenden oder instrumentelle Fähigkeiten.

Im Hinblick auf die Schwächen der Schülerinnen und Schüler äußern die Lehrerinnen, dass sie diese während der Gespräche im Rahmen der Portfolio-Stunden sowie in den Reflexionstexten und der Portfolio-Präsentation am Ende des Schuljahres wahrnehmen können. Besonders deutlich werden die Schwächen im Alltag vor allem in den Bereichen Arbeitsverhalten, Konzentration und Leistungsbereitschaft. Insgesamt stehen die Defizite der Schülerinnen und Schüler aber weniger im Vordergrund als in anderen Unterrichtssettings.

Im Hinblick auf Informationen über die Lernprozesse sagen die Lehrpersonen aus, dass diese für sie besonders durch die Gespräche im Rahmen der Portfolio-Stunden und durch die Reflexionen der Schülerinnen und Schüler erkennbar werden. Im nachfolgenden Zitat erläutert die Lehrerin die Bedeutung dadurch, dass die Schülerinnen und Schüler in den Reflexionstexten beschreiben, wie ihre Arbeit entstanden ist und „was da alles passiert ist in der Zeit", d.h. den Arbeitsprozess erläutern:

> Lernprozesse. Mhhh... Ja die werden natürlich, Lernprozesse werden schon deutlich, ähm, auch dann spätestens dann, wenn die Kinder reflektieren und man dann mit ihnen ins Gespräch kommt über die Lernprozesse, die so ablaufen, weil sie ja die Entstehungsgeschichte, über die Entstehungsgeschichte schreiben, wie hab ich damit angefangen, bis zum Schluss und was ihnen da alles passiert ist in der Zeit (Iw-B 156-160).

Momente der Lernberatung werden in den Interviews sowohl vor der Portfolio-Präsentation als auch danach genannt. Vor der Portfolio-Präsentation stehen dabei vor allem Präsentations- und Arbeitsmethoden sowie die Präsentationsgestaltung im Fokus. Ein eng damit verbundener Gesichtspunkt ist die Aneignung und Bearbeitung des zu präsentierenden Themas. Im nachfolgenden Zitat beschreibt die Lehrerin dies zunächst allgemein mit „wie geht man überhaupt ran", spezifiziert die Aussagen anschließend durch „wo kann man seine Informationen herbeiziehen".

> Also ich hab's jetzt eingesetzt so im Hinblick auf, wie präsentiere ich mich. Oder wie präsentiere ich etwas. Und wie, also was die Präsentation angeht und auch, wie arbeite ich an einem Thema, wie geht man überhaupt ran oder wo kann man seine Informationen überhaupt herbeziehen. Wie arbeite ich ein Thema aus und wie verschriftliche ich etwas, also das haben wir schon vorher besprochen (Iw-D 280-284).

Nach der Portfolio-Präsentation steht die Art der Präsentationsgestaltung im Blick. Die Erkenntnisse wirken sich aber auch auf die weitere Unterrichtsplanung der Lehrerinnen aus. So äußern sie, Stärken bei den Schülerinnen und Schülern fördern zu wollen und spezielle Fördermaßnahmen für erkannte Defizite der Schülerinnen und Schüler anzubieten. Ein weiterer Punkt in den Interviews war auch die Möglichkeit, die Portfolio-Präsentation als Anlass zu nehmen, um Eltern in die Lernberatung mit einzubeziehen und mit ihnen über anstehende Förderbedarfe zu sprechen.

Die Äußerungen der Lehrerinnen in den Interviews zeigen, dass die untersuchte Portfolio-Arbeit viele Anforderungen an eine pädagogische Leistungsbewertung aus ihrer Sicht erfüllt. Dies gilt insbesondere für Informationen über (neu entdeckte) Stärken und über Lernprozesse. Im Hinblick auf die Lernberatung ist festzuhalten, dass diese bereits prozessbegleitend vor der Portfolio-Präsentation stattfindet und sich nicht erst auf das „Produkt" Präsentation bezieht. Festzuhalten ist aber auch, dass die Lehrpersonen angeben, vornehmlich mit Blick auf die Präsentationsgestaltung zu beraten. Hierzu gehören auch Aspekte wie Vortragsgliederung und Medieneinsatz. Inhaltliche Aspekte werden von den Lehrerinnen jedoch nicht genannt. Da der Schulversuch zum Zeitpunkt der Datenerhebung noch am Anfang stand, könnte dies auch dem Neuigkeitsfaktor geschuldet sein. So ist nicht auszuschließen, dass die Lehrerinnen unter einem gewissen Erfolgsdruck standen, da sie mit den Präsentationen vor den Eltern auch Einblicke in ihren Unterrichtserfolg erlauben. Hier wäre eine Nachuntersuchung interessant, nachdem eine gewisse Routine mit diesem Verfahren eingekehrt ist.

Als Gewinn der Portfolio-Arbeit ist sicher zu verzeichnen, dass die Lehrpersonen mit ihrem Informationsgehalt sehr zufrieden sind und mit ihr auch neue Erkenntnisse über die Lernenden erhalten. Dies liegt sicher nicht zuletzt daran, dass die Lernenden in diesem Schulversuch von den Lehrkräften Raum erhalten, um sich und ihre eigenen Arbeiten zu präsentieren, und ihnen eine Mitbestimmung bei der Leistungsdarlegung ermöglicht wird. Insofern wirkt sich das Leistungsfeststellungs-Instrument Portfolio hier ganz deutlich auch als Instrument zur Unterrichtsentwicklung aus. In nachfolgenden Studien wäre zu prüfen, ob das Instrument in ähnlicher Weise aussagekräftig empfunden wird, wenn das Unterrichtssetting weniger Mitbestimmungsmöglichkeiten für Schülerinnen und Schüler bietet.

5   Nutzen und Grenzen der vorgestellten Instrumente zur Leistungsbewertung

Die Ergebnisse der drei Studien machen jede für sich aber auch im Vergleich deutlich, wie wichtig die organisatorische Einbettung des jeweiligen

Instrumentes zur Leistungsbewertung in den Unterricht ist. Hierbei kommt es entscheidend darauf an, welche Einstellung die Lehrperson zur Leistungsbewertung hat und welche Funktionen sie den eingesetzten diagnostischen Instrumenten zuspricht.

Die dargestellten Instrumente können die in diesem Beitrag zu Grunde gelegten Anforderungen an eine pädagogische Leistungsbewertung nur einlösen, wenn sie in einen Unterricht integriert werden, der nicht nur Formen alternativer Leistungsfeststellung einsetzt, sondern auch eine Unterrichtspraxis realisiert, die individuelles Lernen fördert. Beobachtungsbögen und Portfolios sind erst einmal Dokumentationen von Lernprodukten und auch Lerntagebücher zeigen Selbsteinschätzungen zu abgeschlossenen Lernprozessen. Erst die Einbettung in ein Unterrichtskonzept, das dem Gespräch zwischen Lehrenden und Lernenden über Lernentwicklungen einen angemessenen Stellenwert einräumt, kann die Instrumente ihre Potenziale entfalten lassen – die dritte Studie bietet erste Hinweise hierauf.

Alle drei Studien weisen darüber hinaus darauf hin, dass es bereits zum Zeitpunkt der Einführung eines neuen Instruments der Diagnostik und Leistungsbewertung hilfreich sein könnte, die vorhandenen Kenntnisse, Überzeugungen und Einstellungen sowie die Unterrichtspraxis der Lehrenden zu analysieren und gegebenenfalls im Sinne einer pädagogischen Leistungsbewertung weiterzuentwickeln.

Literatur

Drese, K. (2008): Einschätzung der Sprechleistung von Lernern im Englischunterricht der Grundschule. Dissertation. Verfügbar unter: http://geb.uni-giessen.de/geb/volltexte/2008/6338).

Europarat (Hrsg.) (2001): Gemeinsamer europäischer Referenzrahmen für Sprachen: lernen, lehren, beurteilen. Berlin: Langenscheidt.

Grittner, F. (2009): Leistungsbewertung mit Portfolio in der Grundschule. Eine mehrperspektivische Fallstudie aus einer notenfreien sechsjährigen Grundschule. Bad Heilbrunn: Klinkhardt.

Grunder, H.-U./Bohl, T. (Hrsg.) (2001): Neue Formen der Leistungsbeurteilung in den Sekundarstufen I und II. Baltmannsweiler: Schneider.

Häcker, T. (2007): Portfolio: ein Entwicklungsinstrument für selbstbestimmtes Lernen. Eine explorative Studie zur Arbeit mit Portfolios in der Sekundarstufe I. 2. überarb. Aufl., Baltmannsweiler: Schneider.

Hochstetter, J.K. (2009): Diagnostische Kompetenz im Englischunterricht der Grundschule: eine empirische Studie zum Einsatz von Beobachtungsbögen. Unveröffentlichtes Dissertationsmanuskript. Berlin: Freie Universität Berlin.

Hübner, S./Nückels, M./Renkl, A. (2007): Lerntagebücher als Medium des selbstgesteuerten Lernens. Wie viel instruktionale Unterstützung ist sinnvoll? In: Empirische Pädagogik 21/2, 119-137.

Jürgens, E. (2005): Leistung und Beurteilung in der Schule. 6. überarb. Aufl., Sankt Augustin: Academia.

Kraemer, T. (2009): Analyse und Förderung metakognitver und motivationaler Fähigkeiten: Ein halbstandardisiertes Lerntagebuch für Schülerinnen und Schüler mit Migrationshintergrund. Unveröffentlichtes Dissertationsmanuskript. Potsdam: Universität Potsdam.

Mayring, P. (2003): Qualitative Inhaltsanalyse. Grundlagen und Techniken. 8. Aufl., Weinheim: Beltz.

Rheinberg, F. (2008): Bezugsnormen und die Beurteilung von Lernleistung. In: Schneider, W./Hasselhorn, M. (Hrsg.): Handbuch Pädagogische Psychologie. Göttingen: Hogrefe, 178-186.

Ruf, U./Winter, F. (2006): Qualität finden. Der Blick auf die Defizite hilft nicht weiter. In: Friedrich Jahresheft XXIV, 56-60.

Ryan, R. M./Deci, E. L. (2000): Intrinsic and Extrinsic Motivations: Classic Definitions and New Directions. In: Contemporary Educational Psychology 25, 54-67.

Schmitz, B. (2001): Self-Monitoring zur Transferunterstützung einer Schulung. In: Zeitschrift für Pädagogische Psychologie 15/3 u. 4, 181-197.

Winter, F. (2008): Leistungsbewertung. Eine neue Lernkultur braucht einen anderen Umgang mit den Schülerleistungen. 4. Aufl., Baltmannsweiler: Schneider.

Wohland, I./Spinath, B. (2004): Der Einsatz eines Lerntagebuches zur Förderung motivationaler Voraussetzungen für Lern- und Leistungsverhalten bei Schülerinnen und Schülern mit sonderpädagogischem Förderbedarf. In: Heilpädagogische Forschung 30/1, 20-28.

Strukturen und Strategien der Sprachförderung für mehrsprachige Schülerinnen und Schüler

Katja Koch, Jessica Löser & Birgit Lütje-Klose

Maßnahmen zur Sprachförderung für mehrsprachige Kinder werden seit einigen Jahren in verschiedenen deutschen Bundesländern und an vielen Stellen des Bildungssystems installiert. Das ist eine der zentralen Maßnahmen, um die Bildungsbenachteiligung von Kindern und Jugendlichen mit Migrationshintergrund zu verringern, die in einer Reihe von Studien beschrieben wird (z.b. Bos/ et al. 2007; Stanat/Christensen 2006; Klemm 1994). Während im vorschulischen Bereich erste systematische Untersuchungen durchgeführt wurden und werden (z.b. Schakib-Ekbatan et al. 2007), bleibt die Umsetzung und Effektivität der schulischen Maßnahmen zur durchgängigen Sprachförderung in Deutschland bislang weitgehend unhinterfragt (erste Ansätze finden sich bei Koch 2008; Lütje-Klose 2009). Es stellt sich die Frage, welche Strukturen in den Schulen durch die Einführung sprachfördernder Maßnahmen geschaffen wurden und welche Strategien der Sprachförderung im Unterricht eingesetzt werden.

Vor diesem Hintergrund zielt dieser Artikel darauf ab, zu diskutieren, unter welchen strukturellen und unterrichtlichen Bedingungen eine Sprachförderung von mehrsprachigen Kindern mit familiärem Migrationshintergrund besonders gut gelingt. Unter Bezugnahme auf internationale und nationale Forschungen betrachten wir diejenigen Strukturen und Strategien, die dazu geeignet scheinen, den Zweitspracherwerb von Kindern mit Migrationshintergrund zu stützen.

Nach einigen Anmerkungen zur schulischen Situation mehrsprachiger Kinder geht Jessica Löser auf ihre Forschungsergebnisse in Bezug auf Kanada und Schweden ein, anschließend stellen Katja Koch und Birgit Lütje-Klose einige Ergebnisse ihrer Studien in Niedersachsen und NRW vor.

1   Schulische Situation mehrsprachiger Kinder

Eine große Anzahl von mehrsprachigen Kindern mit Migrationshintergrund, aber auch ein erheblicher Anteil der einsprachig deutschen Kinder erreicht unter den bestehenden vorschulischen Förderbedingungen bei der Einschulung nicht den Sprachstand, den die deutsche Schule von ihnen erwartet. Kinder, die in ihren Familien mit anderen Sprachen als Deutsch aufwachsen, sind im deutschen Bildungssystem in hohem Maße benachteiligt (s. zusammenfassend FÖRMIG Konsortium 2006). Auf ihre Überrepräsentation an Förderschulen mit dem

Schwerpunkt Lernen weisen etwa Kornmann et al. (2003) und Diefenbach (2004) seit vielen Jahren in ihren Analysen der KMK-Zahlen hin: So liegt das Risiko eines Kindes mit ausländischem Pass, auf eine Förderschule mit dem Schwerpunkt Lernen überwiesen zu werden, im Bundesdurchschnitt doppelt so hoch wie das Risiko eines Kindes deutscher Herkunft, und der Anteil von Kindern mit Migrationshintergrund in dieser Schulform nimmt kontinuierlich zu (Werning et al. 2008). Betrachtet man die internationalen Vergleichsuntersuchungen im Hinblick auf die Leistungen von Kindern und Jugendlichen mit Migrationshintergrund, so zeigen sich für Deutschland eklatante Nachteile dieser Gruppe. Dagegen scheinen die bildungspolitischen Strukturen und bildungspraktischen Strategien in Kanada, wo keine solchen Nachteile für mehrsprachige Kinder feststellbar sind, gute Möglichkeiten zu eröffnen, mit der Mehrsprachigkeit von Kindern mit Migrationshintergrund umzugehen (s. Löser 2009).

2   Mehrsprachige Kinder in Kanada und Schweden: Strukturen der Sprachförderung

Kanada, ein klassisches Einwanderungsland, fällt im internationalen Vergleich besonders positiv auf. Die Schüler/innen mit Migrationshintergrund erreichen auffallend gute Ergebnisse, wie die Auswertung der PISA-Daten 2003 durch Stanat/Christensen (2006) zeigt. Exemplarisch werden die Strukturen der Zweitsprachförderung im Folgenden an der Provinz Ontario, die den größten Anteil an Immigrant/innen aufnimmt, veranschaulicht.

Im Primarbereich an Schulen in Ontario kann ein Kind entsprechend seiner individuellen Bedürfnisse und der Rahmenbedingungen der Schule im regulären Unterricht und/oder außerhalb des Unterrichts beschult werden (s. Ontario Ministry of Education 2001): Außerhalb des Klassenverbandes werden für Kinder, die in einem sehr frühen Stadium des Englischspracherwerbs sind, systematische Förderungsmaßnahmen angeboten. Die Förderung kann z.B. in Form des *Tutorial Support* und *Intensive Support* umgesetzt werden. *Tutorial Support* richtet sich an Schüler/innen, die noch zusätzliche Unterstützung in der Sprach und Kognitionsentwicklung benötigen. Es kann als Einzelbetreuung oder in kleinen Gruppen durchgeführt werden (ebd., 12). Darüber hinaus gibt es *Intensive Support* für Schüler/innen, die sich in einem sehr frühen Stadium des Englischspracherwerbs befinden. Diese Kinder verbringen einen größeren Anteil im *Tutorial Support* außerhalb des Klassenverbands. Das *Integrated Classroom Program* hingegen richtet sich an die in den Regelunterricht integrierte Sprachförderung.

Aus diesem Förderangebot folgt, dass ein Kind während des gesamten Schultages durch die Klassenlehrperson oder eine Zweitsprachlehrkraft zusätzliche Förderung in der Zweitsprache innerhalb und außerhalb des

Regelklassenraums erhalten kann. Der Schwerpunkt liegt dabei auf einer integrierten Förderung (s. ebd.).

In der durch den DAAD geförderten qualitativen Studie von Löser (2009) zeigt sich, dass das strukturierte Angebot für den Erwerb der englischen Sprache durch die Lehrkräfte geschätzt wird. In den Interviews wird dargestellt, dass sich die Regellehrkräfte gut unterstützt fühlen. Insbesondere wird betont, dass sie die Zweitsprachlehrpersonen (*Teacher for English as a second language* – kurz *ESL*) beratend hinzuziehen können. Dabei verfolgen sie das Ziel, möglichst alle Kinder im Klassenverband zu fördern und ihnen eine gezielte individuelle Förderung zukommen zu lassen: „*So the classroom teacher must be an ESL teacher. You have no choice about that*".

Handlungsleitend sei es, sich bei der Gestaltung des Unterrichts auch an den Bedürfnissen von Kindern im Zweitspracherwerbsprozess zu orientieren. Differenzierungsmaßnahmen stellen damit einen festen Bestandteil des täglichen Arbeitens dar. Damit geht einher, die Themen so zu veranschaulichen, z.B. mit Hilfe von Piktogrammen, dass Kinder im Zweitspracherwerb gezielt mit einbezogen werden: „*And also as classroom teachers, we try to make accommodations for children for the English as a second language*".

Bei Fragen der Förderung gilt in erster Linie die Zweitsprachlehrperson als Ansprechpartner: „*It's not [as if] the child can't read. They can read. It just can't read English*".

Aus diesen Beispieläußerungen kanadischer Lehrkräfte wird deutlich, dass vielfältige Hilfestellungen für Lehrkräfte und Kinder angeboten werden. Hervorzuheben ist zudem, dass die Förderung des Englischen zugleich mit einer ressourcenorientierten Sichtweise auf die Herkunftssprachen verbunden ist (s. Löser, in Vorb.).

Auch im europäischen Kontext sind gezielte Sprachförderungsmaßnahmen zu finden. Schweden ist hier exemplarisch zu nennen. Schülerinnen und Schüler mit Migrationshintergrund, die innerhalb und deren Eltern außerhalb des Aufnahmelandes geboren sind, erreichen in Schweden weitaus bessere Ergebnisse als in Deutschland (s. Stanat/Christensen 2006). Ähnlich wie in Kanada wird auch in Schweden die Sprachenvielfalt positiv gesehen. Dies äußert sich in einem auffallend großen Angebot an Herkunftssprachenunterricht an schwedischen Schulen (Reich 1996). Die Schülerschaft, die eine andere Erstsprache als Schwedisch spricht, hat zudem das Recht, am Zweitsprachunterricht teilzunehmen. Skolverket stellt heraus, dass die Teilnahme am Zweitsprachunterricht sinnvoll ist, um dadurch „die Sprache als Umgangssprache zu erlernen und so dem Unterricht in den verschiedenen Fächern der Schule folgen zu können" (Skolverket 2005, o.S.). In der Studie von Löser (2009) wird veranschaulicht, dass der strukturierte Umgang der Schulen mit der Mehrsprachigkeit der Schüler/innen durch die Lehrkräfte durchweg positiv gesehen wird.

Es zeigt sich an dieser Stelle exemplarisch, dass eine *systematische Förderung der Zweitsprache* durch die Lehrpersonen als sinnvoll beschrieben wird. Vor dem Hintergrund des aktuellen nationalen und internationalen Forschungsstands kann diese Einschätzung gestützt werden. Vielfältige Forschungen dokumentieren, dass ein unzureichendes sprachliches Bildungsangebot für mehrsprachige Schüler/innen zur Entstehung von Sprach- und Lernstörungen bei den Schüler/innen führen und das gehäufte Schulversagen dieser Schülergruppe mit begründen kann (s. Ramm et al. 2005; Belke 2001; Gogolin 1994).

In einer Reihe von nationalen Untersuchungen werden den mehrsprachigen Schulanfänger/innen Sprachprobleme von erheblichem Ausmaß attestiert (z.B. Grimm et al. 2004; Koch 2006). Walter (2007) fand in Bayern einen sprachlichen Förderbedarf bei insgesamt 22% aller Kinder im Vorschulalter, davon bei 7% im sprachtherapeutisch behandlungsbedürftigen Umfang. Bei mehr als der Hälfte der mehrsprachigen Kinder wurden Auffälligkeiten im deutschen Wortschatz festgestellt. Es zeigte sich, dass der sprachliche Entwicklungsstand ab dem 4. Lebensjahr stark vom Bildungsniveau der Eltern beeinflusst wurde. Das gilt sowohl in der Gruppe der einsprachig deutschen als auch in der Gruppe der mehrsprachigen Kinder, bei letzteren ist dieser Zusammenhang aber noch stärker ausgeprägt. Gleichzeitig ist der Anteil bildungsferner Elternhäuser bei den mehrsprachigen Kindern fast doppelt so hoch (40% gegenüber 21% bei den einsprachig deutschen Elternhäusern).

Auf welche Strukturen der Sprachförderung mehrsprachige Kinder in Niedersachsen zurückgreifen können, verdeutlicht besonders die Untersuchung von Koch (2008).

3 Mehrsprachige Kinder in Deutschland – Strukturen der Sprachförderung in Niedersachsen

Betrachtet man zunächst die Strukturen (vorschulischer) Sprachförderung in Niedersachsen, dann finden sich drei deutlich voneinander abgrenzbare Einheiten.

1. *Sprachfördermaßnahmen im Elementarbereich* werden durchgeführt und konzipiert von den Erzieherinnen der Kindertageseinrichtungen, z.T. auch von spezifisch für die Sprachförderung ausgebildeten Sprachförderkräften. Die Sprachförderung orientiert sich an ganzheitlichen Konzepten der Spracharbeit, hat alle Kinder der Gruppe im Blick und ist in der Regel unsystematisch in den Alltag der Gruppe integriert. Weniger verbreitet sind spracherwerbstheoretisch fundierte intensive Trainingsprogramme zur Förderung sprachlicher

Teilleistungen, wie z.B. die Osnabrücker Materialien (Tophinke 2003) oder das KonLab Programm (Penner 2005).

2. *Sprachfördermaßnahmen im Jahr vor der Einschulung* werden geplant und durchgeführt von Grundschullehrerinnen. Es handelt sich hier um kurzfristige intensive Sprachfördermaßnahmen, die vor allem Kindern mit Migrationshintergrund den sprachlichen Start in die Grundschule erleichtern sollen. Hierauf deutet z.B. auch der Name des niedersächsischen Programms „Fit in Deutsch" hin. Mittlerweile hat sich in Niedersachsen folgendes Vorgehen durchgesetzt: Der Termin zur Schulanmeldung wurde vorverlegt. An diesem Termin oder zeitnah hierzu wird der Stand der sprachlichen Entwicklung der Kinder durch ein Screening-Verfahren erhoben. Herausgefiltert werden sollen jene Kinder, die wenig Deutsch sprechen und bei denen sprachliche Startschwierigkeiten in der Grundschule wahrscheinlich sind. Im Jahr vor der Einschulung erhalten die Kinder, die für die Sprachförderung vorgeschlagen wurden, eine regelmäßige Förderung. Rein rechnerisch steht jedem Kind eine Stunde pro Woche zur Verfügung, in der praktischen Umsetzung werden mehrere Kinder in einer Gruppe zusammengefasst und erhalten eine gemeinsame Sprachförderung, die entweder in den Räumen der von den Kindern besuchten Kindertageseinrichtung oder in den Räumen der durchführenden Grundschule stattfindet. Das vom niedersächsischen Kultusministerium entwickelte Curriculum zur vorschulischen Sprachförderung, das als Richtschnur für die Durchführung der Sprachfördereinheiten dient, zielt vor allem auf die Erweiterung pragmatisch-kommunikativer Sprachfähigkeiten bei den Kindern.

3. *Fördermaßnahmen der Grundschule für Deutsch-als-Zweitsprache.* Diese speziell für Kinder mit einer anderen Erstsprache vorgesehene sprachliche Förderung setzt in der Grundschulzeit ein. Das Land Niedersachsen stellt dabei eine Reihe von unterschiedlichen Fördermöglichkeiten zur Verfügung. So können Schulen z.B. Sprachlernklassen ab 10 Schülerinnen und Schüler nichtdeutscher Herkunftssprache einrichten. Die Unterrichtszeit beträgt in diesen Klassen 23 Stunden statt 20 Stunden. Ab vier Schülerinnen und Schüler nichtdeutscher Herkunftssprache können zudem Förderkurse „Deutsch als Zweitsprache" im Umfang von 4 bis 6 Wochenstunden eingerichtet werden. Problemtisch ist, dass nicht alle Schulen die angebotenen Maßnahmen abrufen und dass nicht überprüfbar ist, ob die Förderstunden auch tatsächlich für die Förderung in der Zweitsprache Deutsch verwendet werden.

Der kurze Überblick über die Organisation der (vor-)schulischen Sprachförderung in Niedersachsen verdeutlich zwei zentrale Problemlagen: Zum einen werden nicht alle Kinder, die eine Förderung benötigen, erreicht. Im Elementarbereich z.B. profitieren nur die Kinder von den sprachliche Förderbemühungen, die tatsächlich einen Kindergarten besuchen, und in der Grundschule hängt es im Wesentlichen von der Schule ab, ob Förderstunden in Deutsch als Zweitsprache systematisch abgerufen und angeboten werden. Zum anderen fällt auf, dass die Maßnahmen zur sprachlichen Förderung über die Institutionen hinweg weder inhaltlich noch konzeptionell aufeinander abgestimmt sind. Es fehlen – auch in den bildungspolitischen Vorgaben – einheitliche Standards der Förderung und empirisch überprüfbare Ziele, was genau mit dieser Förderung erreicht werden soll. Hinzu kommt, dass sich bisher nur wenige Studien mit der Frage der Wirksamkeit der (vor-)schulischen Sprachförderung beschäftigen.

Vor diesem Hintergrund wurden in der kürzlich abgeschlossenen und von der DFG geförderten Studie „Zweitspracherwerb von Kindern nicht deutscher Herkunftssprache und institutionelle Unterstützungsleistungen" (ZwerG) Daten zum Verlauf des Zweitspracherwerbs von ehemaligen Sprachförderkindern vom Ende der vorschulischen Sprachförderung bis zum Ende der 2. Klasse erhoben und in Verbindung gesetzt mit dem in den Schulen vorhandenen institutionellen Unterstützungsleistungen. Gemeint sind damit all jene Maßnahmen, die von schulischer Seite unternommen werden, um das Lernen der Zweitsprache Deutsch zu unterstützen. Hierzu gehören z.B. die von der Schule angebotenen Maßnahmen zur Sprachförderung, die subjektiven Einstellungen der Lehrer/innen zum Zweitspracherwerb, ihre fachlichen Expertisen sowie die Sprachförderqualität des Unterrichts.

Um nun die Sprachförderqualität des Unterrichts einschätzen zu können, wurde im Projektkontext im Rückgriff auf die einschlägige Forschungsliteratur (z.B. Helmke 2003; Good/Brophy 2000; Jeuk 2003) ein Ratingbogen erstellt, der aus den fünf Bereichen fachwissenschaftliche Expertise, didaktische Expertise, diagnostische Expertise, lernförderliches Klima und Sprachförderkompetenz der Lehrerinnen bestand. Die entwickelten Items basierten auf bereits erprobten Skalen (z.B. Kammermeyer 2002; Helmke 2003; Eder 1995), die auf den Erwerb der Zweitsprache Deutsch fokussiert wurden. Der Komposition des Ratingbogens lag die theoretische Annahme zugrunde, dass der Sprach- und Förderunterricht von Kindern nichtdeutscher Herkunftssprache dann erfolgreich ist, wenn die Lehrerinnen

- über entsprechende fachliche Kenntnisse (z.B. relevante Theorien des Zweitspracherwerbs, Kenntnisse in Deutsch als Zweitsprache) verfügen,
- in der Lage sind, die sprachlichen Kompetenzen ihrer Schüler in der deutschen Sprache diagnostisch einzuschätzen,
- ihren Unterricht didaktisch so gestalten, dass die Schüler individuelle sprachliche Fortschritte erreichen,

- die Lernumgebung für Kinder nichtdeutscher Herkunftssprache so gestaltet ist, dass diese in ihrem Lernen emotional unterstützt werden,
- in ihrem Unterricht zahlreiche Sprachanlässe schaffen (kommunikativ-pragmatische Ausrichtung des Sprachenlernens).

Es wurde also versucht, eine interaktionistische Perspektive des Zweitspracherwerbs mit bisherigen Ergebnissen der empirischen Unterrichtsforschung zu verknüpfen.

Betrachtet man dabei die Zusammenhänge zwischen den sprachlichen Leistungen der Kinder und den Kompetenzen und Expertisen der Lehrerinnen, dann fällt für die vorschulische Situation auf, dass Lernfortschritte von solchen Lehrerinnen erreicht wurden, die über eine hohe fachwissenschaftliche und diagnostische Expertise verfügen, die Schüler emotional besonders unterstützen und die ihren Unterricht kommunikativ-pragmatisch ausrichten. In der Grundschule erzielen vor allem Lehrerinnen Fortschritte, die eine hohe fachwissenschaftliche und diagnostische Expertise haben und ihren Unterricht klar strukturieren. Weniger wichtig scheint hier eine kommunikativ-pragmatische Ausrichtung desselben zu sein.

Auffällig ist, dass sowohl in der vorschulischen als auch in grundschulischen Situation „erfolgreiche" Lehrerinnen häufig in ihrem Unterricht sprachfördernde Strategien verwenden. Im Unterricht dieser Lehrerinnen lassen sich z.B. oftmals Phasen gemeinsam geteilter Sprachprozesse (z.B. bei Diskussionen, Erzählungen) erkennen, sie geben einen speziellen sprachlichen Input an Kinder mit einer andere Herkunftssprache und erklären diesen die Aufgaben anders als deutschsprachigen Kindern, sie achten auf sprachliche Korrektheit und korrigieren Fehler wiederholend, haben ein spezifisches phonologisches Übungsprogramm für einzelne Kinder (Hörübungen zur Diskriminierung einzelner Laute) und verwenden das Prinzip des Scaffolding (s.u.).

4   Strategien der Sprachförderung

Das Prinzip der unterrichtsintegrierten Sprachförderung oder „classroom based language intervention", das im Hinblick auf sprachtherapeutische Interventionen als recht gut erforscht gilt (s. z.B. Norris 1997; 2002), wird in der Diskussion um die Sprachförderung mehrsprachiger Kinder unter dem label des sprachbewussten Unterrichts (s. Gibbons 2002) diskutiert. Daran knüpfen neuere didaktische Entwürfe wie das „content based teaching" oder das „task-based language teaching" an (s. Kniffka/Siebert-Ott 2007, 97ff.). Es wird nicht isoliert an einzelnen sprachlichen Strukturelementen oder in einzelnen sprachlichen Modalitäten (sprechen, hören, schreiben, lesen) gearbeitet, sondern diese werden inhaltsbezogen integriert angeboten.

Als sprachfördernde Strategien werden dabei Maßnahmen des „Scaffolding" (wörtlich Baugerüst) eingesetzt, wie sie im Kontext des interaktionistischen Spracherwerbsansatzes entwickelt und auf Unterrichtssituationen übertragen wurden (s. Bruner 2007; Gibbons 2002, 10f.). In einer inhaltlich und kommunikativ bedeutsamen Situation werden den Kindern möglichst viele Gelegenheit zur Kommunikation, kognitiven Auseinandersetzung und Versprachlichung angeboten. Dabei wird durch sog. Formate (routinierte gemeinsame Handlungssituationen und Rituale) eine haltende Struktur geschaffen. Durch den Einsatz spezifischer sprachfördernder Strategien (z.B. syntaktische oder semantische Erweiterungen, Umformulierungen, korrektives Feedback u.a.) wird dann Unterstützung bei der Entwicklung und Umsetzung kommunikativer Absichten angeboten. Dadurch sollen die Schüler/innen in die Lage versetzt werden, in der „Zone ihrer nächsten Entwicklung" (Wygotsky 1972) zu agieren und sich sprachlich ebenso wie kognitiv und fachlich weiterzuentwickeln. So soll eine Passung des Lernangebots für die Schüler/innen erreicht werden, wie sie u.a. von Helmke (2003) als eine wesentliche Bedingung effektiven Unterrichtens heraus gearbeitet wird.

Strategien des sprachlichen Modellierens, die dabei zum Einsatz kommen, wurden in den USA unter anderem von Nelson (1985), Norris und Hoffmann (2002) sowie Weiss und Nakamura (1992) entwickelt und in Deutschland u.a. von Dannenbauer et al. (1991) und Motsch (2004) adaptiert. Diese Strategien, die in der Pädagogik bei Sprachbeeinträchtigungen zu den Standards professionellen Handlungswissens gehören und in verschiedenen Untersuchungen gut evaluiert sind (s. Motsch 2004; Berg 2008), stellen die bewusste und gezielte Verwendung von natürlich auftretenden, von Eltern und anderen Erwachsenen intuitiv zur Unterstützung des Spracherwerbs verwendeten Maßnahmen dar (s. Bruner 2007). Sie sind in der Unterrichtskommunikation auch bei Regelschullehrkräften vorzufinden, auch wenn sie nicht durchgängig gezielt oder bewusst von ihnen eingesetzt werden (s. Lütje-Klose 2009). Ihre Wirkung im Hinblick auf mehrsprachige Kinder mit Migrationshintergrund ist bislang noch nicht systematisch erforscht.

Im Rahmen des Forschungsprojekts „Prävention von Sprach- und Lernstörungen bei mehrsprachigen Kindern" (Lütje-Klose 2009) wurden die Umsetzung und die Auswirkungen der vor- und grundschulischen Sprachfördermaßnahmen anhand von Einzelfallstudien von solchen Kindern evaluiert, die vor ihrer Einschulung als besonders entwicklungsgefährdet galten: neben ihrem niedrigen Sprachstand im Deutschen bestand bei allen Kindern mindestens ein weiterer Risikofaktor (z.B. niedriger sozio-ökonomischer Status, Arbeitslosigkeit oder Krankheit der Eltern, Ein-Eltern-Familie, beengte Wohnverhältnisse). Das Forschungsprojekt hatte insgesamt eine Laufzeit von vier Jahren und gliederte sich in drei Phasen: (1) Sprachstandsfeststellung und vorschulische Sprachförderung, (2) unterrichtsintegrierte und -begleitende Sprachförderung in der 1. Klasse, (3) nachgehende Beleitung 2., 3., 4. Klasse.

Die Fragestellungen richteten sich darauf,

- welche sprachlichen Entwicklungsfortschritte die Kinder im Untersuchungszeitraum machen und wie sich dies längerfristig auf ihre Schullaufbahnen auswirkt,
- welche Fördermaßnahmen in unterrichtsintegrierten oder additiven Situationen umgesetzt werden und wie diese didaktisch-methodisch gestaltet sind.

Es zeigte sich als ein zentrales Ergebnis, dass lediglich im ersten Schuljahr für alle begleiteten Kinder ein kontinuierliches und systematisches DaZ-Förderangebot zur Verfügung stand, im Anschluss wurde nur noch vereinzelt außerhalb des Regelunterrichts gefördert. Der Schwerpunkt aller sprachfördernden Maßnahmen in den untersuchten Brennpunkt-Grundschulen lag damit auf unterrichtsintegrierter Förderung. An diese Erkenntnis schloss sich die Frage an, wie sprachfördernd dieser Unterricht tatsächlich gestaltet wird, durch welche Strukturen und Strategien er geprägt ist.

Im Unterricht bestehen potenziell alle oben angeführten sprachlichen Interventionsmöglichkeiten im Sinne des Modellierens, dies setzt aber eine entsprechende Qualifikation der Lehrkräfte voraus und wird durch die im Vergleich zu therapeutischen Situationen viel höhere Komplexität von Unterrichtssituationen erschwert. Im Rahmen von Unterrichtsbeobachtungen und daran anschließenden Interviews mit den Lehrkräften wurden folgende **Ebenen sprachfördernder Intervention** (Norris/Hoffman 2002; Weiss/Nakamura 1992; Conteh 2006) im Rahmen von je drei teilnehmenden Beobachtungen im Sachunterricht des 2. Jahrgangs in den Blick genommen:

1. Ebene: Strukturierung einer entwicklungsfördernden Lernumgebung/eines kommunikationsfreundlichen Milieus durch den Aufbau von Beziehung und Strukturen (Formate) und die expressive nonverbale Kommunikation sowie Verweis auf Bilder/Schrift;

2. Ebene: Auswahl bedeutsamer Lerngegenstände und Fokussierung des entsprechenden Wortschatzes auf der Grundlage einer förderdiagnostischen Beobachtung, Einsatz von **Sprache** als „Schlüsselwerkzeug des Handelns" (Kleinert-Molitor 1989);

3. Ebene: Einsatz spezifischer Sprachförderstrategien (Modellieren) mit Modell- und Feedbackäußerungen bezogen auf kognitive Prozesse und sprachliche Zielstrukturen, einschließlich der gezielten Unterstützung von peer modelling.

Tatsächlich beobachtet wurden vorrangig Maßnahmen auf der Ebene 1 und teilweise auf der Ebene 2. Nur in einzelnen Klassen fanden sich auch Belege für bewusst eingesetzte Strategien des Modellierens im engeren Sinne durch die Lehrkräfte. Eine gezielte Wortschatzarbeit, die sich an Unterrichtsthemen z.b. im Sachunterricht oder beim Lesen organisch anschließt, wurde lediglich in fünf Klassen sporadisch beobachtet und/oder von den Lehrkräften erwähnt.

Auf der Ebene 1 anzusiedeln sind Möglichkeiten der kommunikativen Strukturierung, wie sie im Offenen Unterricht eingesetzt werden, um den Schülerinnen und Schülern die Möglichkeit zur Mitteilung ihrer Erfahrungen und zur gemeinsamen Reflexion von Inhalten zu geben. Bei sieben der zwölf beobachteten Kinder wurden typische Klassenraumformate wie Begrüßungsrituale oder Gesprächskreise in den Unterricht eingebunden.

Insgesamt zeigten die Unterrichtsbeobachtungen und Interviews, dass das sprachfördernde Potenzial des Sachunterrichts nur begrenzt genutzt wurde und die Lehrkräfte dieses Potenzial auch nur vereinzelt bewusst zur Unterstützung der mehrsprachigen Kinder im Blick hatten.

Nachdem die vorschulische Förderphase konzeptionell relativ übereinstimmend und sprachbewusst gestaltet wurde, bestand ab dem Schuleintritt eine weit geringere Aufmerksamkeit für die sprachlichen Lernprozesse und potenziellen Schwierigkeiten der Kinder. Eine systematische, konzeptionelle Auseinandersetzung der Kollegien mit diesem Thema wurde nur an zwei der untersuchten 10 Schulen dokumentiert. In den anderen Schulen blieb es den einzelnen Lehrkräften überlassen, wie sie die sprachliche Heterogenität ihrer Schüler bewältigen, und sie verfügten in sehr unterschiedlichem Maße über die notwendigen Kompetenzen und Ressourcen. Hier besteht erheblicher Fortbildungsbedarf für die Lehrkräfte, um Unterrichtsinhalte und -situationen tatsächlich sprachfördernd nutzbar zu machen und nicht nur reduktiv auf die individuellen Förderbedürfnisse der mehrsprachigen Kinder zu reagieren.

Erstaunlich war in den dokumentierten Fällen auch die geringe Nutzung präventiver sonderpädagogischer Unterstützungssysteme wie etwa mobiler Dienste im Förderschwerpunkt Sprache. Versteht man sprachliche Bildung unter der Leitperspektive Inklusion als gemeinsame Aufgabe von Grundschulpädagogik und Sonderpädagogik, dann sind an einer Regelschule *alle* Fachkräfte für die Förderung von mehrsprachigen Kindern verantwortlich. Für eine konzeptionelle Weiterentwicklung sprachfördernder Strategien im Unterricht und eine Qualifizierung der Grundschullehrkräfte in diesem Sinne könnte die Einbeziehung von sprach(behinderten-)pädagogischen ExpertInnen eine wertvolle, in Deutschland im Vergleich zu anderen Ländern noch wenig genutzte Ressource sein.

5 Fazit

Im Rahmen dieses Beitrags wurde diskutiert, wie Sprachförderung für mehrsprachige Kinder in unterschiedlichen Schulsystemen organisiert wird und welche Implikationen sich hieraus ableiten lassen. Anhand des kurzen Einblicks in die kanadische und schwedische Situation ließ sich die Relevanz einer systematischen Sprachförderung unter der Perspektive von Mehrsprachigkeit als Ressource verdeutlichen.

Mit Blick auf einzelne Schulen in Deutschland wurde exemplarisch veranschaulicht, ob und wie sie die Sprachförderung für Schüler/innen mit Migrationshintergrund gezielt planen und über welche Expertisen und Qualifikationen die Lehrkräfte verfügen. Dabei wurde deutlich, dass systematische Sprachfördermaßnahmen in den untersuchten Grundschulen in weit geringerem Umfang umgesetzt wurden als vorgesehen. Weiterhin wurde anhand der Untersuchungen von Koch (2008) und Lütje-Klose (2009) herausgearbeitet, dass nur wenige Lehrkräfte gezielt Strategien im Anfangsunterricht verwenden, um das sprachliche Lernen mehrsprachiger Kinder zu fördern. Dabei liegt auf Grund der Ergebnisse in diesen beiden qualitativen Studien die Hypothese nahe, dass Sprachentwicklungsfortschritte der Schüler/innen in hohem Maße mit der Struktur der Fördermaßnahmen im Konzept der Grundschule (insbesondere der Frage, ob überhaupt DaZ-Unterricht durchgeführt wird) und mit den konkreten sprachfördernden Interventionen der Lehrkräfte im Regelunterricht zusammenhängen.

6 Literatur

Belke, G. (2001): Mehrsprachigkeit im Deutschunterricht. Sprachspiele, Spracherwerb und Sprachvermittlung. Baltmannsweiler: Schneider.

Berg, M. (2008): Kontextoptimierung im Unterricht. Praxisbausteine für die Förderung grammatischer Fähigkeiten. München: Ernst Reinhardt.

Bos, W./Hornberg, S./Arnold, K.-H./Faust, G./Fried, L./Lankes, E.-M./Schwippert, K./ Valtin, R. (Hrsg.) (2007): IGLU 2006. Lesekompetenzen von Grundschulkindern in Deutschland im internationalen Vergleich. Münster: Waxmann.

Bruner, J.S. (2007): Wie das Kind sprechen lernt. Stuttgart: Huber.

Dannenbauer, R./Künzig, A. (1991): Aspekte der entwicklungsproximalen Sprachtherapie und des Therapeutenverhaltens bei entwicklungsdysphasischen Kindern. In: Grohnfeldt, M. (Hrsg.): Handbuch der Sprachtherapie, Bd. 3: Störungen der Grammatik. Berlin: Marhold, 167-189.

Diefenbach, H. (2004): Bildungschancen und Bildungs(miss)erfolg von ausländischen Schülern aus Migrantenfamilien im System schulischer Bildung. In: Becker, W./Lauterbach, H. (Hrsg.): Bildung als Privileg? Wiesbaden: VS, 225-249.

Eder, F. (Hrsg.) (1995): Das Befinden von Kindern und Jugendlichen in der Schule. Innsbruck: Studien-Verlag.

Esser, H. (2006): Migration, Sprache und Integration. Frankfurt a. M.: Campus.

FÖRMIG-Konsortium: Gogolin, I./Neumann, U./Reich, H./Roth, H./Schwippert, K. (2006): Eine falsche Front im Kampf um die Sprachförderung. Stellungnahme des FÖRMIG-Programmträgers zur aktuellen Zweisprachigkeitsdebatte. FÖRMIG-Newsletter Mai 2006.

Gibbons, P. (2002): Scaffolding Language, Scaffolding Learning: Teaching Second Language Learners in the Mainstream Classroom. London: Heinemann.

Gogolin, I. (1994): Der monolinguale Habitus der multilingualen Schule. Münster: Waxmann.

Gogolin, I./Neumann U./Roth, H. J. (2003): Förderung von Kindern und Jugendlichen mit Migrationshintergrund. Expertise für die Bund-Länder-Kommission für Bildungsplanung und Forschungsförderung. BLK-Materialien zur Bildungsplanung und Forschungsförderung, 107. Verfügbar unter: http://www.blk-foermig. unihamburg.de/web/de/all/mat/ltdb/index.html.

Good, T./Brophy, J. (2000): Looking in Classrooms. 8th ed. New York: Longman.

Grimm, H./Aktas, M./Jungmann, T./Peglow, S./Stahn, D./Wolter, E. (2004): Sprachscreening im Vorschulalter: Wie viele Kinder brauchen tatsächlich eine Sprachförderung? Frühförderung Interdisziplinär 23/3, 108-117.

Helmke, A. (2003): Unterrichtsqualität – erfassen, bewerten, verbessern. Seelze: Friedrich.

Jeuk, S. (2003): Erste Schritte in der Zweitsprache Deutsch. Eine empirische Untersuchung zum Zweitspracherwerb türkischer Migrantenkinder in Kindertageseinrichtungen. Freiburg: Filibach.

Kammermeyer, G. (2002): Schulfähigkeit. Kriterien und diagnostische/prognostische Kompetenzen von Lehrerinnen, Lehrern und Erzieherinnen. Bad Heilbrunn: Klinkhardt.

Kleinert-Molitor, B. (1989): Das Spielgeschehen als Sprachlernort. Psychomotorisch orientierte Sprachförderung. In: Grohnfeldt, M. (Hrsg.): Handbuch der Sprachtherapie Bd. 1. Berlin: Marhold, 222-251.

Klemm, K. (1994): Erfolg und strukturelle Benachteiligung ausländischer Schüler im Bildungssystem. In: Luchtenberg, S./Nieke, W. (Hrsg.): Interkulturelle Pädagogik und Europäische Dimension. Herausforderungen für Bildungssystem und Erziehungswissenschaft. Münster: Waxmann, 181-187.

Kniffka, G./Siebert-Ott, G. (2007): Deutsch als Zweitsprache lehren und lernen. Paderborn: Schöningh.

Koch, K. (2006): Die Evaluation des Pilotprojektes „Fit in Deutsch". In: Böttcher, W./ Holtappels, H.-G./Brohm, M. (Hrsg.): Evaluation im Bildungswesen. Eine Einführung in Grundlagen und Praxisbeispiele. Weinheim: Juventa, 281-292.

Koch, K. (2008): Zweitspracherwerb von Grundschulkindern nichtdeutscher Herkunftssprache im Kontext institutioneller Unterstützungsleistungen (ZwerG). Göttingen 2008 (Habilitationsschrift).

Kornmann, R./Kornmann, A. (2003): Erneuter Anstieg der Überrepräsentation ausländischer Kinder in Schulen für Lernbehinderte. In: Zeitschrift für Heilpädagogik, 54/7, 286-289.

Löser, J.M. (2009): Schulischer Umgang mit kultureller und sprachlicher Heterogenität – Fallstudien im internationalen Vergleich. Dissertation.

Löser, J.M. (in Vorb.): Herkunftssprachen in der Schule. Eine international vergleichende Perspektive. In: Fürstenau, S./Gomolla, M. (Hrsg.): Migration und schulischer Wandel: Mehrsprachigkeit. Wiesbaden: VS.

Lütje-Klose, B. (2004): Pädagogische Beobachtung und Förderplanung für Schülerinnen und Schüler nichtdeutscher Herkunftssprache in der Grundschule. In: Panagiotopoulou, A./Carle, U. (Hrsg.): Sprachentwicklung und Schriftspracherwerb: Beobachtungs- und Fördermöglichkeiten in Familie, Kindergarten und Grundschule. Baltmannsweiler: Schneider, 53-62.

Lütje-Klose, B. (2009): Prävention von Sprach- und Lernstörungen bei Kindern mit Migrationshintergrund. Ergebnisse eines Forschungsprojekts zur vorschulischen Sprachförderung. In: Mecheril, P./Dirim, I. (Hrsg.): Migration und Bildung. Wissenschaftliche Kontroversen. Münster: Waxmann, 27-55.

Motsch, H.-J. (2004): Kontextoptimierung. Förderung grammatischer Fähigkeiten in Therapie und Unterricht. München: Ernst Reinhardt.

Nelson, K. (1985): Making Sense. The Aquisition of Shared Meaning. New York: Academic.

Norris, J.A. (1997): Functional Language Intervention in the Classroom. In: Topics of Language Disorders 1997, 17/2, 49-68.

Norris, J.A./Hoffman, P. R. (2002): Language Development and Late Talkers: A Connectionist Perspective. In: Daniloff, R.G. (Eds.): Connectionist Approaches to Clinical Problems in Speech and Language. Mahwah: Erlbaum.

Ontario Ministry of Education (2001): English as a Second Language and English Literacy Development. A Resource Guide. Ontario.

Penner, Z. (2005): Auf dem Weg zur Sprachkompetenz. Neue Perspektiven der sprachlichen Frühförderung bei Migrantenkindern. Frauenfeld: Kon-Lab.

Ramm, G./Walter, O./Heidemeier, H./Prenzel, M. (2005): Soziokulturelle Herkunft und Migration im Ländervergleich. In: Deutsches PISA-Konsortium (Hrsg.): PISA 2003. Der zweite Vergleich der Länder in Deutschland – was wissen und können Jugendliche? Münster: Waxmann, 269-298.

Reich, H.H. (1996): Hemspråksundervisning. Herkunftssprachenunterricht in Schweden. Münster: :Waxmann.

Schakib-Ekbatan, K./Hasselbach, P./Roos, J./Schöler, H. (2007): Die Wirksamkeit der Sprachförderungen in Mannheim und Heidelberg auf die Sprachentwicklung im letzten Kindergartenjahr. Verfügbar unter: http://www.sagmalwas-bw.de/projekt01/media/pdf/EVAS_Erste_Ergebnisse.pdf.

Skolverket (2005): Unterricht für Schüler mit ausländischem Hintergrund und für nationale Minderheiten. Verfügbar unter: http://www.skolverket.se/sb/d/375/a/1991, 05.06.2009 .

Stanat, P./Christensen, G. (2006): Schulerfolg von Jugendlichen mit Migrationshintergrund im internationalen Vergleich. Bonn: OECD/BMBF Bildungsforschung Bd. 19.

Tophinke, D. (2003): Sprachförderung im Elementarbereich. Julia, Elena und Fatih entdecken gemeinsam die deutsche Sprache. Materialien und praktische Anleitung. Weinheim: Beltz.

Walter, M. (2007): Ergebnisse einer epidemiologischen Untersuchung zur Häufigkeit sprachlicher Förderbedürftigkeit bei Vorschulkindern in Bayern. In: Die Sprachheilarbeit 52/4, 146-151.

Weiss, A.L./ Nakamura, M. (1992): Children with Normal Language Skills in Preschool Classrooms for Children with Language Impairmants: Differences in Modeling Style. In: Language, Speech, and Hearing Services in Schools 23, 64-70.

Werning, R./Löser, J.M./Urban, M. (2008): Cultural and Social Diversity: An Analysis of Minority Groups in German Schools. In: The Journal of Special Education, 42 47-54.

Wygotsky, L. (1972): Denken und Sprechen. Frankfurt a. M.: Fischer

XI. Nachwuchsworkshop

Theoriebasierte Forschung mit unterschiedlichen Methodenansätzen in der Grundschulpädagogik – Einführung

Wolfgang Einsiedler

Vorbemerkung: Dieser Beitrag ist eher untypisch für Artikel in Sammelbänden oder Jahrbüchern einer Wissenschaftlergesellschaft. Er ist entstanden als Einleitungstext für einen wissenschaftstheoretisch-methodologischen Workshop auf der Jahrestagung 2009 der DGfE-Kommission „Grundschulforschung und Pädagogik der Primarstufe" an der Universität Hildesheim. Dieser Workshop wurde für Nachwuchswissenschaftler/innen aus dem Bereich der Grundschulforschung veranstaltet, die oft unter erschwerten Bedingungen empirische Forschung durchführen (müssen): Häufig sind die Nachwuchswissenschaftler/innen in der Grundschulpädagogik Personen, die zunächst als Lehrer/innen in der Schulpraxis tätig waren und aus diesem Kontext in die Grundschulforschung kommen. Sie müssen sich dann wissenschaftstheoretisches und methodologisches Wissen nicht selten autodidaktisch aneignen. Weil Grundschulpädagogik nur eine kleine Teildisziplin der Erziehungswissenschaft ist und die Personalstrukturen dadurch begrenzt sind, werden überwiegend keine Wissenschaftstheorie- und Methodologieseminare in diesem Fach gehalten. Für die Teilnehmer/innen in Hildesheim musste deshalb eine Workshop-Konzeption gefunden werden, die einerseits wissenschaftstheoretisches Grundlagenwissen verbunden mit methodologischen Problemstellungen umfasst, die aber andererseits kein „Grundkurs" sein konnte, aktuelle wissenschaftstheoretische Diskussionen einbeziehen musste und so auch den fortgeschreiteneren Grundschulforscher/innen gerecht werden sollte.

Unter dieser Perspektive sind mein Einführungstext, aber auch die folgenden Beiträge von Robin Stark und Sabine Martschinke zu sehen, die jeweils Grundsätzliches ansprechen, aktuelle Entwicklungen darstellen und Erfahrungen aus konkreten Forschungsprojekten weitergeben. Zur Vorbereitung des Workshops durch die Referent/innen und die Teilnehmer/innen habe ich nach jedem Artikelteil Fragen formuliert, die ggf. auch in entsprechenden Seminaren/ Workshops vor Ort verwendet werden können.

Bei meinen Überlegungen war mir (vor allem für die Abschnitte 1 und 2) der Artikel von Udo Kelle: Strukturen begrenzter Reichweite und empirisch begründete Theoriebildung (s. Kelle 2008) sehr nützlich (s. auch Kelle 2007).

1   Das Theorie-Methoden-Verhältnis im deduktiv-nomothetischen Modell

In der empirisch-quantitativen Erziehungswissenschaft und in der Pädagogischen Psychologie findet nach wie vor das Modell des deduktiven Testens von Hypothesen, abgeleitet aus Theorien, Anwendung. Die Methoden werden zwar problemspezifisch ausgewählt oder erst im Hinblick auf die Fragestellungen entwickelt, vom Anspruch her darf die Methode jedoch das Bestätigen bzw. Verwerfen der Hypothesen nicht beeinflussen (in der Forschungspraxis treten natürlich methodisch bedingte Artefakte auf, z.B. wenn eine Regressionsanalyse wesentliche Verursachungsvariablen nicht enthält und zweitrangige Variablen als zentral erklärend verwendet werden).

Die Kritik am deduktiv-nomothetischen Modell richtet sich vor allem auf das Theorieverständnis:

- Theorien werden trotz Falsifikation nicht aufgegeben; man formuliert zusätzliche Theorieversatzstücke, Hypothesen und „Brückenannahmen" für den aktuell erforschten Teilsachverhalt. Nach Lakatos (1974, 169) kommt es dann zu „zusammengeflickten, phantasielosen Serien von prosaischen, ‚empirischen' Adjustierungen".
- Das Hempel-Oppenheim-Schema (s. z.B. Bortz/Döring 2006, 16-18) zur Gewinnung von Erklärungen und Prognosen ist zu idealtypisch angelegt. Es soll einerseits universelle theoretische Sätze, andererseits sehr konkrete Aussagen zur empirischen Überprüfung umfassen. Die Anwendung des Hempel-Oppenheim-Schemas wird dann sehr schwierig, z.B. sind die Konkretisierungen kaum mehr mit der Theorie vereinbar, so dass der theoriebestätigende oder theoriewiderlegende Bezug verloren geht.
- Wenn es solche theoretischen Schwierigkeiten gibt, wird gerne auf zusätzliche Theorien zurückgegriffen, die nur neben der ursprünglichen Theorie stehen können. Ein bekanntes Beispiel ist die Ergänzung kognitionstheoretischer Annahmen (die vielleicht nicht schlüssig sind) mit Motivationstheorien, z.B. mit der Selbstbestimmungstheorie von Deci und Ryan (1993). Man braucht dann mehrere Theoriegerüste, was dem Anliegen der Bildung sparsamer und kohärenter Theorien widerspricht.

Es können hier nicht ausführlich Alternativen zu dem dargestellten Vorgehen referiert werden, jedoch sollen zwei zumindest genannt und der Ansatz von Kelle (2008) in einem ersten Anlauf dargestellt werden:

- Lakatos (1974) hat einen engeren Forschungsbegriff, in dem er nicht mehr große Theorien überprüfen will, sondern begrenzt „Forschungsprogramme" als Rahmungen vorsieht, die nicht nur Sätze falsifizieren, sondern sich im Sinne eines „Theoriewachstums" verstehen. Es werden neue theoretische

Sätze gefunden, die Forschung erhält so vorrangig ein „heuristisches Potenzial".

• Stegmüller (1974) trennt zwischen dem „Strukturkern" einer Theorie und „Kernerweiterungen". Der Strukturkern ist nicht universell anwendbar, sondern nur in bestimmten Situationen auf bestimmte Systeme. Die „möglichen intendierten Anwendungen" prüfen nur Sätze aus der Kernerweiterung, der Strukturkern wird beibehalten. Wenn die intendierte Anwendung häufig mit der Theorie unvereinbar ist, werden die Kernerweiterung und die Anwendung eines Tages aus der Theorie ausgeschlossen.

Kelle (2008) sieht das Problem des deduktiv-nomothetischen Hypothesentestens vor allem darin, dass es in den Sozialwissenschaften unangebracht ist, weil es hier keine „Großtheorien" mit allgemeingültigen Gesetzen (nomothetischen Aussagen) gibt. Im sozialen Feld hat man lediglich „partielle Ordnungen" und „Strukturen begrenzter Reichweite", wobei letztere häufig kontingent sind, d.h. sozial-historische Situationen, die nur in Kenntnis ganz spezifischer Randbedingungen und historischer Entwicklungen verstehbar sind. Dieser vor allem für makrosoziologische Aussagen bedeutsame Ansatz gilt sicher auch für die Mikrostrukturen im pädagogischen Feld: Die Anwendung pädagogisch-theoretischer Aussagen in einem Praxisfeld kann scheitern, weil es dort ungeeignete Randbedingungen und Störvariablen gibt (Störvariablen können nicht selten als Normalfall angesehen werden). Zudem haben wir im pädagogischen Feld eine doppelte Kontingenz: das Erzieherhandeln ist nicht vorhersagbar und das Educandenhandeln ist nicht vorhersagbar (s. Luhmann/Schorr 1979).

Nach Kelle (2008, 316) können übergeordnete Theorien nur eine Art „Orienting Strategies" (Merton) sein. Der Forscher verwendet die Orienting Strategies nicht, um deduktiv Hypothesen zu testen, sondern als vorläufige Rahmung für seine Fragestellung und als heuristisches Instrument, um Theorien zu erweitern und neue Anwendungsfelder, die auf die Theorie beziehbar sind, zu erschließen (ähnlich wie bei Lakatos). Dieses Forschungskonzept zielt nicht auf universelle Gesetze, sondern bewegt sich eingeschränkt nur in partiellen Ordnungen mit dort gültigen Regelhaftigkeiten. Nach Kelle (2008, 334) sind die Untersuchungsfelder der Sozialwissenschaften nicht grundsätzlich in Verwandlung oder Auflösung begriffen, es gibt eine gewisse ubiquitäre Stabilität. Für die partiellen Ordnungen sind durch empirische Forscher/innen soziale Regelmäßigkeiten formulierbar. Für die Pädagogik hat Ulich (1976, 28ff.) ausführlich und überzeugend die berechtigte Annahme sozialer Regeln (anstelle von Gesetzen) und auch deren Prognosepotenzial herausgearbeitet (zur relativen Stabilität sozialwissenschaftlicher Aussagen s. auch Krapp 1979, 42 ff, 57ff.).

Frage 1: Wie geht man in der Erziehungswissenschaft mit dem Thema nicht falsifizierter/ nicht falsifizierbarer Strukturkern, Großtheorie, Orientierungsstrategie auf der einen Seite und intendierten Anwendungen mit Bereichseingrenzungen und Theorieabschwächungen, mit den für die Pädagogik typischen Situations- und Personspezifika und mit der doppelten Kontingenz auf der anderen Seite um?

Frage 2: Welchen Stellenwert hat das deduktiv-nomothetische Vorgehen im Modell der „Strukturen begrenzter Reichweite", Einsatz von Großtheorien oder endlose Ausweitung von Teiltheorien? Was heißt problemspezifischer Einsatz von Theorien? Wie muss man sich die heuristische Funktion einer Theorie konkret vorstellen, vorhandene Annahmen explorativ prüfen, neue Theorieteile entwickeln?

2   Das Theorie-Methoden-Verhältnis in der qualitativen Sozialforschung

Im qualitativen Sozialforschungsmodell wird überwiegend nicht von einer „Ex-ante-Theorie" ausgegangen. Die Methodologie wird in engstem Zusammenhang mit den Phänomenen im Feld und mit der Theorieentstehung gesehen. Neben anderen Gründen war es vor allem die Kritik am deduktiv-nomothetischen Modell und dessen Ziel, mit vorgängiger Theorie operationalisierte Aussagen an der empirischen Wirklichkeit zu testen, die zu der Alternative der qualitativen Sozialforschung führte. Man glaubt, dass eine vorgängige Methodologie dem jeweiligen sozialen Phänomen nicht gerecht wird und zunächst Elemente und Erklärungsmuster im sozialen Feld (auf-)gesucht werden müssen.

Die wichtigste methodologische Rahmung der qualitativen Sozialforschung ist die „Grounded Theory" von Glaser und Strauss (1979, sehr gut nachvollziehbar in Lamnek 1995). Mit dem theoretisch-methodologischen Gerüst der Grounded Theory sollen in einem geregelten, schrittweisen Verfahren, das an die Fragestellung angepasst ist, die Theorieelemente erst entdeckt werden. Sowohl in der Grounded Theory als auch in der Ethnomethodologie, einer weiteren wissenschaftstheoretischen Rahmung der Sozialforschung, wird methodisch gesehen eine „theoriefreie Beobachtungssprache" für notwendig erachtet. Der Forscher soll eine persönliche „Vertrautheit" mit den Personen und Phänomenen im Feld entwickeln. Die genannten Merkmale werden in dem Begriff der „emergierenden Theoriebildung" zusammengefasst.

Die Vorstellung von bloßer „Emergenz" der Theorie im dichten Beschreiben der Phänomene ist jedoch nicht frei von einem erkenntnistheoretisch naiven Realismus. Kelle (2008, 326) kritisiert massiv die Vorstellungen von Glaser und Strauss, mit der emergierenden Methodologie könnten endgültige Wahrheiten gewonnen werden. Es sei ein erkenntnistheoretischer Rückschritt, konstruktivistische Prinzipien zu ignorieren und zu meinen, ohne Vorannahmen und ohne implizite Erkenntnisfilter adäquat Realität erfassen zu können. Der Erkenntnisprozess ist gebunden an subjektive Sichtweisen, die vorgeblich unvoreingenommene Beschreibung ist nicht zu trennen von subjektiven Konstruktionsprozessen (s. hierzu die Erkenntnistheorie des Radikalen Konstruktivismus – Kelle wendet sich allerdings auch gegen radikal-konstruktivistische Vorstellungen: Bezogen auf Texte führt er aus, dass diese sehr wohl Realität angemessen darstellen könnten).

Insgesamt gesehen lehnt Kelle ein induktiv-empiristisches Vorgehen in der Sozialforschung strikt ab und setzt sich für eine parallelisierende Methode von *theoriegeleiteter und empirische Sachverhalte aufsuchender Forschungsstrategie* ein. Die Vorstellung, dass die Forscher „die Realität wahrnehmen, so wie sie ‚tatsächlich' ist, gilt als überholt … Die Konstruktion einer Theorie kann weder empirisch noch theoretisch *ab ovo* beginnen; sie muss stets von den vorhandenen Wissensbeständen des Forschers ihren Ausgang nehmen" (Kelle 2008, 325). Nach Kelle (2008, 327) sind die nachträglichen Versuche von Glaser und Strauss, theoretische Elemente im Vorab als „theoretische Kodierung" einzuführen, methodisch unsystematisch und zum Teil im Widerspruch zur Kritik der Autoren am Modell der logischen Ableitung von Sätzen.

Ein verändertes Theorie-Empirie-Verhältnis ist also aus folgenden Gründen erforderlich:

(a) Die Annahme theoretischen Vorwissens und eines theoretischen Vorverständnisses der Fragestellung ist in der Sozialforschung unhintergehbar.

(b) Universelle Allaussagen als Gesetze sind in der Sozialforschung fehl am Platze, da viele Phänomene sozio-historisch bedingt sind und Veränderungen unterliegen. Anstelle von Gesetzen ist nach sozialen Regelmäßigkeiten zu suchen.

(c) Wegen der Vielfalt der Phänomene und Erklärungsmuster im sozialen Feld sind Großtheorien wenig hilfreich; sie bieten oft keine sinnvollen Deduktionsmöglichkeiten für Erkenntnisse bei der Erforschung spezifischer sozialer Situationen. Besser ist es, Ordnungen und Regelmäßigkeiten in begrenzten Feldern zu erforschen und Partialtheorien zu entwickeln.

Für eine neue Sicht des Zusammenhangs von Theorie und Methode schlägt Kelle (2008, 330) vor, Theoreme aus den Theorien nur als Heuristiken, als theoretische Suchraster zu verwenden (nicht als deduktiv gewonnene und zu bestätigende/zu verwerfende Hypothesen). *Gleichzeitig* zum theoretisch-heuristischen Prozess wird empirisch angesetzt und es kommt zu einem sukzessiven Vorgehen, in dessen Verlauf das Raster gefüllt wird und Theorien mit kurzer und mittlerer Reichweite empirisch begründet konstruiert werden, mit deren Hilfe Phänomene

im Handlungsfeld erklärbar sind. Je nach „Erfolg" der heuristischen Raster
werden sie für den untersuchten Gegenstandsbereich als gültig anerkannt oder
für das Handlungsfeld als ungeeignet klassifiziert. Man prüft, ob das Theorie-
raster genügend Potenzial hat, um neue Erkenntnisse für ein spezifisches soziales
Feld zu gewinnen. „Ein Mangel an einem solchen Potenzial wird aber nicht dazu
führen, dass die Theorie falsifiziert oder durch Zusatzannahmen bis zur Unkennt-
lichkeit aufgebläht wird; man wird sie vielmehr für das konkrete Forschungsvorhaben zur Seite legen und das heuristische Potenzial anderer Theorien aus-
loten" (Kelle 2008, 332).

Zusammenfassend kann man bei Kelle von „Integrativer Sozialforschung"
sprechen: Integrative Sozialforschung ist dadurch gekennzeichnet, dass einerseits
theoriegeleitet geforscht, andererseits durch empirische Daten die Brauchbarkeit
des Theorierasters in einem Anwendungsfeld geprüft und dabei in gewisser Wie-
se „emergierend" eine partielle Theorie entwickelt wird. Die in Abschnitt 1 erwähnten Hilfskonstruktionen mit verschiedensten Theorien werden nicht strikt
abgelehnt, Theorievielfalt kann im Gegenteil nützlich sein; der Theorienpluralismus ist kein Nachteil, sondern eine bereichernde Ressource für den
doppelten Prozess des theoretisch-heuristischen und des empirischen Vorgehens.
Kelle (2008, 332) spricht auch vom „theoretischen Skelett" und dem „Fleisch",
mit dem durch empirisch gehaltvolle Aussagen das Skelett angereichert wird.

Frage 3: Nach Kuper (2005, 143) haben verschiedene Ansätze von qualitativer
Forschung gemeinsam, dass alltagstypische Subjektivität vermieden und objekti-
vierende Konzepte gewonnen werden. Wird durch den Einbezug theoretischen
Vorwissens/heuristischer Suchraster der Objektivierungsanspruch verbessert
oder der Ansatz der Theorie-Emergenz verwässert?

Frage 4: Ist das Kelle'sche Bild vom theoretischen „Skelett" und dem empirisch
gehaltvollen „Fleisch" eine sinnvolle Integration unterschiedlicher Forschungs-
methodologien?

Frage 5: Wie müssen Forschungsmethoden aussehen, mit denen nicht theoretisch abgeleitete Hypothesen geprüft, sondern theoretische Such-
raster/Heuristiken bereichsspezifisch ausgefüllt werden? Handelt es sich dann
um „überprüfte" Aussagen oder muss eine Aussagenüberprüfung erst noch
folgen?

3   Das Theorie-Anwendungs-Verhältnis bei der Forschung im pädagogischen Feld

Das deduktiv-nomothetische Modell stellt auch für die Anwendungsforschung ein wissenschaftstheoretisch geleitetes Vorgehen bereit (Bunge 1967; Patry 1982; s. Einsiedler 2010):

1. Schritt: Die Grundlagenforschung erarbeitet theoretische Aussagen, z.b. Maßnahme X fördert die Erreichung des Ziels A.

2. Schritt: Es werden daraus „technologische" Aussagen (Bunge) formuliert und empirisch überprüft: Wenn Lehrer/innen die Maßnahme X durchführen, z.b. integrierte Text-Graphik-Repräsentationen verwenden, erreichen sie im Unterricht besser Ziel A, z.b. konzeptionelles Verständnis.

3. Schritt: Diese Aussagen werden in präskriptive Handlungsregeln transformiert: Wenn Lehrer/innen im Physikunterricht Thema T behandeln, sollten sie die Maßnahme X anwenden, um Ziel A zu erreichen.

Auch die Schritte 2 und 3 sind Forschungsschritte. So schlägt Bunge vor, praktische Entwicklungen wie beim Hypothesentesten zu erproben, zu verbessern, zu verwerfen usw.

In der betrieblichen Forschung und im technischen Bereich hat dieses Theorie-Anwendungs-Modell eine sehr erfolgreiche Entwicklungsforschung ermöglicht (Research and Development). In der erziehungswissenschaftlichen Forschung wurde das Modell mit dem Einbezug der Erziehungs-/Unterrichtspraktiker/innen ergänzt: Da man nicht weiß, wie Praktiker/innen die theoretischen und präskriptiven Aussagen interpretieren und in ihr spezifisches Anwendungsfeld transferieren, ist die Beteiligung der Praktiker/innen an den Forschungsschritten 2 und 3 erforderlich (s. Heid 1995). Auch um die eigenständige Verantwortung der Praktiker ernst zu nehmen, sollen sie früh in den Forschungsprozess einbezogen werden. Wenn man den gegenseitigen Nutzen betonen will, den Forscher und Praktiker/innen bei der Kooperation erzielen, spricht man von „Symbiotischer Forschung" (Gräsel/Parchmann 2004).

Frage 6: Ist das Bunge-Patry-Modell der Transformation theoretischer Aussagen in präskriptive Aussagen überholt? Welche Methodenkompetenzen müssen Praktiker haben, um „symbiotisch" mitwirken zu können? Stimmt es, dass sie bei diesem Modell Forschung und Theoriebildung besser verstehen und ein wissenschaftlich fundierteres Verständnis ihrer praktischen Tätigkeit entwickeln?

Frage 7: Welche theoretischen Anteile hat der „Integrative Forschungsansatz zur Überbrückung der Kluft zwischen grundlagen- und anwendungsorientierter Forschung" der Münchner/Saarbrückener Gruppe um Robin Stark (Stark 2004, s. auch Stark in diesem Band) Werden die strengen Methoden des klassischen deduktiv-nomothetischen Hypothesentestens angewandt, oder gibt es für die Forschung im Feld eine „weichere" Methodologie?

Frage 8: Am Nürnberger Institut für Grundschulforschung wird von Sabine Martschinke und Kolleginnen ein Modell theoriegeleiteter Forschung mit Praktikerbeteiligung und empirisch geprüfter Materialentwicklung verwendet (s. Beitrag von Sabine Martschinke in diesem Band). Welche Rolle spielen dort die theoretischen Ansätze (nur formale Rahmung oder Niederschlag in Design und Unterrichtspraxis)? Inwiefern ist das Modell symbiotisch, d.h.: Welchen Nutzen haben Forscher/innen und Praktiker/innen durch die Zusammenarbeit?

Obwohl auch im Bunge-Patry-Modell Praktikerbeteiligung vorgesehen ist, sollen nur die folgenden Ansätze explizit als „Partizipationsmodelle" bezeichnet werden, da in ihnen die Praktikerbeteiligung im Gegensatz zum Bunge-Patry-Modell das entscheidende Bestimmungsstück ist. Schlagwortartig können diese Alternativmodelle wie folgt aufgeführt werden:

• „Lehrerinnen und Lehrer erforschen ihren Unterricht" (Altrichter/Posch 2007)
• Bottom-up-Vorgehen in der Erziehungs-/Schulforschung (Ausgangspunkt bei konkreten Problemen der Erzieher/innen bzw. Lehrer/innen vor Ort)
• Design-Based-Research (gemeinsame „Gestaltung" pädagogischer Praxis und Evaluation überwiegend mit qualitativen Methoden, Reinmann 2005)
• Gemeinsame kommunikative Validierung von Ergebnissen der Forschung (z.B. Erkenntnisse bei Videoanalysen)

„Praxisforschung" (Lehrerinnen und Lehrer erforschen Praxis in ihrer Schule und in ihrer Klasse, Prengel/Heinzel/Carle 2004).

Frage 9: Wie stark sind die jeweiligen Partizipationsmodelle theoriegeleitet? Wie bringen die Forscher/innen Theorien angesichts der „Theorie-Aversion" vieler Praktiker/innen in den kooperativen Prozess ein? Entstehen durch das Aufgreifen praktischer Probleme vor Ort noch übergreifende Theorien oder kommt es zu einem Theorienwirrwarr und einer punktuellen Rezeptologie?

Frage 10: Wie werden aus deskriptiven und erklärenden Erkenntnissen der Praxisforschung im eigenen Klassenzimmer allgemeinere präskriptive Handlungsempfehlungen?

Frage 11: Welches Wissenschaftsverständnis und welche Methodenkompetenzen brauchen die Praktiker in den Partizipationsmodellen?

Literatur

Altrichter, H./Posch, P. (2007): Lehrerinnen und Lehrer erforschen ihren Unterricht. Bad Heilbrunn: Klinkhardt.

Bortz, J./Döring, N. (2006): Forschungsmethoden und Evaluation für Human- und Sozialwissenschaftler. 4. Aufl., Heidelberg: Springer.

Bunge, M. (1967): Scientific Research, Volume II. Heidelberg: Springer.

Deci, E.L./Ryan, R.M. (1993): Eine Selbstbestimmungstheorie der Motivation und ihre Bedeutung für die Pädagogik. Zeitschrift für Pädagogik 39, 223-238.

Einsiedler, W. (2010 im Dr.): Didaktische Entwicklungsforschung und Transferförderung. Zeitschrift für Erziehungswissenschaft 13.

Glaser, B.G./Strauss, A.L. (1979): Die Entdeckung gegenstandsbezogener Theorie: Eine Grundstrategie qualitativer Sozialforschung. In: Hopf, C./Weingarten, E. (Hrsg.): Qualitative Sozialforschung. Stuttgart: Klett, 91-111.

Gräsel, C./Parchmann, I. (2004): Implementationsforschung – oder der steinige Weg, Unterricht zu verändern. In Unterrichtswissenschaft 32/3, 196-214.

Heid, H. (1995): Zwischen Forschungspraxis und Praxisforschung. In: Twardy, M. (Hrsg.): Modellversuchsforschung als Berufsbildungsforschung. Köln: Botermann & Botermann, 297-327.

Kelle, U. (2007): Die Integration qualitativer und quantitativer Methoden in der empirischen Sozialforschung. Wiesbaden: VS.

Kelle, U. (2008): Strukturen begrenzter Reichweite und empirisch begründete Theoriebildung. In: Kalthoff, H. et al. (Hrsg.): Theoretische Empirie. Frankfurt: Suhrkamp, 312-337.

Krapp, A. (1979): Prognose und Entscheidung. Weinheim: Beltz.

Kuper, H. (2005): Evaluation im Bildungssystem. Stuttgart: Kohlhammer.

Lakatos, I. (1974): Falsifikation und Methodologie wissenschaftlicher Forschungsprogramme. In: Lakatos, I./Musgrave, A. (Hrsg.): Kritik und Erkenntnisfortschritt. Braunschweig: Vieweg, 89-189.

Lamnek, S. (1995): Qualitative Sozialforschung, Bd 1. 3. Aufl., Weinheim: Beltz.

Luhmann, N./Schorr, K.E. (1979): Das Technologiedefizit der Erziehung und der Pädagogik. Zeitschrift für Pädagogik 25, 345-365.

Patry, J.-L. (Hrsg.) (1982): Feldforschung. Bern: Huber.

Prengel, A./Heinzel, F./Carle, U. (2004): Methoden der Handlungs-, Praxis- und Evaluationsforschung. In: Helsper, W./Böhme, J. (Hrsg.): Handbuch der Schulforschung. Wiesbaden: VS, 183-199.

Reinmann, G. (2005): Innovation ohne Forschung? Ein Plädoyer für den Design-Based Research-Ansatz in der Lehr-Lernforschung. In: Unterrichtswissenschaft 33, 52-69.

Stark, R. (2004): Eine integrative Forschungsstrategie zur anwendungsbezogenen Generierung relevanten wissenschaftlichen Wissens in der Lehr-Lern-Forschung. In: Unterrichtswissenschaft 32, 257-273.

Stegmüller, W. (1974): Theoriendynamik und logisches Verständnis. In: Diederich, W. (Hrsg.): Theorien der Wissenschaftsgeschichte. Frankfurt: Suhrkamp, 167-209.

Ulich, D. (1976): Pädagogische Interaktion. Weinheim: Beltz.

Forschung im Klassenzimmer – der Typus der theoriebasierten *und* anwendungsorientierten Forschung

Sabine Martschinke

Der Vortrag, auf dem der folgende Beitrag basiert, verfolgte die Absicht, insbesondere Nachwuchswissenschaftlern Hilfen oder Impulse für die Arbeit im Forschungsfeld „Klassenzimmer" zu geben. Zu diesem Zweck wird ein Prozessmodell der theoriebasierten und anwendungsorientierten Forschung eingeführt. Kriterien für „gute Forschung" im Klassenzimmer werden reflektiert, einzelne Problemkreise dieser Art der Forschung aufgegriffen und mögliche Lösungen an konkreten Beispielen aus der eigenen Forschungsarbeit vorgestellt.

1 Theoriebasierte *und* anwendungsorientierte Forschung

Gräsel und Parchmann (2004) beschreiben den Weg, Unterricht über empirische Forschung zu verändern, als steinig. Insbesondere die praktische Wirkungslosigkeit der empirischen Unterrichtsforschung (Beck 2000) und die geringe Praxisrelevanz der unterrichtsbezogenen Lehr- und Lernforschungsergebnisse (Gräsel/Parchmann 2004) sind oft Ansatzpunkte der Kritik an der Unterrichtsforschung. Neben anderen Lösungsmöglichkeiten, wie z.B. der Implementationsforschung, wird für diese Problemlagen als favorisierter Forschungstypus ein Modell vorgestellt, das sich als theoriebasierte und (gleichzeitig) anwendungsorientierte Forschung bezeichnen lässt.

Der Forschungsprozess in der quantitativen Sozialforschung orientiert sich vorwiegend am klassischen hypothetisch-deduktiven Modell. Typisch für diesen Prozess sind universelle, informationshaltige, sparsame und empirisch gehaltvolle Theorien, aus denen man Hypothesen deduzieren kann, die man dann experimentell empirisch prüfen kann. Damit handelt es sich um einen linearen Prozess, der aus der Theorie heraus startet. Allerdings trifft die Grundannahme universeller Theorien so für die empirische Bildungsforschung nicht zu, da es sich bei den Sozialwissenschaften eher um ein Gebiet mit Strukturen begrenzter Reichweite (Kelle 2008) handelt. Die Abbildung 1 zeigt statt des linearen Prozesses „von der Theorie über die Fragestellung und die Hypothese zur Präskription für die Praxis" als Alternative einen alternierenden Prozess zwischen der Ebene der Anwendungsorientierung und der Ebene der Theorie.

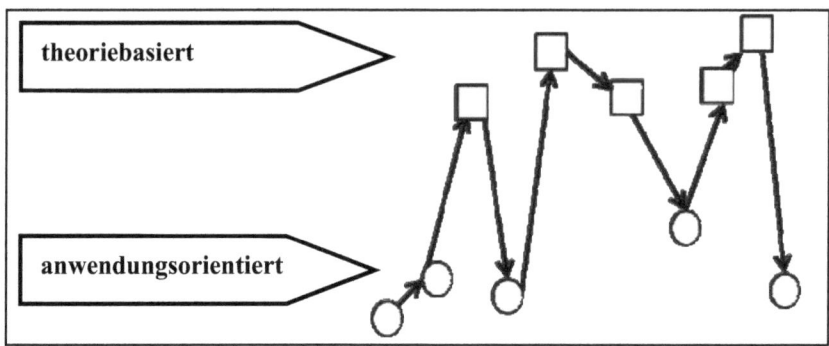

Abb. 1: Idealtypisches Prozessmodell des theoriebasierten und anwendungs-
orientierten Forschungstypus

Idealtypisch (und nicht allgemeingültig) beginnt er auf der Ebene der Anwendungsorientierung und endet dort.

2   Forschung im Klassenzimmer als theoriebasierte und anwendungsorientierte Forschung

Gerade für Lehr-Lernforschungsfragen im schulischen Unterricht werden experimentelle Untersuchungen im Klassenzimmer als Königsweg angesehen (auch
längsschnittliche Designs, die Lernvoraussetzungen und -entwicklungen mit in
den Blick nehmen). Aber speziell Klassenzimmerforschung ist im Gegensatz zu
Laborforschung „schmuddelige" Forschung, d.h. es müssen Störvariablen kontrolliert werden, die Stichprobe ist nicht oder nur schwer randomisierbar durch
die Vorgabe von natürlichen Klassen (Klumpenstichprobe). Zudem ist es problematisch, nicht triviale Kontrollgruppen zu konzipieren. Die Vorteile liegen
aber auf der Hand: solche Untersuchungen sind ökologisch valide und finden
somit eher die Akzeptanz der Lehrkräfte und den Weg in die Praxis.

Der in diesem Beitrag favorisierte Forschungstypus erfüllt generelle Forderungen an die Klassenzimmerforschung (s. Hardy 2008), setzt aber bewusst
und pointiert noch einen Schwerpunkt auf die Theoriebasierung und auf den
Theoriefortschritt. Er lässt sich wie folgt zusammenfassend charakterisieren:
Theoriebasierte und anwendungsorientierte Forschung...

- … geht von Erfahrungen aus der Praxis aus und entwickelt theoriebasiert
  Untersuchungsdesigns und Interventionen,
- … zielt dabei einerseits auf Theoriefortschritt ab, hat aber andererseits
  immer die Bedeutsamkeit für die Praxis im Blick,

- ... ist so angelegt, dass präskriptive (oder auch deskriptive, aber für die Praxis bedeutsame) Ergebnisse möglich sind,
- ... wird im komplexen, realitätsnahen Feld durchgeführt und
- ... bereitet bei der Umsetzung der Forschungsergebnisse in die Praxis deswegen wenig(er) Probleme.

3 Problembereiche der Klassenzimmerforschung

Dieser Typus steht spezifischen Planungs- und Durchführungsproblemen gegenüber, von denen im Folgenden drei ausgewählt und vor dem Hintergrund des geforderten Transfers in die Praxis bewertet werden.

3.1 Die Fragestellung

Das Dilemma bei der Entwicklung der Fragestellung besteht im Ausmaß der Eingrenzung: Grenzt man zu viel ein, wird das Ergebnis trivial oder zu speziell, und damit zumindest nicht bedeutsam für die Praxis. Grenzt man zu wenig ein, ist die Machbarkeit der Forschung in Gefahr und die für die Klassenzimmerforschung typischen Bedingungen und Interaktionen fehlen. Deswegen ist es notwendig, immer wieder zwischen Theoriebezügen und der Machbarkeit und Bedeutsamkeit für das Praxisfeld zu wechseln.

Im Folgenden wird das in Abbildung 1 dargestellte abstrakte Modell zur Entwicklung der Fragestellung an einem geplanten Projekt zum kooperativen Lernen (in Zusammenarbeit mit Frau Dr. Bärbel Kopp und Gwendo Ranger) genutzt und konkretisiert: Die Planung des Projekts begann auf der Ebene der Anwendungsorientierung. Wichtige Überlegungen betrafen einerseits die Bedeutung kooperativer Lernphasen in der Grundschule und andererseits das Fehlen von Qualitätskriterien für solche Phasen. In einer zweiten Phase wurden beispielsweise soziokonstruktivistische Theorien herangezogen und die Bedeutung soziokognitiver Konflikte und Perturbationen in sozialen Gruppen herausgearbeitet. Als Schlussfolgerungen werden Instruktionen als erforderlich angesehen, die Impulse für kognitive Konflikte und Hilfen für deren Auflösung geben. Die folgenden, wieder anwendungsorientierten Überlegungen betrafen Praxiserfahrungen, wie diese theoretisch geforderten kognitiven Konflikte evtl. ausgelöst werden könnten, Aktivierungsformen dazu wurden sondiert. Der erneute Rückgriff auf die Theorieebene ließ sinnvolle Verknüpfungen mit kognitiver Aktivierung erkennen und führte zu folgender Fragestellung: Gibt es unterschiedliche Lerneffekte durch die Variation von Lernvorgaben (MIT versus OHNE soziale Aktivierung)? Daraus ließen sich Hypothesen ableiten, wie z.B. dass ein Haupteffekt erwartet wird mit günstigeren Lerneffekten für die Variation MIT. Auch differenzielle Effekte wurden formuliert, z.B. ob es unterschiedliche Effekte in Abhängigkeit von Lernvoraussetzungen gibt oder in Abhängigkeit von Gruppenzusammensetzungen (heterogen versus homogen)?

Zusammenfassend kann das Beispiel dafür dienen zu zeigen, dass der Weg zur Fragestellung und dann zu Hypothesen in einen Wechsel zwischen Theorie- und Praxisebene eingebettet ist und damit Praxisrelevanz „mitdenkt".

3.2 Stichprobe, Stichprobengröße und Stichprobenpflege

Bei Fragen nach der *Stichprobengröße* ist eine gut begründbare Tendenz zu großen Stichproben zu beobachten. Es gibt genaue Vorgaben bei hypothesen-prüfenden Untersuchungen mit vorgegebener Effektgröße (z.B. Bortz/Döring 2006). Bei unspezifischen Hypothesen lautet die Richtschnur oft nur „je größer der Stichprobenumfang, desto besser". Für hochwertige Auswertungsmethoden werden ebenfalls meist große Stichproben benötigt. Demgegenüber stehen „praktische Überlegungen", ob die komplexe Erfassung von Unterrichts-, Schüler- und Lehrerdaten und die „Pflege" der Stichprobe personell möglich sind. Hier sind auch „originelle Lösungen" gefragt. Eine solche Lösung des Pro-blems wurde bei der Ziehung der Stichprobe für die KILIA-Studie praktiziert. Für die Planung der Stichprobengröße wurden in dieser Längsschnittstudie, deren Auswertung ein mehrebenenanalytisches Verfahren erforderte, Ergebnisse sogenannter Simulationsstudien, herangezogen. In der Simulationsstudie von Mok (1995) wurden verschiedenen Varianten von Stichprobengrößen überprüft und jeweils berechnet, welche Schätzfehler gemacht werden. Als zusammenfas-sendes Ergebnis kann festgehalten werden, dass weniger Fehler und mehr Effek-tivität erwartet werden kann von Stichproben, die mehr Klassen enthalten und weniger Schüler pro Klasse als von Stichproben mit weniger Klassen und mehr Schülern pro Klasse. Deswegen wurden in der KILIA-Stichprobe insgesamt 32 Klassen bzw. Lehrkräfte aufgenommen (hohes N auf Klassenebene), aber nur in zehn Klassen wurden alle Schüler einbezogen und in den anderen 22 Klassen jeweils acht Kinder per Zufall ausgewählt. Ein hochwertiges Auswertungsver-fahren war damit trotzdem möglich. Außerdem lagen immerhin noch zehn volle Klassen zur Deskription und Veranschaulichung der Ergebnisse in kompletten Klassen zur Verfügung.

Neben der Größe der Stichprobe ist auch die *Art der Stichprobe* relevant, die insbesondere durch das Ziehen der Stichprobe entsteht. Ein Problem kann eine „verpflichtete" Stichprobe sein, die sich durch die Universität oder die Schulverwaltung in die Rolle der „Versuchsperson" drängen lassen und des-wegen auch besonders in Richtung sozialer Erwünschtheit agiert. Ein anderes Problem stellt die „freiwillige" Stichprobe dar, die sich durch besondere Per-sonenmerkmale beschreiben lässt. Meist haben diese Versuchspersonen eine höhere Intelligenz, höhere Leistungen, sind geselliger, häufiger weiblich und unkonventioneller (s. im Überblick Bortz/Döring 2006).

Auch in der KILIA-Studie war die Teilnahme freiwillig, da die Gewinnung der Stichprobe über eine Ausschreibung lief. Ein auffälliges Ergebnis zeigt sich beim Vergleich der Entwicklung der Gesamtstichprobe mit dem Ergebnis der Logik- bzw. Scholastikstudie (Helmke 1998). Dort konnte ein Absinken des Selbstkonzepts im Laufe der Grundschulzeit, bis zu einer eher negativen Einstellung beobachtet werden. In der KILIA-Studie (Kammermeyer/Martschinke 2003; 2006) zeigte sich dagegen kein klares Absinken des Selbstkonzepts, sondern eher Stabilität auf hohem Niveau. Zurückzuführen ist dieses Ergebnis evtl. auf die Durchführung des Unterrichts durch „Expertenlehrer". Insofern ist die Studie eher in Richtung „Best-Practice-Studie" zu interpretieren und die Auswertung muss geleitet sein von der Absicht, dem „Erfolgsgeheimnis" solcher Lehrkräfte auf die Spur zu kommen.

Die Vor- und Nachteile der Gewinnung der Stichprobe muss also vorausgesehen, abgewogen und entsprechend bei der Auswertung berücksichtigt werden. Eine Generalisierung der Daten ist damit ausgeschlossen – denn sie ist nicht repräsentativ für die Gesamtpopulation

Auch bei der *Stichprobenpflege* müssen wichtige Kriterien beachtet werden, da sonst eventuell Lehrer „aussteigen" und sich die Stichprobe durch fehlende Daten verkleinert. Die Lehrkräfte müssen für die Sache interessiert werden, persönliche Kontakte geknüpft und gepflegt werden, Rückmeldungen in geeigneter Form gegeben werden, d.h. Lehrkräfte müssen als *echte* Kooperationspartner behandelt werden. Die symbiotische Forschung kann hier als Vorbild dienen (Gräsel/Parchmann 2004). So gehören persönliche Wertschätzung und ein Anerkennen der Lehrerexpertise zum zugrundeliegenden Menschenbild dazu. Die Pflege der Stichprobe bezieht sich dabei aber nicht nur auf die Lehrkräfte, sondern auch auf die beteiligten Schüler.

3.3 Transferwirksame und anwendungsaffine Auswertung

Für die Auswertung wird ein alternierendes Verfahren zwischen Deskription und hochwertigeren Auswertungsverfahren vorgeschlagen, um einerseits belastbare Ergebnisse, u.U. mit einem Theoriefortschritt, zu gewinnen, andererseits brauchen wir Reduktionen, Veranschaulichungen sowie Konkretisierungen, die auch für die Lehreraus- und -fortbildung geeignet und damit anwendungsaffin sind.

Beispiel 1: Vom hochwertigen Auswertungsverfahren zur Konkretisierung. Konkretisiert wird dieses Vorgehen an einem bereits abgeschlossenen Forschungsprojekt, einer Interventionsstudie zu Effekten eines Trainings zur phonologischen Bewusstheit (Kirschhock et al. 2002). Es geht dabei um einen theoriebasierten Methodenvergleich im Schriftspracherwerb. Dabei werden eine Trainingsgruppe (direktes Training zur phonologischen Bewusstheit) und eine Gruppe, die entwicklungsorientiert unterrichtet wird (Helbig et al. 2005), verglichen. Als Kontrollgruppe diente eine sogenannte „Fibelgruppe".

Tabelle 1 zeigt beispielhaft eine hochwertige Auswertung: Berechnet wurde eine mehrfaktorielle, teilhierarchische, multivariate Kovarianzanalyse (Mancova) mit Messwiederholung. Als Faktoren wurden einbezogen das Treatment (Schriftspracherwerbsmethoden), die Klasse (geschachtelt unter Treatment), das Niveau phonologischer Bewusstheit zum Pretestzeitpunkt sowie der Zeitpunkt als Messwiederholungsfaktor.

	Multivariate Kovarianzanalyse			
	Effekt	**Wilks Lambda**	**F**	**Sign.**	**Partielles Eta-Quadrat**
Between	Treatment	.925	3.3	.003	.038
Within	Zeitpkt * Treat	.782	5.4	.000	.116
	Zeitpkt * Treat * Niveau	.842	1.8	.010	.042

Tab. 1:   Ergebnis der multivariaten Kovarianzanalyse

Das Ergebnis zeigt einen deutlichen Haupteffekt des Treatments, der durch weitere Auswertungen gestützt als großer Erfolg des Trainings zur phonologischen Bewusstheit interpretiert werden darf (Kirschhock et al. 2002). Für die Implementation dieser Ergebnisse müssen sie deutlich reduziert, visualisiert und konkretisiert werden. In der folgenden Abbildung sind diese Möglichkeiten kombiniert. Die Reduzierung der Information wird erreicht, indem hier nur univariat Lesefertigkeit und diese über alle Kinder ausgewertet wird. Damit ist zwar das Niveau nicht visualisiert, aber dafür die Messwiederholung. Gut erkennbar lässt sich an den Verlaufslinien der Rohwerte ablesen, dass die Trainingsgruppe (durchgezogene Linie) am Ende der 2. Klasse im Durchschnitt ca. 14 Wörter mehr bei der fünfminütigen Würzburger Leise Leseprobe WLLP (Küspert/ Schneider 1998) lesen kann als die gut geschulte Fibelgruppe.

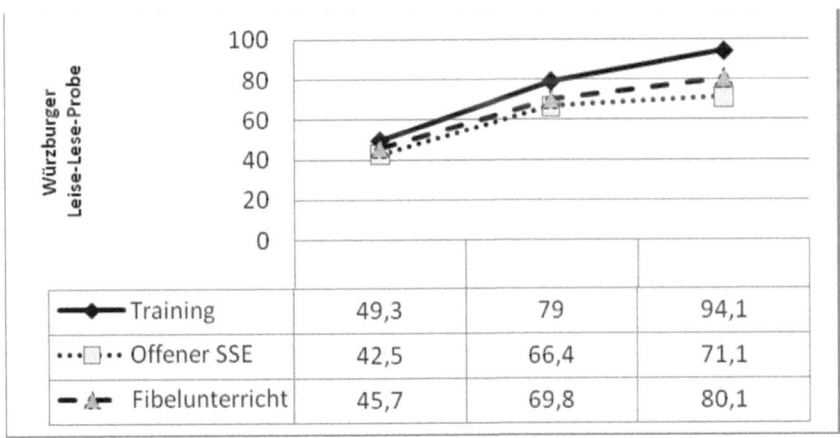

Abb. 2:   Entwicklung der Lesefertigkeit unter verschiedenen Unterrichtsbedingungen (Mitte, Ende 1. Klasse, Ende 2. Klasse)

Beispiel 2: Vom deskriptiven Zugang zu hochwertigen Auswertungsverfahren. In einer Studie zur Frage, ob Unterschiede zwischen den Lehrkräften beim Rückmeldeverhalten durch ihre Selbstwirksamkeit erklärt werden, wurde der umgekehrte Weg gewählt (Martschinke et al. 2009). Zunächst wurde ein deskriptiver Zugriff über Scatterplots zum Zusammenhang zwischen Selbstwirksamkeit von Lehrkräften und ihrem Rückmeldeverhalten (gemittelter Wert über mit einem an zehn Tagen ausgeteilten Unterrichtstagebuch; erhobene Rückmeldeskalen: Rückmeldung mit sozialem Vergleich, Rückmeldung in Bezug auf individuelle Verbesserung, Rückmeldung öffentlich, Rückmeldung persönlich, Rückmeldung zu Fehlern/Fehlerkultur) gewählt. Man kann – wie erwartet – einen negativen Zusammenhang bei den Variablen sozialer Vergleich und öffentliche Rückmeldung mit Lehrerselbstwirksamkeit feststellen. Alle anderen Variablen zeigen einen positiven Zusammenhang. Die steilste Regressionsgerade bzw. der größte Regressionskoeffizient zeigt sich bei der Rückmeldung zu Fehlern (Abb. 2). Diese Abbildung zeigt, dass je höher die Selbstwirksamkeitserwartung des Lehrers ist, desto fehlerpositiver agiert er auch im Unterricht.

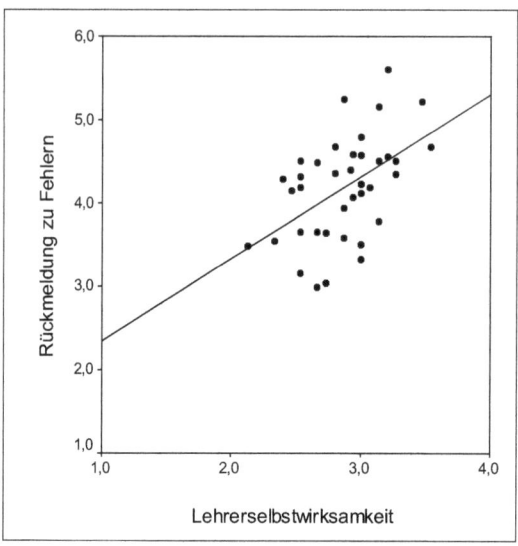

Abb. 3:   Zusammenhang von Selbstwirksamkeit und
           Rückmeldung zu Fehlern

Erst im zweiten Schritt wurde geprüft, ob sich diese Zusammenhänge auch
mehrebenenanalytisch (unter Berücksichtigung der Messwiederholungen über
10 Tage) nachweisen lassen. Der Einfluss der Selbstwirksamkeit (als Level-2-
Variable) auf die Skalen Rückmeldung im sozialen Vergleich und Rückmeldung
zu Fehlern ist tatsächlich hochsignifikant. Beide Skalen klären jeweils immerhin
ca. 7 Prozent weitere Varianz auf. Was bedeutet dieser signifikante Haupteffekt
(fester Effekt) inhaltlich? Er bestätigt den deskriptiven Eindruck, dass Lehrkräfte mit höherer Selbstwirksamkeit fehlertoleranter sind und weniger im sozialen
Vergleich zurückmelden.
    Der erste deskriptive Zugriff ist wiederum eine Möglichkeit, die hoch-
wertigen Ergebnisse an die Lehrkräfte oder Fortbildner zu transferieren.

Beispiel 3: Verbindung mit qualitativer Forschung. Das letzte Beispiel steht für
die Verbindung mit Einzelfällen im Sinne von Best-Practice-Forschung und die
Verbindung mit qualitativen Daten als Chance für anwendungsaffine Forschung
in Klassenzimmern.

In der KILIA-Studie wurden auf quantitativem Weg Expertenlehrer mit opti-
maler multikriterialer Zielerreichung identifiziert, die sich dadurch auszeichnen,
dass ihr Unterricht in hohem Maße die *basic human needs* (Autonomie, soziale
Eingebundenheit, Kompetenzerleben) befriedigt. Beispielsweise eröffnen die

beiden erfolgreichsten Lehrkräfte (6 und 7) besonders häufig Freiheitsspielräume und kommen dadurch dem Bedürfnis nach Autonomie in höherem Maße nach als die weniger erfolgreiche Lehrerin 4 (Kammermeyer/Martschinke 2009).

Diese Ergebnisse wurden über qualitative Daten angereichert. Damit geht der Blick verstärkt in die Tiefe. Die Expertise eines oder mehrer Best-Practice-Lehrkräfte wird nicht aggregiert, sondern eher auf umgekehrtem Weg entfaltet.

Am Beispiel der Situation der komplexen Situation der Leistungsermittlung und -bewertung wurden die Leitfadeninterviews inhaltsanalytisch beschrieben. Dazu wurden zunächst induktiv Kategorien gebildet und entlang der aufgefundenen Kategorien Standardisierung, Normierung und Individualisierung Quantifizierungen vorgenommen. So enthält das Interview mit der Lehrerin 4 einen hohen Prozentsatz an Aussagen zur Standardisierung und Normierung, Lehrerin 7 dagegen artikuliert in ihren Aussagen mit einem hohen Anteil Maßnahmen und positive Einstellungen zur Individualisierung. In Tabelle 3 findet sich jeweils ein Ankerbeispiel zur Leistungsermittlung der beiden Lehrkräfte, um Unterschiede zwischen der mehr und weniger erfolgreichen Lehrerin herausarbeiten zu können.

Lehrerin 4	Lehrerin 7
Also Schriftspracherwerb, da haben wir Leseproben, die standardisiert sind, einfach auch als Vergleich, die machen eigentlich alle parallelen ersten Klassen.	Ich lasse sie wirklich die Aufgaben erledigen. Jeder nach seinem Tempo, nach seinem Arbeitstempo. Weil ich möchte ja sehen, was sie können, ...wo ich weiter helfen muss ... Und wo ich dann weiter fördern kann. Das ist ja das Ziel meiner Lernzielkontrolle, nicht wahr?

Tab. 2: Typische Aussagen der Lehrerinnen 4 und 7

Darin stecken implizit Handlungsempfehlungen bzw. zumindest Handlungsentwürfe, die direkt in die Praxis umsetzbar und damit transferierbar sind.

4   Schluss

Einerseits muss Klassenzimmerforschung mehr Offenheit in der Darlegung ihrer Probleme zeigen, denn Transparenz bedeutet hier auch Qualität. Zur Implementierbarkeit von Forschungsergebnissen brauchen wir aber auch mehr Offenheit für Deskription der Komplexität im Handlungsfeld Unterricht. Dazu können und sollen besonders auch qualitative Daten gehören. Andererseits müssen aber auch aus Forschungsarbeiten mit hochwertigen Auswertungsverfahren mutige, präskriptive Botschaften abgeleitet werden, wenn dies möglich ist. Insgesamt könnte dann mit dem dargestellten Forschungstypus der steinige Weg, Unterricht zu verändern, komfortabler und schneller werden.

Literatur

Beck, K. (2000): Zur Lage der Lehr-Lern-Forschung – Defizite, Erfolge, Desiderate. In: Unterrichtswissenschaft 28, 23-29.

Bortz, J./Döring, N. (2006): Forschungsmethoden und Evaluation. Heidelberg: Springer.

Gräsel, C./Parchmann, I. (2004): Implementationsforschung – oder: der steinige Weg, Unterricht zu verändern. In: Unterrichtswissenschaft 33, 196-213.

Hardy, I. (2008): Das Experiment in der pädagogisch-psychologischen Forschung: Prinzipien des Designs an ausgewählten Beispielen. In: Hellmich, F. (Hrsg.): Grundschulpädagogik und Lehr-Lernforschung. Bad Heilbrunn: Klinkhardt, 123-142.

Helbig, P./Kirschhock, E.-M./Martschinke, S./Kummer, U. (2005): Entwicklungsorientierter Unterricht im Schriftspracherwerb – Lernwege begleiten und bereiten. Bad Heilbrunn: Klinkhardt.

Helmke, A. (1998): Vom Optimisten zum Realisten? Zur Entwicklung des Fähigkeitsselbstkonzepts vom Kindergarten bis zur sechsten Klassenstufe. In: Weinert, F.E. (Hrsg.): Entwicklung im Kindesalter. Weinheim: Beltz/Psychologie Verlags Union, 115-132.

Kammermeyer, G./Martschinke, S. (2009): Qualität im Anfangsunterricht. Ergebnisse aus der KILIA-Studie. Unterrichtswissenschaft, 35-54.

Kammermeyer, G./Martschinke, S. (2006): Selbstkonzept- und Leistungsentwicklung in der Grundschule. In: Empirische Pädagogik 20, 245-259.

Kammermeyer, G./Martschinke, S. (2003): Schulleistung und Fähigkeitsselbstbild im Anfangsunterricht – Ergebnisse aus dem KILIA-Projekt. In: Empirische Pädagogik 17, 486-503.

Kelle, U. (2008): Strukturen begrenzter Reichweite und empirisch begründete Theoriebildung. Überlegungen zum Theoriebezug qualitativer Methodologie. In: Kalthoff, H./Hirschauer, S./Lindemann, G. (Hrsg.): Theoretische Empirie. Zur Relevanz qualitativer Forschung. Frankfurt: Suhrkamp, 312-337.

Kirschhock, E.-M./Martschinke, S./ Treinies, G./Einsiedler, W. (2002): Vergleich von Unterrichtsmethoden zum Schriftspracherwerb mit Ergebnissen zum Lesen und Rechtschreiben im 1. und 2. Schuljahr. Empirische Pädagogik 16/4, 433-459.

Küspert, P./Schneider, W. (1998): Würzburger Leise Leseprobe. Göttingen: Hogrefe.

Martschinke, S./Kammermeyer, G./Kopp, B. (2008): Qualitative und quantitative Methoden verknüpfen – Chancen für die Grundschulforschung am Beispiel der KILIA-Studie. In: Hellmich, F. (Hrsg.): Lehr-Lernforschung und Grundschulpädagogik. Bad Heilbrunn: Klinkhardt, 145-161.

Martschinke, S./Kopp, B./ Dresel, M./Kröner, S. (2009): Der Einfluss von Selbstwirksamkeitserwartungen auf das Rückmeldeverhalten von Grundschullehrkräften im Deutschunterricht. Vortrag auf der 72. Tagung der Arbeitsgruppe für Empirische Pädagogische Forschung (AEPF) in Landau.

Mok, M. (2005): Sample Size Requirements for 2-level designs in educational research. In: Multilevel Modelling Newsletter 7/2, 11-15.

Integrative Lehr-Lernforschung

Robin Stark

Die Analyse der Kluft zwischen Theorie und Praxis hat eine lange und auch gut dokumentierte Tradition in der Pädagogischen Psychologie (s. z.B. Pieters/ De Vries 2007). Im vorliegenden Beitrag soll nicht der Versuch unternommen werden, die hierbei immer wieder vorgebrachten Argumente und Bestimmungen der Disziplin zu wiederholen (s. die immer noch lesenswerten Ausführungen von Krapp/Heiland 1986). Auch die politische Dimension des unaufhebbaren Spannungsverhältnisses zwischen Theorie und Praxis und daraus resultierende Konsequenzen sollen hier nicht diskutiert werden. Auch wird nicht der anspruchsvolle Versuch unternommen, eine Konzeption vorzulegen, die im wietesten Sinne als „wissenschaftstheoretisch fundiert" bezeichnet werden könnte. Es soll lediglich versucht werden, einige pragmatische Überlegungen darzustellen, deren Umsetzung aus unserer Sicht dazu beitragen kann, die „Transferdistanz" zwischen einer stärker grundlagenorientierten, laborexperimentellen Interventionsforschung und stärker anwendungsbezogenen Interventionsstudien im Feld zu reduzieren.

Exemplifiziert wird das als *Integrativer Forschungsansatz* beschriebene Vorgehen anhand eines abgeschlossenen Projekts aus dem Bereich der kaufmännischen Erstausbildung (s. Stark 2000; Stark 2004a; Stark et al. 2004; Stark et al. 2002), das im Folgenden als *Ökonomieprojekt* bezeichnet wird. Eine ausführlichere Darstellung des integrativen Ansatzes findet sich in Stark (2004a) oder in einem aktuelleren Beitrag von Stark und Mandl (2007).

1   Ausgangspunkt und Ziele

Integrative Interventionsstudien beginnen mit der Identifikation *relevanter* und *authentischer* Probleme der Wissensgenerierung und Anwendung, die sich in „realen", d.h. nicht künstlich reduzierten Kontexten (z.B. in Schulen, Universitäten, Unternehmen) zeigen. Eindeutig grundlagenorientierte Projekte in der Psychologie folgen in der Regel einer anderen, von offenen Fragen hoch spezialisierter wissenschaftlicher Diskurse geleiteten Handlungslogik, was entscheidende Konsequenzen für die Auswahl von Domänen hat, in denen Untersuchungen stattfinden, und auch für die in diesen Untersuchungen verwendeten Inhalte und Materialien. Da grundlagenorientierte Forschung primär von methodischen und pragmatischen Spezifika der experimentellen Methodik bestimmt wird, werden – selbst wenn pädagogisch relevanten Fragestellungen nachgegangen wird – in der Regel hoch strukturierte Domänen und Aufgaben bzw. Materialien mit stark reduzierter Komplexität ausgewählt. Nicht selten sind Domänen- und Aufgabencharakteristika in grundlagenorientierten Projekten sogar fast beliebig austauschbar. Im Kontext grundlagenorientierter Forschung, die nicht oder zumindest nicht primär anwendungsbezogenen Zielen verpflichtet ist, mag diese Handlungslogik wohl begründet sein. Schließlich geht es um die Identifikation von allgemeinen, kontextübergreifend gültigen Gesetzmäßigkeiten. Es soll hier keinesfalls die Position vertreten werden, dass ausgehend von dieser Handlungslogik keine praxisrelevanten Erkenntnisse gewonnen werden können. Aus unserer Sicht problematisch ist jedoch die naive Selbstverständlichkeit, mit der im grundlagenorientierten Paradigma gelegentlich Fragen der Kontextspezifität auf allen Ebenen ausgeklammert werden, als ob es eine ausgemachte Sache sei, dass sich laborexperimentelle Effekte *grundsätzlich* von Spezifika der experimentellen Situation, der Stichprobe, der analysierten Phänomene bzw. von deren Operationalisierung abstrahieren ließen. Inwieweit dies der Fall ist und welche Konsequenzen ggf. aus der Antwort auf diese Frage zu ziehen sind, ist in jeder einzelnen Studie immer wieder zu diskutieren. Hier liegt aus unserer Sicht ein Problem mangelnder metatheoretischer und methodologischer Reflexion vor, das mit eleganten Versuchsplänen und anspruchsvollen statistischen Prozeduren eher verdeckt als gelöst wird.

Im Ökonomieprojekt wurden Probleme der Wissensanwendung und des Transfers bei Berufsschülern in enger Kooperation mit Berufsschullehrern und graduierten Studierenden der Wirtschaftspädagogik herausgearbeitet. Da viele Berufsschüler erhebliche Probleme mit mathematischen Anforderungen haben, war es in diesem Feld nicht schwierig, *relevante* Ausgangsprobleme zu identifizieren, z.B. in den Bereichen *Zinsrechnung* und *Buchführung*.

Integrative Interventionsstudien zielen explizit darauf ab, instruktionale Praxis zu verbessern. Dieses übergeordnete, abstrakte Ziel ist jeweils projektbezogen zu spezifizieren: im Ökonomieprojekt ging es um die Verbesserung der Vermittlung anwendbaren, transferierbaren Wissens in den beiden genannten Bereichen. Um dieses Ziel zu erreichen, wurden Ansätze zum situierten, beispielbasierten Lernen konzeptualisiert. Hierbei konnte auf eine breite Basis an bereits vorhandenem Wissen zurückgegriffen werden. Es war jedoch auch spezifisches Wissen „neu" zu generieren, beispielsweise zu kognitiven und motivationalen Bedingungen, Prozessen und Resultaten verschiedener instruktionaler Interventionen im Kontext dieser Ansätze. Problemlösung und Wissensgenerierung sind somit eng verzahnt: theorierelevantes Wissen wird als Werkzeug für die Verbesserung instruktionaler Praxis verwendet. An dieser Stelle kommen sehr grundlegende normative Überzeugungen der wissenschaftlichen

Disziplin ins Spiel, die selten reflektiert werden und auch in diesem Beitrag nicht reflektiert werden können: dass nämlich wissenschaftliches Wissen benötigt wird, um Probleme der Praxis zu bewältigen und dass diese Problemlösepotenz empirisch nachgewiesen werden kann – Überzeugungen, die etwa im Kontext der Lehrerbildung durchaus kritisch diskutiert werden (s. Neuweg 2007).

2 Grundprinzip des integrativen Vorgehens

Um diese multiplen Ziele erreichen zu können, ist es aus unserer Sicht notwendig, wissenschaftliche Erkenntnisse aus einer expliziten *Anwendungsperspektive* zu generieren. Diese kontextspezifische Wissensgenerierung wird dadurch ergänzt, dass überzeugende empirische Evidenz für die *praktische Relevanz* des generierten Wissens eingefordert wird, indem das Wissen bzw. daraus abgeleitete und explizit begründete Konsequenzen systematisch unter Feldbedingungen evaluiert werden. Das Grundprinzip ist demzufolge zweiteilig: es setzt sich aus Wissensgenerierung und erster Bewährung in Form von Evaluation unter Praxisbedingungen zusammen (die natürlich auch wieder Wissensgenerierung darstellt, wenn auch unter anderen methodischen Bedingungen).

Um eine gewisse Zuverlässigkeit des wissenschaftlichen Wissens sicherzustellen, sind Replikationsstudien unter vergleichbaren und kontrollierten Bedingungen angezeigt, *bevor* weit reichende Konsequenzen für die Verbesserung instruktionaler Praxis gezogen werden. Dieses *Replikationsprinzip*, das wir für Labor- und Feldstudien gleichermaßen geltend machen, wird mit einer gezielten *Optimierungsperspektive* in Bezug auf die Effektivität der später in der Praxis zu implementierenden Interventionsansätze verbunden.

3 Methodologisches und methodisches Vorgehen

Diese Prinzipien erfordern ein komplexes methodologisches Vorgehen, welches in der Regel eine *systematische* und *sukzessive Kombination von Labor- und Feldforschung* umfasst. Das bedeutet v.a., dass die Feldstudien direkt aus den (replizierten) Ergebnissen der Laborforschung abgeleitet werden. Zu betonen ist, dass es sich hierbei um *kontextspezifische* Laborforschung handelt, die in vielerlei Hinsicht explizit anwendungs- und praxisbezogen ist und nicht nur interne, sondern auch eine gewisse ökologische Validität beanspruchen kann. Der Praxisbezug betrifft zunächst die Stichprobenziehung, die *theoretischen Überlegungen* (und nicht primär einer pragmatischen „Verfügbarkeitslogik") Rechnung trägt: die Probanden entstammen der Population, für die die identifizierten Probleme relevant sind und bei der die zu entwickelnden Ansätze später in der Praxis umgesetzt werden sollen. Im Ökonomieprojekt wurde folglich mit Berufsschülern gearbeitet. Des Weiteren folgen alle Entscheidungen bezüglich des experimentellen Designs, des konkreten Vorgehens, der verwendeten Instrumente (Ratingskalen, Tests etc.) und aller Arten von Instruktionsmaterialien (Aufgaben, Unterstützungsmaßnahmen) der Maßgabe des späteren Einsatzes unter Praxisbedingungen.

Bei den aus den Laborexperimenten abgeleiteten Feldstudien wird demgegenüber darauf geachtet, dass die interne Validität nicht gänzlich den Bedingungen des Praxiskontexts zum Opfer fällt; d.h., sie werden so kontrolliert wie möglich durchgeführt, allerdings nicht ohne hierbei die notwendige ökologische Validität aus den Augen zu verlieren. Die Frage, welche Variable wie und in welchem Ausmaß zu kontrollieren ist, folgt hierbei nicht nur methodologisch-methodischen, sondern auch metatheoretischen Überlegungen. Falls realisierbar, werden experimentelle oder zumindest quasi-experimentelle Designs, in denen potenzielle Störvariablen erhoben werden, auch im Feld realisiert. Wichtig hierbei ist, dass die psychometrische Qualität der eingesetzten Instrumente – anders als dies bei vielen Feldstudien üblich ist – außer Frage stehen sollte; falls keine standardisierten Instrumente vorliegen, sollten sie von den Laborstudien (oder anderen Vorläuferstudien) übernommen werden, in denen sie bereits erprobt und ggf. optimiert wurden.

In der Regel ergeben sich aus dieser Art von kontrollierter Feldforschung neue Fragen, die wiederum weitere Laborstudien inspirieren. Im Ökonomieprojekt waren dies Fragen zur Effektivität von Maßnahmen zur Reduktion der kognitiven Überlastung der Lernenden sowie Fragen der Adaptivität instruktionaler Maßnahmen. Die Kombination von Labor- und Feldstudien stellt somit einen dialektischen, spiralförmigen und zumindest theoretisch unendlichen Prozess der Wissensgenerierung und Evaluation unter Praxisbedingungen dar.

Um Missverständnissen vorzubeugen: Das integrative Vorgehen beginnt nicht *notwendigerweise* mit einer Reihe von Laborstudien. Erlaubt die vorhandene domänen- und praxisbezogene Wissensbasis eine empirisch fundierte Konzeption instruktionaler Maßnahmen, spricht nichts gegen einen (kontrollierten) Feldversuch. Bei dürftiger Befundlage und nicht vorhandener Feldexpertise ist ein Einstieg über das Feld sogar notwendig, um relevante Fragestellungen etc. herausarbeiten zu können.

Durch die Umsetzung des beschriebenen Vorgehens in Verbindung mit Design-Überlegungen, die auf die Reduktion relevanter Unterschiede zwischen Kontexten der Wissensgenerierung und -nutzung abzielen, kann die prinzipielle Unvereinbarkeit zwischen interner und externer bzw. ökologischer Validität abgeschwächt werden. Conditio sine qua non dieser aufwändigen Prozedur ist das Zusammenkommen wissenschaftlicher Expertise mit Domänenexpertise und profunder Kenntnis der jeweiligen Anwendungskontexte in der Praxis.

Inter- und transdisziplinäre Kooperation ist deshalb für das integrative Vorgehen unverzichtbar.

Im Ökonomieprojekt wurden Sequenzen experimenteller Interventionsstudien unter Laborbedingungen durchgeführt, die in Kooperation mit Berufsschullehrern und Ausbildungsleitern verschiedener Banken organisiert wurden. In diesen Studien wurden verschiedene Versionen beispielbasierter Lernumgebungen getestet und sukzessiv optimiert (s. Stark 2000; 2004b). Diese Optimierungsbemühungen waren vor allem notwendig, um unerwünschte Nebeneffekte der Interventionen zu vermeiden (z.B. kognitive Überlastung) und um deren Effektivität für Lernende mit unterschiedlichen Eingangsvoraussetzungen zu erhöhen (z.B. für Lernende mit niedrigem Vorwissen). Auf der Basis replizierter experimenteller Befunde wurde ein komplexes Modell situierten beispielbasierten Lernens entwickelt, das vor allem darauf abzielte, die Qualität der von den Lernenden generierten Elaborationen zu erhöhen. In Zusammenarbeit mit Lehrern und Schulleitern wurde dieses Modell in den kaufmännischen Berufsschulunterricht integriert. Hierbei wurden die Instruktionsmaterialien, die sich unter experimentellen Bedingungen bewährt haben, sowie die gesamte experimentelle Assessment-Prozedur an Bedingungen des Berufsschulunterrichts adaptiert. Im Rahmen einer quasi-experimentellen Feldstudie wurden anschließend kognitive und motivationale Effekte beispielbasierten Lernens systematisch mit einer Kontrollbedingung verglichen, die aus „traditionellen" Unterrichtssequenzen bestand. Um einen Vergleich beider Ansätze zu ermöglichen, wurden zusammen mit den verantwortlichen Lehrern gemeinsame kognitive Ziele für beispielbasierte und traditionelle Unterrichtseinheiten formuliert. Zudem wurden die Nachtestaufgaben kritisch analysiert und modifiziert. Um die interne Validität zu sichern, wurden verschiedene Eingangsvoraussetzungen, die sich bereits unter experimentellen Bedingungen als relevant erwiesen haben, erhoben und statistisch kontrolliert. Last but not least wurden Skripts und kurze Trainingsmaßnahmen entwickelt, um das Lehrerverhalten in beiden Bedingungen zumindest teilweise zu standardisieren (s. Hinkofer 2003). Nachfolgende Studien an Berufsschulen konzentrierten sich auf die Replikation der Hauptbefunde der ersten Feldstudie und auf die Optimierung der Instruktionsmaterialien, der implementierten Interventionsmaßnahmen und des Lehrertrainings.

Hohe methodische Standards experimenteller Laborforschung können in der Regel nicht komplett auf Feldstudien übertragen werden. Häufig lassen sich Randomisierungsprozeduren im Feld nicht umsetzen; selbst quasiexperimentelle Designs sind nicht selbstverständlich realisierbar. In diesem Fall ist es besonders wichtig, dass die Feldstudien eng an die Laborforschung gekoppelt sind, um zumindest rudimentäre Kontrollmöglichkeiten zu schaffen. Wenn sich im Feld keine Kontrollbedingungen herstellen lassen, sind zusätzliche theoriegeleitete, kriteriumsbezogene Analysen relevanter Ergebnisvariablen (z.b. Indikatoren für unterschiedliche Wissensarten) angezeigt, um die Interpretierbarkeit und damit auch die Verwertbarkeit dieser Art von Korrelationsstudien zu verbessern.

Auf der Methodenebene legt das integrative Vorgehen eine reflektierte Kombination aus quantitativen und qualitativen Vorgehensweisen nahe. Neben standardisierten Tests und Ratingskalen wurden im Ökonomieprojekt Fragebögen mit offenen Fragen entwickelt; zudem wurden narrative Interviews durchgeführt und verbale Daten erhoben, die inhaltsanalytisch ausgewertet und quantifiziert wurden. Die Triangulation quantitativer und qualitativer Daten ermöglicht eine differenziertere Analyse der Bedingungen positiver kognitiver und motivationaler Prozesse und Resultate. Insgesamt kann den multiplen Zielen des integrativen Vorgehens durch die systematische Verknüpfung unterschiedlicher methodischer Zugänge eher Rechnung getragen werden.

4   Theoretische Implikationen

Gemäß dem integrativen Vorgehen werden Auswahl, Anpassung und Anwendung theoretischer Konzepte, Modelle etc. wie auch die Wahl von Untersuchungsmethoden von einem reflektierten Pluralismus (s. z.B. Groeben 2006) geleitet. Diese undogmatische metatheoretische Orientierung korrespondiert mit der komplexen Zielstruktur integrativer Forschung.

Im Ökonomieprojekt basierten instruktionale Interventionen zur Förderung von Beispielelaboration auf unterschiedlichen Ansätzen zum situierten Lernen (Cognitive Apprenticeship-Ansatz, s. Collins/Brown/Newman 1989; Anchored Instruction-Ansatz, Cognition and Technology Group at Vanderbilt 1992; Random Access Instruction, Spiro et al. 1992). Das Design der Lernmaterialien war von situierten Designprinzipien (narratives Format, generatives Lernformat, Problemkomplexität) und von Empfehlungen geleitet, die von der Cognitive Load-Theorie und von Studien zum Lernen mit unvollständigen Lösungsbeispielen (s. z.B. Sweller/Van Merrienboër/Paas 1998) abgeleitet wurden. Zudem war das Design inspiriert von verschiedenen Motivationskonzepten (Interesse, Intrinsische Motivation, Selbstkonzept, Selbstwirksamkeit, s. Schiefele 1996).

Es ist zu betonen, dass dieser Theorienpluralismus nicht gleichgesetzt werden darf mit naivem Eklektizismus. Die Kombination verschiedener theoretischer Konzepte erfolgte keinesfalls additiv, sondern stets ausgehend von übergeordneten theoretischen Designüberlegungen. Bei der Integration von Konzepten aus unterschiedlichen Lehr-Lern-Paradigmen wurde darüber hinaus besonderen Wert auf eine kohärenzförderliche Abstimmung und Anpassung der ausgewählten Konzepte gelegt (s. Stark/Mandl 2000). Bei klar definierter und operationalisierter instruktionaler Zielsetzung lassen sich selbst Konzepte aus

kognitivistischen und situierten Ansätzen trotz unterschiedlicher metatheoretischer Annahmen und Bezugstheorien in ein Ergänzungsverhältnis bringen
(s. Anderson et al. 2000), das zwar den Charme einer „Theorie aus einem Guss"
entbehrt, der pragmatischen Funktionalitätsmaxime (s. z.B. Dewey 1920; 1989)
aber gerecht wird.

5 Diskussion und Ausblick

Bislang wurden durch die Anwendung des integrativen Forschungsansatzes in
verschiedenen Domänen theorie- und praxisrelevante Ergebnisse erzielt. Auf der
einen Seite wurden neue und theoretisch relevante Erkenntnisse zu Bedingungen
und Effekten innovativer Instruktionsansätze gewonnen. Auf der anderen Seite
wurde unter kontrollierten Bedingungen generiertes wissenschaftliches Wissen
erfolgreich in der Praxis angewandt. Mindestens indirekt können die hierbei
erzielten Resultate als Hinweis auf die externe und auch ökologische Validität
der experimentell nachgewiesenen instruktionalen Effekte gewertet werden.

Aus unserer Sicht können durch das integrative Vorgehen bekannte Defizite grundlagenorientierter und anwendungsbezogener Forschung zumindest
teilweise überwunden werden. Dass dies nicht ohne Kompromisse in Hinblick
auf die Ziele beider Forschungsparadigmen geht, ist naheliegend. Zweifellos
lassen sich Varianzquellen in klassischen grundlagenorientierten Experimenten
besser kontrollieren; und sicherlich führt das kontrollierte Vorgehen im Feld zu
gewissen Einschränkungen der ökologischen Validität. Diese Nachteile werden
jedoch bewusst in Kauf genommen, da sie die Ziele des integrativen Ansatzes
nicht gefährden.

Geht es um die Reduktion der Transferdistanz *innerhalb* der Forschung, ist
der integrative Ansatz praktikabel und effektiv, bezüglich der Überwindung der
Kluft zwischen Theorie und Praxis ist er jedoch nicht mehr als ein ersten Schritt
in Richtung einer Annäherung der Kontexte der wissenschaftlichen Wissensgenerierung und der -anwendung in der Praxis. Darüber hinaus ist darauf
hinzuweisen, dass die Umsetzung des integrativen Ansatzes sehr ressourcen-
aufwändig ist und auf mehrere Jahre angelegte, großzügig alimentierte Forschung angewiesen ist. Das beschriebene Ökonomieprojekt beispielsweise
wurde im Rahmen eines sechsjährigen Schwerpunktprogramms der Deutschen
Forschungsgemeinschaft gefördert. Um Ressourcen zu sparen, können zwar
einzelne Sequenzen des Verfahrens isoliert durchgeführt werden; in diesem Fall
können jedoch immer nur Teilziele des Ansatzes erreicht werden.

Durch die Realisierung eines inter- und transdisziplinären Projektrahmens
treffen Forscher unterschiedlicher Disziplinen auf Experten aus den jeweiligen
Praxisfeldern, und die Liaison dieser verschiedenen Welten ermöglicht nach-
weisbare instruktionale Innovation. In diesem Zusammenhang ist es wichtig,

festzustellen, dass die Expertise aus der Praxis bereits in der laborexperimentellen Phase eine wichtige Ressource darstellt, auf die nicht erst in der Implementations- bzw. Evaluationsphase zugegriffen werden sollte. Unsere Forschergruppe machte wiederholt die Erfahrung, dass die durch eine möglichst frühe Integration in das Projekt unterstützte Identifikation von Experten aus der Praxis mit dem For- schungsprojekt eine wichtige Voraussetzung für deren späteres Engagement und Commitment darstellen; und dies ist wiederum eine zentrale Bedingungen für die *Verbreitung* und *Nachhaltigkeit* der implementierten Innovationen und der damit erzielten Effekte.

Da Probleme stets aus multiplen Perspektiven rekonstruiert werden müssen und jede Seite nicht selten in ihren eigenen „speech genres" (Säljö 1999) und veränderungsresistenten epistemologischen Überzeugungen (s. Stark 2003) gefangen ist, werden anstrengende Aushandlungsprozesse notwendig, bei denen Forscher und Praktiker wiederholt mit alternativen Sichtweisen und Wertungen, aber auch mit eigenen Einseitigkeiten, Voreingenommenheiten und Defiziten konfrontiert werden. Vor dem Hintergrund der hohen kooperativen und reflek- torischen Anforderungen, die mit dem integrativen Ansatz verbunden sind, bleibt zu überprüfen, welche Motive, Interessen, Einstellungen und Kompeten- zen auf Seiten der Wissenschaft *und* der Praxis vorhanden sein müssen, um den integrativen Ansatz erfolgversprechend umsetzen zu können.

Literatur

Anderson, J.R./Greeno, J.G./Reder, L.M./Simon H.A. (2000): Perspectives on Learning, Thinking and Activity. In: Educatinal Researcher 29/4, 11-13.

Cognition and Technology Group at Vanderbilt (1992): The Jasper Series as an Example of Anchored Instruction: Theory, Program Description, and Assessment Data. In: Educational Psychologist 27/3, 291-315.

Collins, A./Brown, J./Newman, S. (1989): Cognitive Apprenticeship: Teaching the Crafts of Reading, Writing, and Mathematics. Knowing, Learning, and Instruction: Essays in honor of Robert Glaser. Hillsdale: Lawrence Erlbaum, 453-494.

Dewey, J. (1989): Die Erneuerung der Philosophie. Hamburg: Junius. (Originalarbeit erschienen 1920).

Groeben, N. (2006): Die Überwindung der Grundlagen-Anwendungs-Implikation und Zielkriterien für praktische und epistemologische Forschung – eine wissenschafts- theoretische Perspektive. In: Deutsche Forschungsgemeinschaft (Hrsg.): Entwicklung und Bewertung von anwendungsorientierter Grundlagenforschung in der Psychologie: Rundgespräche und Kolloquien. Berlin: Akademie, 13-26.

Hinkofer, L. (2003): Konzeption und Erprobung von Unterrichtssequenzen an der kaufmännischen Berufsschule auf der Basis eines beispielbasierten Instruktionsansatzes. Unveröffentlichte Dissertationsschrift, Ludwig-Maximilians-Universität München.

Krapp, A./Heiland, A. (1986): Wissenschaftstheoretische Grundfragen der Pädagogischen Psychologie. In: Weidenmann, B./Krapp, A. (Hrsg.): Pädagogische Psychologie. München: Urban & Schwarzenberg, 43-72.

Neuweg, G. H. (2007): Wie grau ist alle Theorie, wie grün des Lebens goldener Baum? LehrerInnenbildung im Spannungsfeld von Theorie und Praxis. In: bwp@, 12. Verfügbar unter: http://www.bwpat.de/ausgabe12/neuweg_bwpat12.pdf, 4.12.2008.

Pieters, J./De Vries, B. (2007) : Preface to the Special Issue. In: Educational Research and evaluation, Special issue, 13/3, 199-202.

Säljö, R. (1999): Concepts, Cognition and Discourse. From Mental Structures to Discursive Tools. In: Schnotz, S./Vosniadou, S./Carretero, M. (Eds.): New Perspectives on Conceptual Change. Oxford: Elsevier, 81-90.

Schiefele, U. (1996): Motivation und Lernen mit Texten. Göttingen: Hogrefe.

Spiro, R./Feltovich, P./Jacobson, M./Coulson, R. (1992): Cognitive Flexibility, Constructivism, and Hypertext: Random Access Instruction for Advanced Knowledge Acquisition in Ill-structured Domains. In: T.M. Duffy/Jonassen, D.H. (Eds.): Constructivism and the Technology of Instruction: A Conversation. Hillsdale: Lawrence Erlbaum Associates, 57-75.

Stark, R. (2000): Experimentelle Untersuchungen zur Überwindung von Transferproblemen in der kaufmännischen Erstausbildung. In: Zeitschrift für Pädagogik 46, 395-415.

Stark, R. (2003): Conceptual Change: kognitiv oder situiert? In: Zeitschrift für Pädagogische Psychologie 17/2, 133-144.

Stark, R. (2004a): Eine integrative Forschungsstrategie zur anwendungsbezogenen Generierung relevanten wissenschaftlichen Wissens in der Lehr-Lern-Forschung. In: Unterrichtswissenschaft 32/3, 257-273.

Stark, R. (2004b): Implementing Example-based Learning and Teaching in the Context of Vocational School Education in Business Administration. In: Learning Environments Research 7, 143-163.

Stark, R./Gruber, H./Hinkofer, L./Mandl, H. (2004): Overcoming Problems of Knowledge Application and Transfer. Development, Implementation and Evaluation of an Example-based Instructional Approach in the Context of Vocational School Training in Business Administration. In: Boshuizen, H.P.A./Bromme, R./Gruber, H. (Eds.): Professional Learning: Gaps and Transitions on the Way from Novice to Expert. Dordrecht: Kluwer, 49-70.

Stark, R./Mandl, H. (2000): Konzeptualisierung von Motivation und Motivierung im Kontext situierten Lernens. In: Schiefele, U./Wild, K.P. (Hrsg.): Interesse und Lernmotivation: Untersuchungen zu Entwicklung, Förderung und Wirkung. Münster: Waxmann, 95-115.

Stark, R./Mandl, H. (2007): Bridging the Gap between Basic and Applied Research by an Integrative Research Approach. Educational Research and Evaluation, Special issue 13/3, 249-261.

Stark, R./Mandl, H./Gruber, H./Renkl, A. (2002): Conditions and Effects of Example
    Elaboration. In: Learning & Instruction 12, 39-60.
Sweller, J./van Merrienboër, J.J.G./Paas, F.G.W.C. (1998): Cognitive Architecture and
    Instructional Design. In: Educational Psychology Review 10, 251-296.

XII. Posterpräsentationen

Der Beruf in den Vorstellungen von Grundschulkindern

Iris Baumgardt

Die Wahl eines bestimmten Berufs bestimmt den sozialen Status, die Verdienst- und Aufstiegsmöglichkeiten, den Grad an Autonomie und Selbstbestimmung bei der Arbeit und in der Freizeit. Die aktuellen Curricula sehen systematische Berufsorientierung für die Sekundarstufe I vor. Die Forschungen zur beruflichen Orientierung beziehen sich daher kaum auf Grundschulkinder, sondern vor allem auf ältere Schülerinnen und Schüler. In der Sekundarstufe verfügen jedoch viele Jugendliche bereits über sehr starre und rollenstereotype Berufsvorstellungen. Greift die schulische Berufsorientierung zu spät?

Die Berufs- und Arbeitswelt stellt einen Teilbereich der politisch-ökonomischen Bildung des Sachunterrichts dar. Die Aufgabe der Grundschule ist es, Chancengleichheit herzustellen, d.h. familiale Erfahrungen zu ergänzen und Hilfen zur Lebenswelterschließung zur Verfügung zu stellen. Zentrale Voraussetzung für die Anleitung derartiger Lernprozesse ist das Wissen um die Lernvoraussetzungen der Kinder: Welche Denkfiguren und Konzepte haben sie bereits zum Berufsbegriff entwickelt? Bisherige Untersuchungen beantworten zwar die Frage nach der Häufigkeit von Lieblingsberufen. Berufsbezeichnungen allein können jedoch keinen Aufschluss über die kindlichen Konzepte und Alltagstheorien zum Beruf und der beruflichen Orientierung geben. Um diese zu erfassen, sind qualitative Forschungsmethoden notwendig.

Im Rahmen eines Dissertationsvorhabens bei Prof. Dr. Astrid Kaiser (Universität Oldenburg) werden daher problemzentrierte Interviews mit Grundschulkindern durchgeführt und diese nach den methodischen Schritten der Qualitativen Inhaltsanalyse ausgewertet. Die Auswahl der Interviewpartnerinnen und -partner erfolgt auf der Grundlage von Aufsätzen, die im Frühjahr 2009 von 436 Kindern zum Thema „Mein Wunschberuf" verfasst wurden. Nach dem Modell der Didaktischen Rekonstruktion können die Vorstellungen der Kinder zum Beruf und zur Berufsorientierung in Bezug gesetzt werden zu den fachlichen Vorstellungen und so als Anknüpfungspunkte des Lernens dienen.

Populärhistorische Vorprägung von Geschichtsbewusstsein: Geburtshelfer für die Kompetenzentwicklung historischen Denkens?

Nicola Eisele-Brauch

Um Kompetenzen messen und Förderinstrumente entwickeln zu können, bedarf es der Passung von Lern- und Instruktionstheorie. Auf Grundlage des von der FUER Gruppe entwickelten historischen Kompetenzstrukturmodells (Körber/Schreiber/ Schöner 2007) erörtert der vorliegende Beitrag instruktionstheoretische Implikationen einer kompetenzorientierten Lerntheorie. Domänenspezifischer Ausgangspunkt ist die Vorannahme, dass die Vorprägung von Geschichtsbewusstsein zu großen Bestandteilen durch populärhistorische Erzählungen erfolgt. Die positivistische Disposition von Grundschülern (Kölbl 2004) birgt Potenziale für das Fördern und Entwickeln von Kompetenzen historischen Denkens (Eisele 2009). Diese entsprechen den Kriterien des durch die Bildungsforschung definierten Kompetenzbegriffs: Die intrinsisch motivierte Frage „Ist das historisch wirklich richtig, wie es im historischen Roman steht?" stellt eine alltagsrelevante Problemstellung als Basis zur Entwicklung einer situierten Lernumgebung (Hartig/Koeppen/Klieme 2008) zur Förderung von historischem Denken dar. Zugleich ermöglicht der intrinsisch generierte Frageimpuls potenziell die Motivation zur Erreichung des Ziels historischen Lernens: die Entwicklung von reflektiertem und selbst-reflexivem Geschichtsbewusstsein. In einer explorativen Vorstudie (Eisele-Brauch in diesem Band) erfolgte die Überprüfung des für die Integration der populärhistorischen Vorprägungen in Lernprozesse entwickelten Instruktionsmodells der curricularen Synthese. In einer jahrgangsgemischten Klasse (Stufen 3 und 4, N=18) wurden im Sachunterricht Daten zu Vorprägungen (Beliefs) und Fragen zum Phänomen der Piraterie erhoben. Diese wurden inhaltlich geclustert und mit den Kompetenzvorgaben des Bildungsplanes synthetisiert. Das Ergebnis der Synthese ermöglichte die Konzeption einer achtstündigen Unterrichtseinheit unter der Fragestellung „Stimmen unsere Piratenbilder?!"

Eisele, N. (2009): Kleiner Hobbit und Großer Artus. Populäre mittelalterliche Mythen und ihr Potential für die Förderung historischen Denkens. In: Korte, B./Paletschek, S. (Hrsg.): History goes Pop. Geschichte in populären Medien und Genres. Bielefeld: transcript, 83-103.

Hartig, J./Koeppen, K./Klieme, E. (2008): Current Issues in Competence Modeling and Assessment. In: Zeitschrift für Psychologie/Journal of Psychology 216, 61-73.

Kölbl, C. (2004): Geschichtsbewusstsein im Jugendalter. Grundzüge einer Entwicklungspsychologie historischer Sinnbildung. Bielefeld: transcript.

Körber, A./Schreiber, W./Schöner, A. (Hrsg.) (2007): Kompetenzen historischen Denkens. Ein Strukturmodell als Beitrag zur Kompetenzorientierung in der Geschichtsdidaktik. Neuried: Ars una.

Mathematische frühkindliche Bildung: Fachdidaktik im Kindergarten

Anja Fried

Im Mittelpunkt des Forschungsprojekts „Mathematische Erfahrungen im Kindergarten" (MEiK) steht die mathematische Umgebungsgestaltung in Kindertageseinrichtungen. Ausgehend vom gesetzlichen Rahmen – dem niedersächsischen Orientierungsplan – in dem die Inhalte mathematischer Bildung im Kindergarten festgelegt sind, wird betrachtet, in welchen Situationen die Kinder eben solche Erfahrungen machen können und wie diese Situationen gestaltet sind. Dazu gilt es die einzelnen Umsetzungsbereiche im Kindergarten einerseits und die fachdidaktischen Bereiche andererseits zu analysieren.

Schuler (2008) teilt mathematische Bildung im Kindergarten in die drei Bereiche Integration in den Alltag, punktueller Einsatz von Material und mathematische Lehrgänge ein. Ersteres erfordert von den Erzieherinnen und Erziehern das Wissen über die Mathematik in Alltagssituationen, denn diese soll im Lebensweltbezug für die Kinder bewusst gemacht werden. Weiterhin können Gesellschaftsspiele und verschiedene Materialien für den situativen Einsatz genutzt werden. Lehrgänge hingegen sind vorstrukturiert und werden nach einem bestimmten Verlaufsplan abgearbeitet.

Nötig für eine effektive Umsetzung des Orientierungsplans ist eine enge Verzahnung von Entwicklungspsychologie, Wissen über die Vorkenntnisse der Kinder sowie Diagnostik. Aus der Beschäftigung mit der Entwicklungspsychologie heraus verfügen die Erzieherinnen und Erzieher über ein Basiswissen zur Entwicklung des mathematischen Denkens von Kindern. Im Zusammenwirken mit dem Wissen über die Vorkenntnisse der Kinder können sie also die Möglichkeiten des Lernens abschätzen und Situationen adressatengerecht gestalten. Diagnostische Fähigkeiten wie Beobachten und das Wissen über verschiedene Diagnoseinstrumente bilden die Grundlage für die Erfassung beschriebener Fähigkeiten und Fertigkeiten bei den Kindern. Insgesamt lässt sich also zusammenfassen, dass mathematikdidaktische Fähigkeiten bei Erzieherinnen und Erziehern eine Basis für mathematische frühkindliche Bildung darstellen.

Schuler, S. (2008): Was können Mathematikmaterialien im Kindergarten leisten? – Kriterien für eine gezielte Bewertung. In: Vásárhelyi, E. (Hrsg.): Beiträge zum Mathematikunterricht 2008. Münster: WTM, 721-724.

Reflexionspotenzial von Lehrerinnen und Lehrern im Fach Sachunterricht

Thyra Graff

Das Forschungsvorhaben befasst sich vor dem Hintergrund der Forderung nach Unterrichtsqualitätsentwicklung mit dem Reflexionspotenzial von Lehrerinnen und Lehrern, insbesondere im Fach Sachunterricht. Die Fähigkeit zur Reflexion ist laut Helmke eine Schlüsselbedingung für die Verbesserung des eigenen Unterrichts. Dabei soll die reflexive Auseinandersetzung mit individuellen Unterrichtserfahrungen zur Weiterentwicklung und Qualitätsverbesserung des eigenen Unterrichts führen. Reflexionen von Lehrenden werden, u.a. durch eine zunehmende Distanz zu ihrer eigenen Einschätzung, differenzierter und zielgerichteter (Mühlhausen/Pabst 2004), wobei die „subjektive Relevanz" (Seyfried/Seel 2005) ein wichtiger Aspekt für eine erfolgreiche Unterrichtsreflexion ist. Nur die Situationen, die auch als relevant eingeschätzt werden, können für den Reflektierenden gewinnbringend analysiert werden. Allerdings ist festzustellen, dass Reflexionsprozesse im Schulalltag weder in zeitlicher oder räumlicher Form institutionalisiert sind, noch systematisch stattfinden. Hier werden Forderungen auf normativer Ebene sehr deutlich formuliert.

Es wird davon ausgegangen, dass Lehrerinnen und Lehrer ihren Unterricht reflektieren. Die Frage, die dabei offen bleibt, ist, welche Kriterien sie bei der eigenen Einschätzung anlegen und inwieweit diese fachspezifisch sind. Die zentralen Fragen im Forschungsprojekt sind daher: Über welches Reflexionspotenzial verfügen Lehrerinnen und Lehrer im Sachunterricht? Welche Kriterien legen sie zur Beurteilung des eigenen (Sach-)Unterrichts an? Wird die Tätigkeit der Reflexion als Aspekt von Professionalität wahrgenommen?

Die Datenerhebung erfolgt in zwei Schritten. Zunächst werden mittels schriftlicher Rückmeldungen zu durchgeführten Sachunterrichtsstunden die von Lehrpersonen in der Praxis in den Blick genommenen Aspekte des Unterrichts exploriert. Erste Ergebnisse zeigen hier deutliche Unterschiede zwischen den einzelnen Lehrpersonen. In einem zweiten Erhebungsschritt werden auf dieser Grundlage qualitative Interviews durchgeführt mit dem Ziel, Aufschluss über verschiedene Muster der fachspezifischen Reflexionskompetenz und deren Anteil an der Wahrnehmung von Professionalität zu erhalten.

Mühlhausen, U./Pabst, J. (2004): Reflexionsfähigkeit entwickeln und beurteilen. In: Seminar 3, 60-80.

Seyfried C./Seel A. (2005): Subjektive Bedeutungszuschreibung als Ausgangspunkt schulpraktischer Reflexion. In: Journal für LehrerInnenbildung 1, 17-24.

Evaluation der bildungsstufenübergreifenden Kooperation zwischen Kindertageseinrichtung und Grundschule

Petra Hanke, Imke Merkelbach, Benedikt Rathmer & Inga Zensen

Anliegen des von fünf Bundesländern getragenen Verbundprojekts „Transition von der Kita in die Grundschule (TransKiGs)" ist es, die Bildungs- und Erziehungsqualität in Kitas und Grundschulen zu stärken und den Übergang im Sinne einer Anschlussfähigkeit zu verbessern.

Wesentliche Voraussetzung für die Gestaltung von Anschlussfähigkeit ist der kokonstruktive Austausch zwischen Eltern, Kita und Grundschule über curriculare und pädagogische Orientierungen sowie über beobachtete Lern- und Bildungsprozesse der Kinder. Entsprechend findet sich die Forderung nach einer Stärkung der Zusammenarbeit zwischen den beiden Bildungsinstitutionen in verschiedenen neueren bildungspolitischen Beschlüssen und Empfehlungen sowie in praxisorientierten Projekten wieder. Zumeist wird dabei normativ von einer Produktivität und Wirksamkeit von Kooperation ausgegangen.

Zielstellung der Studie in der zweiten Phase des Projektes „TransKiGs NRW" ist es, die Kooperationspraxis zwischen Kita und Grundschule zu evaluieren sowie zu ermitteln, inwiefern sich über die gemeinsame Durchführung der verbindlichen Sprachstandsfeststellung Delfin 4 Veränderungen in Bezug auf die Kooperation ergeben haben und Gelingensbedingungen für diese interinstitutionelle Kooperation zu identifizieren.

Umsetzung, Akzeptanz und Wirkung dieser Kooperation wurden mittels einer repräsentativen Fragebogenerhebung mit den Leitungen der Kitas und Grundschulen, den beauftragten pädagogischen Fachkräften aus Kita und Grundschule sowie mit Eltern evaluiert. In diesem Zusammenhang wurden die Prozesse der Umsetzung von Kooperation im Kontext von Delfin 4 mittels Erinnerung und Einschätzung aus der subjektiven Sicht der verschiedenen Akteursgruppen rekonstruiert (Ex-Post-Evaluation).

Zur Präzisierung von Gelingensbedingungen für die Kooperation wurden sowohl leitfadengestützte Experteninterviews als auch eine Fragenbogenerhebung in ausgewählten Netzwerken durchgeführt.

Veröffentlichungen und Materialien zum Projekt unter:
http://egora.uni-muenster.de/ew/transkigs

Messmodelle sozialer Kompetenzaspekte

Carsten John, Jana Chudaske, Martin Hentschel, Carola Lindner-Müller & Karl-Heinz Arnold

In der von der DFG seit 2007 geförderten Längsschnittstudie „Schulische und soziale Kompetenzentwicklung von Grundschulkindern bei unterschiedlichen multilingualen Klassenzusammensetzungen" (KEIMS[plus]) werden Entwicklungsverläufe sozialer und schulfachlicher Kompetenzen sowie die Beziehungsstrukturen dieser Kompetenzen unter Berücksichtigung sprachbezogener Entwicklungsbedingungen über die vier Grundschuljahre hinweg untersucht (Die Stichprobe bezieht sich auf 54 Klassen).

Der Multidimensionalität des Konstrukts „Soziale Kompetenz" wird über die Erfassung von Aspekten sozialen Wissens (*sozial-kognitives Interview (SI)* in Anlehnung an Mayeux und Cillessen (2003)), sozialer Fertigkeiten (Subskala *„Prosoziales Verhalten"* des Strengths and Difficulties Questionnaire *(SDQ;* Goodman 1997) und des sozialen Selbstkonzepts (*Fragebogen zur Erfassung des Selbstkonzepts sozialer Kompetenz SKSozKomp*; Arnold/Lindner-Müller 2007) entsprochen. Ergebnisse konfirmatorischer Faktorenanalysen dieser drei Erhebungsinstrumente für die ersten beiden Messzeitpunkte (MZP) werden präsentiert:

Die Eindimensionalität der Skala „Prosoziales Verhalten" konnte aus einer früheren Studie (Muris/Meesters/van den Berg 2003) repliziert werden.

Der Modell-Fit des „SKSozKomp" ist für die ersten beiden MZP in der gewählten Form nicht akzeptabel. Wir gehen jedoch von einer Ausdifferenzierung des Selbstkonzepts sozialer Kompetenzen innerhalb der Grundschulzeit in die drei postulierten Dimensionen *Kontakt, Empathie* und *Emotionsregulation* aus. Des Weiteren werden wir die Skala ‚Emotionsregulation' durch die Hinzunahme zusätzlicher Items überprüfen.

Aufgrund einer negativen Populationsvarianz (Heywood Case) in der Modellberechnung des „SI" ist eine Interpretation im Sinne einer Einfaktorenlösung „Soziales Wissen" nicht möglich (s. Chen et al. 2001). Alternative Möglichkeiten zur Einbeziehung dieses Teilaspektes der sozialen Kompetenz für die folgenden Auswertungen werden geprüft. Weitere Informationen zum Projekt unter: http://www.uni-hildesheim.de/de/23242.htm.

Chen, F./Bollen, K.A./Paxton, P./Curran, P./Kirby, J. (2001): Improper Solutions in Structural Equation Models. In: Sociological Methods & Research 29, 468-508.

Goodman, R. (1997): The Strengths and Difficulties QuesMtionnaire. In: Journal of Child Psychology and Psychiatry 38, 581-586.

Mayeux, L./Cillessen, A. (2003): Development of Social Problem Solving in Early Childhood. In: Journal of Genetic Psychology 164, 153-173.

Muris, P./Meesters, C./van den Berg, F. (2003): The Strengths and Difficulties Questionnaire (SDQ). In: European Child & Adolescent Psychiatry 12, 1-8.

Evaluation der Strukturqualität niedersächsischer Kindertagesstätten – Erste Ergebnisse aus dem Projekt „Sprachförderung für Migrantenkinder im Elementarbereich. Evaluation unterschiedlicher Sprachförderkonzepte in niedersächsischen Kindertagesstätten"

Ann-Kathrin Jüttner & Berlind Perske

Für Kinder aus Familien mit Migrationshintergrund stellen der Erwerb und die Beherrschung der deutschen Sprache die entscheidende Hürde für den erfolgreichen Verlauf der Bildungskarriere dar. Bildungspolitisch wird dem frühen Zweitspracherwerb von Kindern mit Migrationshintergrund derzeit eine hohe Priorität zugemessen. Die in den letzten Jahren von den Bundesländern unternommenen Maßnahmen zur Sprachförderung von Migrantenkindern beziehen daher besonders den Elementarbereich in ihre Bemühungen mit ein. Der Niedersächsische Orientierungsplan für Bildung und Erziehung im Elementarbereich empfiehlt beispielsweise eine in den Alltag der Einrichtung integrierte gezielte Sprachförderung von Kindern mit einer anderen Muttersprache. Bisher ist allerdings wenig darüber bekannt, auf welche Weise der Zweitspracherwerb von Migrantenkindern in den Einrichtungen des Elementarbereichs gefördert wird und wie erfolgreich die unternommenen Maßnahmen sind. Ziel des vom Forschungsverbund „Frühkindliche Bildung und Entwicklung" Niedersachsens geförderten Projektes ist es, Daten über die Organisation der im Elementarbereich unternommenen Sprachfördermaßnahmen zu generieren und diese in Beziehung zu setzen zur Entwicklung der zweitsprachlichen Kompetenzen von Kindern nichtdeutscher Herkunftssprache.

Unser Poster präsentiert erste Ergebnisse einer quantitativen Erhebung zur sprachbezogenen Strukturqualität niedersächsischer Kindertageseinrichtungen. Die erhobenen sozio-ökonomischen Daten bieten u.a. einen umfassenden Einblick in deren sozialräumliches Umfeld, in die Kooperationsarbeit mit Grundschulen und Eltern sowie in die Qualifikation der pädagogischen Fachkräfte. Erste Analysen zeigen, dass die Daten u.a. Aufschluss darüber geben, dass die Sprachförderung keineswegs einheitlich organisiert ist, sondern zielgruppenorientierte Sprachfördermaßnahmen neben unspezifischen sprachlichen Konzepten stehen. Nähere Informationen zum Projekt finden Sie auf der Homepage des Niedersächsischen Forschungsverbundes: http://www.forschungsverbund-fbe.de/index.php?id=55.

GrundschullehrerInnen als Experten für die tägliche schriftliche Korrekturarbeit

Bettina König

GrundschullehrerInnen „korrigieren" in vielen Bereichen ihrer täglichen Arbeit: Die verbale Rückmeldung ist hier genauso hinzuzuzählen wie die schriftliche Korrektur von Schülerniederschriften jeglicher Art. Der folgende Beitrag stellt eine Studie zur *alltäglichen schriftlichen Korrektur in der Grundschule* in ihren Grundzügen vor.

- **Lehrerexpertise**: Lehrkräfte sind Experten in ihrem institutionellen schulischen Kontext und in ihrer Funktion. Ihr Expertenwissen ist handlungsleitend, aber nicht oder nur teilweise reflexiv abrufbar (Meuser/Nagel 2009)(wissenssoziologische Fokussierung).
- **Forschungsfragen**: (1.) Wie gestalten Grundschullehrkräfte ihre täglichen Korrekturen? (2.) Welche Systematik liegt dieser Arbeit zugrunde? (3.) Welches explizite/implizite Wissen bringen LehrerInnen in diese Arbeit mit ein? (4.) Welche Typen bilden sich aufgrund des Untersuchungsergebnisses ab?
- **Sample**: Die Auswahl der 20 interviewten Lehrkräfte erfolgte nach dem „selective Sampling": relevante Merkmale auf Grund der Untersuchungsfragestellung und theoretische Vorüberlegungen bestimmten die Fallauswahl.
- **Datenerhebung**: Ziel war es, die individuellen Dimensionen der Alltagskorrektur zu erheben und gleichzeitig vergleichbare Informationen für eine weiterführende Typisierung zu erhalten. Aufgrund der Strukturiertheit bei gleichzeitiger Offenheit wurde ein offenes leitfadengestütztes *Experteninterview* nach Meuser/Nagel (2009) zur Datenerhebung gewählt.
- **Datenauswertung** erfolgt *qualitativ inhaltsanalytisch* (Gläser/Laudel 2009) sowie angelehnt an Meuser/Nagel (2009). Durch systematische Kategoriengewinnung wird das Material zunehmend verdichtet und strukturiert. Die abschließende Zusammenfassung in „Fälle" und fallübergreifende Aussagen ermöglichen eine Typenbildung. Ausgewählte Fallportraits betonen zusätzlich individuelle Besonderheiten.

Kontakt: Lehrstuhl für Grundschulpädagogik und -didaktik Universität Würzburg.
E-Mail: bettina.koenig@uni-wuerzburg.de

Gläser, J./Laudel, G. (2009): Experteninterviews und qualitative Inhaltsanalyse als Instrumente rekonstruierender Untersuchungen. 3. überarb. Aufl., Wiesbaden: VS.
König, B. (2006): Korrektur als Lehrerkompetenz: Bewertung oder Beratung? In: Hinz, R./Schumacher, B. (Hrsg.): Auf den Anfang kommt es an. Wiesbaden: VS, 109-116.
Meuser, M./Nagel, U. (2009): Experteinterview und der Wandel der Wissensproduktion. In: Bogner, A. (Hrsg.): Experteninterviews. Theorie, Methoden, Anwendungsfelder. 3. überarb. Auflg. Wiesbaden: VS, 35-60.

„Starke Kinder haben einen starken Anfang" – Design und Erhebungsinstrumente einer Studie zur Persönlichkeitsförderung beim Übergang Kindergarten – Grundschule

Gwendo Ranger, Sonja Steinmüller, Günter Renner & Eva-Maria Kirschhock

„Starke Kinder haben einen starken Anfang" ist eine Interventionsstudie (Ausgangsstichprobe N=243) mit Kontrollgruppendesign (s. hierzu den Beitrag von Frank et al., in diesem Band). Um emotionale, personale und soziale Kompetenzen sowie die Übergangsprognose zu erfassen, wurden drei Erhebungsinstrumente entwickelt: Das erste Instrument ist als Einschätzskala konzipiert, die u.a. an die Lehrereinschätzliste für Sozial- und Lernverhalten (Petermann/Petermann 2006) und die Child Behavior Checklist (Döpfner et al. 1998) angelehnt ist und die emotionalen (11 Items, α=.85*), personalen (13 Items, α=.94*) und sozialen Kompetenzen (17 Items, α=.92*) der Kinder erhebt. Ein zweites Instrument misst die Übergangsbewältigung (10 Items, α=.94*). Beide Instrumente erfassen die Konstrukte aus Sicht der Erzieherinnen und Lehrerinnen auf einer sechsstufigen Ratingskala verhaltensnah. Als drittes Instrument wurde ein Kinderinterview eingesetzt, mit dem die Kompetenzen auch aus dem Blickwinkel der betroffenen Kinder erhoben werden. Für den geschlossenen Teil zur Selbsteinschätzung der Kinder (vierstufige Ratingskala) liegen die Reliabilitäten innerhalb der personalen Kompetenz bei .67* (10 Items) und der sozialen Kompetenz bei .62* (6 Items). Eine explorative Faktorenanalyse (Hauptkomponentenanalyse mit Varimax-Rotation) ergibt zwei Skalen für die emotionale Kompetenz – jeweils eine für den Umgang mit positiven (5 Items, .57*) und eine mit negativen Emotionen (5 Items, .54*). Ergänzt wird das Instrument durch ein offenes Leitfadeninterview. Die Daten werden somit sowohl auf qualitativer und quantitativer Ebene als auch aus unterschiedlichen Perspektiven erhoben, wodurch ein vertiefter Eindruck gewonnen werden kann.

* Reliabilitäten (Cronbachs Alpha) zum Messzeitpunkt t_1

Döpfner, M./Plück, J./Bölte, S./Lenz, K./Melchers, P./Heim, K. (1998): Elternfragebogen über das Verhalten von Kindern und Jugendlichen. Deutsche Bearbeitung der Child Behavior Checklist (CBCL/4-18). Einführung und Anleitung zur Handauswertung mit deutschen Normen. 2. Aufl., Köln: KJFD – Arbeitsgruppe Kinder-, Jugend- und Familiendiagnostik.

Petermann, U./Petermann, F. (2006): Lehrereinschätzliste für Sozial- und Lernverhalten. Göttingen: Hogrefe.

Bild(er) vom Kind in den Fibeln der SBZ/DDR 1945-1990

Verena Stürmer

Zielsetzung des Forschungsvorhabens ist es, die in Texten und Bildern der Fibeln enthaltenen Aussagen über das Kind (beispielsweise über sein Verhalten, seine Eigenschaften, seine Wünsche, Pflichten oder Freiheiten) zu rekonstruieren. Zudem soll untersucht werden, ob sich im synchronen oder diachronen Verlauf inhaltliche Änderungen in den Aussagen über das Kind identifizieren lassen und inwiefern diese Aussagen in Abhängigkeit von den dargestellten räumlichen, zeitlichen und sozialen Orten variieren.

Der Quellenkorpus umfasst alle Fibeln, die im Untersuchungszeitraum in der SBZ bzw. DDR erschienen sind sowie themenrelevante Archivmaterialien aus dem Verlag „Volk und Wissen", dem Ministerium für Staatsbildung und dem Deutschen Pädagogischen Zentralinstitut bzw. ab 1970 der Akademie der Pädagogischen Wissenschaften.

Methodologisch orientiert sich das Forschungsprojekt an der Semiologie de Saussures (Saussure 1967), dessen Relevanz für die historische Forschung v.a. durch die Einbettung in kontextual relevante Ereignisse markiert wird (s. Osterwalder 2006; Landwehr 2008).

Auf methodischer Ebene wird über eine qualitative Inhaltsanalyse nach Mayring (2008) ein inhaltsanalytischer Zugang zum Material gewählt, um aus den Texten und Bildern Aussagen über das Kind zu gewinnen. Ergänzend sollen entsprechend der Fragestellung anhand des codierten Materials auch quantitative Analysen vorgenommen werden, um z.B. thematische Kontinuitäten und Diskontinuitäten innerhalb des Untersuchungszeitraums aufzuzeigen. Anschließend werden die durch die Inhaltsanalyse gewonnen Aussagen über das Kind mittels einer sich an der historischen Diskursanalyse nach Landwehr (2008) orientierenden Text-Kontextanalyse in den historischen Kontext eingebettet. Dies geschieht v.a. über die zur Verfügung stehenden Sekundärquellen.

Landwehr, J. (2008): Historische Diskursanalyse. Frankfurt a. M.: Campus.
Mayring, P. (2008): Qualitative Inhaltsanalyse. Grundlagen und Techniken. Weinheim: Beltz.
Osterwalder, F. (2006): Die Sprache des Herzens. Konstituierung und Transformation der theologischen Sprache der Pädagogik. In: Casale, R./Tröhler, D./Oelkers, J. (Hrsg.): Methoden und Kontexte. Historiographische Probleme der Bildungsforschung. Göttingen: Wallstein, 155-180.
Saussure, F. d. (1967): Grundfragen der allgemeinen Sprachwissenschaft. Berlin: Walter de Gruyter & Co.

Educational Governance